Brenner/Kleiber

Freude mit Kindern im Alltag
– Ein Erziehungsratgeber –

Gabriele Brenner/Helmut Kleiber

Freude mit Kindern im Alltag

– Ein Erziehungsratgeber –

Carl Habel Verlag

Einbandgestaltung: Marion Koert, Ober-Ramstadt
Einbandfotos: Superbild-Diaphor und Mauritius/Dr. J. Müller
Lektorat: Margit Potthast
Konzeption, Produktion & Realisation:
Lichem's Munich Marketing Communications & Pool Productions,
82288 Kottgeisering/Ammersee
Druck und buchbinderische Verarbeitung: Ebner Ulm

ISBN-Nr. 3-87179-246-2

Inhaltsverzeichnis

Vorwort

Die Erziehung von Kindern ist eine lebensfüllende Aufgabe, oft anstrengend, aber auch nie langweilig. Wer sich dafür entschieden hat, Kinder zu haben, wird dies wohl bestätigen können. Tagtäglich wird man als Mutter oder Vater vor Situationen gestellt, die einem noch nie begegnet sind. Und je nach Alter der Kinder steht man vor immer neuen Herausforderungen. Oftmals weiß man sich vielleicht zunächst keinen Rat und sucht nach kompetenter Hilfe. Doch wird man dann unter Umständen mit verschiedenen, von ihren jeweiligen Vertretern heftig propagierten Erziehungslehren konfrontiert und oft genug weiter verunsichert. Hinzu kommen noch die Erfahrungen mit der eigenen Erziehung, die den Erziehungsstil von Eltern auch prägen: So wie die eigenen Eltern einen selber erzogen haben möchte man seine Kinder keinesfalls erziehen, beziehungsweise im entgegengesetzten Fall: man ist seinen Eltern für ihre Erziehung dankbar und möchte es genauso machen.
Die eigenen Lebensumstände sind oft dann doch anders, und man kann diese oder jene Methode nicht erfolgreich anwenden, weil es sich in der persönlichen Lebenslage eben so nicht durchführen läßt, das Kind reagiert anders als erwartet oder vorhergesagt, und man selber hat auch seine eigene Persönlichkeit. Und dann gibt es da normalerweise auch noch einen Partner mit anderen Vorstellungen von Erziehung, mit dem man sich zum Wohle des Kindes einig werden sollte.
Erziehung ist also von vielen Einflüssen abhängig, und da ein Kind kein formbares Material ist, kann man Erziehungsmethoden auch nicht wie Kochrezepte anwenden, sondern sollte sie vielmehr als Wegweiser in eine bestimmte Richtung verstehen.
Die Beispiele und Lösungsvorschläge in diesem Buch wollen daher auch keineswegs als allgemeingültige Patentrezepte – solche kann es nicht geben – verstanden werden, sondern lediglich als Anregungen zur Problemlösung. Der Leser oder die Leserin sollte nichts einfach übernehmen, sondern mit Rücksicht auf seine jeweilige Familiensituation Ideen für den Alltag daraus beziehen. Der Leitfaden sollte immer das Wohl des Kindes sein, das sich in seiner Umgebung zu einem selbständigen und vernünftigen Menschen entwickeln sollte. Die Richtung für eine solche Entwicklung können vielleicht einige von bestimmten Erziehungslehren nicht weiter beeinflußte Erziehungsgrundsätze geben, die Eltern auch, ohne sich mit komplizierten Theorien zu beschäftigen, berücksichtigen können:

- Nehmen Sie Ihr Kind so an, wie es ist. Es braucht Ihre Liebe, Zuwendung und Ihren Schutz.

- Auch wenn Ihr Kind Sie braucht, betrachten Sie es dennoch als gleichwertig, egal wie alt es ist.
- Helfen Sie ihm, selbständig zu werden, behüten Sie es nicht zu sehr.
- Seien Sie Ihrem Kind gegenüber verläßlich und aufrichtig, und benehmen Sie sich natürlich.
- Fördern Sie seine Begabungen dem Alter entsprechend.
- Ermöglichen Sie ihm soziale Kontakte mit Menschen aller Altersstufen.
- Nehmen Sie die Gefühle Ihres Kindes ernst. Wenn es traurig ist, darf es weinen, und lachen, wenn es sich freut.

Wenn Sie Probleme mit Ihrem Familienleben haben, die Sie aus eigener Kraft nicht befriedigend lösen können, dann scheuen Sie sich nicht, auch Hilfe von außen in Anspruch zu nehmen. Hinweise auf Beratungsstellen aller Art finden Sie am Ende des zweiten Kapitels.

Für die Vollständigkeit und Richtigkeit der Adressen, Telefonnummern und sonstigen Angaben können die Autoren keine Gewähr übernehmen, da sich derartige Angaben häufig ändern. Hinweise und Hilfen dafür, wie Sie weitere Ansprechpartner für bestimmte Probleme finden können, stehen ebenfalls am Ende des zweiten Kapitels.

Die verzeichneten Literaturangaben repräsentieren nur einen kleinen Teil des Bücher- und Schriftenangebots zu den behandelten Themen. Wenn Sie ein Buch zu einem ganz bestimmten Problem suchen, dann lassen Sie sich am besten fachkundig von einem Bibliothekar oder einem Buchhändler beraten.

1. Kapitel
Die Entwicklung des Kindes im Überblick

1.1 Einige Gedanken vorab

Viele werdenden Eltern sehen ihren zukünftigen Aufgaben mit sehr gemischten Gefühlen entgegen. Das ist auch verständlich, denn ihre Lebensumstände werden sich mit der Geburt des Kindes erheblich verändern. Da ist zum einen die materielle Seite: Wie kommen Sie über die Runden, wenn Sie nur noch über ein Einkommen verfügen. Oder: Ein Verdienst, der vorher für zwei Personen ausreichte, muß dann genauso für drei oder mehr Familienmitglieder ausreichen. Womöglich brauchen Sie eine größere Wohnung und haben dadurch wieder mehr Ausgaben als vorher.

Darüber hinaus müssen Sie sich darauf einstellen, daß Sie auf ein gutes Stück persönlicher Freiheit verzichten werden. Sie können dann nicht mehr ohne weiteres ausgehen oder spät nach Hause kommen, wenn Ihnen gerade danach ist. Solche Unternehmungen müssen Sie dann erst planen, damit immer jemand für das Kind da ist. Das heißt auch, Sie können nicht mehr zusammen ausgehen, sondern einzeln oder mit Freunden und Bekannten, aber nicht mehr so einfach mit Ihrem Partner, wie Sie das gewöhnt waren.

Auch Ihre Urlaubsreisen werden Sie am besten so einrichten, daß sowohl Ihre als auch die Bedürfnisse des Kindes damit einigermaßen befriedigt werden. Mit quengeligen Kindern kann ein Urlaub, der doch erholsam sein sollte, zur Tortur werden.

Sie müssen auch damit rechnen, daß sich mit der Ankunft des Kindes allmählich Ihr Freundeskreis ändert. Sie können mit einem Kleinkind nicht mehr bei allen Unternehmungen dabei sein. Ein Baby sollte man nicht in eine verrauchte Kneipe, eine laute Disco oder in ein Kino mitnehmen. Mit dem Kinderwagen sind Sie auch nicht mehr so beweglich, und Sie werden erst einmal überlegen, ob Sie sich das antun: nachmittags wegen einer Stunde mit Ihrer ehemaligen Kollegin im Café lange Vorbereitungen zu treffen und dann mit dem Kinderwagen unterwegs zu sein mit allem, was zum Wickeln, Stillen, Füttern dazugehört. Sie werden sich zwangsläufig neuen Bekanntschaften zuwenden, die ähnlichen Lebensbedingungen unterworfen sind wie Sie und mit denen Sie auch Erfahrungen austauschen können.

Bestimmt machen Sie sich auch Gedanken darüber, wie Sie Ihr Kind „richtig“ erziehen und was passieren kann, wenn Sie etwas verkehrt machen. Sind Erziehungsfehler wohl wieder rückgängig zu machen oder sind sie zwangsläufig folgenschwer?

Viele Eltern sind gerade im Hinblick darauf verunsichert, weil es über Erziehungsfolgen sehr geteilte Meinungen gibt. Natürlich kann auch jeder Fachmann, der hierzu eine bestimmte Meinung vertritt, mit Beispielen

aufwarten, die seine Theorie bestätigen. Man ist verunsichert, und guter Rat ist teuer. Mit Sicherheit läßt sich nur sagen, daß man in der Kindererziehung nicht nur eine bestimmte Erziehungsmethode für sich betrachten sollte. Das Kind sollte immer im Mittelpunkt aller Überlegungen stehen. Was von Daniel zuviel verlangt ist, damit kann seine Schwester Verena vielleicht problemlos fertig werden. Hier ist dann Ihr Einfühlungsvermögen gefordert. Wenn Sie den Eindruck haben, daß Ihr Kind zufrieden und glücklich ist, dann dürften Sie nicht allzuviel falsch machen. Probleme gehören zum Leben, und Sie sollten sie nicht überbewerten. Oft ist es auch nur der Blickwinkel, der eine Sache zum Problem werden läßt. Wenn jedoch Ihr Familienleben sehr leidet, dann sollten Sie etwas unternehmen.
Da es auch der Wunsch vieler Eltern ist, ein gesundes, sich möglichst unproblematisch entwickelndes Kind zu haben, wird die künftige Mutter auch schon vor der Geburt das Beste für die körperliche und geistige Gesundheit des werdenden Kindes tun. Wenn Sie ihre Lebensweise auf die Schwangerschaft einstimmt, sich gesund ernährt, unabhängig von Medikamenten, Alkohol und Nikotin lebt und für körperliche und seelische Entspannung sorgt, dann hat sie schon eine ganze Menge für ihr Kind getan. Auch sollte sie unbedingt die Vorsorgeuntersuchungen für Schwangere in Anspruch nehmen. Hierbei können eventuelle Schäden des Embryos frühzeitig entdeckt werden, denn neben der Lebensweise der werdenden Mutter sind besonders die Erbanlagen für die Entwicklung des Kindes von Bedeutung.
Da Babys, deren Mutter eine entspannte und angenehme Schwangerschaft hatte, besonders ausgeglichen sind, sollten Sie von Ihrem Partner und Ihrer Familie besonders viel Verständnis und Unterstützung bekommen. Dies gilt natürlich genauso für die Zeit nach der Geburt. Unter solchen Voraussetzungen werden Sie es als Mutter leichter haben, mit Ihrem Kind liebevoll umzugehen. Dies ist besonders in seinen ersten Lebensmonaten wichtig. Ein Baby braucht, um sich körperlich und seelisch gesund entwickeln zu können, das Gefühl, daß immer eine Person da ist, die es umsorgt und bei der es sich geborgen fühlen kann.
Sollten Sie aus irgendwelchen Gründen nicht selber rund um die Uhr für Ihr Baby sorgen können, zum Beispiel weil Sie Ihre Berufstätigkeit nicht aufgeben können oder wollen, dann wäre es sicher von Vorteil für Ihr Kind, wenn während der ersten Zeit möglichst nur e i n e andere Person die Pflege zuverlässig übernimmt. Dafür gibt es viele Möglichkeiten: den Vater des Kindes, eine Pflegemutter, eine Oma, ein Kindermädchen. Nicht alle können sich aber diesen „Luxus“ leisten und sind auf eine Unterbringung in einer Kinderkrippe angewiesen. Aber auch dort bemühen

sich die Kinderpflegerinnen liebevoll um die Bedürfnisse des Kleinsten. In jedem Fall sollten Sie sich vorher genau über den zukünftigen Pflegeplatz Ihres Kindes informieren und ihn selber begutachten. Mehr darüber können Sie im zweiten Kapitel dieses Buches erfahren.
So wichtig die kontinuierliche Zuwendung e i n e r Person für Ihr Baby in den ersten Lebensmonaten ist, so wichtig ist gleichzeitig auch, daß es schon damit beginnen kann, sich schrittweise von ebendieser Bezugsperson zu lösen, um andere Menschen und Dinge seiner Umgebung kennenzulernen, die es zunächst allerdings nur sehr begrenzt wahrnehmen kann.
Die körperliche und die geistig-seelische Entwicklung des Kleinkindes sind nicht voneinander zu trennen und verlaufen vor allem im ersten Lebensjahr sehr schnell und bei gesunden Kindern ähnlich. Deshalb kann eine Darstellung der wichtigsten Stationen auf diesem Weg Eltern helfen, die Entwicklung ihres Kindes zu verfolgen.
Die Angaben zu den Entwicklungsschritten eines Säuglings, also für das erste Lebensjahr, sind Durchschnittswerte. Wenn Sie das Wachsen Ihres Kindes damit vergleichen, sollten Sie bedenken, daß Abweichungen von den Angaben durchaus normal sein können, da jedes Kind sich individuell entwickelt. Ständiges allzu kritisches Beobachten des Kindes oder Vergleiche mit anderen Säuglingen darf nicht zum Selbstzweck werden.
Eltern entwickeln normalerweise im Lauf der Zeit ein Gefühl dafür, das ihnen erlaubt, auch ohne akute Warnzeichen auf Mißbehagen des Kindes entsprechend zu reagieren. Über Abweichungen, die Ihnen verdächtig oder besorgniserregend erscheinen, sollten Sie jedoch baldmöglichst mit Ihrem Kinderarzt sprechen. Darüber hinaus gibt es für Mütter noch die Gelegenheit, sich an die Mütterberatung des Gesundheitsamtes zu wenden.

1.2 Die Entwicklungsschritte

1.2.1 Das Neugeborene

- Es liegt zusammengekrümmt, gleichgültig ob auf dem Bauch oder auf dem Rücken. Seine Arme und Beine hält es gebeugt, wie es das vom Mutterleib her noch gewöhnt ist.
- Die Hände sind zur Faust geschlossen. Wenn Sie bei geöffneten Händchen einmal mit einem Finger die Handflächen berühren, so umschließt ihn das Kind fest mit allen Fingern (Greifreflex).

- Streichen Sie mit dem Finger über die Wange des Neugeborenen, so wendet es seinen Kopf suchend danach, um am Finger zu saugen (Saugreflex).
- Wenn Sie Ihr Kind unter den Armen hochheben, so macht es Schrittbewegungen (Schreitreflex).
- Auf Lärm und sehr helles Licht reagiert es mit Schrecken: Es wirft die Arme hoch, schreit manchmal sogar.
- Es beruhigt sich durch Körperkontakt mit der Mutter. Läßt es sich so nicht besänftigen, hat es entweder Hunger oder Schmerzen.

Es geht wohl allen Eltern so, wenn sie ihr Neugeborenes betrachten: sie können sich an ihm kaum satt sehen. Stundenlang kann man einem Neugeborenen während des Schlafens zusehen. In den ersten Tagen schläft es ja fast ausschließlich. Wenn es Hunger hat, dann regt es sich, schreit und sperrt wie ein Vögelchen seinen Mund weit auf, um nach der Brust zu suchen, sobald Sie es hochnehmen. Wenn es sich sattgetrunken hat, entspannt es sich, hängt ruhig im Arm der Mutter oder des Vaters und schläft bald darauf wieder ein.

Dieser Schlaf eines Neugeborenen hat etwas sehr Aktives an sich, und man hat oft den Eindruck, es handelt sich hier eher um einen Zustand, der zwischen Wachsein und Schlaf liegt. Mal ist die Atmung kaum hörbar, dann ist sie wieder von Grunz- und Schmatzlauten begleitet. Die Augäpfel wandern unter den feinen Lidern hin und her. Dazwischen öffnet das Neugeborene für kurze Zeit seine Augen. Zuckungen, die wie Lächeln aussehen, ziehen über sein Gesicht.

Über diese genaue Beobachtung beginnen Sie, Ihr Kind, das auch für Sie als Mutter anfangs ein unbekanntes Wesen ist, kennenzulernen. Das Kind sammelt seine ersten Eindrücke, da Augenlicht und Gehör sich noch im Entwicklungszustand befinden, über den Körperkontakt. Das Baby liebt es, wenn es beim Füttern an Ihrer Brust liegt, wenn Sie es beim Baden im Wasser sanft hin und her schaukeln, wenn Sie es beim Wickeln mit Ihren warmen Händen streicheln. Überhaupt fühlt es sich behaglich und beruhigt sich bald, wenn es gestreichelt wird.

Als Eltern müssen Sie dabei keine Angst haben, Sie könnten Ihr Kind durch übermäßige liebevolle Behandlung verwöhnen, im Gegenteil! In dieser ersten Lebenszeit faßt das Kind über liebevollen Hautkontakt und Beachtung seiner Bedürfnisse Vertrauen in seine Umgebung. Hat es erst einmal das sichere Gefühl entwickelt, daß bei Bedarf immer jemand in seiner Nähe ist, so wird es mit der Zeit zufriedener und „pflegeleichter“ sein, als ein Kind, das immer angestrengt nach Zuwendung betteln muß.

1.2.2 Ende des ersten Monats

- Das Kind kann aus der Bauchlage den Kopf einige Sekunden lang anheben.
- Liegt das Kind auf dem Rücken, so kann es jetzt seinen Kopf immer öfter in der Mitte halten, er fällt nicht mehr ständig zur Seite.
- Wenn Sie es hinsetzen, so ist sein Rücken ganz rund; dabei kann es bereits den Kopf kurz anheben.
- Seinen Blick kann es inzwischen auf einen Gegenstand heften, und wenn Sie diesen bewegen, kann es ihm mit seinem Blick folgen.
- Während Sie es stillen oder es beim Füttern mit der Flasche an der Brust liegen haben, blickt es Ihnen immer wieder ins Gesicht.
- Es schreit unterschiedlich, je nachdem ob es sich um Müdigkeit (gedehnt und klagend) oder um Schmerz oder Hunger (heftig, nicht nachlassend) handelt.

Die Zeit des großen Schlafes ist jetzt vorbei, und die Zeiten des Wachseins werden länger. Auch sucht das Kind jetzt Anregungen, die über den Körperkontakt hinausgehen. Seine Augen sind jetzt so weit entwickelt, daß sie nicht mehr scheinbar ziellos umherschwimmen. Das Kind blickt Gegenstände konkret an und folgt mit den Augen ihren Bewegungen. Bringen Sie ein Mobile aus einfach geformten Gegenständen über dem Wickelplatz an. Das Baby wird ihren Bewegungen während des Wickelns interessiert zusehen.
Es gefällt ihm auch, wenn Sie es nach dem Trockenlegen nicht sofort wieder in die Windel verpacken, sondern es noch eine Weile nackt strampeln lassen. Die Raumtemperatur sollte dafür nicht zu niedrig gehalten werden. Wenn sich Ihr Baby wohlfühlt, sehen Sie dies ohnehin an seinem zufriedenen Gesichtsausdruck, während es sein Unlustgefühl mit Schreien kundtut.
Spaziergänge an der frischen Luft sind jetzt eine Wohltat für Mutter und Kind. (Aber Vorsicht im Winter! Kälte ist für so kleine Kinder gefährlich.) Auf das Baby, dessen Sinne langsam wacher werden, wirkt die Abwechslung zwischen drinnen und draußen angenehm anregend. Das Licht ist heller als in der Wohnung, es gibt verschiedene interessante Geräusche zu hören, der Kinderwagen schaukelt so angenehm und bei dieser Fülle von Eindrücken schläft es bald zufrieden ein.

1.2.3 Ende des zweiten Monats

- Wenn Ihr Kind auf dem Bauch liegt, kann es seinen Kopf schon längere Zeit hochhalten und ihn in verschiedene Richtungen bewegen.

- Es öffnet die Händchen immer häufiger.
- Es lächelt Sie erstmals an, wenn Sie sich zu ihm hinbeugen und lieb mit ihm sprechen.
- Erstmals gibt es Vokallaute von sich, die sich etwa anhören wie „aaa“ oder „äää“.

Das Baby ist jetzt so weit, daß es seine Sinneseindrücke nicht mehr nur passiv empfängt. Es kann sich bereits interessanten Dingen selbst zuwenden. Es liegt, wenn es wach ist sehr gerne auf dem Bauch, da es aus dieser Lage heraus seinen Kopf in die Richtung drehen kann, in der es etwas Interessantes zu sehen gibt.
Jetzt fängt das Kind auch an, auf Geräusche aufmerksam zu werden. Wenn Sie mit einem Windspiel oder anderen Dingen Klänge oder Geräusche erzeugen, so wird es diese mit besonderer Neugier betrachten.
Sie werden jetzt auch häufiger bemerken, daß es Ihrem Baby bald langweilig wird, wenn Sie sich einige Zeit nicht mit ihm befassen. Wenn Sie Ihr Kind in einem Babytragetuch an sich tragen, können Sie verschiedene Tätigkeiten in Ruhe verrichten, und das Kind kann Ihnen dabei zusehen und Ihre Nähe spüren. Sollten Sie Rückenschmerzen haben oder aus anderem Grund kein Tragetuch nehmen, so können Sie das Kinderbett immer wieder umstellen. Auf diese Weise lernt das Baby seine Umgebung allmählich kennen und ist doch in seinem behaglichen Nest.
Ein besonders befriedigendes Ereignis ist es, wenn das Baby Sie jetzt erstmals beim Augenkontakt anlächelt und so Ihre Zuwendung erwidert. Sprechen Sie das Kind immer wieder lieb an und sehen Sie ihm dabei in die Augen, damit es wieder zurücklächelt. Dies ist sein erster Sozialkontakt. So sorgt das Kind selber dafür, daß man sich gerne immer mehr mit ihm beschäftigt. Auch macht es den Eltern jetzt Spaß, die ersten Laute, die das Baby von sich gibt, nachzumachen und immer wieder zu variieren.

1.2.4 Ende des dritten Monats

- Liegt das Baby auf dem Bauch, so hält es den Kopf wenigstens eine Minute hoch.
- Wenn Sie die Hände umfassen und es aus der Rückenlage hochziehen, kann es den Kopf kurz anheben.
- Wenn Sie versuchen, das Kind auf die Beine zu stellen, so beugt es diese.
- Reichen Sie ihm einen Gegenstand, so umschließt es ihn mit der ganzen Hand.

– Wenn Sie einen Gegenstand vor seinem Gesicht hin und her bewegen, so muß es jetzt nicht mehr den ganzen Kopf drehen, sondern kann die Augäpfel von einem Augenwinkel zum anderen bewegen.
– Das Baby lächelt Sie jetzt immer öfter von sich aus an.
– Es kann jetzt auch aneinandergereihte Kehl- oder Gurgellaute von sich geben: „ccch“, „grhi“.

Zum Ende des dritten Monats hat das Baby schon seinen ersten bedeutenden Entwicklungsschub hinter sich. Die meisten seiner angeborenen Reflexe sind jetzt verschwunden zugunsten von Fähigkeiten, die es aus eigener Willenskraft heraus ausführen kann. Es fängt jetzt von sich aus an, die Hände zu öffnen und zu schließen, zu saugen und den Kopf zu heben. Es schreitet auch nicht mehr automatisch, wenn man es, an den Händen haltend, auf eine Unterlage stellt.
Langsam beginnt es nun, seine Muskeln zu üben, um in den nächsten Monaten mühevoll das Aufrichten und damit das Gehen zu lernen.
Das Baby liebt nun Übungen, die seine Muskulatur stärken: Wenn Sie es aus der Rückenlage an den Ärmchen hochziehen, so bemüht es sich, den Kopf anzuheben und stärkt damit seine Halsmuskulatur. Beim Sitzen hält es seinen Kopf kurze Zeit aufrecht. Das ist noch ziemlich anstrengend und es kann auch diesen Zustand nur kurze Zeit halten, aber es macht gerne mit und wiederholt auch gerne, um die Möglichkeiten seines Körpers zu erkunden.
Babys ab drei Monaten gebrauchen auch gerne ihre Hände als Spielzeug. Sie beschäftigen sich selber, indem sie mit ihren Fingern spielen. Jetzt können Sie ihm auch Spielzeug geben, das es mit der ganzen Hand umschließen kann. Besonders vielseitig und beliebt ist die gute alte Babyrassel, man kann sie umgreifen, betrachten, zum Mund führen, und wenn man sie heftig genug hin und her bewegt, dann macht sie auch noch Lärm.
Überhaupt ist die Rassel ein vielseitiges Spielzeug, mit dem Eltern nebenbei auch noch die Augen (durch Hin-und-her-führen) und das Gehör des Kindes (mal auf der linken Seite, mal rechts, oben oder unten rasseln) anregen können.
In die Badewanne gehören jetzt unbedingt Schwimmtiere, nach denen das Kind greifen kann.

1.2.5 Ende des vierten Monats

- Das Baby probiert jetzt alle seine Muskeln durch. Legen Sie es auf den Bauch, so hebt es Kopf und Brustkorb und stößt die Beine von sich wie ein Trockenschwimmer.
- In den unterschiedlichen Sitz- und Liegepositionen hat es seine Kopfbewegungen jetzt unter Kontrolle.
- Wenn Sie es probeweise aufrecht hinstellen – dabei halten Sie es natürlich sicher –, so versucht es schon, sich mit den Beinen abzustützen.
- Es fängt an, mit den Händen zu spielen und sie in den Mund zu stecken.
- Das Spielzeug, das Sie ihm geben, steckt es in den Mund. Alles was es in den Händen hält, betrachtet es von allen Seiten.
- Zum Anlächeln kommt jetzt auch lautes Lachen hinzu. Dabei rudert das Kind mit den Ärmchen und strampelt mit den Beinen.

Inzwischen hat das Baby dadurch, daß es seine Kopfbewegungen willentlich ausführen kann, seine Möglichkeiten, die Umgebung zu erkunden, bedeutend erweitert, und es wird immer neugieriger. Jetzt wird der tägliche Spaziergang besonders interessant, wenn Sie die Rückenlehne des Kinderwagens hochklappen, damit das Baby mehr sehen kann.
Zum Spielen liebt es alle Dinge, die es gut mit den Händen greifen kann und fängt an, alles in den Mund zu stecken, um es noch genauer zu untersuchen. Geben Sie ihm alle möglichen Arten von Greifspielzeug: Rasseln aus Holz oder Plastik, Beißringe, Holzgreiflinge, Stoffbälle, Gummibälle, damit es auch die verschiedenen Materialien ertasten lernt.
Da es in den nächsten Monaten so gut wie alles, was ihm in die Hände kommt, in den Mund stecken wird, achten Sie von nun an darauf, daß alle Gegenstände, die es verschlucken oder mit denen es sich verletzen könnte, außer Reichweite des Kindes bleiben.
Das Baby freut sich über jeden freundlichen Kontakt und lächelt nahezu jeden an, der sich mit ihm befaßt. Besonders wenn man es neckt und kitzelt, zeigt es sein Vergnügen. Dabei lacht es laut und bewegt freudig Ärmchen und Beine.
Gerade weil es so gerne mit anderen spielt, kann es ganz schön ärgerlich werden, wenn man sich aus seinem Blickfeld entfernt. Dies ist für Eltern eine etwas anstrengende Zeit, da das Kind schon recht viel Anregung braucht und immer mehr fordert, sich aber noch nicht fortbewegen oder sich Spielzeug selber heranholen kann.

1.2.6 Ende des fünften Monats

- Das Kind rollt vom Bauch auf den Rücken.
- Es zieht sich an der dargebotenen Hand zum Sitzen hoch.
- Versucht man, es aufzustellen, so übernimmt es auf wippenden Beinen fast ganz sein Gewicht.
- Sich bewegende Dinge verfolgt es jetzt interessiert mit den Augen, auch wird es auf leisere Geräusche aufmerksam.
- Es kann allmählich strengen von liebevollem Tonfall unterscheiden.

Vorsicht, wenn das Baby auf dem Wickeltisch liegt: Es vermag in der Bauchlage seine Arme so abstützen, daß es auf den Rücken rollt. Wenn Sie das Baby nicht immer im Blick haben können, ist der sicherste Platz auf dem Boden oder in seinem Bettchen.

Das Baby probiert jetzt auch gerne die Kraft seiner Arme und Beine aus. Es hat Vergnügen daran, wenn man ihm unter die Arme greift und es mit den Fußsohlen auf eine Unterlage zu stellen versucht. Dann streckt es seine Beinchen durch und übernimmt für einige Sekunden sein Körpergewicht. Dies ist eine ganz neue und wichtige Erfahrung für das Baby, deren Bedeutung man an seinem glücklichen Gesichtsausdruck erkennen kann.

Inzwischen läßt es sich Gegenstände nicht nur in die Hand geben, sondern streckt seine Arme nach ihnen aus, um sie, wenn sie in greifbarer Nähe sind, an sich zu nehmen und natürlich in den Mund zu stecken.

Wenn Sie Ihr Kind aufmerksam beobachten, werden Sie jetzt auch feststellen, daß es auf Ihr Minenspiel und Ihren Tonfall reagiert. Es ist nicht mehr nur so, daß es auf freundlichen Zuspruch lächelt, es registriert nun auch, wenn man streng mit ihm spricht. Dann blickt es erstaunt, ratlos oder auch ängstlich.

Seine Gefühlslage kann das Kind inzwischen ganz gut kundtun. Wenn es sich wohlfühlt hat es einen entspannten Gesichtsausdruck, strampelt und lacht oder brabbelt vor sich hin. Ist es hilflos oder müde, so weint es leise und will getröstet und gestreichelt werden. Hat es Hunger oder Schmerzen, dann wird sein Schreien heftiger.

Wenn ihr Säugling schreit, so brauchen sich Eltern nicht gleich als Versager zu fühlen. Auch ansonsten zufriedene Kinder schreien, wenn ihnen etwas nicht paßt, sie haben einfach noch keine andere Möglichkeit ihren Willen und ihre Bedürfnisse zu äußern. Es hilft jedoch viel, wenn man diese Äußerungen seines Kindes ernst nimmt und sie zu deuten lernt.

1.2.7 Ende des sechsten Monats

- Das Kind dreht sich aus eigener Kraft von der Rücken- in die Bauchlage und streckt sich nach Gegenständen, kann sich aber noch nicht von der Stelle bewegen.
- Es wechselt Spielzeug von einer Hand in die andere.
- Sie können sein Gehör testen, indem Sie hinter seinem Rücken leise mit Papier rascheln. Im jetzigen Entwicklungsstadium wendet das Kind seinen Kopf der Geräuschquelle zu, ohne bereits vorher etwas davon gesehen zu haben.
- Beim Sprechen kann es nun auch gleiche Silben aneinanderreihen: „dadada“.

Es wird Ihnen auffallen, daß sich Ihr Baby jetzt besonders für Dinge interessiert, die Geräusche machen. Wenn Sie mit Papier rascheln, mit der Zunge schnalzen, in die Hände klatschen, Gegenstände aneinanderklopfen, sieht es Ihnen ganz konzentriert dabei zu. Es bemerkt jetzt, daß Dinge nicht nur ein bestimmtes Aussehen haben und sich unterschiedlich anfühlen, sondern daß man sie auch noch zum Klingen bringen kann.
Wiederholen Sie diese Spiele oft, denn das Baby beginnt jetzt langsam damit, das was Sie tun, nachzuahmen. Ahmen Sie es auch selbst nach. Sprechen Sie die Silben, die es jetzt sagen kann, nach, und bewegen Sie Ihre Lippen dabei ganz deutlich. Variieren Sie auch die Silben. Das macht Spaß, und das Baby lernt so spielerisch seine Sprachmöglichkeiten kennen.
Da alle Kinder Musik lieben, freuen sie sich, wenn Mama und Papa ihnen etwas vorsingen. Es fallen Ihnen bestimmt die alten Kinderlieder wieder ein, die Sie selbst so geliebt haben. Wenn Sie das Baby in den Armen wiegen und dabei singen, so beruhigt es sich, und auch Sie selbst werden ruhiger. Ein Lied, vor dem Einschlafen gesungen, bleibt nach wie vor ein einfaches, schönes und zugleich unschädliches Beruhigungsmittel.
Durch Neugier und Nachahmungstrieb angespornt, nimmt das Baby allmählich auch Kontakt mit anderen Personen auf. Lassen Sie Freunde und Verwandte sich immer wieder mit dem Baby beschäftigen. So lernt es, sich an andere Gegebenheiten zu gewöhnen, und wird auch leichter selbständig.

1.2.8 Ende des siebten Monats

- Das Kind macht die ersten Versuche, in Bauchlage zu robben.
- Es kann sich aus der Bauchlage heraus nach seinem Spielzeug strecken und, wenn es nahe genug daliegt, es heranholen.
- Wenn Sie ihm in jede Hand ein Spielzeug geben, so kann es dieses festhalten und es wieder aufnehmen, wenn es ihm entfallen ist.
- Langsam wird es auch im Sitzen immer sicherer.
- Wenn Sie oder eine andere vertraute Person mit ihm spielen, macht es nun aktiv mit. Es versucht das, was Sie ihm wiederholt vormachen, nachzuahmen.
- Das Kind fängt zu plaudern an. Alle möglichen Silben und Laute reiht es jetzt aneinander und wechselt dabei Lautstärke und Tonhöhe.

Geben Sie Ihrem Kind Gelegenheit, sich mit verschiedenen Dingen alleine zu beschäftigen. Intensiv untersucht es Dinge von allen Seiten und probiert aus, was sich damit anstellen läßt.
Papier (unbedrucktes) kann es wunderbar zerknüllen, zerreißen, einseibeln und damit rascheln oder ganz einfach darin wühlen.
Sie können ihm auch ein Geräuschmobile basteln und über seinem Spielplatz aufhängen. Daran können Sie ganz einfache Gegenstände des täglichen Lebens aufhängen: Löffel, Glöckchen, Schlüssel, Hölzer, leere Behälter und vieles mehr, was Krach macht, wenn es in Bewegung ist und aneinanderstößt. Diese Gegenstände sollen groß genug sein, damit sie nicht verschluckt werden können, keine scharfen Kanten haben und ausschließlich mit ungiftigen Farben behandelt sein. Wenn das Kind sich mit diesem Mobile beschäftigt, müssen Sie es immer im Auge haben, damit es sich nicht an der Befestigung verheddern oder einschnüren kann!
Ganz beliebt ist jetzt auch das Guck-Guck-Spielen. Wenn Sie Ihrem Kind eine Stoffwindel vors Gesicht legen, sie kurz darauf wegziehen und dabei lachend „Guck-Guck“ sagen, so zieht es nach einigen Wiederholungen bald selbst das Tuch vom Gesicht und findet großen Spaß an diesem Spiel.
Überhaupt werden Sie schon bemerkt haben, daß das Kind Wiederholungen liebt. Auch wenn es nervtötend sein kann, immer wieder das Gleiche zu tun, so sind diese Wiederholungen ein wichtiger Bestandteil dieser Phase der Kindesentwicklung. Jetzt lernt das Kind, indem es das, was Sie ihm vormachen, nachahmt und nur durch Wiederholen kann es das Gelernte vertiefen.
Es beginnt nun auch, sich für seinen eigenen Körper zu interessieren. Lassen Sie es sich ruhig immer wieder unbekleidet bewegen. Es befühlt seine Zehen, versucht sie immer wieder einzufangen und mit dem Mund zu be-

fühlen. Auch seine Geschlechtsteile, die ja meistens in der Windel verpackt sind, erkundet es jetzt. Lassen Sie es ruhig damit spielen, dies gehört zur ganz normalen Selbsterkundung des Körpers. Und je selbstverständlicher ein Kind auch diese Körperteile kennenlernt, um so unkomplizierter kann es seine Sexualität entwickeln.

1.2.9 Ende des achten Monats

- Das Kind kann jetzt kurze Zeit ohne Hilfe frei sitzen.
- Es beginnt zu kriechen, und sich an Möbeln zum Knien hochzuziehen.
- Es versucht auch schon, sich zum Stehen hochzuziehen, was ihm aber noch mißlingt.
- Es fängt an, zu „fremdeln". Es unterscheidet jetzt deutlich bekannte von unbekannten Menschen und wendet sich oft weinend von fremden ab.
- Es beobachtet Sie interessiert bei Ihrer Tätigkeit.
- Es entdeckt sein Spiegelbild.

Haben Sie schon daran gedacht, Ihre Wohnung sicherer zu machen? Ihr Baby kann sich jetzt fortbewegen und ist obendrein ganz schön neugierig. Überall steckt es jetzt seine Finger hinein. Bringen Sie deshalb Kindersicherungen an die Steckdosen an, lassen Sie keine Zigaretten herumliegen, schließen Sie die Putzmittel weg usw. Sicherheit im Haushalt und Unfallverhütung für Ihr Kind ist ein wichtiges Thema, zu dem Sie in Kapitel 3 noch weitere Tips erhalten.

Wenn Sie Ihre Wohnung auf diese Weise sicher gemacht haben, dann können Sie Ihr Kind, ohne es allerdings dabei allein zu lassen, relativ gefahrlos seine eigenen Erkundungen machen lassen.

Inzwischen kann es sich auch schon ganz gut verständlich machen. Wenn es getragen werden will, dann streckt es Ihnen die Arme entgegen und wenn Sie es dann hochgehoben haben, dann dirigiert es Sie in die gewünschte Richtung, indem es strampelt und seine Arme zum begehrten Objekt hin streckt.

Begeistert ist es, wenn Sie es beim Hoppe-Reiter-Spiel auf Ihren Knien reiten lassen und den Vers dazu sagen.

Das Kind fängt jetzt auch zu „fremdeln" an, wenn es von unbekannten Menschen angesprochen wird.

Auch wenn Sie es dabei im Arm halten, kann es sich weinend von der betreffenden Person abwenden. Es läßt sich auch nicht mehr von jedem anfassen oder hochnehmen. Dies ist eine sehr wichtige Entwicklungsphase, die jedes Kind in mehr oder weniger starker Äußerung durchmacht. Es ist jetzt in der Lage, genau zwischen bekannten und unbekannten Personen zu unterscheiden.

1.2.10 Ende des neunten Monats

- Ihr Kind sitzt selbständig und kann sich dabei mit den Armen nach allen Seiten abstützen.
- Wenn Sie es an den Händen halten, stellt es sich auf.
- Es läßt Gegenstände zu Boden fallen und macht daraus ein Spiel.
- Es unterscheidet räumliche Beziehungen genauer und holt Gegenstände aus Behältern heraus.
- Es reiht jetzt z w e i gleiche Silben aneinander: etwa „baba“, „mama“.

Nachdem Ihr Kind das Stadium des ersten Betastens und Ergreifens hinter sich hat, fällt Ihnen bestimmt auf, daß es an bestimmten Spielsachen besonders hängt. Sie können ihm jetzt ein kleines Schlaftier oder eine weiche Puppe mit ins Bettchen geben. Achten Sie darauf, daß solches Spielzeug keine Glasaugen oder ähnliche Teile hat, die das Kind verschlucken oder an denen es sich verletzen könnte.
Jetzt spielt das Baby auch schon eine anspruchsvollere Variante des Guck-Guck-Spiels mit: Verstecken Sie sich hinter einem Möbel, und schauen Sie immer wieder kurz hervor und rufen dabei „Da!“ oder „Guck-Guck!“. Das Baby wartet ganz gespannt darauf, bis Sie wieder hervorsehen und gluckst bald vor Lachen, wenn Sie das immer wieder tun.
Es ist inzwischen auch für leise Geräusche empfänglich. Beim intensiven Untersuchen des Telefonhörers hört es ganz gebannt auf das Freizeichen. Oder falls Sie in Ihrem Haushalt noch eine Uhr haben sollten, die tickt, dann halten Sie die an sein Ohr. Wenn Sie immer wieder „Tick-Tack“ dazu sagen, lernt das Baby nebenbei, Gegenstände mit Namen zu verbinden.
Im Sommer können Sie das Baby ruhig nur mit einem Höschen bekleidet im Garten oder im Park herumkrabbeln lassen. So erkundet es den Unterschied zwischen weichem Gras und Moos und den harten Platten und Kieswegen.

1.2.11 Ende des zehnten Monats

- Das Kind krabbelt nun auf Händen und Knien, bewegt sich vor- und rückwärts und wippt mit dem Körper, indem es sich mit Händen und Knien abstützt.
- Es sitzt frei mit gestreckten Beinen und geradem Rücken.
- Wenn es sich woran festhalten kann, steht es aufrecht und macht Schrittbewegungen.
- Kleine Gegenstände wie Brotkrümel kann es nun zwischen Daumen und Zeigefinger ergreifen und festhalten (Pinzettengriff).
- Es wirft Gegenstände mit Vergnügen von sich und läßt sie sich wieder bringen.
- Es ahmt Gesten nach: „Winke-Winke", „Wie groß bist du?"
- Wenn Sie es loben, freut es sich darüber und wiederholt gerne Dinge, die ihm Lob eingebracht haben.
- Wenn Sie es nach bekannten Gegenständen oder Personen fragen: „Wo ist der Ball?", „Wo ist Papa?", dann zeigt es darauf.

Jetzt ist die Zeit der durchgescheuerten Hosenbeine gekommen. Das Baby krabbelt auf Händen und Knien und ist dabei schon ganz schön gewandt. Es hangelt sich auch schon an Möbeln hoch und probt Schrittbewegungen. Wenn Sie das Baby nicht immer beaufsichtigen können, ist jetzt ein Laufstall eine nützliche Hilfe, um Unfälle zu vermeiden (z.B. beim Kochen) und in dieser Funktion durchaus vertretbar. Wenn Sie ihn dabei so stellen, daß Ihnen das Baby bei Ihrer Tätigkeit zusehen kann, was es auch gerne tut, dann wird es sich nicht unbedingt eingesperrt fühlen. Außerdem kann es darin auch gut das Aufstehen trainieren. Der Laufstall soll jedoch nicht zur bequemen Erziehungsalternative und zum Daueraufenthaltsort für das Baby werden, denn dann kann er schaden, weil er die natürliche Neugier des Kindes behindert.
Als Spielzeug eignen sich jetzt handliche weiche Wurfbälle und Wurfpuppen, die mit Reiskörnern gefüllt sind, da das Kind solche Dinge jetzt gerne mit Schwung von sich wirft. Damit kann es auch keinen Schaden anrichten.
Ihr Baby interessiert sich nun auch zunehmend für Details: Blusen, Halsketten, Brillen, Nasen etc. Beim Essen pickt es auch winzige Brotkrümel mit Daumen und Zeigefinger auf. Man sieht, es lernt seinen Körper immer geschickter zu beherrschen.
Es hat seinen Körper auch schon soweit unter Kontrolle, daß es Gesten nachahmen kann. Es macht gerne beim „Winke-Winke" mit und streckt

auf die Frage „Wie groß bist du?" seine Arme hoch. Natürlich sind alle beeindruckt und loben das Baby für dieses Können und, angespornt von soviel Lob, macht es solche Spiele, bei denen es außerdem im Mittelpunkt steht, gerne mit.
Benennen Sie immer wieder die Dinge mit ihrem Namen oder, falls es ein Kinderwort dafür gibt, damit: „Tick-Tack", „Papa", „Mama", „heiß". Auch wenn es jetzt noch nicht sprechen kann, so ordnet das Kind doch den Dingen ihre Namen zu und lernt sie, wie Sie bald merken werden, verstehen. Aus den verschiedenen Lauten, die das Baby bereits spricht, können Sie ein Rede- und Antwortspiel entwickeln. Wenn Sie ihm die betreffenden Laute immer wieder deutlich vorsprechen, so geht es bald darauf ein und wiederholt sie im Wechselspiel.

1.2.12 Ende des elften Monats

- Das Kind krabbelt viel auf allen Vieren.
- Es hangelt und tastet sich seitwärts an allen Möbeln entlang.
- Fassen Sie es an beiden Händen, so macht es erste Gehversuche.
- Es erinnert sich: Es findet einen Gegenstand, den Sie vor seinen Augen versteckt hatten, und versteckt ihn auch selber.
- Es erkennt, daß es Gegenstände zu sich heranholen kann, indem es sie an einer Schnur heranzieht oder wenn etwas auf der Tischdecke liegt, indem es an dieser zieht.
- Es ißt selbständig aus einer Hand.
- Aus der Tasse trinkt es, indem es sie mit beiden Händen umfaßt.
- Erstmals gebraucht es seine Silben in sinnvollem Zusammenhang: etwa „Nam-Nam", wenn es etwas Eßbares sieht.
- Wenn Sie ihm etwas verbieten wollen und dabei ganz bestimmt „Nein!" sagen, bricht es seine Tätigkeit ab oder hält inne. Merken kann es sich so ein Verbot allerdings noch nicht, man muß es immer wieder wiederholen.

Das Baby krabbelt jetzt schon sehr sicher und probiert gerne neue Varianten aus. Es macht ihm Spaß, wenn Sie sich zu ihm auf den Boden legen und es über sich drüberkrabbeln lassen.
In der Fortbewegung auf zwei Beinen wird es immer mutiger und tastet sich seitwärts an allen Möbeln entlang. Bei dieser Gangart stolpert es natürlich oft genug über seine eigenen Beine, aber das macht ja nichts, der Po ist schließlich gut gepolstert. Unermüdlich zieht sich das Baby immer wie-

der hoch und macht weiter. Ja, das Laufenlernen ist eine harte Schule. Aber das Ziel ist doch zu interessant, als daß man vorher aufgeben möchte. Und manchmal kommt dann auch ein netter Mensch, der einen an den Händen nimmt und ein Stückchen weiter tapsen läßt.
Wenn man die Bewegung so liebt, dann braucht man natürlich auch Spielzeug, das man mitbewegen kann: ein handliches Holzauto auf großen Rädern, eine Raupe zum Nachziehen oder einen Gummiball zum Rollen.
Wenn das Baby zur Abwechslung mal sitzt, können Sie ein neues Versteckspiel mit ihm ausprobieren. Lassen Sie es dabei zusehen, wie Sie ein Spielzeug unter einem Kissen verstecken. Es sucht dann danach und wird es selbst wieder daruntergeben.
Sie sehen, das Kind hat jetzt Erinnerungsvermögen. Es gebraucht inzwischen auch Silben, die Sie bereits regelmäßig wiederholt haben, in einem sinnvollen Zusammenhang: „brrr", wenn es ein Auto sieht, oder „fffff", wenn Luft aus einem Luftballon entweicht.

1.2.13 Ende des ersten Lebensjahrs

- Ihr Kind geht mit, wenn Sie es an der Hand führen.
- Es krabbelt die Treppe hoch.
- Einen Gegenstand kann es zielsicher in die dargebotene Hand oder in ein Gefäß legen.
- Es läßt einen kleinen Gegenstand durch eine enge Öffnung fallen.
- Jetzt fängt es an, mit anderen mitzuspielen: Zum Beispiel hat es großen Spaß daran, wenn ihm die Mutter nachkrabbelt und es zu erwischen versucht.
- Es sagt jetzt erste sinnvolle Kinderwörter: „Wau-Wau", wenn es einen Hund sieht, „Heiß", wenn es die Herdplatte oder das Bügeleisen sieht, und es sagt bewußt „Papa" und „Mama".
- Einfache Aufforderungen wie „Komm her!", „Bringe mir ...!" kann das Kind jetzt verstehen und ausführen.

Jetzt sind Sie gefordert! Das Baby findet Geschmack am aufrechten Gang und Sie sollen es herumführen, weil es noch zu oft sein Gleichgewicht verliert. Das Krabbeln ist bald nur noch fürs Spiel interessant. Dabei kann es aber einen Riesenspaß geben, wenn Sie auf allen Vieren hinter ihm herkrabbeln und so tun, als ob Sie es fangen wollten. Natürlich entwischt es Ihnen immer wieder ganz knapp unter großem Gelächter, bis Sie es am Ende doch zu fassen kriegen und sich mit ihm auf dem Boden wälzen.

Auch beim Sprechen hat es sich inzwischen soweit entwickelt, daß es seine ersten sinnvollen Kinderwörter sagen kann wie „Wau-Wau" (Hund), „Tut-Tut" (Auto), „Ti-Ta" (Uhr).
Es ist auch schon so weit, daß es einfache Sätze versteht und richtig darauf reagiert: „Komm her!", „Bring' mir die Puppe!" Diese Spiele kann man natürlich endlos variieren.
Bis zum Ende seines ersten Lebensjahres hat Ihr Kind eine solch enorme Entwicklung durchlaufen, wie es das in diesem Umfang und mit dieser Geschwindigkeit nie mehr wieder geben wird. In den folgenden Jahren wird es mit Ihrer Hilfe seine erworbenen Fähigkeiten weiter ausbauen und ein immer eigenständigeres Wesen werden.

1.2.14 Im zweiten Lebensjahr

12.-15. Monat
- Das Kind lernt frei zu gehen und sollte es bis zum 15. Monat beherrschen.
- Das Kind kann Wünsche deutlich machen, ohne zu schreien.

16.-20. Monat
- Rückwärtsgehen wird gelernt und das Ausziehen von Kleidungsstükken.

18.-22. Monat
- Es lernt Treppensteigen. Das Kind zeigt auf benannte Körperteile.

Die Entwicklung im zweiten Lebensjahr verläuft nicht mehr in so rasantem Tempo wie während des ersten Lebensjahres, in dem man fast täglich Entwicklungsfortschritte an seinem Kind beobachten kann.
Zu Beginn des zweiten Lebensjahres lernt Ihr Kind unermüdlich, frei zu gehen. Zunächst hangelt es sich an Möbelstücken entlang und vollführt, so abgestützt, erste Schrittbewegungen. Mit ungefähr vierzehn Monaten steht das Kind erstmals allein und macht wenige Wochen später seine ersten freien Schritte.
Diese ersten drei Monate des zweiten Lebensjahres können ganz schön anstrengend für die Eltern sein. Das Kind will unbedingt gehen und kann es aber noch nicht, und deswegen will es ständig geführt werden, damit es schneller und sicherer vorwärts kommt. Aber auch wenn Sie es nicht führen, wird Ihr Kind versuchen, aufrecht voranzukommen. Für seine körperliche Entwicklung ist es ohnehin günstiger, wenn ihm dabei nicht zu oft geholfen wird. Das Kind trainiert so seine Muskeln und seinen Gleich-

gewichtssinn und lernt dann zu dem Zeitpunkt gehen, zu dem sein Körper dazu bereit ist. Deshalb sind auch Lauflernstühle und ähnliche Hilfsmittel überflüssig. Diese Geräte ermöglichen dem Kind vorzeitig eine Bewegungsform, für die es körperlich noch nicht reif ist. Und wenn Sie beobachten, wie unermüdlich Ihr Kind daran arbeitet, Gehen zu lernen, wie es nach dem Umfallen immer wieder aufsteht und einen neuen Versuch unternimmt, bis es endlich mit Erfolg belohnt wird, dann werden Sie wohl verstehen, daß Sie ihm mit einer Lauflernhilfe ein wichtiges Erfolgserlebnis vorenthalten würden.

Die Fähigkeit des aufrechten Gangs hat für die weitere Entwicklung Ihres Kindes zur Folge, daß es sich von einem passiv beobachtenden Baby zu einem aktiv entdeckenden Kleinkind weiterentwickelt. Der Horizont Ihres Kindes erweitert sich mit dieser neuen Fortbewegungsart ganz erheblich, und es kann jetzt an Dinge herankommen, die ihm bisher unerreichbar waren.

Dementsprechend lebhaft gestaltet sich auch der Bewegungsdrang eines Kindes, das gerade frei zu gehen gelernt hat. Es ist ständig in Bewegung und geht, scheinbar nur um des Gehens willen, von einem Punkt der Wohnung zum anderen, und zumeist auch wieder zurück. Verzweifeln Sie nicht, wenn Ihr Kind jetzt überall dort hinkommt, wo es bisher nicht hinreichte und aus Elternsicht auch nicht sollte. Schon ein zweijähriges Kind ist wieder viel ruhiger in seinem Bewegungsdrang.

Es wird Ihnen auffallen, wie furchtlos Ihr Kind auf Entdeckungsreise geht. Hier liegt es nun an Ihnen, das rechte Maß zu finden, um Ihr Kind vor Gefahren zu schützen, es aber gleichzeitig in seiner Entdeckungslust nicht zu sehr einzuschränken. Lassen Sie dem Kind – vorsichtig dosiert – seine eigenen, auch manchmal vielleicht schmerzlichen Erfahrungen mit seiner Umgebung machen. Es lernt dadurch, und gleichzeitig legen Sie, indem Sie dies ermöglichen, damit schon den Grundstein dafür, daß es sich so zu einer selbständig denkenden und handelnden Person entwickeln kann.

Auffallend ist aber auch, wie verschmust die kleinen Abenteurer in diesem Alter sind. Immer wieder ziehen Sie sich auf den Schoß ihrer Eltern zurück und kuscheln sich dort ein. Enthalten Sie Ihrem Kind dies nicht vor, sondern befriedigen Sie dieses Bedürfnis, denn Ihr Kind braucht das Gefühl der Geborgenheit gerade jetzt als Ausgleich zu seiner Entdeckungsfreude.

Ein wichtiger Meilenstein der kindlichen Entwicklung im zweiten Lebensjahr ist das Sprechenlernen. In diesem Stadium der Entwicklung spricht das Kind in der Regel sein erstes Wort, nach entsprechender Vorbereitung durch die Eltern und zu deren Freude, zumeist „Mama“ oder „Papa“.

Ab etwa 18 Monaten fängt das Kind an, seinen Wortschatz zu erweitern. Wörter, die Dinge oder Personen aus dem näheren Lebensbereich bezeichnen kommen hinzu: „Auto", „Oma", „Wau-Wau", „heiß". Nach und nach kann das Kind bestimmte Eigenschaften und Tätigkeiten kombinieren und drückt dies in Zwei-Wort-Sätzen aus: „Opa Auto", „Tee heiß", „Nina hoch".

Vielleicht geraten Sie jetzt manchmal in Versuchung, die Babysprache nachzuahmen und mit Ihrem Kind in s e i n e r Sprache zu sprechen, mit der Absicht, daß Ihr Kind Sie besser verstehen möge.

Dies ist aber eher entwicklungshemmend, denn das Kind sieht in Ihnen nach wie vor ein Vorbild, von dem es lernen will und kann. Wenn Sie die Babysprache benutzen, so kann das Kind selber nur mehr wenig von Ihnen lernen und somit kaum mehr Fortschritte machen.

Sprechen Sie am besten so, wie Sie es im täglichen Umgang mit anderen Erwachsenen und größeren Kindern zu tun pflegen, nach Möglichkeit in freundlichem Ton und verständnisvoll. Damit geben Sie dem Kind die Möglichkeit, auch die Feinheiten der Sprache kennenzulernen. Korrigieren Sie Ihr Kind nicht, während es spricht, wenn es ein Wort falsch ausgesprochen oder in falschem Zusammenhang benutzt hat. Sie unterbrechen damit seinen Redefluß und hemmen es in seiner Unmittelbarkeit. Es besteht dabei die Gefahr, daß Sie es entmutigen und daß es Hemmungen bekommt, sich sprachlich zunehmend auch komplexer auszudrücken, aus lauter Angst, es könnte etwas Falsches sagen. Besser ist es, wenn Sie dann in der Gegenwart des Kindes deutlicher und langsamer sprechen.

Zu Beginn des zweiten Lebensjahres braucht Ihr Kind sein erstes Bilderbuch. Es sollte Seiten aus festem Karton haben, damit das Kind auch selber darin blättern kann, ohne es gleich zu zerreißen. Die Bilder sollten nicht zu detailreich sein und auf möglichst einfache Weise Dinge des täglichen Lebens abbilden: einen Ball, ein Schwimmtier, ein Auto, eine Tasse, eine Katze, einen Tisch, einen Stuhl etc. Dieses erste Bilderbuch wird sehr oft benutzt werden, weil das Kind damit auch sprechen lernt, das heißt, es kombiniert Laute/Worte mit Abbildungen von Gegenständen (natürlich auch ohne Buch mit den Gegenständen selber). Das Kind zeigt auf die Abbildung, und Sie benennen den entsprechenden Begriff. Im fortgeschrittenen Stadium des Sprechenlernens blättert Ihr Kind dann selber im Buch und benennt die abgebildeten Dinge.

Großen Spaß bereitet jetzt auch das Singen von Kinderliedern und das Sprechen und Vorlesen von Reimen. Fördern Sie diese frische Entdekkungsfreude nach Möglichkeit, indem Sie schön bebilderte Liederbücher

und Bilderbücher mit Reimen besorgen und möglichst oft mit dem Kind sprechen und singen. Beliebte Kinderreime finden Sie auch in Kapitel 3. Sie werden bemerken, daß Ihr Kind große Freude daran hat, mit der Sprache zu spielen und Wörter mit Bildern oder den tatsächlichen Gegenständen zu verbinden. Eine weitere wichtige Tätigkeit sollte von nun an systematisch gefördert werden: Geben Sie Ihrem Kind jetzt auch Gelegenheit zu malen. Es kann zwar noch nicht mit Stiften und Papier umgehen, dafür ist das Feingefühl der kleinen Hände noch nicht entsprechend weit entwickelt, aber mit Fingerfarben und einer geeigneten Bemalfläche – hier sind auch Ihrer Phantasie keine Grenzen gesetzt: Papier auf Karton an der Wand oder auf dem Boden, wie auch immer Sie eine Malfläche für Ihr Kind herstellen können – läßt sich schon recht viel anfangen.
Als schöne Erinnerung für sich und als Zeugnisse seiner eigenen Entwicklung für Ihr Kind in späteren Jahren können Sie bei dieser Gelegenheit Abdrücke von Händen und Füßen des Kindes oder auch von Ihnen selber anfertigen und, mit dem Datum versehen, aufbewahren.
Ab etwa 18 Monaten kann Ihr Kind schon ein „Werkzeug" benutzen. Sie können ihm dicke Wachsmalstifte oder -birnen zum Malen geben. Auch wird es sich über eine kleine Werkbank freuen und fleißig damit experimentieren.

1.2.15 Im dritten Lebensjahr

- Ihr Kind spielt mit anderen Kindern.
- Es fängt an, „Ich" zu sagen.
- Es ist beim Gehen jetzt so sicher, daß es kaum noch hinfällt.
- Treppensteigen bereitet ihm keine Schwierigkeiten mehr.
- Das Kind trainiert seine Geschicklichkeit: Es balanciert bei jeder Gelegenheit auf Mäuerchen, Bordsteinkanten, Wippen etc.
- Es kann aus Bauklötzen immer höhere Türme bauen und große Perlen auf eine Schnur auffädeln.
- Die ersten gegenständlichen Bilder entstehen: Mama und Papa als „Kopffüßler" (Kopf mit Armen und Beinen).

Mit der Vollendung des zweiten Lebensjahres beginnt für Sie und Ihr Kind ein etwas ruhigerer Lebensabschnitt. Ihr Kind hat sich die grundlegenden Fähigkeiten (Sehen, Gehen, Sprechen) angeeignet und beginnt nun, diese zu vervollkommnen und zu erweitern. Sollte Ihr Kind bis zum zweiten Geburtstag noch nicht mit dem Sprechen begonnen haben, so bedeutet dies, wie in den meisten dieser Fälle, keinen Grund zur Sorge. Fast alle Kinder, die erst mit zwei Jahren zu sprechen beginnen, machen so schnell Fortschritte, daß sie innerhalb weniger Wochen mit ihren bereits länger sprechenden Altersgenossen gleichziehen. Dies ist ein Zeichen dafür, daß sie die Bedeutung der Wörter bereits verstanden haben, bevor sie anfingen zu sprechen.

Sie können Ihrem Kind das Sprachverständnis erleichtern, indem Sie die Wörter in ihrem unmittelbaren Zusammenhang stellen: Lassen Sie das Kind möglichst viele Ihrer Tätigkeiten beobachten, und erklären Sie immer, was Sie gerade tun und wie die Dinge heißen, die Sie benutzen.

Schauen Sie Ihr Kind an, während Sie mit ihm sprechen, und bewegen Sie deutlich Ihren Mund dabei.

Auf diesem Wege lehren Sie Ihrem Kind nicht nur das Sprechen, sondern Sie schärfen gleichzeitig auch seine Wahrnehmungsfähigkeit und den Sinn für das Erfassen von Zusammenhängen. Dies macht sich spätestens dann bemerkbar, wenn Ihr Kind fast wie von selber beginnt, grammatikalisch richtige Sätze zu bilden, was gegen Ende des dritten Lebensjahres eintreten wird.

Ihr Kind hört in diesem Stadium auch auf, von sich selber in der dritten Person zu sprechen („Anna geht spielen“), sondern es spricht von sich in der ersten Person („Ich“).

Dieses Ereignis ist ein weiterer Meilenstein in der Entwicklung, denn damit drückt es aus, daß es eine eigenständige, selbständig denkende Person mit eigenem Willen ist.

In diese Zeit, oft auch schon etwas früher beginnend (etwa ab 20 Monaten), fällt die sogenannte „Trotzphase“. (Hierüber finden Sie mehr im zweiten Kapitel des Buches.)

Im Zuge dieser Entwicklung beginnt Ihr Kind nun auch, sich von den Eltern als seinen wichtigsten Spielgefährten zu lösen. Es interessiert sich für andere Kinder und spielt mit ihnen.

Sie machen Ihrem Kind die größte Freude, wenn Sie mit ihm oft auf einen Spielplatz gehen. Es kann zwar noch keine richtigen Kuchen backen oder Sandburgen bauen, aber es ist ständig in Aktion: Es probiert verschiedene Spielzeuge aus, buddelt im Sand, geht mit anderen Kindern mit, beobachtet sie beim Spiel und versucht, sie nachzuahmen. Ganz nebenbei lernt und entwickelt es im Umgang mit anderen Kindern Sozialverhalten und immer neue Spielmöglichkeiten.

Gehen Sie auch viel mit Ihrem Kind spazieren, und erkunden Sie mit ihm die Umgebung. Ihr Kind wird von sich aus bestimmt viele Fragen stellen, und Sie werden nicht besonders schnell vorankommen. Sehen Sie Blumen, Bäume, Käfer etc. genau an, und erklären Sie die Besonderheiten; warum

etwa ein Laubbaum im Winter kein Laub hat oder weshalb sich der schöne Schmetterling gerne auf Blüten niederläßt.
So machen Sie auch einen kleinen Spaziergang für Ihr Kind zum Erlebnis, und Sie werden später kaum Schwierigkeiten haben, Ihr Kind zu größeren Wanderungen zu bewegen.

1.2.16 Im vierten, fünften und sechsten Lebensjahr (Kindergartenzeit)

3 bis 3 1/2 Jahre
- Die Körperbeherrschung ist jetzt so weit entwickelt, daß das Kind ohne Probleme „sauber" wird.
- Sprachlich sollte sich das Kind jetzt deutlich ausdrücken können und nicht mehr stammeln („Bille" statt „Brille" oder „Daffee" statt „Kaffee").
- Es kann immer besser mit anderen Kindern spielen.

3 1/2 bis 4 Jahre
- Die Körperproportionen verändern sich. Die babyhaften Züge (relativ großer Kopf, rundlicher Rumpf, O-Beine) bilden sich zurück, der Körper wächst in die Länge und nimmt die Proportionen des Schulkindes an.
- In der Folge dieser körperlichen Umstellung gerät Ihr Kind seelisch etwas aus dem Gleichgewicht: Es wird weinerlich und besonders liebebedürftig, träumt oft schlecht und kommt nachts wieder öfter ins Bett der Eltern.
- Im Spiel kann es in der Regel nicht ertragen, wenn es verliert.

Ihr Kind beginnt jetzt, seine Eindrücke aktiv zu verarbeiten. Dies drückt sich in den sogenannten Rollenspielen aus, die es jetzt immer häufiger macht. Das Kind spielt immer wieder nach, was es in seiner Umgebung erlebt.
Auf dem Spielplatz oder in seiner Spielecke richtet es sich nach seiner Vorstellung zum Beispiel eine Küche ein und bäckt dort Kuchen oder kocht Süppchen, von denen Sie natürlich „Kostproben" bekommen. Das Kind braucht dazu nicht unbedingt naturgetreue Utensilien. Es funktioniert ganz einfach vorhandene Gegenstände für sein Spiel um: Ein Stück Holz wird zum Telefonhörer, die leere Plastikflasche wird zum Blasinstrument, Puppen und Stofftiere verkörpern verschiedene Personen.
Lassen Sie Ihrem Kind bei diesen Spielen viel Freiraum, und lassen Sie es auch zu Ende spielen. Auf seine Art stellt Ihr Kind Situationen her und

probiert Verhaltensweisen durch, die es auch im täglichen Umgang mit „realen" Personen gebrauchen kann.

Im übrigen ist es grundsätzlich so, daß Kinder nicht unbedingt und für alles eine Miniaturausgabe der „echten" Gegenstände brauchen, um befriedigend spielen zu können. Die Blätter eines Laubbaumes, einige Holzstücke, Gras, Sand, was auch immer Kinder etwa auf dem Spielplatz oder zu Hause vorfinden, wird einfach umbenannt und „ist" dann für die Dauer des Spiels ein bestimmter Gegenstand oder eine Person. Kinder sind hierbei, sofern ihnen hier der entsprechende Freiraum gelassen wird und nicht zuviel Vorprägung erfolgte, ungemein erfinderisch und stärken so ihre Phantasie.

Bestimmend für das vierte Lebensjahr ist, daß eine erste Loslösung von den festen Bezugspersonen stattfindet. Ihr Kind kann immer besser mit anderen Kindern spielen und beginnt auch, bestimmte Spielgefährten zu bewundern und Freundschaften zu schließen.

Es hat auch schon Selbständigkeit erlangt. So kann es sich teilweise alleine anziehen und rechtzeitig kundtun, daß es auf die Toilette muß.

Nicht zufällig entscheidet man in diesem Lebensjahr auch, ob das Kind in den Kindergarten gehen soll oder nicht. Ob Ihr Kind schon an seinem dritten Geburtstag „kindergartenreif" ist oder erst ein halbes Jahr später oder zu einem noch späteren Zeitpunkt, das sollten Sie jetzt Ihr Gefühl entscheiden lassen. Wenn sich Ihr Kind schon in gewissem Maß Selbständigkeit erworben hat und so weit ist, zu anderen Personen Vertrauen zu fassen, dann dürfte es jedoch keine großen Schwierigkeiten geben, wenn Sie es bei einem Kindergarten anmelden.

Bis zum sechsten Lebensjahr eignet sich Ihr Kind viele neue Fähigkeiten an. Es lernt dabei viel durch Nachahmung der Erwachsenenwelt – Baukästen und Puppenhäuser sind jetzt beliebte Spielsachen – aber auch von anderen Kindern.

Seine körperliche Geschicklichkeit trainiert es beim Dreirad- und Roller- und etwas später auch beim Fahrradfahren.

Auch mit den Händen wird es immer geschickter. Es malt schon mit Stift und Pinsel und beim Basteln lernt es allmählich, mit der Schere (natürlich mit den speziellen Kinderscheren mit abgerundeten Klingenenden!) umzugehen. Die „Kunstwerke", die Ihr Kind jetzt herstellt, haben konkrete Formen und sind nun nicht mehr nur einfache „Kritzeleien". Das Kind kann nun „gestalten", das heißt, bestimmte Dinge bewußt und auf eine bestimmte Art und Weise herstellen oder anfertigen. (Mehr darüber finden Sie auch im dritten Kapitel.)

Gegen Ende des sechsten Lebensjahres ist Ihr Kind in seiner Selbständigkeit schon bedeutend vorangekommen und hat viele Fähigkeiten erlangt.

Aber überschätzen Sie es nicht! Auch wenn Ihr Kind sehr geschickt und selbständig ist und sich viel zutraut, so kann es in diesem Alter die Folgen seines Handelns noch nicht voraussehen. Es handelt fast immer spontan. Deshalb wäre es unverantwortlich, ein sechsjähriges Kind – auch wenn es schon gut Radfahren kann und erste Verkehrserziehung genossen hat -, ohne Begleitung eines Erwachsenen am Straßenverkehr teilnehmen zu lassen. Das Kind in diesem Alter kann Gefahren noch nicht abschätzen.

1.2.17 Vom siebten bis zum zehnten Lebensjahr (Grundschulzeit)

- Das Kind kann allmählich mit Haushaltsgeräten und Werkzeug umgehen, aber die Gefahren dieser Dinge noch nicht abschätzen.
- Bei Streitigkeiten kann es mit seinem Gegner Kompromisse schließen, auch Niederlagen im Spiel kann es jetzt besser hinnehmen als früher.
- Es macht kleine Besorgungen ohne Begleitung oder besucht alleine Freunde.
- Der Drang, selbständig zu handeln, wird immer stärker.
- Es ist in der Lage, Anweisungen zu befolgen.

Spätestens bei Schuleintritt haben Sie Ihr Kind nicht mehr den ganzen Tag um sich. Sie können nicht mehr ständig Ihre schützende Hand über Ihr Kind halten. Deshalb ist es wichtig, daß Sie es befähigen, in bestimmten Situationen alleine zurechtzukommen. Wichtig ist zum Beispiel, daß Sie schon vor dem ersten Schultag zusammen den künftigen Schulweg abgehen. Suchen Sie die sicherste Route aus, und machen Sie Ihr Kind mit den möglichen Gefahrensituationen vertraut. Wiederholen Sie dies öfter, und lassen Sie das Kind allmählich die Führung übernehmen, bis es schließlich alleine gehen kann. Loben und ermuntern Sie dabei Ihr Kind. Wenn es merkt, daß es Ihr Vertrauen hat, wird es lernen, sich selbständig zu bewegen. (Mehr darüber finden Sie in Kapitel 2.)
Verlieren Sie auch nie den Gesprächsfaden zu Ihrem Kind: Sprechen Sie über das, was es in der Schule erlebt, und zeigen Sie Interesse an seiner „Arbeit". Wenn sich Ihr Kind ernst genommen fühlt, dann wird es Ihnen gerne seine Erlebnisse und Sorgen mitteilen und sich nicht einfach zurückziehen. Denn Sie sollten auch aus Sicherheitsgründen – zumindest grob – über den Tagesablauf und die Erlebnisse Ihres Kindes Bescheid wissen.

1.2.18 Vom zehnten bis zum vierzehnten Lebensjahr

- Das Kind entwickelt seine eigene Persönlichkeit.
- Es erkennt selber, welche Fähigkeiten ihm besonders liegen und verlangt nach Förderung (Sport, Musik, Sprachen) oder lehnt bestimmte Dinge ab.
- Das Kind kann Gefahren realistischer einschätzen als früher und handelt meistens mit Überlegung, Sein Verhalten wird immer berechenbarer. Es kann aber noch keine Verantwortung tragen.
- Für die Eltern gilt jetzt: Sie sollten Ihr Kind nicht mehr vorrangig beschützen, sondern eher begleiten, es langsam loslassen, damit es Selbständigkeit erlangt.
- Ab etwa dem zwölften Lebensjahr beginnt die Pubertät. Sie dauert bis etwa zum 18. Lebensjahr. Durch hormonelle Umstellung beginnt der kindliche Körper, sich zu dem eines Erwachsenen zu entwikkeln.
- Infolge der bedeutenden körperlichen Veränderungen, ist das Kind häufig seelisch unausgeglichen.
- Etwa ab zwölf bekommen Mädchen ihre erste Regelblutung (Menarche).
- Bei Jungen findet ab diesem Alter der Stimmwechsel oder Stimmbruch statt.

Die meisten Unternehmungen macht Ihr Kind ab dem zehnten Lebensjahr ohne Sie. Es geht alleine zur Schule, es kann alleine öffentliche Verkehrsmittel benutzen, Gefahren im Straßenverkehr ziemlich realistisch einschätzen und einigermaßen überlegt handeln. Es sucht sich seine Freunde selber aus und gestaltet seine Freizeit nach seinen eigenen Vorlieben.
Viele Eltern haben Angst, nun den Überblick zu verlieren, da ihr Kind einfach immer selbständiger wird. Wichtig in diesem Lebensabschnitt ist jedoch, daß Eltern in ihr Kind so viel Vertrauen setzen, daß sie es je nach dem individuellen Entwicklungsgang langsamer oder auch schneller loslassen und allmählich zur Freiheit des Erwachsenenlebens hinführen können. Sie werden den Draht zum heranwachsenden Kind bestimmt nicht verlieren, wenn Sie sich Zeit für Gespräche nehmen und sich auch für Zwischentöne und Botschaften oder Hilferufe „zwischen den Zeilen“ ein offenes Ohr erhalten oder jetzt spätestens erwerben.

1.3 Vorsorgeuntersuchungen

Viele Entwicklungsstörungen oder Krankheiten können verhindert werden, wenn sie in ihrem Ansatz richtig erkannt und in der Folge entsprechend behandelt werden. Da also Vorbeugen besser und auch billiger als Heilen ist, erhalten die Eltern aller Neugeborenen bei uns ein „Untersuchungsheft für Kinder". Damit hat Ihr Kind Anspruch auf neun Vorsorgeuntersuchungen, die alle von der Krankenkasse bezahlt werden. Nutzen Sie diese bitte aus, und leisten Sie selber Ihren nicht zu unterschätzenden Beitrag dazu, indem Sie Ihr Kind aufmerksam beobachten, und scheuen Sie sich nicht, vermutete Fehlentwicklungen mit dem Kinderarzt zu besprechen. Seien Sie lieber zu vorsichtig, als etwas zu versäumen. Mit der Zeit erwerben Sie auch ein Gefühl, wann etwas wichtig ist und wann nicht.

U1: die erste Untersuchung sofort nach der Geburt
Nach dem sogenannten Apgar-Test wird untersucht, wie das Kind den „Geburtsstreß", die Umstellung vom Leben im Mutterleib auf das eigene Leben verkraftet hat und ob es Fehlbildungen aufweist. Außerdem werden Gewicht, Länge und Kopfumfang gemessen.

U2: Untersuchung am 3. bis 10. Lebenstag
Dies ist die erste umfassende Untersuchung und wird auch Neugeborenen-Basisuntersuchung genannt. Es wird überprüft, wie sich das Kind entwickelt, ob es den „Anpassungsstreß" gut überstanden hat und ob es Fehlbildungen aufweist. Untersucht werden vor allem die Herz- und Lungenfunktion aber auch alle anderen inneren Organe sowie die Sinnesorgane. Das Skelettsystem wird auf Fehlbildungen oder Geburtsverletzungen hin betrachtet. Anhand von Reflexproben (Kneifen in die Fußsohle) wird die Funktion des Nervensystems getestet. Eine Blutuntersuchung klärt, ob eine Stoffwechselerkrankung vorliegt.

U3: Untersuchung in der 4. bis 6. Lebenswoche
Der Kinderarzt geht nochmals die in U2 vorausgegangenen Untersuchungen durch und überprüft, wie sich das Kind körperlich entwickelt hat. So soll es inzwischen aus der Bauchlage heraus seinen Kopf anheben.

U4: Untersuchung im 3. bis 4. Lebensmonat
Wiederum werden die Körperfunktionen und die altersgemäße Entwicklung untersucht. Das Baby kann jetzt die ersten Schutzimpfungen verab-

reicht bekommen. Hierbei sollten Sie wissen, daß Impfungen, so sinnvoll sie für die Volksgesundheit sind, für den einzelnen mit Risiken verbunden sein können. Ihr Kind muß auf jeden Fall gesund sein, wenn es eine Schutzimpfung erhalten soll.
Beobachten Sie Ihr Kind nach der Impfung! Ist es ungewöhnlich schläfrig, interesselos, schreit es ohne erkennbaren Grund, oder ist es ungewöhnlich unruhig, schreckhaft, reizbar, erbricht es sich, bekommt es Fieber? Wenn Sie den Verdacht haben, bei Ihrem Kind könnte nach der Impfung etwas nicht in Ordnung sein, dann wenden Sie sich sofort an den Arzt!

U5: Untersuchung im 6. bis 7. Lebensmonat
Augenlicht und Gehör werden in dieser Untersuchung überprüft, ebenso ob Körperhaltung und Motorik sich altersgemäß entwickelt haben (gezieltes Greifen mit der ganzen Hand, Abstützen mit geöffneten Händen bei aufrechter Kopfhaltung in Bauchlage).

U6: Untersuchung im 10. bis 12. Lebensmonat
Neben der rein körperlichen Befindlichkeit achtet der Kinderarzt bei dieser Untersuchung auf Besonderheiten in der Entwicklung der Sinnesorgane, der Motorik, des Sozialverhaltens und des Sprechens.

U7: Untersuchung im 21. bis 24. Lebensmonat
Dies ist wieder eine umfassende Untersuchung ähnlich wie die U6.

U8: Untersuchung im 3 1/2. bis 4. Lebensjahr
Bei dieser Untersuchung im Kindergartenalter wird ein besonderes Augenmerk auf die Intelligenzentwicklung gelegt, sowie auf etwaige Verhaltensstörungen, Sprachfehler, Hör- und Sehfehler.

U9: Untersuchung bis zum vollendeten 6. Lebensjahr
In dieser letzten Vorsorgeuntersuchung wird nochmals die körperliche und geistige Entwicklung des Kindes überprüft. Besonders beachtet werden etwaige Haltungsschäden und die Beschaffenheit der Beine und Füße, ebenso die Sinnesorgane und das Gebiß.
Vergessen Sie diese letzte Untersuchung nicht, denn die letztgenannten Fehlentwicklungen können auch trotz vorangegangener Vorsorgeuntersuchungen entstanden sein und die Aussichten, sie zu korrigieren sind jetzt noch sehr gut. So können Haltungsschäden mit entsprechender Gymnastik schnell behoben werden. Auch Fehlsichtigkeit kann man in diesem Alter noch beheben oder zumindest verbessern.

1.4 Impfplan für Kinder und Jugendliche (wie er vom Gesundheitsamt empfohlen wird)

3. Monat	Diphterie, Tetanus, Polio, kurz DPT-Impfung genannt HIB-Impfung (HIB = Haemophilus influenzae B)
5. Monat	Diphterie, Tetanus, Polio HIB-Impfung
ab dem 15. Monat	Masern, Mumps, Röteln (für Mädchen und Jungen) HIB-Impfung
ab dem 18. Monat	Diphterie, Tetanus, Polio
6. Lebensjahr	Diphterie
12.-14. Lebensjahr	Rötelnschutzimpfung für Mädchen
14. 15. Lebensjahr	Diphterie

Routinemäßige Auffrischimpfungen sollten gegen Polio alle 5 bis 10 Jahre, gegen Tetanus alle 10 Jahre und gegen Diphterie alle 10 Jahre erfolgen. Dieser Impfplan stellt eine Richtlinie dar; er ist kein starres Schema, nach dem man vorgehen muß. Er ändert sich auch immer wieder, da hinsichtlich der Wirksamkeit oder der Nebenwirkungen der Impfstoffe immer wieder neue Erkenntnisse gewonnen werden oder die Gefährlichkeit und Verbreitung der Epidemiewellen schwankt. Eine Impfung ist sinnvoll, wenn die betreffende Krankheit oft gefährlich verläuft, wenn der Impfschutz gut ist und lange anhält.

Unumgänglich ist die Tetanus-Impfung, da schon eine kleine Verletzung eine schwere Infektion hervorrufen kann und es gegen das Gift der Tetanusbakterien kein Medikament gibt. Im übrigen ist diese Impfung auch gut verträglich. Ebenso verhält es sich mit der Impfung gegen Diphterie. Auch dies ist eine gefährliche Krankheit, die mit keinem wirksamen Medikament behandelt werden kann. Beide Impfungen werden auch kombiniert verabreicht.

Empfehlenswert ist auch die Schluckimpfung gegen Polio (Kinderlähmung), eine Krankheit, die bei größeren Kindern und Erwachsenen Nervenlähmungen mit Bewegungsunfähigkeit verursacht. Auch diese Krankheit kann man nicht medikamentös behandeln. Da die Impfung relativ gut vertragen wird und mindestens zehn Jahre und länger wirksam ist, hat sie durchaus ihren Sinn.

Die Röteln-Impfung sollte bei Mädchen, die nach der Pubertät noch keine Antikörper im Blut haben, durchgeführt werden, da eine Rötelnerkrankung einer Frau in den ersten Schwangerschaftswochen den Embryo schädigt. Außerdem hat diese Impfung so gut wie keine Nebenwirkungen.

Gegen Tuberkulose (Tbc) sollte geimpft werden, wenn diese Krankheit in der Familie vorkommt.
Neu hinzugekommen ist die HIB-Impfung. Sie schützt gegen das Bakterium Haemophilus influenzae B, einen der wichtigsten Erreger schwerer Kinderkrankheiten. Er kann Hirnhautentzündung, Kehlkopfentzündung, Lungenentzündungen, Gelenkkrankheiten mit Folgeschäden verursachen.
Die heute gebräuchlichen Impfstoffe sind im allgemeinen gut verträglich. Welchen Impfstoff Ihr Kind erhalten soll, müssen Sie mit Ihrem Kinderarzt individuell für Ihr Kind besprechen.
Wird der Körper Ihres Kindes im allgemeinen mit Krankheiten gut fertig, dann können Sie ihm möglicherweise die Impfung gegen Masern, Mumps und Keuchhusten ersparen. Da eine Impfung in das Immunsystem des Körpers eingreift, wird sie zum gesundheitlichen Risiko, wenn das Kind zum Impfzeitpunkt nicht vollkommen gesund ist oder unter bestimmten Allergien leidet. Ihr Kind muß vor der Impfung also immer gründlich untersucht werden, ob es auch wirklich gesund ist. In besonderen Fällen muß man abwägen, ob das Impfrisiko kleiner ist als das Krankheitsrisiko.
Nach welchen Auffälligkeiten Sie Ihr Kind nach einer Impfung beobachten sollten, können Sie im Abschnitt über die U3-Vorsorgeuntersuchung lesen.
Sollte Ihr Kind im Zusammenhang mit Impfungen gesundheitliche Schäden davontragen, so können Sie sich Rat und Hilfe beim Schutzverband für Impfgeschädigte holen:

1.5 Die Kinderkrankheiten

Im vorhergehenden Abschnitt konnten Sie nachlesen, daß einige vorbeugende Impfungen auch gegen sogenannte Kinderkrankheiten verabreicht werden. Natürlich ist jede Krankheit mit einem gewissen Risiko verbunden. Es gibt unter Medizinern aber auch die Meinung, daß Krankheit in der Entwicklung des kindlichen Organismus eine förderliche Funktion hat. Auch Eltern bestätigen immer wieder, daß ihr Kind nach einer solchen Krankheit einen Entwicklungsschub erlebt hat, sei es daß seine körperlichen Fähigkeiten einen Sprung nach vorn getan haben oder daß es ausgeglichener geworden ist. Darüber hinaus fördern diese Infektionen, wenn sich der Körper mit ihnen auseinandersetzen kann, den Aufbau eines funktionstüchtigen Abwehrsystems. Andererseits kann es genauso

vorkommen, daß eine solche Krankheit ungünstig verläuft und das Kind lebenslange Schäden davonträgt.
Manche Komplikationen treten auch nicht durch die Krankheit selbst, sondern durch ihre unsachgemäße Behandlung auf. Wenn man das Fieber nicht vorzeitig künstlich senkt und dem Kind genügend Bettruhe, gute Pflege und ausreichend Zeit zur Genesung läßt, dann verlaufen auch diese Krankheiten in der Regel ohne Probleme.
Das Abwägen aller Umstände müssen jede Mutter und jeder Vater eigenverantwortlich und am besten in Absprache mit einem Arzt für sich und das Wohl des Kindes vornehmen. Allgemeine Ratschläge helfen hier nicht weiter.

1.5.1 Masern

Die Krankheit beginnt harmlos mit Schnupfen, Husten und leicht entzündeten Augen. Dann folgt Fieber. Das Kind ist wärmebedürftig, schlecht gelaunt und hat starkes Verlangen nach Ruhe. Mit dem Fieber blüht auch der Ausschlag in rostroten bis zu zentimetergroßen Flecken auf. Er verteilt sich am Kopf beginnend schnell über den ganzen Körper. Auch die Schleimhäute sind davon bedeckt. Das Gesicht ist aufgedunsen. Nach etwa drei Tagen tritt eine deutliche Besserung des Allgemeinbefindens ein. Die Inkubationszeit beträgt zehn bis elf Tage. Ansteckend sind die Masern vom ersten Tag des Schnupfens bis etwa zum vierten Tag des Ausschlags. Die Ansteckung erfolgt über die sogenannte Tröpfcheninfektion. Praktisch jedes Kind, das sich infiziert hat und noch nicht immun ist, erkrankt. Wenn das Kind genügend Ruhe, Wärme und Zuwendung bekommt und wenn Sie das Fieber – außer bei Gefahr – nicht vorzeitig künstlich senken, dann treten bei einem ansonsten normalgesunden Kind in der Regel keine Komplikationen auf. Informieren Sie aber zur Sicherheit immer Ihren Kinderarzt. Komplikationen wie Lungenentzündung oder starke Kopfschmerzen mit Erbrechen (Hinweis auf eine Hirnentzündung „Encephalitis“) erfordern sofortige ärztliche Behandlung.

1.5.2 Scharlach

Die Symptome treten explosionsartig auf: hohes Fieber, Halsschmerzen, Schluckbeschwerden, Anschwellen der Lymphknoten, Erbrechen. Der Hals ist gerötet, und die Zunge zeigt einen weißlichen Belag, der sich am vierten

oder fünften Tag zur sogenannten „Himbeerzunge“ schält. Nach ein bis zwei Tagen erscheint ein feinfleckiger Hautausschlag, meist nur am Rumpf. Die Gesichtsform wirkt ausmodelliert. Die Wangen sind gerötet, während um Mund und Kinn ein blasses Dreieck bleibt. Nach weiteren zwei bis drei Tagen sinkt das Fieber langsam und der Hautausschlag verschwindet. Sechs bis acht Tage später schuppt sich die Haut am ganzen Körper.
Die Krankheit verläuft heutzutage harmlos. Schäden an Herz und Nieren oder Gelenkrheuma kommen nurmehr ganz selten vor. Dennoch ist es wichtig, daß das Kind während der Krankheit geschont wird und viel Ruhe und genügend Zeit hat, sie unbeschadet zu überstehen.
Die Inkubationszeit beträgt ein bis fünf Tage. Bei der Einnahme von Antibiotika besteht nach fünf Tagen keine Ansteckungsgefahr mehr, ansonsten mehrere Wochen lang.
Nach Abklingen der Krankheit muß das Kind noch zwei bis drei Wochen unter ärztlicher Kontrolle sein, damit Spätfolgen rechtzeitig erkannt werden.

1.5.3 Röteln

Hierbei handelt es sich um eine relativ harmlose Kinderkrankheit. Sie beginnt zwei bis drei Wochen nach der Ansteckung mit einem blaßroten Hautausschlag. Die Lymphdrüsen im Nacken und im Gesicht sind geschwollen. Hohe Fiebertemperaturen sind selten. Manchmal verläuft die Krankheit auch unerkannt, da diese typischen Anzeichen nicht immer sichtbar sind. Eine spezielle Behandlung braucht das Kind nicht. Jedoch sollten Mädchen, die noch keine Rötelnerkrankung durchgemacht haben, dagegen geimpft werden. Treten Röteln nämlich in den ersten vier Monaten einer Schwangerschaft auf, so kann es zu Mißbildungen des Embryos kommen.

1.5.4 Windpocken

Neben Masern sind Windpocken die ansteckendste Kinderkrankheit. Das ausgehustete Windpockenvirus wird von der Luft mitgetragen, daher der Name. Ungefähr drei Wochen nach der Ansteckung tritt bei den meisten Kindern ohne vorherige Krankheitsanzeichen gleich der Hautausschlag auf. Der Körper ist schnell mit kleinen, rot umrandeten Wasserbläs-

chen übersät. Schubweise entstehen immer neue Bläschen dieses stark juckenden Ausschlags, der auch die Schleimhäute befallen kann. Die Körpertemperatur steigt meist nur wenig an. Bettruhe ist nur bei Fieber notwendig und wenn sich das Kind schwach fühlt. Solange das Kind verkrustete Bläschen hat, ist die Krankheit ansteckend.
Den Juckreiz können Sie durch Abtupfen mit Kamillentee oder mit vom Arzt verordneten, den Juckreiz stillenden Pudern oder Tinkturen lindern. Aufkratzen sollte sich das Kind nicht, da sich diese Stellen entzünden und Narben zurückbleiben können.
Windpocken sind im allgemeinen harmlos. Liegt jedoch eine besondere Abwehrschwäche vor, so ist Vorsicht geboten: durch denselben Erreger entsteht auch die Gürtelrose.

1.5.5 Mumps (Ziegenpeter)

Zwei bis drei Wochen nach der Ansteckung kommt es zu einer Schwellung der Ohrspeicheldrüse. Das Kind bekommt dicke Hamsterbacken, leichte Ohrenschmerzen, Schmerzen beim Drehen des Kopfes und Kaubeschwerden. Bei manchen Kindern steigt das Fieber auf bis zu 40° C, andere bleiben fieberfrei. Nach einer Woche etwa, wenn die Bettruhe eingehalten wird, heilt die Krankheit meist folgenlos wieder ab.
Es können jedoch Komplikationen wie Entzündung der Bauchspeicheldrüse, Hodenentzündung, Gehirnhautentzündung auftreten. Deshalb müssen Sie bei Verdacht auf Mumps immer Ihren Kinderarzt informieren. Die Beschwerden lassen sich mit Wärmewickeln auf den geschwollenen Drüsen lindern. Mumps ist vier bis sieben Tage nach Beginn der Erkrankung ansteckend.

1.5.6 Keuchhusten

Von der Ansteckung bis zum Ausbruch des Hustens vergehen zwei bis drei Wochen. Danach dauert es immer noch bis zu zwei Wochen, bis der Arzt eine sichere Diagnose stellen kann, da ein beginnender Keuchhusten einer Erkältung ähnelt. In dieser Zeit ist er unglücklicherweise am ansteckendsten. Erst danach kommt es zu den typischen Hustenanfällen: in halb- bis einstündigen Abständen löst ein sich in den Bronchien ansammelnder zäher, durchsichtiger Schleim kurze, harte Hustenstöße aus, auf die ziehendes Einatmen folgt. Dies ist sehr anstrengend für das Kind, da es erst wie-

der einatmet, wenn es keine Luft mehr hat. Sein Gesicht läuft dabei rot an, die Augen werden glasig, manchmal erbricht es sich auch. Bei den Hustenanfällen sollten Sie nicht in Panik geraten, sondern das Kind beruhigend unterstützen. Dann verlaufen die Anfälle milder. Die Anwendung von Beruhigungsmitteln ist problematisch, da sie das Aushusten des Schleims behindern können.
Gewöhnlich haben die Kinder kein Fieber und wirken ansonsten gesund. Nach etwa fünf bis sechs Wochen werden die Anfälle seltener.
Für Säuglinge bis sechs Monate kann Keuchhusten gefährlich werden, da diese die Hustenanfälle nicht immer richtig zustande bringen und bei ihnen dann die Atmung aussetzen kann.
Sie sollten sich immer mit Ihrem Kinderarzt in Verbindung setzen, sobald Verdacht auf Keuchhusten besteht!
Behandelt wird diese Krankheit gegebenenfalls mit Antibiotika. Aber auch mit homöopathischen Mitteln kann der Keuchhusten gut gelindert und seine Dauer verkürzt werden.

1.5.7 Diphterie

Diese (lebens-)gefährliche Krankheit konnte mit der vorbeugenden Schutzimpfung bei uns nahezu ausgerottet werden. Es werden nur noch einzelne Fälle bekannt.
Zwei bis fünf Tage nach der Ansteckung erkrankt das Kind an einer eitrigen Mandelentzündung. Der Rachen schwillt an und ein schmutzig-eitriger Belag breitet sich darüber aus. Husten, Heiserkeit und Atemnot bis zur Erstickung sind die Folge. Das Diphteriebakterium produziert Gifte, die das Kreislauf- und Nervensystem schädigen.
Die Behandlung muß immer in einer Klinik erfolgen! Deshalb ist die wichtigste Vorbeugung bei dieser Krankheit die Schutzimpfung.

1.6 Fieber

Fieber ist eine wirksame Selbsthilfemaßnahme des Körpers, um mit Infektionen fertig zu werden. Von Fieber spricht man, wenn die Körpertemperatur 38 C oder darüber erreicht. Die normale Körpertemperatur liegt zwischen 36,5° C und 37,3° C. Bei Temperaturen von 37,5° C bis 38° C spricht man von erhöhter Temperatur.

Fieber selber ist keine Krankheit, sondern das Ergebnis einer körpereigenen Abwehrreaktion. Die Erhöhung der Körpertemperatur beschleunigt den Stoffwechsel. Viren und Bakterien können somit schneller ausgeschieden werden; außerdem schränken Temperaturen von 38,5 C und höher die Lebensbedingungen der Krankheitserreger erheblich ein oder töten sie sogar ab. Bis 41° C gilt Fieber als ungefährlich, sofern der Körper nicht durch andere Krankheiten geschwächt ist. Es ist also nicht unbedingt ratsam, die körpereigene Abwehrreaktion zu unterdrücken, da man hiermit nicht die Krankheit selber, sondern nur ein Symptom behandeln würde.
Eine Ausnahme stellen allerdings Fieberkrämpfe dar. Hier müssen Sie immer baldmöglichst einen Arzt zu Rate ziehen.
Allerdings haben Sie die Möglichkeit, den Fieberverlauf mit einfachen Hausmitteln, ohne Einsatz von Zäpfchen oder ähnlichem zu erleichtern. Oft kann damit auch ein Fieberkrampf vermieden werden.

Verlauf des Fiebers:

1. Das Kind fühlt sich nicht wohl, ist schlecht gelaunt, ist blaß, hat glasige Augen und fröstelt leicht. Kinder tun zu Beginn einer Infektionskrankheit normalerweise intuitiv das Richtige: Sie legen sich freiwillig ins Bett und verlangen nach Wärme und Ruhe.
Zu Beginn eines Fiebers fühlt sich die Haut an den Gliedmaßen noch kühl an, während das Fieberthermometer schon über 38° C anzeigen kann. Dann können Sie sicher sein, daß das Fieber noch weiter ansteigen wird, und zwar so lange, bis der Körper dann von sich aus Wärme abgeben kann. Bis dahin decken Sie Ihr Kind schön warm zu und geben ihm Fiebertee (Rezept siehe unten) zu trinken.
2. Fühlt sich die Haut bereits heiß an, auch an Armen und Beinen, und zeigt das Thermometer über 39° C, so kann man das Fieber mit natürlichen Mitteln senken, ohne den Heilungsprozeß zu stören. Der Körper ist jetzt bereit, überschüssige Wärme nach außen abzugeben. Sie brauchen das Kind auch nicht mehr so warm zuzudecken.
Ein wirkungsvolles Mittel – und von Kindern in der Regel als angenehm empfunden – zur Fiebersenkung ist ein Wadenwickel. Er senkt die Temperatur bis um 1° C und entlastet den Kopfbereich, indem er das Fieber nach unten ableitet.

So wird ein Wadenwickel gemacht:

Ein Leinentuch, das so breit sein muß wie der Unterschenkel des Kindes – Sie können auch ein größeres Tuch falten – wird in kühles (nicht kaltes) Wasser getaucht. Dann legt man es um die Waden und streicht es dabei schön glatt. Darüber kommt ein etwas größeres, trockenes Leinentuch. Zuletzt wickelt man über diese beiden Tücher ein Frottee- oder noch besser: ein Wolltuch. Wickeln Sie möglichst schnell und auf jeden Fall straff (ohne jedoch zu schnüren) damit sich im Wickel Wärme entwickeln kann, denn ohne dies bleibt der Wickel wirkungslos.
Nach einer halben Stunde nimmt man den Wickel ab und frottiert die Waden. Nach einer Stunde können Sie den Wickel wiederholen. Wenn das Fieber auf 38,5° C gesunken ist, braucht man ihn nicht mehr anwenden. Wickel werden immer an beiden Beinen zugleich gemacht.

1.7 „Erkältungen“

Was wir gemeinhin als „Erkältung“ bezeichnen, hat in Wirklichkeit nichts mit einer Erkältung durch zu niedrige Temperaturen zu tun, sondern ist fast immer eine Infektion durch Krankheitserreger (Viren), die von einem Menschen auf einen anderen übertragen werden. Die Auskühlung spielt dabei allenfalls eine begünstigende Rolle, wenn sie die Abwehrkraft der betroffenen Schleimhäute herabsetzt.
Erkältungskrankheiten werden durch „Tröpfcheninfektion“ beim Niesen, Husten und Sprechen in der Luft – vorwiegend in geschlossenen Räumen – verbreitet. Erkältungskrankheiten kommen deshalb im Winter häufiger vor, weil man sich mehr in geschlossenen Räumen aufhält. In geheizten, schlecht gelüfteten Räumen verbreiten und vermehren sich die Viren besonders schnell.
Erkältungskrankheiten und Schnupfen kommen bei Kindern sehr häufig vor, da sich deren Immunsystem noch im Aufbau befindet. Säuglinge in den ersten Lebenswochen sind glücklicherweise für Erkältungen noch nicht so anfällig. Überdies ist es einfacher, sie von erkälteten Menschen fernzuhalten. Aber gerade bei den ganz Kleinen kann ein Schnupfen mit verstopfter Nase das Wohlbefinden erheblich herabsetzen, wenn dadurch noch Trinken oder Schlafen erschwert werden.
In schweren Fällen wird der Arzt schleimhautabschwellende Nasentropfen verordnen. Diese dürfen Sie aber wegen der Nebenwirkungen (Schleimhautaustrocknung, Kreislaufbelastung etc.) höchstens drei Tage lang anwenden.

Daneben haben Sie die Möglichkeit, die unangenehmen Schnupfensymptome mit einigen harmlosen Hausmitteln zu lindern:
Die Anwendung von Hausmitteln machen Kinder in der Regel gerne mit, weil sie damit auch elterliche Zuwendung erhalten. Lehnt ein krankes Kind bestimmte Anwendungen ab oder empfindet es sie als unangenehm, dann sollten Sie ihm diese auch nicht aufzwingen. Sie könnten sonst nicht die gewünschte Wirkung erzielen.
Grundsätzlich gilt bei allen Erkrankungen: Wenn Sie sich nicht sicher sind und wenn nicht nach angemessener Zeit Besserung eintritt, wenden Sie sich immer an einen Arzt!

Kochsalzlösung

Kochen Sie 1 Teelöffel Kochsalz (5 g) in 0,5 l Wasser auf. Von dieser Lösung träufeln Sie mehrmals täglich 3 bis 5 Tropfen mit einer Pipette oder einer Plastikspritze (ohne Nadel!) in jedes Nasenloch.
Der Nasenschleim verflüssigt sich und geht leichter ab, außerdem werden die Schleimhäute auf natürliche Weise zum Abschwellen gebracht. Stellen Sie nach zwei Tagen eine frische Lösung her.

Kamillenlösung

Kochen Sie einen konzentrierten Kamillentee (1 gehäuften Eßlöffel Kamillentee auf eine halbe Tasse Wasser) und lösen Sie nach dem Abseihen darin soviel Zucker auf wie möglich. Von dieser Lösung können Sie mehrmals täglich 1-2 Tropfen mit einer Pipette in die Nasenlöcher geben.
Diese milde Lösung eignet sich besonders für Säuglinge.

Inhalation mit Kamillendampf

Geben Sie einen gehäuften Eßlöffel Kamillenblüten in einem Topf (eventuell haben Sie auch ein spezielles Inhalationsgerät), und übergießen Sie dies mit 1 l kochendem Wasser. Die daraus aufsteigenden Dämpfe lassen Sie das kranke Kind einatmen (Aber Vorsicht mit dem heißen Wasser!). Die Wirkung erhöht sich, wenn Sie über Kopf und Schüssel/Topf ein Handtuch legen, so daß sich die Dämpfe nicht einfach verflüchtigen, sondern möglichst lange unter dem Tuch eingeatmet werden können.

- Bleiben Sie immer dabei und achten Sie darauf, daß das Gefäß nicht umkippt, damit sich Ihr Kind nicht verbrüht!
- Bei Husten können Sie diese Inhalation auch mit Thymian zubereiten.

Fiebertee aus Lindenblüten oder Holunderblüten

1 Teelöffel Kräuter mit einem Viertelliter kochendem Wasser übergießen und 5 Minuten ziehen lassen, danach abseihen.
Diesen Tee sollte das Kind möglichst heiß trinken und dann, gut zugedeckt, im Bett bleiben. Wenn das Fieber bereits hoch ist, reichen Sie diesen Tee nur lauwarm.

Schmalzwickel bei Husten

Streichen Sie die Brust des Kindes dick mit handwarmem Schweineschmalz ein. Darauf geben Sie eine sehr gut angewärmte Stoffwindel und darüber ein warmes Handtuch. Das ganze fixieren Sie mit einem eng anliegenden Unterhemd oder mit kreuzweise gewickelter elastischer Binde. Dieser Wickel wirkt entkrampfend und lockernd. Er kann die ganze Nacht über getragen werden.

Halswickel bei Halsentzündungen

Sie legen dem Kind ein in kaltes Wasser getauchtes und dann gut ausgewrungenes Tuch um den Hals. Darüber geben Sie eine trockene Stoffwindel, die das nasse Tuch überlappen muß. Zuletzt wickeln Sie einen Wollschal über die beiden Tücher und achten darauf, daß der Wickel nicht zu locker sitzt. Nach zehn Minuten nehmen Sie den Wickel ab, trocknen den Hals und umwickeln ihn hernach mit einem weichen Wollschal. Der Wickel kann nach einer Stunde wiederholt werden. Er bewirkt eine stärkere Durchblutung und läßt die Lymphdrüsen abschwellen.

Ansteigendes Fußbad

Einfach durchzuführen und dennoch sehr wirkungsvoll ist diese Behandlungsmethode. Besonders, wenn Sie erste Anzeichen einer Erkältung feststellen oder einfach, wenn Ihr Kind kalte Füße hat. Füllen Sie warmes Wasser in ein Wännchen, so daß die Füße bis zu den Knöcheln bedeckt sind. Dann gießen Sie immer wieder vorsichtig heißes Wasser dazu. So, daß Sie die Füße des Kindes nicht verbrühen. Am Schluß sollte das Wasser so heiß sein, daß es gerade noch als angenehm empfunden wird. Nach zehn Minuten werden die Füße abfrottiert und dicke Wollsocken angezogen.

Ansteckungen lassen sich kaum vermeiden. Jedoch können Sie die Gefahr verringern, indem Sie die Wohnung mehrmals täglich ein paar Minuten lang gut lüften (Vorsicht vor Zugluft!), mit dem Kind viel ins Freie gehen und für eine ausgeglichene, vitaminreiche Ernährung sorgen.
Spätestens wenn die Erkältung nicht nach drei bis fünf Tagen wieder abklingt, sollten Sie sich an den Kinderarzt wenden, um zu verhindern, daß sich die Infektion auf andere Organe ausbreitet.

1.8 Vergiftungen

Kinder sind von Natur aus neugierig und nehmen vieles in den Mund. Denken Sie daran, Haus und Garten entsprechend kindersicher zu machen. (Näheres darüber finden sie in Kapitel 3.)
Sollte Ihr Kind dennoch etwas Giftiges geschluckt haben, sind folgende Informationsstellen Tag und Nacht bereit, Auskünfte über Gegenmaßnahmen zu erteilen. Vorteilhaft ist, wenn Sie dabei Auskunft geben können über:

- Art des Giftes, evtl. Name
- Wieviel hat das Kind zu sich genommen (Anzahl der Tabletten, Beeren oder die Menge der verschluckten Flüssigkeit etc.)
- Wie hat sich das Kind vergiftet? Durch Verschlucken, Einatmen, über die Haut usw. Die Adressen und Telefonnummern der Gift-Notruf-Zentralen finden Sie im Anhang!

So sorgen Sie für den Notfall vor!

Wer Kinder hat, sollte beim Telefon immer eine Liste mit allen Telefonnummern für den Notfall griffbereit haben:

- Notrufnummer 1 10 (bundeseinheitlich)
- Ihr Hausarzt

- Ihr Kinderarzt
- Das nächste Krankenhaus
- Kinderklinik
- Vergiftungszentrale
- Notarzt
- Rettungsdienst
- Unfallnotruf
- Feuerwehr
- Polizei
- nächste Apotheke und den Plan mit dem Apotheken-Notdienst

Wenn Sie telefonisch einen Notfall melden, müssen Sie angeben:
- Art des Unfalls
- Wann ist es geschehen?
- Wie ist es geschehen?
- Wo ist es geschehen?
- Alter des Kindes
- Welcher Art sind die Verletzungen, bzw. Krankheitsanzeichen?

1.9 Das gehört in Ihre Hausapotheke

In jedem Haushalt sollte eine medizinische Mindestausstattung vorhanden sein, damit Sie im Notfall schnell zur Selbsthilfe greifen können. Da sich Kinder oft verletzen, müssen Sie dafür sorgen, daß Sie immer einen gebrauchsfähigen Erste-Hilfe-Kasten zur Verfügung haben. Am einfachsten ist es, wenn Sie sich auch für den Hausgebrauch einen Auto-Verbandskasten zulegen. Er enthält alle für die erste Wundverpflegung notwendigen Utensilien. Dabei sollten Sie nicht vergessen, ihn immer wieder zu ergänzen, um ihn funktionstüchtig zu halten. Wenn Sie sich Ihre Erste-Hilfe-Ausstattung selber zusammenstellen, dann müssen mindestens folgende Dinge dabeisein:

- 1 Päckchen Verbandswatte
- sterile Wundauflagen
- Heftpflaster in unterschiedlicher Breite, am angenehmsten zu tragen sind elastische
- 2 bis 3 verschieden breite Mullbinden, staubgeschützt verpackt
- 2 bis 3 elastische Binden

- 1 Rolle Leukoplast, 2,5 cm breit
- 2 bis 3 verschieden große Kompressen, staubgeschützt verpackt
- 1 Dreieckstuch
- 1 sterile Augenbinde
- mehrere Sicherheitsnadeln
- jodhaltige Lösung zur Wundreinigung
- 1 Pinzette
- 1 Verbandsschere

Damit Sie auch im Krankheitsfall erste Beschwerden lindern können, sollten Sie für folgende Fälle gerüstet sein und entsprechende Präparate im Hause haben:

Erkältungen
- Salzpastillen zum Lutschen
- Ohrentropfen
- Eukalyptusöl zum Einatmen (nicht für Säuglinge!)

Schmerzen/Kopfschmerzen und Fiebersenkung
- Paracetamolhaltige Zäpfchen

Durchfall
- Kohletabletten
- Elektrolyt-Tabletten

Insektenstiche und Verstauchungen
- Essigweinsaure Tonerde

Sonnenbrand
- Sonnenschutzcreme mit hohem Lichtschutzfaktor
- Brand- oder Wundgel

Prellungen
- Kältepackung

Außerdem sollten Sie ein Fieberthermometer im Hause haben.

Tip

Ihr Medizinschrank sollte zwar für Sie gut erreichbar, für Kinder aber nicht zugänglich sein. Deshalb achten Sie bitte darauf, daß Sie ihn nach der Benutzung immer abschließen!

1.10 Zahnpflege nicht vergessen!

Ihre ersten Zähne bekommen die meisten Kinder um den sechsten Lebensmonat. Es kommt aber auch manchmal vor, daß ein Baby schon mit einem Zahn geboren wird, bei anderen kann es dagegen noch über den ersten Geburtstag hinaus dauern, bis der erste Zahn durchbricht. Von da an bekommt das Kind ungefähr alle vier Wochen einen neuen Zahn. Um den zweiten Geburtstag haben dann die meisten Kinder alle zwanzig Milchzähne.

Etwa im Alter zwischen sieben und vierzehn Jahren wechselt der Mensch sein Gebiß. Endgültig abgeschlossen ist dieser Vorgang mit dem Durchbruch der dritten hinteren Backenzähne (Weisheitszähne), was sich bei manchen Menschen bis ins dreißigste Lebensjahr hinziehen kann.

Die ersten Zähne (Milchzähne) fallen nach und nach aus und die bleibenden Zähne wachsen nach. Diese können bei guter Pflege ein Leben lang halten.

Die Bildung der zweiten Zähne beginnt im Alter von drei Monaten. Sie entwickeln sich bereits im Kiefer, solange das Kind noch das Milchgebiß hat.

Die Bildung des Zahnschmelzes ist mit dem achten Lebensjahr abgeschlossen. Deshalb ist es wichtig, daß Sie gerade beim kleineren Kind auf eine gesunde Ernährung achten. Besonders wichtig für die Zahnbildung ist eine ausreichende Zufuhr von Kalzium. Außerdem sorgen die vom Kinderarzt verordneten Fluortabletten dafür, daß der Zahnschmelz gehärtet wird.

Sind die Zähne einmal da, dann müssen sie auch äußerlich gepflegt werden. Eine erfolgreiche Zahnpflege beginnt bereits beim Milchgebiß. Viele Eltern nehmen die Pflege der ersten Zähne nicht so wichtig, da sie sowieso bald ausfallen. Die Gesunderhaltung der Milchzähne ist aber die Grundlage für ein gutes bleibendes Gebiß. Die Milchzähne sind wichtige Platzhalter für die nachwachsenden zweiten Zähne. Fallen sie zu früh aus, dann kann das zu Fehlstellungen in der nachwachsenden Zahnreihe führen.

Kariesvorbeugung

- Weniger Zucker: Geben Sie Ihrem Kind möglichst wenig zuckerhaltige Speisen. Das gilt auch für honig- und siruphaltige Nahrungsmittel, sowie für sehr süße Trockenfrüchte, die an den Zähnen klebenbleiben. Meiden Sie auch zuckerhaltige Getränke.
- Gewöhnen Sie Ihr Kind daran, Süßigkeiten, wenn überhaupt, nach einer Hauptmahlzeit zu sich zu nehmen und nicht als Zwischenmahlzeit. Je länger Zucker auf die Zähne einwirkt, um so mehr schadet er.
- Nach jeder Hauptmahlzeit die Zähne mit Bürste und Zahnpasta gründlich (aber dennoch nicht fest aufdrücken) von Speiseresten und Belägen reinigen. Größere Kinder können ihre Zahnzwischenräume zusätzlich mit Zahnseide reinigen. Zahnseide gibt es in Apotheken und Drogerien. Der Zahnarzt zeigt, wie sie zu benutzen ist. Nach Zwischenmahlzeiten sollte der Mund gründlich mit Wasser ausgespült werden.
- Gehen Sie routinemäßig etwa halbjährlich, mindestens aber jährlich zum Zahnarzt. Wenn kariöse Stellen rechtzeitig entdeckt werden, ist ihre Behandlung weniger unangenehm. Lassen Sie dabei auch Zahnbeläge entfernen.
- Schützen Sie die Zähne durch Fluor. Kleineren Kinder verschreibt der Kinderarzt Fluortabletten. Fluor ist aber auch in Zahnpasten und Gels enthalten.
- Die Zahnbürste aus hygienischen Gründen monatlich wechseln, wenn sie – wie es sein sollte – täglich zwei- bis dreimal benutzt wird.

Noch ein Tip:

Je früher Sie Ihr Kind mit der Zahnpflege vertraut machen, desto selbstverständlicher wird es sie übernehmen. Leichter haben Sie es auch, wenn Sie dabei mit gutem Beispiel vorangehen und Zwänge vermeiden. Verlangen Sie das Zähneputzen nach den Mahlzeiten nicht nur von Ihrem Kind. Tun Sie es auch selber. Loben Sie es, auch wenn es zunächst noch recht ungeschickt dabei ist.
Richtig mit der Zahnbürste umgehen, kann ein Kind erst ab dem Alter, in dem es auch schreiben lernt. Vorher müssen Sie es noch anleiten und ihm oft die Hand führen. Nehmen Sie Ihr Kind auch von Anfang an zu Ihren ei-

genen Zahnarztterminen mit, damit es mit der Arbeit eines Zahnarztes beizeiten vertraut wird. Ängste entstehen so meistens gar nicht. Wichtig ist auch, daß Sie mit dem Kind regelmäßig den Zahnarzt aufsuchen, um schmerzhaften Eingriffen möglichst zuvorzukommen.

1.11 Diese Bücher helfen Ihnen weiter

- Brüggemann, J. H.: Vorsorgeuntersuchungen im Kindesalter (U1-U9). Erläuterungen für Eltern zum „Gelben Heft"; Stuttgart: TRIAS Thieme, Hippokrates, Enke 1991
  Gute Informationsmöglichkeit für Eltern durch die Beschreibung der Untersuchungen und der Krankheiten und Behinderungen, denen damit vorgebeugt wird. Erklärung von Fachausdrücken und Adressen von Organisationen und Kliniken ergänzen den Band.

- Dörpinghaus, Eva: Stillen. Jede kann es, keine muß es; München: Kunstmann 1990
  Die Autorin bietet den jungen Müttern, die sich noch nicht entschieden haben, ob sie stillen wollen oder nicht, Entscheidungshilfen an. Neben diesen Argumentationshilfen gibt es aber auch Tips und Erklärungen für das Stillen selber und möglichen Komplikationen dabei.

- Fenwick, Elizabeth: Alles über Kinderkrankheiten; Ravensburg: Maier 1991
  Das Kleinkind und Erkrankungen und Unfälle, die ihm zustoßen können, sind das Thema des Bandes. Die Empfehlungen reichen von der Darstellung der Kinderkrankheiten und deren Behandlung bis zu Erste-Hilfe-Maßnahmen. Fotos und Zeichnungen unterstützen das Verständnis des Lesers entscheidend.

- Fritz, Angelika: Rund um den Zahn und Mund. Pflege, Kosten und die Suche nach dem guten Zahnarzt; München: Knaur 1990
  Alles was Mund- und Zahnpflege betrifft, stellt die Autorin hier vor. Viele unserer Zeitgenossen wissen nämlich nicht viel über dieses Thema und wie man mit wenig Aufwand teuren Zahnersatz vermeiden kann, indem man seine Zähne sachkundig pflegt.

- Herbst, Vera: Unsern Kindern helfen. Was tun, wenn Kinder krank werden? Köln: Kiepenheuer & Witsch, 1988

Ein gut überschaubarer praktischer Elternratgeber über Kinderkrankheiten und andere Gesundheitsstörungen. Behandlungsmethoden und Medikamente samt Nebenwirkungen werden kritisch betrachtet.

- Kursbuch Gesundheit. Beschwerden und Symptome, Krankheiten, Untersuchung und Behandlung, Selbsthilfe; Köln: Kiepenheuer und Witsch 1990
  Ein umfassender Gesundheitsratgeber für die ganze Familie. Systematisch werden die Symptome, Ursachen, Folgen und Behandlungsmöglichkeiten in einer für Laien verständlichen Art angeführt.

- Leiber, Bernfried und Hans Schlack: Baby-Lexikon. Ratgeber für Eltern gesunder und kranker Kinder; 5., völlig neu bearb. u. erw. Aufl.; Stuttgart, New-York: Thieme 1980
  Ratgeber in Lexikonform. Hier werden sachverständige Antworten auf Fragen, die in der Säuglings- und Kleinkindpflege auftauchen, gegeben. Von A wie Abdrücken der Frauenmilch bis Z wie Zystitis.

- Schmid, Raimund, Ines Engelmohr, Katharina Maidhof-Schmid: Eltern-Selbsthilfegruppen. Kranke Kinder + aktive Eltern, ein bundesweiter Wegweiser; Lübeck: Schmidt-Römhild 1992
  Selbsthilfegruppen von Eltern mit Kindern, die an chronischen Krankheiten leiden, werden hier mit Adressen vorgestellt. Das Adreßmaterial stammt vorwiegend aus den alten Bundesländern.

- Scholz, Christoph: Erste Hilfe bei Kindern. Lebensrettende Sofortmaßnahmen bei Notfällen für Eltern und Erzieher; Kontrolle der Vitalfunktionen, Basismaßnahmen, Notfallsituationen, Fallbeispiele; Augsburg: Hofmann 1991
  Die grundlegenden Maßnahmen in Erste-Hilfe-Fällen mit Kindern werden beschrieben. Grafiken und Tabellen verhelfen dem Band zu angenehmer Übersichtlichkeit.

- Stellmann, Herman Michael: Kinderkrankheiten natürlich heilen. So helfe ich meinem Kind bei Husten, Schnupfen, Ohren- und Mandelentzündung, Blähungen, Durchfall und Blasenentzündung, bei Masern, Scharlach, Keuchhusten, Windpocken, Röteln, Mumps, Diphterie. Bewährte Naturheilmittel, ärztlicher Rat, genaue Anleitungen; 3. Aufl.; München: Gräfe und Unzer 1992

Wie man Gesundheitsstörungen und Krankheiten bei Kindern frühzeitig erkennen und naturgemäß heilen kann, wird in diesem Buch erklärt. Es bietet auch eine Beschreibung bewährter Naturheilmittel aus der Kinderheilkunde, außerdem genaue Anleitungen zur Anwendung sogenannter Hausmittel.

- Stoppard, Miriam: Das große Ravensburger Babybuch. Ein Handbuch für junge Eltern; 12. Aufl.; Ravensburg: Maier 1992
  Ein reich bebildertes Handbuch, mit praktikablen Vorschlägen für die ersten drei Lebensjahre eines Kindes. Alles, was angehende Eltern wissen wollen: Babyausstattung, Pflege, Ernährung, Entwicklung, Umgang mit Kindern und vieles mehr.

2. Kapitel
Probleme bei der Kindererziehung

2.1 Bis 3 Jahre

2.1.1 Schreiende Babys – verzweifelte Eltern

Angelika hat ein vier Monate altes Baby, das viel schreit. Sie trifft sich jeden Mittwoch nachmittag mit ihrer früheren Arbeitskollegin Uschi zum Teetrinken. Während dieser Zeit übernimmt ihre Mutter die kleine Katrin.

„Ach Uschi, ich bin ja so froh, daß meine Mutter mittwochs immer die Katrin nimmt. Es tut mir richtig gut, wenn ich mich mal bei dir entspannen kann." – „Ist das mit dem Schreien noch immer nicht besser geworden? Du wolltest doch zum Kinderarzt gehen deswegen." – „Das war ich auch. Aber zu dem geh' ich nicht mehr. Er hat herausgefunden, daß Katrin nichts fehlt, daß das Schreien also keine gesundheitlichen Gründe hat. Ich wollte dann, daß er ihr ein mildes Beruhigungsmittel verschreibt, damit sie wenigstens abends, wenn Jochen von der Arbeit heimkommt, ruhiger wird. Das hat er abgelehnt und gesagt: ‚Ein Kind ist immer so wie seine Eltern. Vielleicht müssen Sie an sich etwas ändern und nicht am Kind.' So persönlich brauchte er ja auch nicht werden. Mich hat das sehr geärgert, weil ich zu Katrin immer sanft bin, obwohl mich ihr ständiges Schreien oft genug und ganz schön schlimm nervt." – „Das ist natürlich frustrierend, wenn du alles versuchst,und das Kind schreit trotzdem." – „Ja manchmal kriege ich schon eine rechte Wut. Da trommle ich dann mit den Fäusten auf das Sofa. Zum Glück schläft sie wenigstens nachts durch. Aber sobald sie wach wird, legt sie wieder los wie eine Sirene." – „Meine Nachbarin hat mir kürzlich auch so eine Geschichte erzählt. Sie waren drei Wochen in Urlaub in Griechenland. Ihr Kleiner ist auch erst drei Monate alt, und der fing am zweiten Tag an herumzuquengeln. Zunächst dachten sie, er würde krank, aber es fehlte ihm nichts. Fast den ganzen Urlaub durch hat er geweint und geschrien. Zwei Tage vor der Abreise gab ihr eine Urlauberin den Tip, daß der Kleine Durst haben könnte, weil die Muttermilch bei der Hitze zum Durststillen eventuell nicht ausreicht. Dann haben sie ihm Mineralwasser ohne Kohlensäure im Fläschchen gegeben. Und tatsächlich hat er dann aufgehört zu schreien." – „Der Ärmste! Fast drei Wochen lang hatte er dann ja Durst!" – „Ja manchmal liegt es wirklich nur an einer Kleinigkeit. Aber wenn die Eltern nicht draufkommen, was das Kind will oder braucht, kann das dem Kleinen die Hölle heiß machen."

Schreien ist für ein Baby ein wichtiges Mittel, um seine Bedürfnisse mitzuteilen. Aber wenn ein Baby schreit, dann kann das Vieles bedeuten. Es will damit zum Beispiel sagen: „Ich habe Hunger.", „Ich bin naß.", „Mir ist langweilig.“, „Nimm mich hoch!“, „Ich bin müde.“, „Mir tut etwas weh.“, „Mir ist zu warm.“ Je nach Bedürfnis äußert es sich auch unterschiedlich. So weint es lang und gedehnt, wenn es müde ist. Hat es Hunger, dann schreit es ungeduldig und in kräftigen Stößen. Mit der Zeit lernen Sie, die verschiedenen Arten des Schreiens zu deuten, und können dann Ihrem Baby die entsprechende Betreuung zukommen lassen. Schreit Ihr Baby aus Hunger, dann beruhigt es sich, sobald Sie es füttern. Schreit es, weil es Blähungsschmerzen hat, dann beruhigt es sich, wenn Sie seinen Bauch massieren oder es auf eine (nicht zu heiße) Wärmflasche legen.

Es gibt aber auch Babys, deren Schreien sich nicht beruhigen läßt. Oft fangen solche Babys ab der dritten Lebenswoche an, täglich zwei Stunden und länger ununterbrochen zu schreien. Sie lassen sich auch nicht durch Füttern, Wickeln, Umhertragen oder ähnliches besänftigen.

Wenn über einen längeren Zeitraum alle Versuche, ihr Baby zufriedenzustellen fehlschlagen, dann ist es nur zu verständlich, wenn Eltern – insbesondere die Mütter – sich bald als Versager fühlen. Nur zu oft bekommen sie Ratschläge von „erfahrenen“ Erziehern, von lärmempfindlichen Nachbarn, von Großeltern oder auch von Passanten auf der Straße: „Das Kind hat zuwenig Schlaf.“, „Ihr habt keine Zeiteinteilung.“, „Du verwöhnst es zu sehr, renn' nicht immer gleich, wenn es schreit.“ Solchen Argumenten können die betroffenen Eltern wenig entgegensetzen, wenn sich ihr Baby trotz aller Bemühungen nicht beruhigen läßt. Sie werden nicht selten noch deprimierter oder gar aggressiv, da das durchdringende Babygeschrei natürlich auch an ihren Nerven zerrt.

Über die Ursachen dieses Dauergeschreis wurden schon viele Untersuchungen angestellt. Befriedigende Antworten oder gar Patentrezepte können bisher nicht gegeben werden. Den betroffenen Eltern kann man nur eines zum Trost sagen: Die Schreiphase dauert meistens nicht länger als drei bis sechs Monate. Danach haben die meisten Babys ihr inneres Gleichgewicht gefunden.

Dennoch sollten Sie als Eltern jetzt nicht annehmen, da es sich um eine Schreiphase handelt könne man sowieso nichts dagegen tun und müßte es also schreien lassen. Niemand ist so abgebrüht, daß ihn ein schreiendes Baby nicht aus der Ruhe bringen könnte. Das Schreien ist immer der Ausdruck von Unbehaglichkeit. Der Auslöser dafür liegt bei jedem Baby woanders, oft spielen auch mehrere Gründe zusammen. Durch genaue Beobachtung ihres Kindes und sich selber schaffen es viele Eltern tatsächlich, die Ursachen für das Dauergeschrei ihres Kindes herauszufinden. Es kann deshalb hilfreich sein, wenn Sie beizeiten herauszufinden versuchen, bei welchen Gelegenheiten Ihr Baby zu schreien beginnt.

Um Ihnen das zu erleichtern finden Sie im folgenden einige Ursachen, die das Wohlbefinden eines Babys beeinträchtigen und es zum Schreien bringen können.

Das Kind hat Blähungen

Sie entstehen oft dadurch, daß das Baby beim Trinken viel Luft verschluckt und die Nahrung im Magen aufschäumt und bläht. Dagegen können Sie folgendes tun:

- Lassen Sie dem Kind nach dem Trinken ein Bäuerchen machen.
- Falls es Flaschennahrung bekommt, verwenden Sie einen Sauger mit kleinerem Loch oder versuchen Sie es mit einer anderen Milchnahrung. Wenn das Kind Kuhmilcheiweiß oder Milchzucker nicht verdauen kann, muß es vielleicht mit Sojamilch ernährt werden. Anzeichen für eine Nahrungsunverträglichkeit können sein, wenn das Kind schlecht gedeiht, oft erbricht, Hautausschläge hat und anfällig für Krankheiten ist.
- Falls Sie stillen, achten Sie darauf, was Sie selber essen. Meiden Sie blähende Speisen wie Kohl, Zwiebeln, Knoblauch, Hülsenfrüchte etc. Viele Babys reagieren auch auf bestimmte andere Nahrungsmittel, die die Mutter zu sich nimmt, mit Unbehagen. Dies können bestimmte Obstsorten sein, Milchprodukte, Alkohol, Kaffee usw. Im Laufe der Zeit finden Sie das bestimmt heraus und stellen dann Ihre Ernährung für die Dauer der Stillzeit entsprechend um.

Magenpförtnerkrämpfe

Manchmal entstehen Blähungen aber zusätzlich erst durch das Schreien und der wirkliche Grund dafür liegt woanders. Der Magenpförtner arbeitet noch nicht richtig. Wenn dies der Fall ist, dann bekommt das Kind Sodbrennen, weil der saure Nahrungsbrei aus dem Magen wieder in die Speiseröhre zurückfließt. Dies können Sie folgendermaßen lindern:

- Legen Sie das Baby nach dem Füttern nicht gleich flach hin. Tragen Sie es lieber oder setzen Sie es in eine Babywippe.
- Füttern Sie es nicht zu oft. Damit sich der Magen immer wieder entleeren kann, sollten Sie darauf achten, daß zwischen den Mahlzeiten Pausen von zwei bis drei Stunden liegen.

Das Kind hat Atemschwierigkeiten

Es kann vorkommen, daß das Baby infolge einer Erkältung oder einer Erkrankung der Atemwege Atemschwierigkeiten hat. Es kann nicht so viel trinken, wie es eigentlich möchte oder müßte, um satt zu werden. Das Trinken dauert sehr lange, da das Baby immer wieder absetzen muß, um Luft zu holen. Es wird vor lauter Anstrengung bald müde, bekommt aber schnell wieder Hunger und tut dies mit Schreien kund. Meistens fühlen sich Babys, die schwer atmen, im Sitzen wohler, weil sie dann besser durchatmen können.
Wenn Sie Anzeichen dafür feststellen, daß Ihr Kind Atmungsprobleme haben könnte, dann sollten Sie das Ihrem Kinderarzt sagen. Mit entsprechender Behandlung wird das Baby bald nicht mehr soviel weinen müssen.

Ein Nabel- oder Leistenbruch bereitet Schmerzen

Ein Bruch, sei es am Nabel oder an der Leiste, kann als Anlage schon bei der Geburt vorhanden sein. Es handelt sich dabei um eine Schwäche der Bauchdeckenmuskulatur. Schon beim normalen Schreien des Kindes können der Nabel (Nabelbruch) oder ein Darmabschnitt (Leistenbruch) aus dem Bauchinnenraum herausgepreßt werden und als halbkugelige, weiche Wölbung hervortreten. Wenn der Bruch schmerzt, dann schreit das Baby noch mehr, was die Schmerzen wiederum erhöht. Es ergibt sich also zwangsläufig ein Kreislauf. In so einem Fall sollten Sie den Bruch möglichst bald ärztlich behandeln lassen, nicht zuletzt deshalb, weil er sich durch das Schreien und die dabei erhöhte Spannung der Bauchdecke immer weiter verschlimmert.

Angeborene Hüftgelenksdysplasie

Diese Fehlbildung des Hüftgelenks kommt bei ungefähr vier Prozent aller Kinder vor. Mädchen haben sie sechsmal häufiger als Jungen. Dabei ist die Hüftpfanne so flach ausgebildet, daß der Kopf des Oberschenkelknochens nicht in ihr bewegt werden kann, und immer wieder herausspringt. Zwar werden die Babys bei den Vorsorgeuntersuchungen auch daraufhin

untersucht, aber bei manchen wird diese Fehlbildung nicht sicher erkannt. Beim Bewegen seiner Beine leidet ein Kind mit Hüftdysplasie oft große Schmerzen, so daß es unaufhörlich schreit. Verbesserung stellt sich ein, sobald das Kind eine Spreizhose trägt.
Wenn Sie den Eindruck haben, Ihr Baby hat beim Bewegen der unteren Körperhälfte Schmerzen, dann könnte eine unerkannte Hüftgelenksdysplasie der Grund dafür sein. Eine Röntgen- oder Ultraschalluntersuchung kann hier eine sichere Diagnose liefern. Je früher diese Fehlbildung entdeckt wird, um so schonender kann sie behandelt werden.

Das Baby ist nervös

Wenn es bei Ihnen zu Hause lebhaft zugeht und Sie sich nicht intensiv genug Ihrem Baby zuwenden können oder es sehr viele Eindrücke sammelt, dann kommt es vor, daß das Baby zum Ende des Tages „überdreht" ist. Es weint dann nur noch, weil es sich nicht wohl fühlt und weil ihm alles zuviel geworden ist. Oft herrscht in einer Familie ausgerechnet in den Abendstunden Hektik, wenn etwa ein berufstätiger Elternteil nach Hause kommt. Dann soll das Abendessen auf dem Tisch stehen, oder die Eltern wollen sich ungestört über die Tagesereignisse unterhalten. Ein Baby spürt solche Veränderungen genau und hat auch bald eine innere Uhr dafür entwickelt.

- Schaffen Sie rechtzeitig vor den abendlichen Schreistunden eine ruhige Atmosphäre. Ziehen Sie sich mit dem Baby in einen ruhigen Raum zurück, und schenken Sie ihm Ihre Zuwendung.
- Suchen Sie mit Ihrem Partner nach einer Lösung, den Abend anders zu gestalten. Verlegen Sie das Abendessen und Ihr Gespräch auf einen anderen Zeitpunkt.

Das Baby ist zu müde zum Schlafen

Manche Babys sind so aktiv, daß sie nicht einschlafen wollen, auch wenn es schon längst Zeit für sie wäre. Sie fangen an zu weinen, reiben sich die Augen, winden sich und sind mit nichts zufriedenzustellen. Legt man sie ins Bett, dann wollen sie auch nicht liegenbleiben und schreien um so mehr.
Da jedes Kind anders ist, müssen Sie herausfinden, wie Ihres am besten einschläft:

- Manche Kinder schlafen bald ein, wenn man sie herumträgt, sie hin und her wiegt und eine Melodie dazu summt. Am besten gelingt das zumeist in einem Raum mit gedämpftem Licht.
- Andere Kinder kommen am ehesten zur Ruhe, wenn man sie in ihrem Bett läßt und nicht bei jedem Weinen gleich wieder hochnimmt. Dabei sollte man sie aber nicht einfach sich selbst überlassen, sondern sie streicheln oder wiegen.

Das Baby vermißt Körperkontakt

Es gibt Babys, die nur dann ruhig sind, wenn sie getragen werden. Sie haben ein sehr großes Bedürfnis nach Körperkontakt und fangen sofort zu schreien an, sobald man sie hinlegen will. Diese Kinder brauchen länger, um sich von der Mutter zu lösen. Nur selten hat das damit zu tun, daß sie ihre Eltern tyrannisieren wollen.

- Viele Mütter haben mit einem Babytragetuch gute Erfahrungen gemacht. Das Kind ist an Ihrem Körper und fühlt sich wohl dabei, während Sie trotzdem Ihren häuslichen Beschäftigungen nachgehen können.
- Solche Kinder beruhigen sich auch, wenn sie zu den Eltern ins Bett dürfen und dort deren Nähe spüren. Eltern schrecken oft vor einer solchen Lösung zurück, weil ihr Liebesleben darunter leidet. Sobald das Kind schläft, können Sie es ja in sein eigenes Bettchen zurücklegen, oder Sie verlegen Ihr Liebesleben für einige Zeit in ein anderes Zimmer. Diese Lösung ist allemal besser, als ein ständig schreiendes Baby im Nebenzimmer, dabei kommen Sie auch nicht zu Ruhe und Entspannung.

Wenn es soweit ist, daß das Baby Vertrauen gewonnen hat und weniger Körperkontakt braucht, dann haben die Eltern ihr Bett bald wieder für sich.

Das Baby muß noch seinen Schlaf-Wach-Rhythmus finden

Oft wird das Wohlbefinden eines Babys dadurch gestört, daß es noch zu keinem befriedigenden Schlaf-Wach-Rhythmus finden konnte. Es ist dann entweder unausgeschlafen oder auch gelangweilt.

- Helfen Sie Ihrem Kind, zu seinem Rhythmus zu finden. Beobachten Sie es und finden Sie so heraus, wann es schläfrig wird. Nutzen Sie diesen

Zeitpunkt aus und legen Sie Ihr Kind schlafen. Wird ein solcher Zeitpunkt verpaßt, dann übermüdet das Kind und wird quengelig.

– Wenn Ihr Kind wach ist, dann beschäftigen Sie sich ausgiebig mit ihm. Geben Sie ihm Anregungen: Sprechen Sie viel zu ihm. Zeigen Sie ihm Dinge, die sich bewegen. Lassen Sie es greifen. Machen Sie mit einer Rassel Lärm oder singen Sie. Tragen Sie es mit sich herum. Lassen Sie Musik spielen und tanzen Sie mit dem Baby im Arm. Sie haben viele Möglichkeiten, sich auch mit einem sehr kleinen Baby zu beschäftigen. Es wird oft unterschätzt, wieviel Anregungen auch sehr kleine Babys brauchen, und die Kleinen wollen sie auch haben. Bekommen sie keine, dann werden sie unzufrieden und fangen an zu schreien.
– Gehen Sie mit dem Kind möglichst viel an die frische Luft. Das ist eine Abwechslung für Mutter und Kind und tut beiden gut. Das Kind wird von der frischen Luft und vom Schaukeln des Kinderwagens müde. Außerdem ist ein weinerliches Kind im Freien leichter zu ertragen, als in einem geschlossenen Raum.
– Baden Sie Ihr Baby regelmäßig, besonders am Abend. Es muß jedoch nicht immer ein Reinigungsbad sein, da dies seine Haut austrocknen kann. Wasser wirkt auf Kinder immer beruhigend. Ganz kleine fühlen sich wohl, wenn sie im Wasser hin- und hergeschwenkt werden. Größere planschen gerne ausgiebig und spielen auch gerne mit Schwimmtieren.

Sollten Sie mit allen Ihren Bemühungen Ihr Kind nicht besänftigen können, dann müssen Sie etwas unternehmen, um sich zu entlasten.

– Schaffen Sie sich einen Freiraum, damit Sie sich wenigstens zeitweise erholen können. Überlassen Sie Ihr Kind zeitweise einem Babysitter, einer Oma , Nachbarin oder einer anderen Person Ihres Vertrauens. Nutzen Sie dann diese freie Zeit nur für sich selbst: Treiben Sie Sport, treffen Sie sich mit Freunden, gehen Sie ins Kino, lesen Sie endlich mal wieder in Ihrem Lieblingsbuch, oder tun Sie einfach mal gar nichts. Wenn Sie selbst ausgeglichen sind, dann hat das auch auf das Baby eine beruhigende Wirkung.
– Knüpfen Sie Kontakte mit anderen Müttern, die auch Babys haben. In einer solchen Runde können sich alle aussprechen und Erfahrungen austauschen.
– Wenn Sie sich in einer ausweglosen Lage fühlen, und womöglich Aggressionen gegen Ihr Baby verspüren, dann wenden Sie sich an eine Erziehungsberatungsstelle. (Adressen finden Sie in diesem Kapitel unter 2.5.)
– Wenn Sie sich den Anforderungen gewachsen fühlen, aber nur momentan zornig werden, weil das Baby partout nicht zu schreien aufhört, dann verlassen Sie ganz einfach für einige Zeit den Raum. Es ist für das

Baby allemal besser, eine Zeit lang alleine zu schreien, als womöglich von einer hilflosen Mutter geschlagen zu werden!

2.1.2 Schlafprobleme

„Gestern abend waren mein Mann und ich im Theater und hinterher in der Weinstube. Das war wieder mal so ein richtig schöner Abend. Endlich mal wieder ohne Kindergeschrei. Unsere Nachbarin hat auf die Kinder aufgepaßt. Das heißt, eigentlich war sie ja nur bei uns in der Wohnung, damit die Kinder nicht ganz alleine sind. Die sind ja sowieso gleich eingeschlafen. Ich bin ja so froh, daß wir unser Theaterabonnement wieder haben können. Da kommen wir beide wenigstens regelmäßig außer Haus." – „Wir haben ein Konzertabonnement. Aber ich habe meine Karte in letzter Zeit immer meinem Bruder überlassen. Ich bin so unausgeschlafen, daß ich mich gar nicht zu einem Konzertbesuch aufraffen kann. Ich bin froh, wenn ich um zehn Uhr abends im Bett liege und wenigstens die drei Stunden am Stück schlafen kann. Um ein Uhr geht dann das Geschrei los. Da wacht Tina auf und will was zu trinken. Wenn sie wieder eingeschlafen ist, kommt um drei Uhr Julian. Seit neuestem wacht Tina um fünf Uhr morgens wieder auf, ist hellwach und will spielen. Stellen Sie sich das vor! Wenn ich sie in ihr Bettchen zurücklegen will, dann protestiert sie und schreit ununterbrochen. Ich habe immer Angst, daß Julian davon aufwachen könnte, deshalb nehme ich sie mit zu uns rüber. Bis sie einschläft, ist es dann meistens schon sechs. Dann kann ich aber nicht mehr so richtig einschlafen und döse nur noch so bis acht. Dann wacht Julian auf. Tina schläft bis neun. Mein größter Wunsch ist zur Zeit: einfach mal so richtig durchschlafen können." – „Ja, ja. Man wird ganz schön bescheiden. Als unsere Zwillinge sieben Monate alt waren, hatten sie auch so eine Phase. Ab ein Uhr nachts wachten die jede Stunde abwechselnd auf und wollten auch immer spielen. Ein paar Mal habe ich das mitgemacht, weil ich dachte, so schlafen sie schneller wieder ein. Aber nach drei Wochen war ich fix und fertig, weil ich mich ja tagsüber auch nicht ausruhen konnte. Mein Mann ist auch einige Male eingesprungen, aber dem wurde es auch zuviel. Er hat ja auch einen anstrengenden Job." – „Was haben Sie dann gemacht? Sie sehen ja jetzt ganz ausgeruht aus." – „Dem Kinderarzt ist damals aufgefallen, daß ich ganz fertig war. Er hat mir dann geraten: ‚Legen Sie sich in ein anderes Zimmer, geben Sie Ohropax in die Ohren und lassen Sie die beiden einfach mal schreien. Die müssen merken, daß die Nacht zum Schlafen da ist. Wenn niemand kommt, dann hören sie schon auf. Aber das dauert dann schon ein paar Tage beziehungsweise Nächte, bis sie das kapiert haben.' Mir war aber gar nicht wohl bei der Sache. Aber da wir beide so fertig waren, haben wir es ausprobiert." – „Das brächte ich ja nie übers Herz!" – „Ja wir konnten am ersten Abend schon gar nicht gut einschlafen, bis um ein Uhr dann das Geschrei losging. Dann haben wir beraten, wie lange wir sie schreien lassen sollen. Sie taten uns natürlich leid. Aber so nach zwanzig Minuten – wir haben auf die Uhr geschaut – wurden sie ruhig und haben dann bis zum Morgen geschlafen. Wir haben jedenfalls nichts mehr gehört. Am nächsten Tag haben wir das noch mal gemacht. Da haben sie nur noch einige Minuten krakeelt, und ab da haben sie dann tatsächlich durchgeschlafen." – „Das ist aber eine rigorose Methode. Daß ein Kinderarzt einen solchen Ratschlag gibt." – „Der wird wahrscheinlich schon einiges erlebt und gehört haben. Er sagte nämlich: ‚Bevor Sie die beiden an die Wand werfen, versuchen Sie's lieber so.' Und wir waren durch den ständig fehlenden Schlaf so am Boden, daß ich das heute noch verzeihe. Ob und wie es den Kindern geschadet hat, das kann ich allerdings nicht sagen. Bemerkt habe ich noch nichts. Auf jeden Fall konnte ich mich tagsüber dann wieder viel besser mit ihnen beschäftigen und war auch viel ausgeglichener, weil ich halt ausgeschlafen war. Und unsere beiden Kinder waren ja auch besser ausgeschlafen. Das war auch eine positive Folge davon. Wir haben alle nachts geschlafen und waren so besser für den Tag gerüstet." – „Das leuchtet mir allerdings ein. Wenn ich launenhaft bin, dann sind meine beiden auch ganz quengelig. An manchen Tagen schaukeln wir uns mit unserer schlechten Laune gegenseitig regelrecht hoch. Aber ich kann ja jetzt, nachdem sie wissen, ich komme, nachts nicht einfach wegbleiben. Die geraten doch sonst in Panik. Ich muß mir mal irgendwelche Tricks überlegen, was ich da machen könnte. Sie haben mit Ihrer Erziehung zum Durchschlafen halt früher angefangen, bevor die Kinder schon so daran gewöhnt waren, daß sie sich noch umstellen konnten."

Das Neugeborene verbringt seine ersten Lebenstage hauptsächlich mit Schlafen. Nach den Mahlzeiten und dem Wickeln schläft es normalerweise, außer es fühlt sich nicht wohl. Bereits ab der zweiten Lebenswoche wird das Baby aufmerksamer und verlangt nach etwas mehr Zuwendung. Seine Wachzeit verteilt sich gleichmäßig auf Tag und Nacht. Bereits im dritten Lebensmonat hat das Baby während des Tages eine längere Wachperiode, meistens am Nachmittag. Langsam beginnt sich der Unterschied zwischen Tag- und Nachtschlaf zu entwickeln. Die meisten Babys schlafen, wenn sie ein Jahr alt sind während des Tages zweimal. Am Vormittag und am Nachmittag. Viele schlafen auch schon die Nacht durch.

Zweijährige brauchen schon viel weniger Schlaf. Oft reicht es, wenn der

Nachmittagsschlaf wegfällt und das Kind dafür abends früher ins Bett geht. In diesem Alter gleicht sich der Schlafrhythmus des Kindes langsam dem eines Erwachsenen an. Das Schlafbedürfnis der Kinder ist individuell unterschiedlich. Während der zweijährige David vierzehn Stunden am Tag schläft, kann die gleichaltrige Klara mühelos mit zehn Stunden Schlaf auskommen. Solche Schwankungen sind möglich und müssen keinen Anlaß zur Sorge geben. Zur Orientierung möchten wir aber dennoch eine Tabelle mit den Werten des durchschnittlichen Schlafbedarfs von Kindern anführen:

Durchschnittlicher Schlafbedarf von Kindern

Neugeborenes	18 Stunden
Säugling bis ein Jahr	14 bis 16 Stunden
Kleinstkind bis zwei Jahre	12 bis 14 Stunden
Kleinkind zwei bis sechs Jahre	11 bis 12 Stunden
Schulkind bis zehn Jahre	ca. 10 Stunden
Schulkind bis vierzehn Jahre	ca. 9 Stunden

Wie bringe ich mein Kind dazu, nachts durchzuschlafen?

Ein ganz kleines Kind unterscheidet noch nicht zwischen Tag- und Nachtschlaf. Seine Wachzeiten liegen gleichmäßig über die 24 Stunden des Tages verteilt. Sie können ihm dabei helfen, ein Gefühl für den Unterschied zwischen Wachsein am Tage und Wachsein bei Nacht zu entwickeln.

- Wenn Ihr Baby nachts hungrig aufwacht, dann lassen Sie das Zimmer abgedunkelt, während Sie es füttern. Verhalten Sie sich ruhig, sprechen Sie leise und in beruhigendem Ton, streicheln Sie es, und lassen Sie sich nicht dazu verführen, mit dem Kind zu spielen.
- Viele Eltern machen gute Erfahrungen damit, wenn sie ihrem Baby vor dem Schlafengehen eine sättigendere Mahlzeit geben als tagsüber. Dann wacht es nachts nicht vor Hunger auf. Damit Sie nicht das Gegenteil bewirken, füttern Sie solche Mahlzeiten maßvoll. Ein zu voller Magen kann zu noch unangenehmeren Schlafstörungen führen als ein hungriger.
- Führen Sie feste Rituale vor dem abendlichen Zubettgehen ein: baden, Abendmahlzeit, Schlaflied singen, schlafen.
- Machen Sie abends möglichst wenig Lärm und Hektik. Ein gleichmäßiger Geräuschpegel stört jedoch nicht, das Baby fühlt sich dabei geborgener als bei „Friedhofsstille".
- Lassen Sie das Baby nicht in einem abgelegenen Raum schlafen. Besser ist es, wenn das Kinderzimmer eine Verbindungstür zum Elternschlaf-

zimmer hat oder das Kinderbettchen neben dem Elternbett steht. Oft reicht es, wenn Sie dem aufgewachten Baby Ihre Hand auflegen. Es registriert nun, daß jemand in seiner Nähe ist und schläft beruhigt weiter. So brauchen Sie nachts auch nicht immer aufstehen.

- Hat Ihr Baby vielleicht ein zu großes Bett? Darin kann es sich verloren vorkommen, weil es keine Begrenzung spürt. Ganz kleine Babys fühlen sich anfangs im Kinderwagen oder in einem Tragekorb wohler.
- Wenn Ihr Kind schon älter ist (über ein Jahr), und nachts immer wieder aufwacht, dann schimpfen Sie es nicht, sondern trösten Sie es und versichern Sie ihm Ihre Nähe. Notfalls, bevor Sie stundenlang nachts wach liegen, nehmen Sie es mit ins Elternbett, oder Sie legen sich zu Ihrem Kind ins Bett. Dann schläft es meistens bald beruhigt ein.
- Wenn Ihr Kind jede Nacht wach wird, dann zehrt das auf Dauer an Ihren Kräften. Sie sind untertags schließlich sehr gefordert und sollten ausgeschlafen sein. Unausgeschlafenen Müttern fällt es schwerer, mit ihren Kindern liebevoll umzugehen. Damit Sie nicht allzu oft an die Grenzen Ihrer Belastbarkeit stoßen, wäre es das beste, wenn Sie sich mit Ihrem Partner absprechen würden, damit er abwechselnd jede zweite Nacht das Kind betreut.

Mit zwei Jahren haben die meisten Kinder ihren Rhythmus gefunden und schlafen, sofern sie gesund sind und sich wohl fühlen, so gut wie jede Nacht durch.

Ein häufiges Problem: Das Kind weigert sich, ins Bett zu gehen.

„Papa, ich hab Durst.“, „Mama, ich muß pipi machen.“, „Papa, in meinem Zimmer ist eine Spinne, da kann ich nicht einschlafen.“, „Mama, ich bin noch nicht müde.“ „Papa, es ist zu dunkel.“, „Mama, singst du mir noch mal was vor?“. Mit solchen oder ähnlichen Vorwänden (aber es sind auch nicht immer nur Vorwände!) versuchen Kinder, die nicht einschlafen wollen, das Schlafengehen hinauszuzögern. In schöner Regelmäßigkeit tauchen sie Abend für Abend mehrmals hintereinander im Wohnzimmer auf und bringen ihre Eltern allmählich zur Verzweiflung. Wer verzichtet schon gerne auf einen geruhsamen Abend, wenn er sich den ganzen arbeitsreichen Tag lang darauf gefreut hat?
Wenn auch Ihr Kind alle möglichen Tricks anzuwenden versucht, um nicht ins Bett zu müssen, dann stehen auch Sie vor der schwierigen Frage: „Was tun? Geben wir nach, dann haben wir keinen Abend mehr Ruhe. Sind wir streng, dann spitzt sich die Angelegenheit womöglich zu.“

Wie Sie jetzt reagieren, das hängt auch davon ab, wie Sie es bisher mit dem Einschlafen gehalten haben.

- Durfte Ihr Kind schon als Baby bei Ihnen im Zimmer einschlafen, dann können Sie nicht jetzt, wo es größer ist, plötzlich auf regelmäßiges Zubettgehen bestehen. Um sich die Sache zu erleichtern, können Sie ihm rechtzeitig den Schlafanzug anziehen, damit Sie es später, wenn es eingeschlafen ist, ohne Umziehen ins Bett legen können. Richten Sie ihm im Wohnzimmer ein kuscheliges Eck ein, in das es sich, wenn es nicht schlafen gehen will, zurückziehen und sich leise (mit einem Bilderbuch) beschäftigen kann. Dort kann es dann auch einschlafen.
- Hatten Sie immer schon regelmäßige Schlafenszeiten, dann können Sie dies von Ihrem Kind auch weiterhin verlangen. Ohne Tränen wird das wohl nicht immer abgehen, aber solange Sie sich untertags ausgiebig und liebevoll um Ihr Kind kümmern, dann brauchen Sie auch keine Schuldgefühle bekommen. Wenn sich Ihr Kind darauf verlassen kann, daß Sie immer kommen, wenn es Sie wirklich braucht, dann wird es auch einsehen, daß Sie abends Ihre Ruhe brauchen.
- Besonders aufgeweckte Kinder haben Angst, sie würden etwas versäumen, wenn sie Abends im Bett liegen. Überzeugen Sie sie davon, daß dies nicht so ist. Verlegen Sie deshalb einige für das Kind „uninteressante" Tätigkeiten in die Abendstunden. Verzichten Sie auf den Fernsehapparat, und lesen Sie statt dessen, verrichten Sie Büroarbeit, oder schreiben Sie Briefe. So können Sie Ihr Kind schnell davon überzeugen, daß es nichts versäumt, wenn es sich schlafen legt.
- Viele Kinder haben Angst vor der Dunkelheit. Das ist auch verständlich. Bei der regen Phantasie, die Kleinkinder haben, nehmen die Gegenstände im Kinderzimmer bei Nacht oft gespenstische Formen an. Da kann sich dann ein Schränkchen in ein wildes Tier verwandeln, oder auf der Zimmerdecke tummeln sich viele kleine Gespenster. Damit es im Zimmer nicht zu dunkel ist, lassen Sie die Tür einen Spalt geöffnet oder stecken ein Nachtlicht an.
- Manche Kinder können nur einschlafen, wenn Vater oder Mutter bei ihnen im Zimmer bleibt. Das Einschlafen können Sie dann beschleunigen, indem Sie sich selber schlafend stellen. Kündigen Sie vorher an, „Schlaf jetzt schön, Mama (Papa) schläft auch gleich.", und antworten Sie dann auch nicht mehr, wenn das Kind Sie anspricht. Daraufhin schlafen die meisten Kinder ein, manchmal auch die Eltern.
- Es gibt Kinder, die unbedingt im Elternbett schlafen wollen. Wenn es die Eltern nicht stört und sie dabei trotzdem gut schlafen können, dann können sie das Kind ruhig zu sich ins Bett nehmen. Viele Eltern lehnen

es aber grundsätzlich ab, daß ihr Kind zu ihnen ins Bett kommt. Wenn Sie vor diesem Problem stehen, dann können Sie einen Kompromiß schließen: Erlauben Sie dem Kind, daß es im Elternbett e i n schlafen darf, aber Sie legen es dann, wenn Sie selber zu Bett gehen, in sein Bettchen zurück. Kinder schlafen nämlich oft besser ein, wenn sie den Geruch Ihrer Eltern spüren. Mit dieser Lösung kommen Sie seinem Bedürfnis weitgehend entgegen und haben dennoch nicht kleinbeigegeben.

- Oft können Kinder nicht einschlafen, weil die Tagesereignisse sie noch zu sehr gefangenhalten. Sorgen Sie dafür, daß der Tag immer friedlich zu Ende geht, damit Ihr Kind beruhigt und zufrieden einschlafen kann. Differenzen sollten Sie mit dem Kind spätestens an der Bettkante bereinigen. Trösten Sie es, wenn es Kummer hat, und versichern Sie ihm, daß Sie auch dann, wenn Sie selber ins Bett gehen, immer nach ihm sehen. Kinder hören es auch gerne, wenn man ihnen erzählt, wie sie während des Schlafes ausgesehen haben oder ob sie während des Träumens gesprochen haben.
- An manchen Tagen sind die Kinder zur Schlafenszeit noch nicht so richtig müde. Wenn Sie konsequent bleiben wollen und das Kind nicht länger aufbleiben lassen, dann erlauben Sie ihm, eine begrenzte Zeit in einem Buch zu blättern, beruhigende Musik zu hören oder im Bett mit seiner Puppe zu spielen.

Tip

Kinder schlafen leichter ein, wenn
- sie untertags viel Bewegung an der frischen Luft hatten,
- das Zimmer gut gelüftet ist,
- sie vor dem Zubettgehen baden.

2.1.3 Zahnungsbeschwerden

Um den fünften Lebensmonat herum fangen Kinder an zu zahnen. Oft sind sie dann tagelang schlecht gelaunt und unruhig, bis endlich der neue Zahn durchbricht. Das zeigen zumeist Erscheinungen wie vermehrter

Speichelfluß, Durchfall, Fieber, Erbrechen, Ohrenschmerzen, Appetitlosigkeit, Ausschlag an.
Besonders unangenehm ist der stechend riechende, scharfe Durchfall. Wenn Sie die Windeln nicht schnell genug wechseln – und hier kann es je nach Empfindlichkeit der Haut tatsächlich um Minuten gehen –, dann wird der Po wund. Wenn die Symptome mehrere Tage lang anhalten oder die Ohrenschmerzen stark sind, dann sollten Sie auf jeden Fall einen Arzt befragen. Den unangenehmen Druck am Kiefer können Sie folgendermaßen lindern:

– Geben Sie dem Kind etwas Hartes zu kauen, zum Beispiel eine Brotrinde oder eine Karotte. Falls Sie befürchten, es könnte sich verschlucken, dann geben Sie ihm statt dessen einen gekühlten Beißring. Aber Vorsicht: Kühlen Sie den Beißring nie im Eisfach, das Kind könnte sich sonst Erfrierungen zuziehen. Es genügt schon, wenn Sie den Ring in den Kühlschrank legen. Damit sich keine Keime auf ihm ansiedeln, sollten sie ihn täglich reinigen. Aus hygienischen Gründen ist deshalb auch von einer Veilchenwurzel als Kauobjekt abzuraten.
– Massieren Sie den Kiefer mit einem Finger. Der Körperkontakt und die gleichmäßige Bewegung wirken sehr beruhigend auf Ihr Kind.
– In der kalten Jahreszeit sollten Sie die Wangenpartie des Kindes zusätzlich mit einem Schal warm halten, da kalter Wind die Schmerzen verstärkt.
– Medizinische Zahnungshilfen wie Lösungen und Gels, die das Zahnfleisch vorübergehend schmerzunempfindlich machen sollen, meiden Sie besser. Manche von ihnen enthalten Alkohol. Andere wieder sind so stark zuckerhaltig, daß das den kommenden Zähnen nur schaden kann. Außerdem gewöhnt sich Ihr Kind an den süßen Geschmack und verlangt immer mehr von dem süßen Saft.
– Schmerzlindernde Medikamente sollten Sie dem Baby, falls es unter starken Schmerzen leidet, nur nach Rücksprache mit einem Arzt geben. Die körperliche Belastung ist bei der Anwendung von Schmerzmitteln sehr hoch, und Sie sollten nur dann darauf zurückgreifen, wenn sonst nichts hilft.

Überhaupt ist die Verwendung von Medikamenten bei einem so natürlichen Vorgang wie dem Zahnen vorsichtig zu handhaben. Durch den allzu schnellen Griff zur Pille schon in der Kindheit kann die Grundlage für eine spätere Medikamentenabhängigkeit gelegt werden.
Bei solchen Gelegenheiten können Sie Ihrem Kind beibringen, daß sich bestimmte Schmerzen aushalten lassen und nach einiger Zeit auch ohne Medikamente verschwinden, sofern man seinem Körper dazu Zeit gibt.

2.1.4 Angst vor Fremden

Dorothea macht mit ihren acht Monate alten David ihre gewohnte Nachmittagstour: Spaziergang durch den Park, auf dem Rückweg nach Hause kleine Einkäufe in der Nachbarschaft. David sitzt im Sportwagen und sieht den Enten zu, die auf dem Teich herumschwimmen. Eine Frau füttert gerade einige Enten und, da David sich besonders dafür interessiert, geht Dorothea mit ihm näher dorthin, damit er die Vögel aus der Nähe betrachten kann. Das lebhafte Geflattere der Enten, wann immer die Frau Brotkrumen ins Wasser wirft, versetzt David in solche Begeisterung, daß er juchzt. Als sich die Frau zu David herunterbeugt und, weil sie sich auch freut, daß ihm ihr Füttern Freude macht, zu ihm sagt, „gell, das gefällt dir, wie die Entchen umherschwimmen", da schlägt seine Begeisterung sofort ins Gegenteil um. Er weint und wendet sich schnell von der Frau ab. „Hab' ich ihn jetzt erschreckt? Was hat er denn?", fragt sie seine Mutter. Dorothea tröstet David. „Normalerweise ist er ziemlich unerschrocken. Ich wüßte nicht, was ihn jetzt zum Weinen gebracht hat." Darauf die Frau: „Wie alt ist denn der Kleine?" – „Achteinhalb Monate." – „Ja dann fremdelt er bestimmt. Das tun sie in dem Alter, da sind sie dann am liebsten nur bei der Mama. Ich kenn' das von meinen Kindern." Dorothea: „Das kann ja dann noch heiter werden." Die Frau: „Das geht bald wieder vorbei. Ein, zwei Monate nur, und dann geht es schon wieder. Als meine Enkel gefremdelt haben, durfte nicht einmal ich ihnen zu nahe kommen. Die haben sich sofort zu meiner Schwiegertochter verkrochen. Für eine Großmutter ist das ja schon eine Enttäuschung. Aber so ein Kind macht da keine Ausnahme." Dorothea: „Da bin ich ja neugierig, wie das bei meinem David wird."
Die beiden machen sich dann auf den Heimweg, und Dorothea geht noch mit David auf dem Arm in den Bäckerladen, um Brot zu holen. Die Bäckersfrau lächelt David zu. Aber der wendet sich ab. „Heute sind wir aber genant." Dorothea: „Er fremdelt jetzt." Die Bäckersfrau: „Ja dann lassen wir ihm das noch mal durchgehen."
Kaum zu Hause angekommen, klingelt es an der Tür, und herein tritt Davids Oma. „Ach Mutti, grüß' dich. Seit wann bist du denn wieder aus dem Urlaub zurück?" – „Seit heute morgen. Ich wollte euch überraschen. Wo ist denn mein süßer, kleiner David. Ich habe ihm was mitgebracht. Da bist du ja ..." David, der mittlerweile bis zum Flur gekrabbelt war, macht wieder kehrt zu seiner Kuschelecke. Dorothea holt ihn: „Schau mal David, die Oma ist gekommen." David versteckt sein Gesicht in Dorotheas Haaren. Oma: „Was hat er denn? Kennt er mich nicht mehr?" Dorothea: „Er

fremdelt, und anscheinend hat es dich auch erwischt." Oma: „O je, der David kennt seine Oma nicht mehr. Na, dann wollen wir doch erstmal ein bißchen Tee trinken, da wird er dann schon wieder auftauen."

Um den achten Lebensmonat beginnt das Baby mit Zurückhaltung zu reagieren, wenn ihm eine nicht vertraute Person zu nahe kommt. Es wendet sich ab und flüchtet sich in Mutters Arme; oft weint ein Kind dabei auch. Wenn Ihr Kind plötzlich so reagiert, dann befindet es sich gerade in der Phase des „Fremdelns". Für die meisten Eltern kommt diese Zeit überraschend, da das Kind bis dahin sehr leutselig war und alle, die freundlich zu ihm sprachen, anlachte. Von heute auf morgen lehnt es Personen ab, mit denen es nicht täglich Kontakt hat. Davon kann sogar der Vater betroffen sein (im umgekehrten Fall natürlich auch die Mutter), wenn er beispielsweise aus beruflichen Gründen ein paar Tage außer Haus war. Besonders hart trifft es oft Großeltern, die ihr Enkelkind nur alle paar Wochen sehen. Obwohl sie wissen, daß kleine Kinder irgendwann mal fremdeln, möchten sie das doch ungern auf sich bezogen sehen, da sie ja keine Fremden sind. Der Begriff „fremdeln" umfaßt also einen weiteren Bereich als zunächst bewußt wird: Das Kind behandelt auch Menschen, die es eigentlich gut kennt, wie Fremde. Für ein so kleines Kind sind zu diesem Zeitpunkt eben alle Menschen fremd, die nicht am täglichen Familienleben beteiligt sind. Woher aber kommt nun diese Erscheinung des Fremdelns?

Dies ist ein wichtiger Abschnitt in der Entwicklung des Kindes. Es hat jetzt erkannt, daß es einen Unterschied zwischen fremden und vertrauten Personen gibt. Aber das ist noch nicht alles: Allmählich beeinflußt auch Erfahrung seine Handlungsweise. Das Kind fängt an zu denken. Sie können das auch daran erkennen, daß das Kind seit neuestem auch nach Gegenständen sucht, die Sie vor seinen Augen verstecken. Es hat erkannt, daß Dinge auch dann existieren, wenn es sie nicht sehen kann. Das Kind wird vorsichtig und teilt die Welt ein in Dinge beziehungsweise Menschen, vor denen es Angst hat oder die es einfach nicht kennt und bei denen also Vorsicht geboten ist, und in solche, die ihm vertraut sind.

Wie soll man auf ein fremdelndes Kind eingehen?

- Egal wie stark ausgeprägt das Fremdeln bei Ihrem Kind ist, lassen Sie ihm auf jeden Fall Zeit, sich ein Bild von seinem Gegenüber zu machen. Drängen Sie es nicht.
- Zwingen Sie es nicht, zu einer tatsächlich fremden Person oder auch einer, die das Kind in seiner jetzigen Entwicklungsphase als fremd behandelt, hinzugehen, wenn es das nicht will.

- Lassen Sie nicht zu, daß die abgelehnte Person sich Ihrem Kind trotz dessen Protest nähert. Ein verständnisvoller Mensch, selbst wenn dieser das sehr bedauert, wird das auch einsehen und akzeptieren.
- Lassen Sie Ihr Kind so lange bei sich, wie es möchte. Es soll spüren, daß es bei Ihnen sicher aufgehoben ist.
- Nicht bei allen Unbekannten wird das Kind fremdeln. Sie brauchen es also nicht vorschnell hochnehmen, sobald sich ein Unbekannter nähert, und das Fremdel-Verhalten so auch noch fördern.

Erfahrungsgemäß fremdeln Kinder weniger stark, wenn ihre Mutter kontaktfreudig ist und oft mit anderen Müttern, die auch Kleinkinder haben, verkehrt. Auch Kinder, die in einer größeren Familie aufwachsen, fremdeln nicht so stark. Selbstverständlich gibt es immer Ausnahmen. Wenn Ihr Kind Ihrer Meinung nach stark fremdelt, sollten Sie das aber nicht auf sich beziehen, sondern als positiven Schritt in der Entwicklung Ihres Kindes akzeptieren. Schon oft hat ein Kind mit einer Person, die es zunächst strikt abgelehnt hat, später um so innigere Freundschaft geschlossen, sofern man ihm Zeit für eine behutsame Annäherung gelassen hat.

2.1.5 Arztbesuche ohne Angst

Besuche beim Kinderarzt gehören für Eltern mit kleinen Kindern fast zum Alltag. Die meisten Vorsorgeuntersuchungen (bis U7) fallen in die ersten drei Lebensjahre. Hinzu kommen noch Erkrankungen und Gesundheitsstörungen, derentwegen man – besonders wenn man im Anwenden von Hausmitteln und Selbsthilfemaßnahmen noch nicht so erfahren ist – den Kinderarzt aufsuchen wird.

Damit die doch recht häufigen Arztbesuche, die ja auch immer einen Aufwand an Zeit und Mühe erfordern, nicht auch noch dadurch erschwert werden, daß Ihr Kind Angst davor bekommt oder sich gar sträubt, können Sie dem mit ein paar Tricks vorbeugen:

- Vermitteln Sie Ihrem Kind den Arztbesuch als etwas Selbstverständliches, als etwas, das so nebenher erledigt wird. Treffen Sie vorher keine auffälligen Vorbereitungen wie besonders gründliches Waschen oder Anziehen frischer Kleidung. Sonst bekommt es das Gefühl, es „läge etwas in der Luft", und wird besonders aufmerksam, und das heißt dann auch: besonders mißtrauisch.
- Gehen Sie rechtzeitig von zu Hause weg, damit Sie nicht in Hektik geraten. Bedenken Sie, daß Sie den Bus versäumen könnten oder noch ein paar Mal um den Block fahren müssen, um einen Parkplatz zu finden;

aber auch zu Fuß kann etwas dazwischenkommen, was Sie aufhält.

- Verbinden Sie den Gang zum Arzt mit Angenehmem, etwa mit einem Spaziergang oder einem Zwischenstop an der Eisdiele; oder Sie kaufen hinterher noch ein, verrichten also alltägliche oder angenehme Dinge.
- Wichtig ist vor allem, daß Sie selber keine Nervosität zeigen, da sich die Gefühlsregungen der Eltern auf das Kind übertragen. Kinder spüren, wenn „etwas in der Luft liegt“.
- Kinder mögen Ärzte, die sich Zeit nehmen und nicht gleich zur Sache kommen. Als angenehmer empfinden Kinder es auch, wenn der Arzt keinen weißen Kittel trägt.
- Wenn Ihr Kind trotzdem etwas ängstlich ist, dann könnten Sie sich mit dem Arzt darauf einigen, daß er es untersucht, während es auf Ihrem Schoß sitzt. Das nützt aber nur etwas, wenn Sie selber nicht unsicher oder ängstlich sind. Sie müssen Ihr Kind ja überzeugend beruhigen können.
- Für viele Kinder ist die Impfung die erste schmerzhafte Erfahrung mit dem Kinderarzt. Wenn das Kind nach dem Einstich schreit (vor Schreck oder Schmerz), dann beruhigen Sie es am besten und schnellsten, indem Sie nur kurz darauf eingehen, es dafür aber herzhaft am Rücken streicheln und dann seine Aufmerksamkeit auf andere Dinge lenken. Wichtig ist, Sie machen kein Drama daraus.
- Die meisten Kinderärzte bemühen sich ohnehin darum, ihre kleinen Patienten bei guter Laune zu halten. In vielen Wartezimmern und auch in den Behandlungsräumen gibt es gutes Spielzeug, um den Kindern die Wartezeit erträglicher zu gestalten. Und meistens gibt es nach der Untersuchung Gummibärchen oder ähnliches als Belohnung.
- Falls alle Ihre Bemühungen, dem Kind die Angst vor dem Arzt zu nehmen, erfolglos bleiben, dann sollten Sie sich nicht scheuen, auch mal den Arzt zu wechseln.

Tip

Nur bei einer Erkrankung, die so schwer oder so ansteckend ist, daß der Transport in die Arztpraxis unzumutbar ist, kommt ein Hausbesuch eines Arztes in Frage. Babys und Kleinkinder kann man ohne weiteres in der Tragetasche oder im beheizten Auto befördern. In der Praxis stehen dem Arzt umfangreichere und zuverlässigere Untersuchungsmöglichkeiten zur Verfügung als bei einem Hausbesuch. Ob ein Hausbesuch im speziellen Fall in Frage kommt, sollten Sie rechtzeitig per Anruf in der Arztpraxis klären.

2.1.6 Überall mit den Fingern dran

Als Toni noch nicht ganz ein Jahr alt war, blickte seine Mama schon freudig der Zeit entgegen, in der er endlich auf seinen eigenen Füßen stehen und ohne fremde Hilfe laufen können würde. Der Rücken tat ihr schon manchmal weh, wenn sie mit Toni an der Hand, halbgebückt und im Schneckentempo auf und ab ging.

Als Toni dann endlich alleine lief, war das auch eine große Erleichterung für sie. Sie mußte sich nun nicht mehr an seinen Gängen beteiligen und konnte auch mal sitzenbleiben oder einfach nur zusehen oder an dem neuen Pullover weiterstricken. Das blieb aber nur in den ersten Wochen so. Seit Toni sich nun nicht mehr auf jeden Schritt, den er macht, konzentrieren muß, ist er nicht mehr zu bremsen. Keine Ecke der Wohnung ist mehr sicher vor ihm. Jede Schublade, die er erreicht, zieht er auf und räumt sie aus. Die Knöpfe der Elektrogeräte haben es ihm besonders angetan. Neulich hatte er die Waschmaschine vom Woll- in den Kochwaschgang umgeschaltet. Zum Glück bemerkte seine Mama das rechtzeitig, sonst wären sämtliche Wollsocken auf Zwergenmaß zusammengekocht.

Die Putzmittel hält sie in weiser Voraussicht schon seit seiner Krabbelzeit unter Verschluß; womöglich wäre er da auch schon drangegangen.

Um an Dinge zu kommen, die ihm interessant erscheinen, ist Toni sehr findungsreich. Was er vom Boden aus nicht erreichen kann, das versucht er sich zu erklettern. Stühle, Tische, Fensterbänke, Regalfächer und Haushaltsgeräte sind ihm dazu willkommen, und manchmal kommt er in gefährliche Situationen. Tonis Mama muß ständig die Augen offenhalten und den Kleinen ermahnen, damit nichts Schlimmes passiert, und an manchen Abenden ist sie regelrecht erschöpft.

„Der muß lernen, daß er nicht überall drangehen darf", sagt die Oma. „Du bist zu ängstlich. Laß ihn doch einfach laufen. Wenn er sich weh tut, dann wird er schon vorsichtiger", sagt die Nachbarin. „Die haben leicht reden", denkt sich Tonis Mama. „Ich hab' ja schließlich die Arbeit damit und die Verantwortung. Aber so geht's auf Dauer wirklich nicht weiter."

So ähnlich wie Tonis Mama geht es den meisten Eltern, sobald ihre Kinder laufen gelernt haben. Dieser Tatendrang und diese Neugier sind für Kinder dieses Alters völlig normal und für die weitere Entwicklung auch notwendig. Das Kind will seine Umgebung kennenlernen und sie im Wortsinn begreifen. Alle Gegenstände, die ihm interessant vorkommen, möchte es anfassen, von allen Seiten – manchmal auch von innen – untersuchen, sie befühlen, in den Mund nehmen.

Diesen Forscherdrang können Sie Ihrem Kind nicht verbieten, und das sollten Sie auch nicht tun. Aber Sie haben die Möglichkeit, ihn in solche Bahnen zu lenken, daß er für das Kind zur Bereicherung wird und für die Eltern erträglich.

– Um es vorwegzunehmen: Alles was Ihrem Kind gefährlich werden kann wie Putzmittel, Medikamente, Zigaretten, Knopfzellen, scharfe Klingen etc. – Was das in I h r e m Haushalt alles ist, wissen Sie selber am besten! –, sollten für ein so kleines Kind tabu sein. Solche Dinge gehören unter Verschluß. Sie sollten spätestens jetzt generell daran denken, Ihre Wohnung kindersicher zu machen. Dann haben Sie es leichter, Ihrem Kind möglichst viel Freiraum bei möglichst wenig Gefahr zu ermöglichen. (Mehr über Sicherheit in Haus und Garten finden Sie in Kapitel 3.)
– An Dinge des täglichen Lebens wie heiße Herdplatten, kochende Flüssigkeiten, Elektrogeräte, die man nicht einfach unter Verschluß halten kann, müssen Sie das Kind behutsam heranführen und ihm die Gefahr, die von diesen Dingen ausgehen kann, plausibel machen. Die meisten Eltern handeln instinktiv richtig, wenn sie ihrem Kind den Begriff ‚heiß' und seine Bedeutung schon frühzeitig beibringen. Dabei führen sie die Hand des Kindes ganz kurz an eine Kaffeetasse oder den noch nicht zu heißen Kochtopf (aber Vorsicht!), damit es auch fühlt und eine Ahnung davon bekommt, was ‚heiß' bedeutet.
– Lassen Sie Ihr Kind an der Hausarbeit teilnehmen. Geben Sie ihm ein Staubtuch, damit es Möbel abstauben kann. Den meisten Kindern macht es auch Spaß, mit dem Teppichkehrgerät auf und ab zu gehen. Beim Backen helfen natürlich alle gern, besonders wenn sie hinterher Teig schlecken dürfen.
– Gestalten Sie Ihre Wohnung kleinkindgerecht um. Räumen Sie in Ihrer Schrankwand auch ein paar Fächer für Ihr Kind ein. Darin können Kinderbücher stehen oder Spielsachen. In der Küche überlassen Sie Ihrem Kind ein Fach mit ausgedienten, unzerbrechlichen und ungefährlichen Haushaltsgeräten, die ihm gehören und die es hervorziehen darf, wann immer es will. Falls es in Ihrer Wohnung kein Kinderzimmer gibt, dann

richten Sie in Ihrem Wohnraum eine Spielecke ein, in der das Kind nach Lust und Laune nicht nur mit vorgefertigtem Spielzeug spielen, sondern auch mit den unterschiedlichsten Spielmitteln experimentieren darf. Dies können sein: Kartons, Papier, Schlüssel, Stoffreste, Kleidungsstücke, Kataloge, Kastanien, Plastikbehälter etc. Wenn Sie auf diese Weise Ihrem Kind Freiräume zugestehen, dann sieht es eher ein, daß es auch Bereiche gibt, die den Erwachsenen vorbehalten bleiben.

– Nutzen Sie die Entdeckungsfreude Ihres Kindes, um mit ihm spielerisch die Entwicklung seiner Sinne zu fördern. Interessiert es sich für Ihre Pelzmütze, dann sollten Sie nicht einfach sagen „Finger weg!“ und sie wegräumen, sondern die Gelegenheit nutzen und dem Kind den Geruch des Pelzes und das Gefühl beim Darüberstreichen mit den Händen erfahren lassen, oder Sie streichen ihm mit dem Pelz über die Wange. Das Kind lernt so seine Umgebung auch mit seinen anderen Sinnen, außer dem Augenlicht, wahrzunehmen.Ähnlich können Sie mit Ihrer metallenen Puderdose, der hölzernen Obstschale, den Lederhandschuhen und vielen anderen Gegenständen Ihres Haushalt und Ihrer Garderobe verfahren und dabei Dinge bei ihrem Namen nennen, erklären, wozu sie benutzt werden, und wie man mit ihnen umgeht. Denn das Kind sollte durchaus auch gleich mit dem Gegenstand selber erfahren, wie man ihn behandelt, um ihn nicht zu zerstören oder zu beschädigen. Ihr Kind wird es bestimmt akzeptieren, wenn es gewisse Dinge nur gemeinsam mit Ihnen untersuchen darf.
– Gehen Sie mit Ihrem Kind so oft wie möglich nach draußen. Suchen Sie sich einen Spielplatz aus, der vielfältige Spielmöglichkeiten bietet, wo das Kind auch mit Materialien, die die Natur bietet (Stöckchen, Steine, Eicheln, Kastanien, Blätter, Moos etc.) experimentieren kann. Wichtig ist auch, daß eine solche Spielfläche gut geschützt ist, damit das Kind seinem Bewegungsdrang ungehindert nachgehen kann, und Sie es nicht ständig vor vorbeifahrenden Radlern oder Autos zurückholen und schützen müssen.

Wichtig ist also, daß Sie Ihrem Kind nicht von vorneherein den Umgang mit den Dingen verbieten, sondern es zum richtigen Umgang mit ihnen anleiten.

2.1.7 Eifersucht auf das neue Baby

Die zweijährige Hanni hat gerade schwere Zeiten zu durchstehen. Ein Brüderchen, Florian, ist zur Welt gekommen. Schon Monate vor seiner

Ankunft hat sie sich riesig darauf gefreut. Sie konnte es kaum erwarten, bis es endlich da war. Immer wieder hat sie Mamas Bauch gestreichelt und gehört, was das Kleine gerade macht.
Doch als das Baby endlich da war, erlebte Hanni eine Enttäuschung nach der anderen. Zuerst waren Mama und Papa weg, in der Klinik, um das Geschwisterchen zur Welt zu bringen. Dafür stand am Morgen Tante Lisa an ihrem Bett. Als sie dann zusammen in die Klinik gingen, um das Baby endlich zu besuchen, durfte sie es nur durch eine Glasscheibe hindurch sehen. Zu Mama ins Zimmer hinein durfte sie auch nicht, weil da noch andere Mamas waren und wegen der Bazillen. Lauter Dinge, die Hanni einfach nicht verstehen konnte.
Und jetzt da endlich wieder alle zu Hause beisammen sind, dreht sich alles nur noch um das Baby. Noch schlimmer findet Hanni außerdem, daß sie mit ihm nicht mal spielen kann. Es liegt nur in seinem Korb, schreit, trinkt und schläft die ganze Zeit. Wenn es mal nicht schläft, dann wird es gefüttert, gewickelt und getragen. Das Umhertragen besorgen natürlich Mama und Papa, weil sie finden, daß Hanni noch zu klein dafür ist. Sie darf ihren Bruder höchstens mal streicheln. Alle die zu Besuch kommen, wollen nur das Baby sehen und finden es „so süß". Mama hat nicht mehr so viel Zeit für Hanni, sie ist viel mit dem Baby Florian beschäftigt und oft müde. Auch bei Papa ist sie nicht mehr die Hauptperson. Er trägt jetzt auch gerne das Baby herum und schmust mit ihm. Hanni möchte doch auch noch so gerne getragen werden und sich an die Eltern kuscheln.
Die Zeit mit dem Baby hat sie sich wirklich schöner vorgestellt, und sie ist gar nicht mehr begeistert vom neuen Geschwisterchen. Wenn sie schon nicht mit ihm spielen kann, dann möchte sie wenigstens, daß Mama und Papa mehr Zeit für sie haben.
Hanni möchte am liebsten selber auch wieder ein Baby sein. Sie fängt an, weinerlich zu werden. Immer wenn sie will, daß die Eltern zu ihr kommen, weint sie. Denn wenn das Baby weint, dann kommen sie ja auch gleich zu ihm. Beim Windelwechseln macht sie es ihrer Mama auch nicht gerade leicht. Hanni dreht und windet sich, und alles dauert viel länger als bisher. Sie ist ja schon einige Male auf den Topf gegangen, aber jetzt mag sie nicht mehr, das Baby wird ja schließlich auch gewickelt.
Mama wird das irgendwann einmal zu viel. „Hanni, es reicht mir schon, wenn ich e i n Baby habe. Du bist doch schon so groß, ich muß dir wirklich nicht mehr alles machen!" Da wird Hanni wütend und stößt mit dem Fuß gegen das Babybett. Nun wird Mama aber auch böse und schickt Hanni hinaus. Langsam wird ihr klar: Hanni ist eifersüchtig auf Florian. Deshalb dieses babyhafte Benehmen und der Fußtritt gegen das Babybett. Höchste Zeit,

daß man etwas dagegen unternimmt, sonst fängt Hanni womöglich auch noch an, das Baby hinter ihrem Rücken zu piesacken.
Ähnliche Eifersuchtsszenen kommen in fast allen Familien vor, wenn zum Kleinkind noch ein Baby hinzukommt. Reaktionen wie die von Hanni sind auch völlig normal, wenn man bedenkt, was es für Erstgeborene bedeutet, wenn es jetzt plötzlich nicht mehr der Mittelpunkt der Familie ist, sondern das Baby.
Die Kinder verstehen auch oft die Welt nicht mehr. Sie wurden bewundert für die Forschritte, die sie bisher machten: „Bist du aber schon groß geworden." „Was du schon alles kannst." Und plötzlich wird ein anderes Kind, nur wegen seiner Hilfsbedürftigkeit bewundert („Wie süß!"). Da ist es dann kein Wunder, daß das größere Kind plötzlich wieder babyhaftes Verhalten an den Tag legt. Das machen in einer solchen Situation die meisten Kinder.
Wenn Sie Ihrem Erstgeborenen mit einfachen Worten klarmachen können, daß ein Baby eben andere Bedürfnisse hat als ein größeres Kind wie es selber, dann läßt es das bald sein. Um die Wirksamkeit dieser Worte zu unterstützen, sollten Sie Ihr größeres Kind in seiner Entwicklung fördern. Bei Kindern, die älter als zwei Jahre sind, ist es gut, wenn sie mit gleichaltrigen Kindern zusammenkommen und spielen können, um so vom Baby abgelenkt zu werden und auch nicht mehr nur auf die Mutter fixiert zu sein. Keinesfalls sollte das ältere Kind damit aber der Einfachheit halber abgeschoben werden! In besonderer Weise könnten sich auch der Vater, Großeltern und Freunde um es kümmern und besondere Unternehmungen (Zoobesuche, Karussell fahren etc.) durchführen. Lauter Dinge, die das Baby klarerweise noch nicht mitmachen kann, und worauf das Kleinkind auch stolz sein wird. Auf diese Weise können Sie dem älteren Kind sein Großsein wieder schmackhaft machen.
Sobald das Baby anfängt, sich anderen Personen zuzuwenden, und erste Spiele mitmacht, ist diese „langweilige" Zeit für das größere Kind dann auch vorbei. Wenn keines der Kinder wegen des anderen über Gebühr zurückstecken muß, dann werden sie sich auch ohne große Probleme vertragen.

2.1.8 Weg von der Windel – ab wann?

„Meinst du nicht Gabi, der Christian sollte bald sauber werden? Er wird schon bald drei und braucht immer noch die Windel. Meine Kinder waren mit zwei Jahren sauber. Peter ging sogar schon mit eineinhalb regelmäßig auf den Topf." – „Aber Mutter, Christian geht schon öfter auf die Toilette, aber es geht eben doch noch nicht ganz ohne Windel ab. Ich habe ihm schon ein paar Tage lang keine mehr angelegt, weil er meistens ankündigt, daß er ‚Pipi' oder ‚Kaka' machen muß. Daraufhin hat er eine Verstopfung bekommen, was er sonst nie hat." – „Das muß aber doch nicht davon kommen. Vielleicht hat er was Unrechtes gegessen oder zu wenig getrunken." – „Doch, doch, das kam schon davon. Er saß nämlich auf der Toilette und wußte gar nicht mehr wie Drücken geht. Er war ganz verkrampft. Dabei hatte er sogar Schmerzen. Der Kinderarzt empfahl mir dann, ihm die Windel wieder anzuziehen. Nach zwei Tagen hat sich die Sache wieder eingespielt, und Christian hat jetzt keine Verdauungsprobleme mehr. Jetzt laß' ich ihn eben, und im Sommer, wenn er nackt herumlaufen kann, klappt es bestimmt." – „Also wir waren nicht so zimperlich mit euch. Ihr hattet einen Kinderstuhl mit Topf unter dem Sitz. Da seid ihr eben so lange gesessen, bis ihr euer Geschäft gemacht hattet. Wir mußten die Windeln ja noch von Hand waschen. Da wollte doch jede ihr Kind möglichst bald sauber haben." – „Das verstehe ich schon, Mutter. Aber ich erinnere mich manchmal ganz entfernt an so ein Ereignis. Ich saß mal auf dem Topf, und ihr alle, auch Tante Mizzi, standet um mich herum und wolltet mich dazu bringen, daß ich endlich was mache. Aber es ging nicht und mein Bauch tat weh und ich habe geweint." – „Ja, du hattest als Kind oft Verstopfung." – „Siehst du, das kam wahrscheinlich von der Topfdressur. Ihr habt mir bestimmt auch wenig zu trinken gegeben, damit ich nicht so oft pinkeln mußte. Ich kann mich nämlich daran erinnern, daß ich oft durstig war und nie soviel trinken durfte, wie ich wollte." – „Woran du dich noch erinnern kannst!"

Den meisten Eltern liegt daran, ihr Kind möglichst früh, aber dennoch zum richtigen Zeitpunkt „sauber" zu bekommen. Es gibt auch gute Gründe dafür, daß ein Kind möglichst bald trocken wird.

- Windeln kosten viel Geld. Dabei macht es keinen großen Unterschied, ob Sie Wegwerfwindeln verwenden, die zwar die Arbeit erleichtern, dafür aber zum Müllproblem werden, oder ob Sie sich für Stoffwindeln entschieden haben, die viel gewaschen werden müssen und deren Verwendung folglich die Abwässer belasten.
- Wickeln ist anstrengend. Oft sträuben sich Kinder, wenn sie gewickelt werden sollen. Besonders größere Kinder können dabei enorme Kräfte entfalten, wenn man ihnen an die Windel will. In solchen Situationen können sich regelrechte Kämpfe zwischen Eltern und Kind entwickeln, die besonders den Müttern an die Substanz gehen. Die Folge davon ist, daß die Windeln zu selten gewechselt werden.

- Die Kinder bekommen oft einen wunden Po. Besonders dann, wenn man versäumt, die Windeln rechtzeitig zu wechseln, oder wenn das Kind Zähne bekommt. Bei zahnenden Kindern ist der Stuhlgang besonders scharf und greift sehr schnell die feine Haut am Po an, so daß er wund wird. Dann müssen Sie die Windeln besonders oft wechseln oder das Kind längere Zeit nackt herumlaufen lassen.
- Wenn die Kinder größer werden und die gleiche Nahrung wie die Erwachsenen bekommen, dann wird ihr Verdauungsgeruch intensiver, als das bei Milchkindern der Fall ist. So manche Eltern wären dann froh, wenn ihr Kind sein „großes Geschäft“ endlich auf dem Topf oder auf dem Toiletteneinsatz sitzend erledigen würde.

Verständnisvolle Eltern wissen aber, daß sie ihr Kind erst zur Sauberkeit erziehen können, wenn es körperlich dazu reif ist. Wenn dies zu früh und zu unerbittlich geschieht, dann können Störungen auftreten, die den Prozeß des Sauberwerdens unnötig verzögern. Das Kind kann sich verkrampfen und die Verdauung zu lange zurückhalten, was schmerzhafte Verstopfungen auslösen kann. Es gibt möglicherweise Rückfälle und schlimmere Folgen: Das Kind macht im Schulalter noch in die Hose oder wird Bettnässer.

Günstiger ist es, wenn Sie Ihr Kind, sobald Sie das Gefühl haben, es interessiert sich dafür, auf die Toilette zu gehen, spielerisch dazu heranführen, es auch selber zu tun.

Ab wann können Sie Ihr Kind dazu anregen, auf die Toilette zu gehen?
- Wenn das Kind seinen Harn- und Stuhldrang bewußt empfindet und schon vorher ankündigen kann, was es machen muß. Dies ist erst ab zwei Jahren möglich. Dann ist sein Nervensystem soweit ausgebildet, daß es verschiedene Abläufe in seinem Körper in der richtigen Reihenfolge erkennen kann.
- Wenn es dann seine Schließmuskeln solange beherrschen kann, bis es auf dem Topf oder auf der Toilette zu sitzen kommt.
- Wenn Sie merken, daß die Windel lange Zeit trocken bleibt.

Wie können Sie Ihr Kind anregen, auf den Topf zu gehen?
- Damit können Sie schon recht früh anfangen. Wenn Sie selbst auf der Toilette sitzen, dann sperren Sie Ihr Kind nicht immer aus. Nur wenn es sieht, wozu ein Örtchen benutzt wird, kann das Kind seine Bedeutung kennenlernen. Lassen Sie es ruhig immer wieder in die Kloschüssel schauen, damit es sieht, daß auch seine Eltern „Pipi“ und „Kaka“ machen.

- Manche Kinder wissen auch nicht, was sie mit dem Topf anfangen sollen, weil ihnen niemand vormacht, was man damit anstellt. In Familien mit mehreren Kindern schauen sich die kleinen das bei den größeren ab. Beim ersten Kind kann es nützlich und übrigens auch ganz amüsant sein, wenn ihm das die Eltern vorführen. Dabei brauchen Sie sich nicht zu schämen, denn das Kind nimmt diese Sache ganz ernst. Da Kinder in diesem Alter durch Nachahmung lernen, entwickeln sie oft den Ehrgeiz, es den Großen nachzumachen.
- Loben Sie Ihr Kind, wenn es in den Topf gemacht hat, und lassen Sie ihm auch den Topfinhalt sehen. Erklären Sie ihm ganz sachlich, daß es sich dabei um verdaute Nahrung handelt, zeigen Sie auf keinen Fall Ekel, und bezeichnen Sie den Inhalt nicht als „Pfui“! Das Kind betrachtet seine Ausscheidungen als Teile seines Körpers, und die sollte es nicht als etwas Verabscheuenswertes kennenlernen!
- Wenn sich das Kind sträubt, dann zwingen Sie es nicht auf den Topf. Bieten Sie ihn aber immer wieder an.
- Lassen Sie dem Kind Zeit und Ruhe, wenn es auf dem Topf sitzt. Viele wollen sogar alleine sein, damit sie nicht in ihrer Konzentration gestört werden.
- Zwingen Sie Ihr Kind nicht, länger zu sitzen, als es will oder kann.
- Lernen Sie Ihrem Kind, seinen Topf richtig zu gebrauchen: Der Topf steht immer an seinem Platz und das Kind kann ihn sich bei Bedarf selber holen. Es darf beim Ausleeren und Säubern mithelfen und wird gelobt, wenn es ihn auch wieder zurückstellt.

Tip

Legen Sie ein Blatt Toilettenpapier in den Topf, so läßt sich der Stuhlgang leichter entfernen.

- Ziehen Sie Ihrem Kind Hosen an, die es bei Bedarf auch alleine ausziehen kann.
- Oft werden Kinder im Sommer schneller sauber. Denn sie können nackt herumlaufen und merken bald, daß sie sich ohne Windel wohler fühlen und sich freier bewegen können.
- Nicht vergessen sollten Sie, daß Wegwerfwindeln, die sich auch bei Nässe trocken anfühlen den Prozeß des Sauberwerdens verzögern kön-

nen. Das Kind fühlt sich so wohl darin, daß es gar kein Bedürfnis hat, beizeiten trocken zu werden.
- Viele Kinder setzen sich erst gar nicht auf den Topf, sondern bevorzugen von Anfang an die Toilette. Ein entsprechender Toilettenaufsatz für Kleinkinder sorgt für Halt beim Sitzen. Damit hat Ihr Kind schon die Gewöhnung an die Toilette geschafft.

Ist das Kind so weit, daß es auf die Toilette geht, dann müssen Sie aber immer noch eine Zeitlang mit Rückfällen rechnen. Oft kommt es vor, daß ein Kind so ins Spiel versunken ist, daß es den Drang nicht rechtzeitig bemerkt. Aber auch besonders nachts werden die meisten Kinder erst Monate später sauber. Deshalb wird es vorkommen, daß Ihr Kind die Windel über Nacht noch einige Zeit brauchen wird.
Ein Kind kann also ab einem Alter von zwei Jahren sauber werden, doch bei den meisten dauert es etwas länger. Wenn Ihr Kind aber mit vier Jahren immer noch nicht auf das Töpfchen oder auf die Toilette gehen will, dann sollten Sie sich an eine Erziehungsberatung wenden. Dann ist es nämlich möglich, daß körperliche oder seelische Ursachen dafür verantwortlich sind. Adressen von Erziehungsberatungsstellen finden Sie am Ende dieses Kapitels.

2.1.9 Wutanfälle – Trotzphase

Der zweijährige Felix geht jeden Tag mit seiner Mutter ins Freie. Beide lieben diese regelmäßigen nachmittäglichen Spaziergänge. Felix entdeckt dabei viele interessante Dinge. Er sammelt zur Zeit mit Vorliebe kurze Stökke, die er dann auf dem Spielplatz in den Sand steckt. Heute hat seine Mutter noch einen Arzttermin wahrzunehmen und außerdem sieht sie Regenwolken am Himmel aufziehen, deshalb ermuntert sie Felix, der gerade am Wegrand nach Holzstöckchen sucht, doch endlich weiterzugehen. Als ihre Worte nicht wirken, möchte sie seine Hand nehmen und ihn weiterziehen. Da passiert etwas, was sie noch nie erlebt hat und was sie von ihrem ausgeglichenen Felix auch nie erwartet hätte. Felix entzieht sich ihrem Griff mit scheinbar unbändiger Kraft, sein Gesicht läuft puterrot an, die Stöckcken hält er ganz fest in seinen Fäusten umschlossen und fängt zu brüllen an. Er wirft sich auf den Gehweg, schlägt um sich und stößt mit den Beinen. Sobald seine Mutter ihn anfassen will, wird er noch zorniger und seine Stimme überschlägt sich geradezu. Auch auf Zuspruch reagiert er nicht. Er brüllt und brüllt und scheint seine Umgebung dabei auch gar nicht mehr wahrzunehmen. Felix' Mutter weiß nicht mehr, was sie tun soll. Eine Spaziergängerin, die gerade vorbeikommt meint: „Das ist der pure Eigensinn. Da gehört er verhaut." Das macht die Situation für Felix' Mutter nicht gerade angenehmer, denn eigentlich tut ihr Felix leid, wie er sich so am Boden krümmt, und sie wünscht sich nur noch, ihr Sohn möge doch bald zur Besinnung kommen. Irgendwann kommt eine Frau mit zwei etwas größeren Kindern des Weges und bleibt bei ihr stehen. „Diese Zeiten haben wir auch schon durchgemacht. Diese Wutanfälle kommen wie aus heiterem Himmel, man weiß zunächst gar nicht, was los ist, und man kann auch gar nicht viel tun. Am besten kamen wir immer darüber hinweg, wenn wir das Kind ablenken konnten. Dann ging der Wutanfall meistens schnell vorbei." Während sich die beiden Frauen unterhielten, fuhr das kleinere Kind mit einem Dreirad im Kreis, und das größere der beiden blies Seifenblasen, und siehe da, Felix schien doch bemerkt zu haben, daß um ihn herum etwas Interessantes vor sich ging und brüllte nun nicht mehr pausenlos. Allmählich wurde er auf die beiden Kinder aufmerksam und sein Wutanfall war schließlich ganz vorbei. „Guck mal, wie weit die fliegen!", rief das größere Kind, und Felix stand schließlich auf und sah, noch sichtlich zerknirscht, den Seifenblasen hinterher. „Ich glaube, ich sage jetzt am besten nichts zu ihm", meinte Felix' Mutter. „Das dürfte klüger sein", bestätigte die andere Frau. „Wir gehen ohnehin noch ein Stück weit in Ihre Richtung mit. Da wird er sich dann bestimmt beruhigen."

Als die beiden zu Hause angekommen waren, atmete Felix' Mutter zuerst mal tief durch. Über der bis jetzt so harmonischen Beziehung der beiden hing ein Schatten. Aus war's mit der unbeschwerten Babyzeit. Wann der nächste Wutanfall kommen würde, war nicht vorherzusehen. Das nächste Mal würde er womöglich im Supermarkt oder in der Straßenbahn über die beiden hereinbrechen, damit war ab jetzt zu rechnen. Wie würde sie sich dann wohl verhalten, vor allem, wenn es jede Menge Zuschauer gab? Darauf mußte sie sich jetzt seelisch vorbereiten. Immerhin tröstete es sie, daß ihr die andere Mutter erzählt hatte, fast allen Eltern erginge es so und, daß auch diese Zeit irgendwann überstanden sein würde.

So wie Felix ergeht es bis auf wenige Ausnahmen, fast allen Kindern. Wenn sie zwischen eineinhalb und drei Jahre alt sind, bekommen sie in gewissen Abständen Wutanfälle. Diese Zeit ist auch als „Trotzphase" bekannt. Der Ausdruck „Trotz" wird aber dem, was im Kind vorgeht nicht immer gerecht. Es ist nicht immer so, daß das Kind Zornesausbrüche nur dann bekommt, wenn es sich seinen Eltern oder anderen Personen widersetzt. Oft entstehen sie auch in Situationen, wenn das Kind erkennt, daß es etwas alleine nicht kann: wenn es seinen Buggy schieben will und der stellt sich aber immer quer, oder wenn ein Gegenstand, den es gerne hätte, unerreichbar ist.

Wodurch entstehen die Wutanfälle?

Mit zwei Jahren haben die Kinder schon eine Menge gelernt. Sie können laufen, Treppen steigen, klettern, die Hände gebrauchen, sich mit Worten verständlich machen und vieles mehr. Sie verfügen über große Energie und stecken voller Tatendrang. Alles, was sie bereits gelernt haben, wenden sie vielfältig an: Sie sind ständig in Bewegung, wollen immer noch schneller laufen, auf jedes Klettergerüst und auf jedes Mäuerchen klettern, am liebsten beim Geschirrabwaschen helfen, alles mögliche hin und her tragen und alles das tun, was die Großen auch machen.
Die Kinder im zweiten Lebensjahr kennen keine Grenzen und vor allem keine Furcht. Sie würden alles machen, wenn die Eltern sie nur gewähren ließen. Und genau da liegt das Problem.
Das Kind befindet sich in einer Umbruchsphase. Es ist kein Baby mehr, denn es hat sich bereits alle körperlichen Fähigkeiten angeeignet, mit denen es die Welt entdecken kann. Da es aber die Folgen seines Tuns noch nicht absehen kann, und damit in Gefahr geraten könnte, ist es aber noch nicht so weit, das alles auch ohne die Begleitung und den Schutz eines Erwachsenen zu tun. Das Kind ist auch hin- und hergerissen. Einerseits hat es den Drang, sich möglichst ungehindert zu entfalten, andererseits möchte es doch noch nicht auf die Geborgenheit seiner Babyzeit, die noch gar nicht so lange zurückliegt, verzichten. Nicht zufällig beginnt es zu dieser Zeit auch von sich in der Ich-Form („Ich will...“) und nicht mehr in der dritten Person („Felix will...“) zu sprechen. Es beginnt zu begreifen, daß es als selbständige Persönlichkeit existiert und betrachtet sich nicht mehr als ein Teil seiner Eltern. Dieser Vorgang wird als seelische Loslösung bezeichnet. Beim Durchtrennen der Nabelschnur bei der Geburt erfolgte die körperliche Trennung von der Mutter, nun findet die zweite große Trennung, die geistig-seelische statt. Deshalb ist es nicht verwunderlich, wenn ein Kind jetzt unter starken Stimmungsschwankungen leidet. Und man kann tatsächlich von „leiden“ sprechen, denn es ist nicht ausschließlich Zorn auf die Einengung seines Tatendrangs, sondern auch Angst vor der Loslösung von seinen hilfreichen Eltern, die das Kind zu seinen Wutausbrüchen bringt.

Wie können Eltern sinnvoll bei Wutanfällen reagieren?

– Schlecht wäre es, wenn Sie das Kind schlagen würden, wenn Sie um jeden Preis konsequent wären und dem Kind unbedingt Ihren Willen aufzwingen wollten. Das verschärft eine solche Situation unnötig und ist pädagogisch falsch. Das Kind soll ja im Umgang mit seinen Eltern auch lernen können, daß Einlenken und Kompromisse möglich sind.

- Schlecht wäre es auch, wenn Sie dem Kind bedingungslos nachgeben würden. Dabei besteht die Gefahr, daß das Kind Sie mit Trotzreaktionen bald zu gängeln versucht. Es ist natürlich nicht leicht, einem Kind im Supermarkt die an der Kasse verführerisch aufgebauten Süßigkeiten auszureden, wenn ein Wutanfall droht. Sie können es abzulenken versuchen, indem Sie sich von ihm helfen lassen, eingekaufte Waren auf des Förderband zu legen. Normalerweise helfen Kinder dabei gerne. Sie können ihm auch ankündigen: „Wenn wir zu Hause sind, dann bekommst du was Süßes." Daran müssen Sie sich dann auch halten! Das klappt am besten, wenn das Kind sowieso wenig Süßigkeiten bekommt und wenn Sie es mit immer wieder anderen süßen Überraschungen erfreuen können. Abwechslung ist hier gefragt. Kein Kind mag tagaus tagein immer dieselben Sahnebonbons. Wenn Sie sich aber in solchen Fällen regelmäßig zur Nachgiebigkeit verleiten lassen, dann kann es passieren, daß das Kind seine Trotzreaktionen auch dann noch zur Durchsetzung seines Willens einsetzt, wenn die „Trotzphase" schon längst vorüber ist.
- Gut wäre es, wenn Sie einen möglichst kühlen Kopf behalten. Damit ist nicht gemeint, daß Sie das trotzende Kind einfach nicht beachten sollen, dafür ist die Angelegenheit doch zu wichtig und das Kind erwartet außerdem eine Reaktion. Verständlicherweise reagieren auch die meisten Eltern bei einem solchen Anfall nervös. Überlegen Sie sich also am besten einige Strategien, wie Sie die Wutanfälle, wenn sie schon nicht immer zu verhindern sind, doch für beide Seiten möglichst erträglich gestalten könnten.
- Sicher kommt es manchmal vor, daß Sie Ihr Kind im Moment eines Wutanfalls am liebsten auf den Mond schießen oder versohlen wollten. Wenn Sie merken, daß Ihnen jetzt bald die Hand „ausrutscht", weil Ihr Kleiner oder Ihre Kleine vor Ihnen auf- und abtobt, dann lassen Sie Ihre Wut lieber an den Sofakissen aus, toben Sie einfach mit, oder gehen Sie aus dem Raum. Schließen Sie es aber nicht ein, und warten Sie, bis der Anfall vorüber ist. Das ist immer noch besser, als das Kind zu verhauen und außerdem auch natürlicher, als eine erzwungene Ruhe. Beides würde die Situation nur verschärfen.
- Konsequentes Erziehungsverhalten mildern: Oft bekommen Kinder gerade bei alltäglichen Verrichtungen ihre Wutanfälle. Beim Windelwechseln entstehen oft regelrechte Zweikämpfe zwischen Eltern und

Kind. Vielleicht bringen Sie es dann fertig, Ihrem Kind den Windelwechsel nicht wie bisher anzutragen, sobald Sie eine volle Windel bemerken. Lassen Sie es von selber kommen, auch auf die Gefahr hin, daß es sich einen wunden Popo einhandelt. Vielleicht läßt es sich aber auch von einer anderen Person problemlos seine Windeln wechseln.

– Konsequent müssen Sie aber unbedingt bleiben, wenn es darum geht, Schaden abzuwenden! Lassen Sie es im Straßenverkehr nicht alleine laufen, ebensowenig das Balkongeländer erklimmen oder unbeaufsichtigt an den Swimmingpool gehen. Sie sollten auch nicht durchgehen lassen, daß es Ihr Geschirr zerschlägt oder damit herumwirft und andere verletzt. Dann schicken Sie es in sein Zimmer. Solch krasses Benehmen dürfte aber eher selten vorkommen.
– Versuchen Sie, das Kind abzulenken. Denken Sie an Felix und die Seifenblasen, und halten Sie für solche Fälle eine kleine Wunderkiste bereit. Darin können sein, Luftballons, Seifenblasen, ein Kaleidoskop, eine Spieluhr, eine Kasperlpuppe usw. Der Phantasie sind keine Grenzen gesetzt. Sie können Ihr Kind auch auf ein Flugzeug aufmerksam machen, das gerade vorbeifliegt oder auf einen Vogel oder auf andere Kinder, die draußen spielen.
– Sorgen Sie auch sonst für Abwechslung, und pflegen Sie Kontakte mit anderen Menschen. Ein kindlicher Wutanfall ist leichter zu ertragen, wenn er sich nicht nur zwischen zwei Personen abspielt, sondern wenn sich die Spannung auf mehrere Menschen verteilt. Ein kleiner Zornpinkel beruhigt sich bald, wenn der Opa mit einer spaßigen Bemerkung eingreift oder die Freundin an der Tür klingelt. Es tut auch den Eltern gut, wenn sich andere Personen auf humorvolle (nicht höhnische!) Weise beteiligen.
– Geben Sie Ihrem Kind das Gefühl, es könne selber entscheiden. Lassen Sie es zwischen zwei Sachen entscheiden und es dann seinen pinkfarbenen Lieblingsschal tragen, auch wenn Sie finden, der blaue würde viel besser zum roten Mantel passen. Fragen Sie auch, was es gerne essen oder trinken möchte und stellen Sie ihm immer zwei Möglichkeiten zur Auswahl: Tee oder Milch, Wurst oder Käse. Honig oder Marmelade. So lernt es, sich zwischen zwei Möglichkeiten zu entscheiden und muß nicht notgedrungen Nein sagen, wenn es das eine nicht will.
– Zu guter letzt: Seien sie nicht nachtragend oder spielen Sie gar beleidigt, nachdem Ihr Kind wieder einmal aus sich herausgegangen ist. Das würde die Angelegenheit nur verschlimmern, da es ja Angst hat, Ihre Zuneigung zu verlieren. Zeigen Sie sich immer versöhnlich und helfen Sie ihm dabei, selbständig zu werden.

2.1.10 Berufstätige Eltern – Wer betreut das Kleinstkind?

Wenn beide Elternteile berufstätig sein wollen oder müssen, dann ist es wichtig, sich gut zu überlegen, welche Betreuung Sie Ihrem Kleinkind unter drei Jahren zukommen lassen.
Am besten informieren Sie sich schon rechtzeitig vor der Geburt Ihres Kindes, welche Betreuungsmöglichkeiten für Sie in Frage kommen könnten. Auch sollten Sie sich rechtzeitig entscheiden, ab wann Sie Ihre Berufstätigkeit wieder aufnehmen wollen. Fangen Sie schon nach Ablauf der achtwöchigen Mutterschutzfrist nach der Geburt wieder an zu arbeiten, oder nehmen Sie (oder Ihr Mann) erst einmal den eineinhalbjährigen Erziehungsurlaub in Anspruch.
Falls in Ihrer Familie das Einkommen der Frau zum Lebensunterhalt unentbehrlich ist, dann werden Sie sich wohl für die Mutterschutzfrist entscheiden müssen. Dabei stehen Ihnen vor der Geburt sechs Wochen und nach der Geburt acht Wochen Mutterschaftsurlaub bei voller Lohnfortzahlung zu.
Frauen, die Ihre Berufstätigkeit nach so kurzer Zeit schon wieder aufnehmen, sind großen Belastungen ausgesetzt. Erstens haben sich Leib und Seele bei den wenigsten Frauen bis dahin so weit regeneriert, daß sie wieder so belastbar wären wie vor dem Mutterschaftsurlaub. Zweitens weckt ein Säugling in den ersten Lebensmonaten seine Mutter mehrmals in der Nacht auf, so daß sie sich nicht so erholen kann, wie dies für die Erfordernisse des Berufslebens wünschenswert wäre. Drittens ist die Arbeit im Haushalt zugleich mehr geworden, da es jetzt eine Person mehr gibt, die versorgt werden muß. Der Wäscheberg wird größer und muß wesentlich öfter gewaschen werden, Windeln, Babynahrungs- und -pflegeartikel müssen regelmäßig nachgekauft werden, andere Arbeit bleibt liegen und häuft sich auf, die Zeiten, in denen Besorgungen gemacht werden, müssen eingeteilt werden etc. Noch immer sind die wenigsten Männer bereit, ihren berufstätigen Frauen einen gerechten Anteil der anfallenden Arbeit abzunehmen.
Die Belastung wird dann besonders groß, wenn das Baby krank wird und besonderer Pflege bedarf. Kommt dies auch noch häufiger vor, kann der Jahresurlaub, der für eine Frau unter diesen Belastungen jetzt besonders wichtig zur Erholung wäre, beträchtlich schrumpfen, da den Eltern nur fünf Tage Sonderurlaub im Jahr zustehen wegen Krankheit eines Kindes. Darüber hinaus sind so belastete Mütter auch selber besonders krankheitsanfällig.
Deshalb sollten Sie, falls Sie vorhaben, gleich nach der Mutterschutzfrist wieder in Ihren Beruf zurückkehren, sich für diese Zeit eine wohldurchdachte Planung zurechtlegen:

- Vereinbaren Sie mit Ihrem Mann Arbeitsteilung im Haushalt. Da Sie unmöglich zu Beruf und Kind auch noch den Haushalt führen können, sollten Sie einzelne Arbeitsbereiche – sofern noch nicht bereits geschehen – Ihrem Mann überlassen. Vielleicht könnten Sie noch zusätzlich bestimmte Arbeiten wie Bügeln und Putzen an eine dritte Person abgeben. Bei vielen Paaren hat es sich außerdem bewährt, wenn sie sich in der Nacht bei der Versorgung des Babys abwechseln. So sind Sie wenigstens jeden zweiten Tag ausgeschlafen.
- Stillen Sie rechtzeitig ab! Es ist utopisch anzunehmen, daß jede berufstätige Frau ihr Baby, wie es das Mutterschutzgesetz zugesteht, täglich zweimal eine halbe Stunde oder einmal eine Stunde stillen kann. Diese Zeit würde oft nicht einmal für den Hin- und Rückweg zum Baby ausreichen; vom Streß, den diese Fahrerei bewirken würde, einmal ganz abgesehen.
  Stellen Sie Ihr Baby also rechtzeitig auf die Flasche um, damit es nicht nur ausschließlich von Ihnen versorgt werden muß.

Wenn Sie sich für den dreijährigen Erziehungsurlaub entscheiden können, dann sind Sie, was Ihre Belastung betrifft, etwas besser dran. Finanziell sieht es nach dem derzeitigen Stand (Frühjahr 1993) so aus, daß Sie bis acht Wochen nach der Geburt Ihr volles Gehalt weiterbeziehen und dann das Bundeserziehungsgeld erhalten. Dieses beläuft sich für die nun folgenden vier Monate auf 600,– DM monatlich. Vom Beginn des siebten bis zur Vollendung des vierundzwanzigsten Lebensmonats des Kindes ist die Zahlung des Erziehungsgeldes von der Höhe des Familieneinkommens abhängig und kann mitunter sogar ganz wegfallen.
Erziehungsurlaub können übrigens auch Väter nehmen. Da dies bisher weniger als ein Prozent aller Väter getan haben, soll ihnen der Erziehungsurlaub dadurch schmackhaft gemacht werden, daß sich Mann und Frau in dieser Zeit dreimal abwechseln können.

Wie lassen Sie Ihr Kind betreuen?

Welche Betreuungsform für Ihr Kleinstkind in Frage kommt, hängt von Alter und Temperament des Kindes ab, von Ihrer familiären und finanziellen Situation und auch davon, was vor Ort geboten wird. Die häufigsten Betreuungsformen für Kleinkinder vor dem Kindergartenalter sind:
- Oma
- Tagesmutter
- Kinderkrippe

- Kinderfrau
- Au-pair
- Babysitter

Es gibt mittlerweile auch Elterninitativen, in denen die Kinder reihum betreut werden. Grundsätzlich kann man nur empfehlen: je kleiner das Kind ist, um so besser bekannt muß ihm die e i n e dritte Person (Oma, Tagesmutter, Kinderfrau etc.) sein, die es betreut. Kleinkinder ab zwei Jahre sind oft schon so aufgeweckt, daß sie in einer Kinderkrippe gut zurechtkommen.

Die Oma

Wenn Sie eine Mutter oder Schwiegermutter haben, die gerne regelmäßig Ihr Kind versorgt, dann haben Sie großes Glück. Großeltern kümmern sich oft besonders engagiert um ihre Enkel, weil ihnen aus familiären Gründen viel an deren gutem Gedeihen liegt. Außerdem begrüßen es viele ältere Menschen, wenn sie nach ihrer Berufstätigkeit noch eine wichtige Aufgabe übernehmen können. Voraussetzung dafür, daß dies gut klappt, ist natürlich auch, daß Großeltern und Eltern des Kindes ein unkompliziertes Verhältnis zueinander haben und das Kind nicht unter gegensätzlichen Erziehungsvorstellungen leiden muß. Auch die Eltern des Kindes sollten auf die Oma/den Opa Rücksicht nehmen und sie nicht über Gebühr strapazieren. Da Großeltern ihre Dienste in der Regel umsonst zur Verfügung stellen, besteht leicht die Gefahr, daß sie ausgenutzt werden oder sich jedenfalls so fühlen.

Die Tagesmutter

Können Sie Ihr Kind nicht von einer Oma betreuen lassen, und wollen Sie Ihr Kind trotzdem, was zu empfehlen wäre, nur e i n e r e i n z i g e n Person in Obhut geben, dann käme eine Tagesmutter in Frage. Tagesmütter sind Frauen, die ihre eigenen Kinder bei sich zu Hause versorgen und tagsüber zusätzlich noch andere Kinder in Pflege nehmen. Wenn eine Tagesmutter mehr als vier Kinder aufnimmt, braucht sie eine Genehmigung vom Jugendamt.

Diese Behörde vermittelt auch Tagesmütter. Auch Inserate in Ihrer Tageszeitung oder Empfehlungen von Bekannten sind hilfreich. Sie können sich aber auch an die Arbeitsgemeinschaft Tagesmütter wenden:

Dieser Verband verfügt im ganzen Bundesgebiet über Ortsgruppen, die berufstätige Eltern bei der Suche nach einer Tagesmutter beraten. Dort können Sie auch Musterverträge für das Pflegeverhältnis bekommen.

Welche Tagesmutter ist die richtige?

Eine Tagesmutter sollten Sie nach folgenden Überlegungen aussuchen:
- Läßt sich das Erziehungskonzept der Tagesmutter mit Ihrem vereinbaren? Sind Sie selber eher streng, dann werden Sie mit einer Tagesmutter, die den Kindern nach dem Laissez-faire-Prinzip viel freien Lauf läßt, nicht klarkommen.
- Wie geht sie mit „Unarten" um?
- Können Sie sich selber mit ihr austauschen?
- Wieviel Kinder betreut sie?
- Wie sieht der Tagesablauf bei ihr aus?
- Was unternimmt sie mit den Kindern?
- Welches Spielzeug wird bevorzugt?
- Dürfen die Kinder viel fernsehen?
- Ist die Ernährung akzeptabel? Bekommen die Kinder viel Süßes?
- Ist ausreichend Wohn- und Spielraum vorhanden?
- Hat sie eine Pflegeerlaubnis vom Jugendamt?
- Ist die Wohnung der Tagesmutter für Sie gut erreichbar?
- Fühlt sich Ihr Kind dort wohl?

Wenn Sie die für Sie richtige Tagesmutter finden, dann genießt Ihr Kind eine sehr gute Betreuung, die der in Ihrer eigenen Familie in fast nichts nachsteht. Für ein Kind, das keine Geschwister hat, ist sie sogar besonders vorteilhaft. Denn es findet dort Spielkameraden und lernt, mit anderen zu teilen. Sein Sozialverhalten entwickelt sich so besser.
Die Kosten für eine Tagesmutter sind relativ niedrig. Die Ganztagesbetreuung für Kinder bis zu sechs Jahren kostet im Monat zwischen 300,– und 600,– DM, Halbtagsbetreuung dementsprechend weniger. Bei Ihrem Jugendamt können Sie einen Antrag auf Kostenübernahme stellen. Je nach Einkommen übernimmt es die Kosten anteilig oder ganz.

Kindermädchen

Erheblich teurer ist da schon ein Kindermädchen. Die Betreuung Ihres Kindes erfolgt bei Ihnen zu Hause. Für sehr kleine Kinder ist es vorteilhaft,

wenn sie in ihrer vertrauten Umgebung bleiben können und sich nur e i n e Person um sie kümmert. Sie können sich vom Arbeitsamt ein Kindermädchen vermitteln lassen. Auch bei den Stellenangeboten Ihrer Tageszeitung finden Sie sicherlich etwas. Am besten kommen Sie allerdings dabei weg, wenn Ihnen Freunde oder Bekannte ein Kindermädchen empfehlen. Dabei können Sie dann relativ sicher gehen, daß es sich um eine verläßliche Person handelt. Ansonsten müssen Sie sich bei der Auswahl auf Referenzen und auf Ihr Gespür – welchen Eindruck macht die Bewerberin auf Sie beim Vorstellungsgespräch – verlassen.
Die Aufgaben, für die Ihr Kindermädchen zuständig sein soll, müssen Sie im Arbeitsvertrag ausführlich festlegen. Die Bezahlung richtet sich danach, für wieviel Stunden pro Woche das Kindermädchen angestellt werden soll und ob es eine spezielle Ausbildung für diese Arbeit hat.
Für eine solche Hilfe, die vierzig Stunden pro Woche ins Haus kommt, müssen Sie einschließlich aller üblichen Sozialleistungen zur Zeit zwischen 2.500,– und 3.000,– DM im Monat rechnen. Diese Lösung kommt also nur für sehr gut Verdienende in Frage.

Au-pair oder Babysitter

Wenn Sie freiberuflich und zu Hause tätig sind oder teilzeitbeschäftigt und sich die Zeit so einteilen können, daß Ihr Kind nur ein paar Stunden am Tag Fremdbetreuung braucht, dann kann das auch ein Au-pair-Mädchen oder -Junge oder ein Babysitter bei Ihnen zu Hause übernehmen.
Die Kosten für ein Au-pair kommen mit etwa 350,– DM Taschengeld, ca. 75,– DM Kranken- und Unfallversicherung, freier Kost und Logis auf gute 1.000,– DM im Monat. Aktuelle Informationen erhalten Sie bei den Au-pair-Vermittlungsstellen, die es in größeren Städten gibt (Telefonbuch).
Babysitter verlangen je nach Region sehr unterschiedliche Stundenlöhne. Sie können zwischen 10,– und 20,– DM liegen. Eine Schülerin wird vermutlich weniger verlangen als eine ehemalige Erzieherin oder eine Krankenschwester, die sich mit diesem Nebenverdienst ihre Haushaltskasse aufbessert. Sorgen Sie dafür, daß Ihr Kind nicht von wechselnden Babysittern betreut wird. Auch hier ist Kontinuität wichtig.
Bevor Sie einen Babysitter engagieren, sollten Sie sich auch gut überlegen, wie viele Stunden pro Woche Sie ihn benötigen. Bei zehn Wochenstunden kämen Sie mit einem relativ preisgünstigen Babysitter immerhin auch schon auf 400,– DM im Monat.

Die Kinderkrippe

Gemeinden, Betriebe oder weltanschaulich-religiöse Institutionen bieten zur Säuglings- und Kleinkindbetreuung Kinderkrippen an. Diese Einrichtungen genießen keinen sehr guten Ruf, weil sie lange Zeit eher der Bezeichnung „Bewahranstalt" (sie hießen früher aber auch tatsächlich so) gerecht wurden. In großen Sälen waren viele Kleinstkinder beisammen und die Pflegerinnen konnten höchstens auf die leiblichen, selten auf die seelisch-geistigen Bedürfnisse des einzelnen Kindes eingehen. Die Eltern hatten nicht viel zu sagen, und die Folgen dieser Unterbringung für die Kinder waren oft schlechtes Gedeihen, Infektionsanfälligkeit, Verhaltensstörungen.

Das sieht heute glücklicherweise schon ganz anders aus, obwohl es aufgrund von Personal- und Raummangel immer noch Kinderkrippen gibt, die man besser meiden sollte. Daneben gibt es aber wirklich gute Kinderkrippen, in denen sich die Erzieherinnen liebevoll bemühen, den Bedürfnissen der Kleinsten in Gruppen von familiärer Größe gerecht zu werden.

Wenn für Ihr Kind eine Kinderkripppe als Betreuungsmöglichkeit in Frage kommt, dann sollten Sie folgende Punkte berücksichtigen, um eine gute Auswahl treffen zu können.

- Dürfen Sie sich in den Räumlichkeiten ungehindert umsehen?
- Finden Sie die Erzieherinnen sympathisch, und können Sie mit ihnen über Ihr Kind und seine Bedürfnisse sprechen?
- Sind die Räumlichkeiten ansprechend und kindgerecht ausgestattet? Können sich die Kleinen auch mal zurückziehen?
- Gibt es einen ausreichend großen Garten?
- Verläuft der Tag in geregelten Bahnen oder gibt es keine Regelmäßigkeit darin?
- Wie groß sind die Gruppen? Ideal wäre, wenn eine Erzieherin nicht mehr als drei Babys unter einem Jahr zu betreuen hat. Kinder zwischen einem und zwei Jahren sollten in Gruppen betreut werden, in denen höchstens acht Kinder mit zwei Erzieherinnen zusammen sind. Bei Zwei- bis Dreijährigen sollten es nicht mehr als zehn Kinder sein.
- Wichtig ist auch, daß den Kindern eine Eingewöhnungszeit zusammen mit den Eltern ermöglicht wird. In den ersten Tagen können die Eltern ganz bei ihrem Kind bleiben und es dann allmählich immer länger alleine in der Kinderkrippe lassen. So gewöhnt sich das Kind langsam an die neue Umgebung und lernt auch, daß die Eltern immer wieder kommen; eine äußerst wichtige Komponente für das Kind. Das Schockerlebnis, das viele Kleinstkinder erfahren, wenn sie von heute auf morgen ein-

fach in der Krippe abgegeben werden und die Eltern schnell verschwinden, kann man einem Kind auf diese Weise ersparen oder wenigstens erträglicher machen.

- In der Krippe sollte ein gutes Betriebsklima herrschen zwischen den Pflegern. Das Personal sollte außerdem nicht allzu oft wechseln.
- Die Öffnungszeiten der Krippe sollten mit Ihren Arbeitszeiten vereinbar sein.
- Gut ist es auch, wenn die Krippe für Sie verkehrsgünstig liegt, so daß Sie sich und dem Kind lange Umwege ersparen können.

Die Kosten für eine ganztägige Unterbringung bewegen sich je nach Einkommen zwischen 50,– und 500,– DM pro Monat. Dazu kommen täglich ungefähr 3,– DM Essensgeld. Eine Halbtagsunterbringung kostet entsprechend weniger.
Bevor Sie dem Kind und letztendlich auch sich selber einen schlechten Krippenplatz zumuten, sollten Sie doch versuchen, eine andere Betreuung zu bekommen oder Ihr Kind möglichst nur halbtags dort unterzubringen.

2.2 Drei bis sechs Jahre

2.2.1 Kindergarten

Im Alter von drei Jahren beginnt für die meisten Kinder ein neuer Lebensabschnitt. Die Kindergartenzeit bricht an. Eltern, die vorhaben, ihr Kind zum Kindergartenbesuch anzumelden, machen sich natürlich Gedanken darüber, wie sie diese Situation zum besten für das Kind und sich selber angehen könnten. Es ist heute in vielen Städten nämlich gar nicht so einfach, einen Kindergartenplatz zu bekommen. Nicht wenige Kindergärten sind so gut wie überfüllt und führen lange Wartelisten. Dennoch steht der pädagogische Wert einer solchen Einrichtung außer Zweifel. Denn die Kinder lernen im Umgang mit anderen Sozialverhalten. Dies kommt besonders den Kindern zugute, die ohne Geschwister aufwachsen. Außerdem sind viele Eltern auf einen Kindergartenplatz angewiesen, da sie ohne diese sichere Betreuung ihres Kindes nicht ihren Lebensunterhalt verdienen könnten.
Trotz der ungünstigen Ausgangslage (Mangel an Kindergartenplätzen) sollten Sie versuchen, einen Platz für Ihr Kind zu bekommen, der Ihren Bedürfnissen und denen des Kindes am ehesten entspricht.
Grundsätzlich ist die Auswahlmöglichkeit unter Kindergärten – zumindest in größeren Städten – ziemlich groß. Sie können wählen zwischen öf-

fentlichen und städtischen Kindergärten sowie einer Vielzahl von privaten, weltanschaulichen und kirchlichen Einrichtungen. Um sich einen ersten Überblick zu verschaffen, brauchen Sie nur im Telefonbuch oder im Adreßbuch nachzuschlagen. Fragen Sie auch Eltern in der Nachbarschaft oder auf Ihrem Spielplatz.

Wichtige Auswahlkriterien für einen Kindergarten sind etwa folgende:
- Verkehrsgünstige Lage: Kann man ihn bequem von zu Hause aus erreichen, oder liegt er in der Nähe Ihres Arbeitsplatzes?
- Wie sehen die Räumlichkeiten aus?
- Wie groß sind die Gruppen?
- Wirken die Erzieherinnen überlastet?
- Gibt es einen Garten oder einen Spielplatz auf dem Gelände oder in der Umgebung des Kindergartens?
- Lassen sich die Öffnungszeiten mit meiner Arbeitszeit oder der sonstigen Tagesplanung vereinbaren?
- Wieviel kostet die Betreuung meines Kindes? Richtet sich die Höhe des Betrages nach dem Einkommen?
- Bin ich mit den Erziehungszielen und der weltanschaulichen Ausrichtung des Hauses einverstanden?

Sie können sich die Entscheidung über Ihren künftigen Kindergarten erleichtern, indem Sie die in Frage kommenden Einrichtungen schon beizeiten aufsuchen und sich orientieren. Die Erzieherinnen geben, obwohl sie oftmals sehr belastet sind, interessierten Eltern meist gerne Einblick in den Kindergartenbetrieb. Melden Sie sich am besten vorher telefonisch an. Ihr Kind sollte auf jeden Fall dabei sein und dann auch mitentscheiden dürfen, wohin es dann täglich gehen wird.

Es ist allerdings nicht immer ganz leicht zu erkennen, ab wann ein Kind reif für den Kindergarten ist. Doch die folgenden Punkte geben Ihnen dazu eine Hilfestellung:
- wenn das Kind schon ein wenig selbständig geworden ist, etwa sich selber anziehen oder alleine essen kann;
- wenn es einige Stunden ohne Mutter und Vater auskommen kann;
- wenn es tagsüber keine Windeln mehr braucht;
- wenn es ihm immer wieder und immer häufiger langweilig wird zu Hause;
- wenn es sich über Spielkameraden freut.

Was für Vorteile bringt es mit sich, wenn Ihr Sohn oder Ihre Tochter täglich den Kindergarten besucht?
- Das Kind lernt Sozialverhalten. Es steht für einen Teil seines Lebens tagsüber nicht mehr im Mittelpunkt des Geschehens wie in einer klei-

nen Familie, sondern muß sich in eine Gemeinschaft mit anderen Kindern einfügen und gegenüber den anderen auch in bestimmter Weise Rücksicht nehmen und zurückstecken, um andere mitkommen zu lassen. Dies ist eine besonders wichtige Erfahrung für Einzelkinder.

- Mit anderen Kindern zusammen macht es mehr Spaß zu lernen, zum Beispiel wie man aufräumt, Schuhe bindet, sich an- und auszieht, selbständig ißt, seine Sachen zusammenhält etc.
- Die Erzieherinnen bieten eine altersgerechte Mischung von Spiel, Basteln, Malen, Turnen, Spazierengehen, Musizieren, Feste gestalten und feiern an. Dadurch werden die körperliche, geistige und seelische Entwicklung des Kindes gefördert.
- Das Spielzeug, mit dem die Kinder im Kindergarten spielen, ist pädagogisch wertvoll und bietet eine willkommene Abwechslung zu den bekannten Dingen zu Hause.
- Auch für Eltern bietet der Kindergarten Bereicherungen: Auf Kindergartenfesten – falls es so etwas noch nicht gibt in Ihrem, sollten Sie einmal darüber nachdenken, ob Sie nicht einen Anstoß zu solch einem Fest geben sollten – kommen Sie leicht in Kontakt mit anderen Eltern und können sich austauschen oder vielleicht noch selber Freunde gewinnen.
- Viele Kindergartenfreundschaften von Kindern und Eltern bleiben noch lange, manche ein Leben lang bestehen. Das gibt Halt fürs ganze Leben.

Gibt es auch Nachteile? Der Kindergartenbesuch kann schon durch einige Bedingungen getrübt werden, etwa

- wenn die Kinder in zu großen Gruppen (wesentlich mehr als zehn Kinder pro Erzieherin) betreut werden müssen,
- wenn das Erziehungskonzept oder die weltanschaulichen Vorstellungen nicht mit denen der Eltern in Einklang zu bringen sind, oder
- wenn die Kinder oft mit Krankheiten angesteckt werden.

Wie können Sie Ihrem Kind den Einstieg in den Kindergarten erleichtern?

- Gehen Sie mit Ihrem Sohn oder Ihrer Tochter, schon bevor er oder sie den Kindergarten dann regelmäßig besuchen, immer wieder einmal vorbei. Günstig dafür ist der Nachmittag, wenn die Kinder im Freien spielen.
- Wenn Sie es einrichten können, dann melden Sie Ihr Kind im ersten Jahr nur für nachmittags an. Nachmittagsgruppen sind erfahrungsgemäß kleiner.
- Versuchen Sie, daß Ihr Kind schon vorher andere Kindergartenanfänger in der Nachbarschaft oder auf dem Spielplatz kennenlernt. Dann hat es schon am ersten Tag Bekannte.

– Viele Erzieherinnen lassen ihre Neuzugänge etappenweise anfangen: Alle paar Tage kommen zwei bis drei neue Kinder hinzu. Auf diese Weise hält sich die Aufregung in Grenzen.

Wenn es dann endlich soweit ist, reagieren die Kinder höchst unterschiedlich. Die einen sind so gefesselt von den neuen Eindrücken, daß sie ohne weiteres gleich am ersten Tag dableiben. Bei ihnen kommt das große Weinen möglicherweise erst ein paar Tage später. Andere wollen die Hand der Mutter erst gar nicht loslassen und weinen gleich beim ersten Weggang der Mutter. Die Kinder, die – äußerlich – gelassen auf diese nicht unerhebliche Umstellung in Ihrem Leben reagieren, gibt es selbstverständlich auch.

Diese Reaktionen sind verständlich, wenn man bedenkt, was der Eintritt in den Kindergarten für ein Kind bedeutet: Das Kind unternimmt den ersten Schritt aus dem vertrauten Familienkreis heraus und muß sich nun – zumindest für ein paar Stunden täglich – alleine in einer größeren Gruppe zurechtfinden. Betrachten Sie dies als Chance für Ihr Kind. Sie brauchen deshalb nicht unter Schuldgefühlen leiden, auch wenn es nicht ganz glatt geht oder nicht ganz so leicht ist für Ihr Kind.

2.2.2 Wenn Ihr Kind von einem anderen Kind tyrannisiert wird

Vater hat schon seit einiger Zeit das Gefühl, daß Anna etwas bedrückt. Heute Abend endlich, als er zum Gute-Nacht-Gespräch bei ihr auf der Bettkante sitzt, rückt sie zögernd damit heraus. „Du Papa, ich muß dir was sagen. Die Diana will immer, daß ich das spiele, was sie will. Wenn ich in der Puppenecke mit meiner Lieblingspuppe spielen will, kommt sie immer gleich mit und sagt mir, was ich spielen soll. Sie hat auch schon zwei Haarspangen von mir. Ich muß ihr immer etwas geben, damit sie mich in Ruhe spielen läßt. Im Kindergarten macht es mir gar keinen Spaß mehr."

Vater ist einigermaßen entsetzt. Nie hätte er sich gedacht, daß so kleine Kinder schon andere bedrängen und zu erpressen versuchen! Er wundert sich auch, daß so etwas in einem Kindergarten vorkommen kann. Die Erzieherin müßte doch ihre Kinder kennen. Sie ist doch geschult und müßte schließlich merken, welche Kinder sie besser im Blick haben sollte, damit die Schwächeren nicht zu leiden haben. Schließlich macht sich Vater auch über seinen eigenen Erziehungsstil Gedanken. Was hat er falsch gemacht, daß sich sein Kind so etwas gefallen läßt und sich offensichtlich nicht durchsetzen kann? Diese und ähnliche Gedanken wühlen Vater auf, denn er sieht, daß sein Kind leidet und diesen Zustand möchte er so bald wie möglich aus der Welt geschafft sehen. Vater tröstet Anna: „Das glaube ich dir, Anna. Ich würde auch nicht mehr gerne in den Kindergarten gehen, wenn immer jemand so zu mir wäre. Weißt du was, Anna, morgen reden wir mal mit der Erzieherin. Die kann uns bestimmt helfen. Sie will doch bestimmt auch, daß ihr Kinder miteinander klarkommt." Anna schläft bald beruhigt ein, weil sie weiß, daß sie mit ihrem Problem nicht alleingelassen wird. Sie ist auch froh, daß Vater Diana nicht schimpfen wird, weil sie eigentlich trotzdem gerne Dianas Freundin sein möchte. Sie hat das zunächst befürchtet und deshalb so lange nichts gesagt.

Bei Vorkommnissen wie diesen ist es für Eltern nicht leicht, Ruhe zu bewahren. Gefühle wie Mitleid, Empörung, Wut und Kränkung sind in einer solchen Situation verständlich. Nicht richtig wäre es jedoch, wenn Sie Ihren Gefühlen vorschnell nachgeben und den „Übeltäter" selber zur Rede stellen würden. Damit würden Sie die Situation dem Kind aus der Hand nehmen und an seiner Stelle das Problem aus der Welt schaffen. Das bedeutet wiederum nicht, daß es besser wäre, ein Kind in einer solchen Lage alleine zu lassen. Nicht wenige Eltern schieben die Verantwortung ab, mit dem Satz: „Da mußt du dich durchsetzen!" Obwohl sie ihrem Kind bis dahin vielleicht noch gar nicht beigebracht haben, wie es sich durchsetzen kann. Es ist immer richtig, wenn Sie Ihr Kind ermutigen, sich zu behaupten. Oft ist die Lage für ein Kind aber so, daß es von alleine nicht mehr zurechtkommen kann, auch wenn es sich normalerweise nicht alles gefallen läßt. Wenn es dann nicht mit Verständnis rechnen kann, besteht die Gefahr, daß das Kind resigniert und kleinbeigibt, also erst recht in Unterdrückung gerät.

Hier müssen Eltern und Kind einen Mittelweg finden. Wichtig ist immer, daß Sie Ihrem Kind gut zuhören, wenn es Ihnen von seinem Kummer erzählt. Dabei können Sie oft „zwischen den Zeilen lesen", was an der Sache Ihr Kind wirklich bedrückt. Manchmal hilft es schon viel, wenn sich das Kind von der Seele reden kann, was es bedrückt. Ihr weiteres Vorgehen könnte dann so aussehen, daß Sie gemeinsam mit dem Kind die Möglichkeiten durchsprechen, wie es sich in der betreffenden Situation verhalten könnte: ob und wie es sich verteidigen und an wen es sich bei Bedarf um Hilfe wenden könnte, wenn Sie selber nicht zur Verfügung stehen.

In vielen Fällen ist es ratsam, wenn Sie sich auch an die Erzieherin wenden. Eine Kindergartengruppe ist manchmal schwer überschaubar und so kann es vorkommen, daß ihr gerade solche Situationen, in denen ein Kind ein anderes unter Druck setzt, nicht sofort auffallen. Kinder wenden sich auch oft nicht an die Erzieherin, weil sie Bedenken haben, sie könnten dann als „Petze" gelten. Im übrigen werden in Kindergärten solche Konflikte sinnvoll gelöst, nicht indem ganz einfach bestraft wird, sondern die

Kinder dazu ermuntert werden, miteinander nach auskömmlichen Lösungen zu suchen.
Wichtig ist, daß Ihr Kind weiß, es kann sich notfalls auf Ihre Hilfe verlassen. Ansonsten sollten Sie es darin unterstützen, daß es mit dieser Hilfe eine Situation so eigenständig wie möglich bewältigen lernt.

2.2.3 Die kleinen Waffennarren – gewähren lassen oder unterbinden?

Lisa und Toni spielen schon einige Zeit mit anderen Kindern aus der Nachbarschaft im Garten. Mutter hört, daß es da unten recht munter zugeht und beobachtet durch das Fenster, was für ein lustiges Spiel sich die Kleinen da ausgesucht haben. Ihr bleibt fast die Spucke weg: Die Kinder halten Äste wie Gewehre in den Händen und spielen gerade mit dem größten Vergnügen „totschießen". Reihum schießen sie sich gegenseitig nieder, um unter um so größerem Gelächter wieder aufzustehen und von neuem damit zu beginnen.
Für Mutter bricht eine Welt zusammen. Haben die Eltern nicht immer versucht, ihre Kinder zu friedfertigen Menschen zu erziehen? Spielzeugwaffen und kriegerische Gummimonster sind noch nie über die Schwelle des Hauses gekommen. Immer wieder haben sie ihren Kindern erklärt, daß Waffen töten, daß sie Leid und Unheil bringen und deshalb eine solche Sache kein Kinderspielzeug sein kann. Überhaupt sind beide Eltern sehr friedliebende Menschen und lehnen alles, was kriegerisch ist, ab. Sie waren sich sicher, daß diese Einstellung positiv auf ihre Kinder abfärben müßte und deshalb, was Friedensliebe anbelangt, das Beste getan zu haben. Wegen der Nachbarn ist es ihnen auch ein wenig peinlich. Die nehmen womöglich an, sie wären mit solchen Spielen einverstanden. „Wenn ihr nicht sofort etwas anderes spielt, dann kommt ihr ins Haus!" ruft die Mutter empört aus dem Fenster. „Ach manno, wenn's mal Spaß macht, dann müssen wir gleich wieder aufhören!" Die Kinder sind enttäuscht, Mutter ist sauer, der Nachmittag ist nur noch langweilig.
Wenig später kommt Mutters Freundin vorbei. Sie hat schon größere Kinder und, als ihre beiden im Kindergartenalter waren, dasselbe auch schon erlebt. Damals sprachen sie im Kindergarten mit den Erzieherinnen über dieses Problem. Einige Kinder brachten nämlich öfter von zu Hause Spielzeugpistolen mit in den Kindergarten, und fast alle Kinder fanden diese „Totschieß"-Spiele faszinierend und spielten sie bei jeder sich bietenden Gelegenheit. Zusammen mit den Eltern wurde dann beschlossen, daß alle darauf achten sollten, daß die Kinder kein solches Spielzeug mehr mit-

brächten. Mit dem Erfolg, daß es in der nächsten Zeit zunächst ruhiger wurde, die Kinder aber bald darauf anfingen, sich Gewehre aus Legosteinen zusammenzubauen. „Ich glaube, da brauchst du dir keine allzugroßen Sorgen zu machen. Anscheinend brauchen die das in dem Alter. Meine sind inzwischen auch wieder ganz friedlich und interessieren sich schon lange nicht mehr für solche Spiele."

Mutters Freundin liegt mit dieser Vermutung richtig. Kinder in diesem Alter brauchen solche phantasievollen Spiele, um sich mit der Realität auseinanderzusetzen. Sie sind sehr aufnahmebereit, und die vielen Eindrücke, die sie sammeln, müssen verarbeitet werden. Denken Sie nur daran, wie viele Grausamkeiten und sensationslüstern aufbereitete Brutalitäten tagtäglich allein über die Medien auf unsere Kinder einwirken. Damit ist nicht nur das Fernsehen gemeint; oft genügt schon ein blutrünstiges Titelblatt einer Illustrierten, um ein Kind im Vorübergehen zu beunruhigen. Das Kind nimmt im Kindergartenalter wahr, daß es außerhalb seiner familiären Geborgenheit eine Welt gibt, in der Grausamkeiten wie Krieg und Kriminalität eine nicht unbedeutende Rolle spielen. Außerdem muß es sich jetzt auch schon im Kindergarten und auf dem Spielplatz mit Konflikten auseinandersetzen, da Mutter nun nicht mehr immer und überall helfend und schützend zur Stelle sein kann.

Solche kindlichen Kriegsspiele haben also durchaus ihren Sinn.

Sie helfen dem Kind, die Realität zu ertragen. In seinen Spielen sind die Getöteten nicht wirklich tot, sondern tun nur so als ob, um dann wieder weiterzuleben wie bisher. Unliebsame Gegner kann das Kind im Spiel außer Gefecht setzen. Das verleiht ihm ein Gefühl von Stärke. Die Kinder spielen Angriff und Verteidigung, ohne sich gegenseitig zu verletzen.

Bei diesen Spielen werden meistens genau festgelegte Regeln eingehalten. Jeder Mitspieler weiß, wann er umzufallen hat, wenn sein Gegenüber den Abzug betätigt. Dies ist ein sicheres Zeichen dafür, daß Kinder sehr gut Realität und Spiel auseinanderhalten können.

Mit diesen Argumenten sollen Kriegsspiele aber nicht heruntergespielt werden. Nicht selten nehmen sie Formen an, die dann doch ein Eingreifen erfordern. Das ist dann der Fall, wenn ein Kind in Gefahr gerät, Spiel und Wirklichkeit nicht mehr auseinanderzuhalten. Wenn es am liebsten mit nichts anderem mehr spielt, als mit Waffen und Sternenkriegern und sich mit diesen Figuren zu identifizieren beginnt. Oder wenn gar andere dabei verletzt werden. Hinter einer solchen ausgeprägten Waffenliebe stecken dann immer seelische Störungen, denen man nachgehen muß. Vielleicht wird das Kind mit zuviel Gewalt konfrontiert; etwa wenn es im Elternhaus lieblos be- oder gar mißhandelt wird. Dann flüchtet es sich mitunter

in solche Rollen, die ihm Stärke verleihen sollen, und in denen es Herr über Leben und Tod spielen kann. Oft tötet es dann in seiner Phantasie seine im richtigen Leben allmächtigen Erzieher. Deshalb ist es wichtig, daß einem solchen Kind geholfen wird. Nur mit dem bloßen Verbieten von Spielzeugwaffen ist es nicht getan, da sich, wie gesagt, auch Legosteine zu Waffen verwandeln lassen.
Den Cowboy- und Indianerspielen können Eltern hingegen durchaus gelassen zusehen. Sie sollten aber dennoch nicht versäumen, ihren Kindern verständlich zu machen, warum sie Unbehagen dabei empfinden, wenn Waffen und Kriegsgerät, auch wenn es nur im Spiel ist, verwendet werden. Und oberster Grundsatz muß sein, daß niemand beim Spiel Schaden nimmt.

2.2.4 Lügen – Warum sagen Kinder nicht immer die Wahrheit?

Seit Tagen schon suchen Sie fieberhaft nach Ihrem Lieblingslippenstift, er scheint wie vom Erdboden verschluckt zu sein. Und dann entdecken Sie ihn zufällig, als Sie das Kinderbett Ihrer fünfjährigen Kathi von der Wand wegrücken, um ein heruntergefallenes Buch hervorzuholen. Sie heben den Lippenstift hocherfreut auf, öffnen ihn und sehen nichts als rote Matsche. Ihr Herz schnürt sich zusammen: „Warst du das?“, fragen Sie Kathi entsetzt. Die wird ganz klein und schüttelt ihren Kopf. „Nein, das hat die Tina getan.“ Enttäuschung macht sich bei Ihnen breit, denn Ihre Tina ist ja erst ein halbes Jahr alt und kann den Stift nie und nimmer geholt und so zugerichtet haben. Enttäuscht sind Sie vor allem auch darüber, daß das Vertrauensverhältnis zwischen Ihnen und Ihrem Kind einen Knacks bekommen hat.
Sie sind aber auch ratlos, denn Sie finden Lügen abscheulich und möchten auf keinen Fall, daß aus Ihrem Kind ein Lügner wird. Ihre bisherige Erziehung scheint auf unfruchtbaren Boden gefallen zu sein. Gehört das Kind jetzt nicht ordentlich bestraft?
Alle Eltern kommen einmal in ähnliche Situationen, in denen sich das Kind mit einer Unwahrheit aus der Affäre ziehen will. Bevor Sie ihm mit Strafe drohen, sollten Sie erst versuchen zu ergründen, warum Ihr Kind so handelt. Denn ein Kind lügt selten grundlos. Oft stecken Schwierigkeiten dahinter, mit denen es nicht alleine fertig wird.

Warum sagen Kinder die Unwahrheit?

- Sie haben Angst, bestraft zu werden, wenn sie die Wahrheit sagen: Angst ist wohl am häufigsten im Spiel, wenn ein Kind die Unwahrheit sagt. Kathi, die Mutters Lippenstift zerstört hat, fürchtet sich davor, geschimpft zu werden. Lieber schiebt sie es dem Baby in die Schuhe. Sie hat auch Angst davor, daß ihre Mutter sie jetzt nicht mehr liebt. Deshalb möchte sie die Geschichte am liebsten ungeschehen machen, indem sie sie einfach ableugnet. Ob die Geschichte mit dem Baby überhaupt glaubwürdig ist oder welche Folgen es für einen anderen haben könnte, dem man die Tat zuschreibt, so weit denkt Kathi noch gar nicht. Für sie ist es zunächst einmal nur wichtig, das Malheur – mit Worten – ungeschehen zu machen oder einem anderen anzulasten, damit Mama ihr nicht böse sein soll. Ebenso wird sich ein Kind, das bereits einmal für eine Unwahrheit schwer bestraft worden ist, wieder in eine Unwahrheit flüchten, um einer erneuten Bestrafung zu entgehen. Eltern, die ihr Kind zur „Wahrheitsliebe" erziehen wollen, müssen ihm deshalb immer das Gefühl geben, daß es sich mehr lohnt, die Wahrheit zu sagen, als sich in Lügen zu flüchten.
- Das Kind sucht Anerkennung: Kinder erzählen im Freundeskreis oft die übertriebensten Geschichten, nur um auch einmal im Mittelpunkt zu stehen. „Mein Papa hat das schnellste Motorrad der Welt!", „Mein Opa hat ganz viel Geld" Mit solchen Übertreibungen will sich das Kind Gehör verschaffen und von den anderen Kindern anerkannt werden.
- Die Eltern geben ein schlechtes Beispiel: Für ein Kind gibt es keinen Unterschied zwischen einer Ausrede und einer echten Lüge. Wenn Kinder hören, daß ihre Mutter einem Anrufer am Telefon sagt: „Bedaure, aber mein Mann ist gerade nicht da – kann ich etwas ausrichten?", während der Vater im Wohnzimmer sitzt, dann gibt sie in diesem Fall ein denkbar schlechtes Vorbild ab.
  Ein Kind denkt zunächst immer, das was die Eltern tun und lassen, ist richtig. Eltern, die selber vor ihren Kindern die Unwahrheit gebrauchen, werden es auch schwer haben, ihr Kind davon zu überzeugen, daß es richtig und besser ist, die Wahrheit zu sagen. Durch ihr eigenes Verhalten wirken sie unglaubwürdig auf ihr Kind.
- Das Kind ist überfordert: Viele Kinder flüchten sich in Unwahrheiten, weil die Eltern zu hohe Ansprüche an sie stellen. Auch Grundschulkinder lassen schon mal ein Heft verschwinden, in dem ein besonders beschämender Mathetest mit schlechter Note enthalten ist. Oder sie er-

zählen ihren Eltern, daß der Test gar nicht bewertet wurde, weil der Klassendurchschnitt so schlecht ausgefallen sei.

– Kleinere Kinder unterscheiden noch nicht zwischen Phantasie und Wirklichkeit. Oft vermischen kleinere Kinder in ihren Geschichten Phantasie und Wirklichkeit. Sie denken sich eine Oma aus, die zaubern kann und so ihre Wünsche erfüllt. Oder sie haben in ihrer Phantasie einen Freund, der Indianer ist und mit ihnen die tollsten Abenteuer erlebt.
  Erwachsene können bei solchen Geschichten Wahrheit und Erfindung meistens leicht auseinanderhalten. Da diese Phantasien für Kinder im Vorschulalter normal und für die Entwicklung wichtig sind (unsichtbare Freunde machen stark), sollten Sie sich auch nicht darüber lustig machen, geschweige denn sie verbieten (was Sie im übrigen ja auch gar nicht erzwingen könnten).
  In den folgenden Jahren wird das Kind zunehmend realitätsbezogener und solche phantasievollen Erzählungen gehören bald der Vergangenheit an.

Was können Eltern nun tun, damit ihr Kind bei der Wahrheit bleibt?

– Vermeiden Sie, selber zu lügen, und wenn dies einmal nicht vermeidbar ist, sollte zumindest Ihr Kind es nicht mitbekommen. Egal ob Notlüge oder Höflichkeitslüge, Ihr Kind kann zwischen guten und schlechten Lügen nicht unterscheiden.
– Seien Sie immer gesprächsbereit: Wenn Ihr Kind weiß, daß es mit seinen Problemen immer zu Ihnen kommen kann, dann muß es nicht aus Angst vor Strafe die Unwahrheit sagen.
– Belegen Sie Ihr Kind nicht mit zu vielen Zwängen: Allzu viele Ge- und Verbote bewirken nicht selten das Gegenteil und ermuntern Kinder geradezu, sich daran vorbeizumogeln, abgesehen davon, daß nicht jedes Kind in jedem Alter allzuviele Regeln befolgen kann.
– Lassen Sie dem Kind seine kleinen Geheimnisse. Eltern müssen nicht alles wissen. Auch ein Kind hat ein Bedürfnis nach einer Privatsphäre, notfalls schwindelt es auch, um sich diesen Freiraum zu erhalten.
  Helfen Sie Ihrem Kind! Betrachten Sie seine Lügen nicht als etwas Verdammenswertes, sondern als versteckten Hilferuf. Verhelfen Sie Ihrem Kind zu dem Mut, immer die Wahrheit auszusprechen. Dazu müssen Sie ihm aber zuerst Vertrauen schenken und es stark machen.

2.2.5 Wieder zurück ins Elternbett: die Ängste der Vierjährigen

Seit einem Jahr besucht Sophie den Kindergarten. Sie geht gerne dorthin, denn sie hat viele neue Freunde gefunden, und die Erzieherinnen machen viele interessante Dinge mit den Kindern. Jeden Tag ist etwas los, und es macht Spaß, immerzu Neues kennenzulernen. Sophies Eltern sind auch froh darüber, daß alles so prima läuft. Wenn es dem Kind gut geht, dann tut das auch den Eltern gut.
Doch plötzlich eines Nachts steht Sophie vor Mutters Bett: „Ich hab' was Böses geträumt, darf ich zu dir rein, bitte?" Mutter wundert sich etwas. Sophie war als Baby das letzte Mal bei ihr im Bett. Aber wenn es dem Kind hilft, dann macht sie natürlich eine Ausnahme. Sophie schläft dann auch tatsächlich gleich wieder ein, und Mutter denkt sich nichts weiter dabei. Da aber Sophie in der nächsten Zeit wegen schlechter Träume nachts öfter zu ihr ins Bett schlüpft, kommen ihr langsam Bedenken.
Sie beschließt, der Sache auf den Grund zu gehen: Angst befällt ein Kind nicht aus heiterem Himmel. Hat Sophie vielleicht Schwierigkeiten, von denen ihre Mutter keine Ahnung hat? Sollte das Kind im Kindergarten überfordert sein? Fühlt sie sich womöglich abgeschoben oder alleingelassen oder setzt ihr jemand zu? Sie spricht mit Sophie darüber, aber sie kann dabei zu keinem befriedigendem Schluß kommen. Schon steigen Schuldgefühle in ihr hoch. Aber da Sophies Mutter eine vernünftige Frau ist, spricht sie die Erzieherin auf dieses Problem an. Das Gespräch kann sie beruhigen. Sophie hat keine Schwierigkeiten im Kindergarten, und sie ist auch nicht das einzige Kind dort, das von Ängsten geplagt wird. Viele vierjährige Kinder haben Schlafstörungen oder Angst vor dem Einschlafen und sind deshalb wieder besonders liebebedürftig.
Das liegt daran, daß die Kinder in diesem Alter viele neue Eindrücke sammeln, die sie verstandesmäßig noch nicht verarbeiten können. Vierjährige haben eine lebhafte Phantasie, und viele Dinge, die sie nicht recht verstehen, bauen sie in ihrer Vorstellungswelt zu manchmal monströsen Erscheinungen aus. Auch wenn viele Kinder von solchen entwicklungsbedingten Ängsten geplagt werden, muß man sie nicht einfach als schicksalhaft hinnehmen, besonders dann nicht, wenn ein Kind oft unter schweren Alpträumen leidet. Natürlich können Eltern ihr Kind nicht vor allen Eindrücken, die je Angst machen könnten, fernhalten, und sie sollen das auch gar nicht unbedingt. Denn das Kind muß ja auch Erfahrungen sammeln können und seinen Erfahrungsschatz erweitern. Trotzdem können die Eltern einiges tun, damit bestimmte Ängste erst gar nicht entstehen, beziehungsweise nicht so schwer oder bedrückend ausfallen müssen.

Was nun macht Kindern Angst und wie kann man sie vermeiden?

- Ängste werden oft von den Eltern auf die Kinder übertragen. Verhalten sich Eltern in bestimmten Situationen ängstlich, so überträgt sich dies oft auf das Kind. Machen Sie sich bewußt, in welchen Situationen Sie selber eventuell überängstlich reagieren, und versuchen Sie, dies vor Ihrem Kind nach Möglichkeit nicht zu zeigen: Haben Sie zum Beispiel Angst, wenn Sie in einem Aufzug fahren? Dann versuchen Sie möglichst, Ihr Kind dies nicht spüren zu lassen. Wenn Sie nicht gerade im sechsten Stock oder noch höher wohnen, könnten Sie ja Treppensteigen vorziehen, es ist ohnehin gesünder. Falls die Benutzung des Aufzuges doch einmal unumgänglich werden sollte, dann üben Sie sich am besten in Selbstdisziplin: tief Luft holen und auf geht's. Zur Ablenkung können Sie ja Witze erzählen.
- Zu viele Warnungen vor Gefahren machen auch Angst. Natürlich müssen Eltern ihre Kinder vor Gefahren schützen und ihnen dazu auch die verschiedensten Gefahrensituationen beschreiben und erklären, wie sie sich jeweils schützen können. Was die lebensgefährlichen Situationen, wie sie etwa im heutigen Straßenverkehr lauern, oder solche, die von giftigen Stoffen oder Elektrizität ausgehen etc., angeht, so darf man sein Kind derlei Erfahrungen nicht selber machen lassen. Hier müssen Sie in Beispielen und Gesprächen zur Vorsicht mahnen. Aber dämonisieren Sie diese Gefahren dabei nicht! Erklären sie Ihrem Kind immer, warum bestimmte Dinge gefährlich sind, oder unter welchen Bedingungen und wie es sich selber davor schützen kann. Wenn Sie beispielsweise einen Strauch mit giftigen Beeren auf einem Spaziergang sehen, dann wäre es ungünstig, dem Kind alle Beeren zu verbieten. Erklären Sie ihm statt dessen, daß diese Beerenart da giftig ist und daß man krank wird, wenn man davon ißt. Gleichzeitig sollten Sie auch von genießbaren Beerenarten erzählen, wie sie aussehen, wie sie schmecken. Am besten wäre, wenn Sie auch welche zeigen könnten oder auch welche besorgen, um sie mit dem Kind zu essen. Sagen Sie dem Kind dann, daß es ihnen immer erst solche Früchte zeigen soll, bevor es welche ißt. Das wird es sicher verstehen und auch annehmen, weil es nicht das Gefühl haben muß, es würde ihm etwas willkürlich vorenthalten. Verbote, die generell ausgesprochen werden, machen entweder furchtsam oder bewirken das Gegenteil.
- Wenden Sie keine altertümlichen Abschreckungsmethoden an. Drohen Sie dem Kind nicht mit Sprüchen wie: „... sonst kommt die Polizei!“, „... der nimmt dich mit!“, mit dem „schwarzen Mann“ oder ähnlichem

Unfug mehr. Falls jemand anderer mit Ihrem Kind so spricht, sollten Sie das sofort unterbinden. Erziehungsmethoden, die auf Angst aufbauen, taugen nichts, weil sie das Kind lediglich verängstigen und es nicht zu einem selbstbewußten Menschen heranwachsen lassen. Es gibt auch ohne diesen Unfug noch genügend Ängste, die ein Mensch in seinem Leben ertragen muß.

– Sorgen Sie dafür, daß es nicht zu Vertrauensbrüchen Ihrem Kind gegenüber kommt. Seien Sie zuverlässig und berechenbar für Ihr Kind. Gehen Sie ohne es aus dem Haus, dann sagen Sie immer vorher, wo Sie sind, wie lange Sie wegbleiben, hinterlassen Sie gegebenenfalls die Telefonnummer, und halten Sie sich an die Vereinbarungen. Ein Kind, das immer wieder erleben muß, daß seine Eltern erst nach zwei Stunden anstatt, wie versprochen, nach einer halben Stunde zurückkommen, kommt sich sehr verlassen vor.
  Noch schlimmer ist es für ein Kind, wenn es nachts aufwacht und feststellt, daß seine Eltern nicht im Hause sind. Auch wenn diese nur eben mal für eine halbe Stunde um den Block spazierengehen. Denken sie daran: Das Kind weiß davon nichts! Wichtig ist, daß Ihr Kind das Gefühl hat, es kann sich immer auf seine Eltern verlassen.

– Nicht zu unterschätzen sind auch die Eindrücke, die von außerhalb auf die Kinder einwirken: Rätselhafte Gesprächsfetzen, die von Erwachsenengesprächen an sein Ohr dringen, Nachrichtensendungen, von deren Meldungen ein Kind nur einen Teil wirklich versteht und den Rest sich ausmalt, manchmal in angsteinflößenden Phantasien. Achten Sie deshalb darauf, daß Sie Ihr Kind nicht alleine und nicht zu lange fernsehen lassen. Für ein vierjähriges Kind kann schon eine halbe Stunde fernsehen pro Tag zu viel sein, besonders wenn es Sendungen für Erwachsene mitsieht, was eigentlich nicht sein dürfte.
  Es gibt ja nicht nur schlechte, sondern auch einige gute Kindersendungen. Ein besonders leuchtendes Beispiel guten Kinderfernsehens ist die „Sendung mit der Maus“ vom Westdeutschen Rundfunk in Köln. Diese Sendung wird normalerweise jeden Sonntag um 11 Uhr 30 für eine halbe Stunde ausgestrahlt und bietet für Kinder vieler Altersstufen etwas. Eine Mischung aus Geschichten in Bild, Wort und Musik, aus Realien (ein Beispiel: „Wie werden Gummibären hergestellt?“), Besinnlichem, Ernstem, Heiterem, Lustigem, so gekonnt und gefühlvoll aufbereitet, wie es nur selten im Fernsehen zu sehen ist. Aber auch viele sonstige sogenannte Kindersendungen sind nicht kindgerecht. Die Bildfolge ist meistens viel zu schnell, und das Kind kann gedanklich gar nicht folgen. Die Bilder bleiben aber dennoch in seinem Gedächtnis

haften und müssen hinterher verarbeitet werden, was dann eben in unruhigen Träumen geschieht.

Wenn Sie als verständnisvolle Eltern die Ängste Ihrer Kinder ernstnehmen wollen, eröffnen sich doch einige Möglichkeiten, sie in erträgliche Bahnen zu lenken. Ganz zu verhindern sind sie sicherlich nicht immer, aber die Vernunft ist der größte Feind der Angst.

2.2.6 Schimpfwörter

„Also, ich hab' zur Zeit solche Schwierigkeiten mit meiner Mutter wegen Tommi, das kannst du dir nicht vorstellen." – „Sie war doch immer stolz auf ihren Enkel. Was hat sie denn plötzlich?" – „Eigentlich richtet sich ihr Groll auch weniger gegen Tommi als gegen mich. Sie stand ja der Tatsache, daß ich Tommi in den Kindergarten schicke, immer schon skeptisch gegenüber. Ganz am Anfang wollte er nicht dort bleiben und hat geweint, und das hat sie mal mitgekriegt. Sie hat ihn dann sehr bemitleidet und mir quasi vorgeworfen, ich würde ihn dorthin abschieben, während sie ihn genauso gut nehmen könnte. Sie wäre dann auch nicht so alleine." – „Aber das ist doch völlig normal, daß sich die Kinder erst eingewöhnen müssen. Die meisten weinen. Das hast du schon richtig gemacht, Tommi kann doch nicht immer nur mit Erwachsenen zusammen sein." – „Der Meinung bin ich auch. Aber sie läßt keine Gelegenheit aus, den Kindergarten schlecht zu machen. Tommi hat doch jetzt eine Vorliebe für Schimpfwörter – die anderen im Kindergarten übrigens auch – und er hat neulich seine Oma schwer beleidigt. Nachmittags, als Tommi vom Kindergarten kam, war sie bei uns zum Tee. Du weißt ja, wie sie ist, der Tee war ihr zu stark, und sie meint immer, sie könne ihn nicht trinken wegen ihres Magens. Da sagte Tommi: ‚Oma, dein Tee sieht immer aus wie Pipi.' Da ist sie sehr empfindlich, weil mein Vater auch immer über ihren schwachen Tee gelästert hat. Sie hat darauf geantwortet: ‚Tommi, deine Oma kann eben keinen starken Tee trinken, weil sie schon so alt ist.' Darauf Tommi: ‚Eine alte Furzkanone ist die Oma!' Das war natürlich zuviel, und ich habe ihn hinausgeschickt. Meine Mutter konnte sich aber natürlich nicht verkneifen zu sagen, ‚das lernen sie im Kindergarten. Ich sag's ja immer. Ich hätte ihn so gern genommen, aber du wolltest ja nicht. Du mußtest ja auch nicht in den Kindergarten gehen. Wenn er jetzt so ungezogen wird, dann kann ich leider nicht mehr auf ihn aufpassen, wenn ihr ausgehen wollt. Das wächst mir sonst über den Kopf.'" – „Das ist ein starkes Stück! Sie setzt dich ja ganz schön unter Druck." – „Ja, aber ich bin mir gar nicht mehr so sicher, ob sie das so bewußt macht. Ich erklärte ihr jedenfalls, daß das im Kindergartenalter fast alle machen und Tommi das zu jedem anderen auch hätte sagen können. Aber da ist sie stur, und nun macht sie sich rar. Ich habe Tommi jetzt eindringlich gebeten, daß er zu seiner Großmutter keinesfalls mehr solche Wörter sagen darf." – „Na, ich bin neugierig, ob er sich daran hält." – „Ich auch. Er ist zur Zeit nämlich ganz schön forsch und versucht, die Grenzen auszuloten. Ich merke ganz genau, wie er mit seinen Ausdrücken die Leute aus der Reserve locken will. Als wir neulich mal mit der Trambahn fuhren, ging er so ein Stück den Mittelgang vor, stellte sich gegen die Fahrtrichtung, so daß er den Fahrgästen ins Gesicht sehen konnte. Dann ist er so rumgehampelt und hat ein paar Wörtchen fallen lassen. Dabei hat er dann die Leute so verstohlen angelinst." – „Das stell' ich mir lustig vor. Wie haben die dann reagiert? Peinlich kann sowas ja schon sein, was?" – „Den einen war's wohl schon peinlich, und sie sahen krampfhaft aus dem Fenster. Andere haben ihn nicht weiter beachtet. Aber ein paar fanden das durchaus erheiternd. Eine ältere Frau meinte, die Kinder wären heutzutage ganz anders als zu ihrer Zeit und würden sich viel mehr trauen. Sie hat Tommi sogar ein Bonbon gegeben." – „Das ist ja lieb. Aber mir ist auch schon aufgefallen, daß Tommi lange nicht mehr so schüchtern ist wie früher. Und das hat ja auch sein Gutes."

Wenn ein Kind in den Kindergarten geht, lernt es rasch viel Neues kennen. Mit besonderer Aufmerksamkeit beobachtet es die Verhaltensweisen der anderen Kinder dort, vor allem der größeren, um sie dann bald zu übernehmen. Dies ist verständlich, wenn man bedenkt, daß viele Kinder vor dem Eintritt in den Kindergarten im Familienkreis aufgewachsen sind und deshalb hauptsächlich mit Erwachsenen zu tun hatten. Zu Hause übernahmen sie durch Nachahmung die dort üblichen Verhaltensweisen der Eltern. Im Kindergarten tun sie nichts anderes. Sie übernehmen die dort gängigen Verhaltensweisen, um in ihrer Gruppe mithalten zu können. Diese Fähigkeit wird im allgemeinen als positives Sozialverhalten geschätzt, da es ein Kind vor einem Außenseiterdasein bewahren kann.

Sobald ein Kind in den Kindergarten geht, erweitert es auch seinen Wortschatz ganz erheblich. Besonders von den älteren Kindern schnappt es Wörter auf, die seinen Eltern nicht immer behagen, vor allem, wenn das Kind sie in aller Öffentlichkeit gebraucht. Und das tun fast alle und sehr ausgiebig. Den Kindern bereitet es jetzt größtes Vergnügen, vor allem mit Fäkalwörtern um sich zu werfen und dabei die Reaktionen der Erwachsenen auszukosten. Eltern müssen sich jetzt darauf gefaßt machen, in manchmal peinliche Situationen zu geraten. So kann es jetzt durchaus passieren, daß Onkel Helmut schon mal als „Alte Kackwurst" und Vater

als „Furzkanone“ bezeichnet wird oder das Mittagessen bei Oma, jedenfalls nach Meinung ihrer Enkel, nach „Scheiße und Pipi“ schmeckt. Die Kinder liefern sich mit solchen Worten auch regelrechte Wortgefechte und sind so von diesen Wörtern angetan, daß sie sie in nahezu jeden Satz einfließen lassen.
Irgendwann wird dies dann auch den verständnisvollsten Eltern einmal zu bunt. Sie können es schlichtweg nicht mehr hören.

Weshalb gebrauchen Kinder Schimpf- und Fäkalwörter?

– Sie kommen sich stark vor, wenn sie Erwachsene damit aus der Fassung bringen.
– Um einer Gruppe anzugehören.
– Sie lassen Dampf ab.

Was können Eltern dagegen tun?

– Da ablehnende Haltung beim Gebrauch von Schimpfwörtern gerade das Gegenteil bewirkt – die Kinder wollen ja provozieren –, bleibt für Eltern nur die Möglichkeit, sie in geregelte Bahnen zu lenken.
– Sobald das Kind mit Schimpfwörtern nach Hause kommt, könnten Sie es auffordern, doch noch mehr aufzuzählen. Dann könnten Sie sich gemeinsam noch weitere, nach Möglichkeit lustige Schimpfwörter einfallen lassen wie z.B. Sumpfdattel, Furzpflaume, Pißorgel etc. Aber nur für den Gebrauch im Kindergarten oder unter Freunden, das machen Sie dann zur Bedingung.
– Eine andere Möglichkeit wäre, mit dem Kind e i n bestimmtes Schimpfwort zu vereinbaren, das es dann auch ungestraft sagen darf. Dabei sollten Sie darauf achten, daß dieses Wort keinen allzu beleidigenden oder gar diskriminierenden Charakter hat. In einem solchen Fall ist zum Beispiel der Ausdruck „Arschgeige“, dem beleidigenderen „Arschloch“ vorzuziehen.
– Kinder erleben gerade in der ersten Kindergartenzeit eine Menge Frustrationen und Zurechtweisungen. Es ist für ein Kind ein harter Weg, bis es sich in einer Gruppe zurechtgefunden hat. Wenn Ihr Kind spannungsgeladen vom Kindergarten nach Hause kommt, dann muß es auch Dampf ablassen können. Dazu sollten Sie ihm einen Freiraum ge-

währen. Sie können z.B. vereinbaren, daß es Schimpfwörter nur in seinem Zimmer bei geschlossener Tür sagen darf oder auf der Toilette, damit Sie nichts davon zu hören brauchen.

– Solche Übereinkünfte sind wirkungsvoller, als strikte Verbote und vermitteln dem Kind das Gefühl auch mitreden zu dürfen. Im übrigen dauert die Phase, in der das Kind gerne Schimpfwörter benutzt nicht sehr lange. Sobald das Kind sich in seiner Gruppe zurechtgefunden und gelernt hat, sich zu behaupten, benutzt es seine Energien wieder für angenehmere Dinge.

2.2.7 Süßigkeiten

„Papa, krieg' ich was Süßes?" – „Tut mir leid' Elli, wir haben nichts Süßes mehr. Iß' doch einen Apfel, der ist auch süß." – „Ich will aber was richtiges Süßes!" – „Du hast ja heute schon was bekommen. Und überhaupt sind zu viele Süßigkeiten schlecht für die Zähne." – „Aber Toni bekommt auch immer was Süßes." – „Tonis Eltern ist es eben egal, ob er schlechte Zähne davon bekommt oder nicht. Seine vorderen Zähne sind auch schon ganz schwarz." – „Aber ich möchte trotzdem was Süßes." – „Elli, ich kann dir gar nichts mehr geben, selbst wenn ich wollte: Wir haben keine Süßigkeiten mehr im Haus." – „Haben wir schon! Im Schrank oben hab' ich die Tüte gesehen." – „Elli, für heute ist Schluß! Du bekommst morgen wieder was. Einmal am Tag, das weißt du ganz genau." – „Ach manno, bei Oma krieg' ich immer was Süßes." – „Oma ist ja auch nicht für deine Zähne verantwortlich. Aber als wir Kinder waren, hat uns Oma auch nicht täglich was Süßes gegeben, das macht sie jetzt nur bei ihren Enkeln." – „Ich will aber trotzdem was Süßes." – „Das Wort ‚Süßes' hör' ich jetzt nicht mehr. Auf dem Ohr bin ich ab sofort taub."

Zwei Großmütter im Gespräch: „Kürzlich war mein Sohn mit seiner Familie wieder zu Besuch da. Na ja, sie wohnen ja so weit weg. Mehr als dreimal im Jahr kommen sie nicht zu uns." – „Ja, das ist bei uns auch so. Von seinen Enkeln hat man da gar nichts. Bis man sich umschaut, sind sie schon groß." – „Ja, und müssen Sie sich denken: Ich kaufe denen immer die guten Sahnebonbons, für jeden eine Tüte. Die haben sie gar nicht aufgemacht diesmal, sondern gleich meinem Sohn gegeben." – „Damit sie sie nicht gleich aufessen?" – „Ha, noch viel besser! Marie hat mir dann erzählt: Alle Süßigkeiten, die sie geschenkt bekommen, geben sie in eine Schachtel." – „Interessant." – „Ja, und wenn die voll ist, dann kippen sie den Inhalt gemeinsam mit ihrem Vater in die Mülltonne." – „Das ist ja unerhört! Sie wollen den Kindern eine Freude machen, und die werfen die

Bonbons in den Abfall." – „Ja, so geht es uns Großmüttern heutzutage. Ich habe mir aber nichts anmerken lassen. Mein Sohn ist ja ein richtiger Dickkopf. Anfangs wollte er mir verbieten, den Kindern Süßigkeiten zu geben. Ich habe mir da aber nicht dreinreden lassen. Man will ja seinen Enkeln eine Freude machen, wo sie doch so selten bei uns sind. Aber jetzt ist wirklich Schluß damit. Wenn sogar die Kinder schon mitmachen. Da werd' ich halt dann immer Kuchen backen, wenn sie zu Besuch kommen."

Für gesundheitsbewußte Eltern sind sie ein immer wiederkehrendes Problem. Viele Gesundheitsschäden werden durch den übermäßigen Genuß von Süßigkeiten kurz- oder langfristig hervorgerufen. Relativ schnell kann man die Schäden, die zuckerhaltige Speisen anrichten, am Gebiß feststellen: Bei nachlässiger Zahnpflege werden die Zähne sehr bald von Karies befallen. Zuviel Zucker macht auch dick, das läßt sich auch sehr bald erkennen. Die Gesundheitsstörungen, mit denen Übergewichtige rechnen müssen, lassen dagegen etwas länger auf sich warten: sogenannte Zivilisationskrankheiten wie hoher Blutdruck, Herz- und Kreislauferkrankungen, Diabetes und Gicht. Sie entwickeln sich oft erst im Lauf von zwanzig oder mehr Jahren ungesunder Lebensweise. Um so schwieriger ist dann aber auch die Heilung solcher Leiden.

Eltern, die sich dessen bewußt sind, geraten leicht in eine Zwickmühle: Sie wollen ihr Kind in dem Bewußtsein erziehen, daß sie damit die Grundlagen für die körperliche Gesundheit ihres Kindes legen, daß es schlank ist und schöne gesunde Zähne hat. Andererseits liegt ihnen auch an der seelischen Zufriedenheit ihres Kindes, und dazu gehört bei den meisten Kindern, daß sie ihren Gelüsten nach Süßem nachkommen können.

Bis zum dritten Lebensjahr, solange das Kind überwiegend zu Hause versorgt wird, ergeben sich selten Probleme. Da können Eltern noch relativ leicht überblicken, wieviel Süßigkeiten ihr Kind zu sich nimmt. Es fällt – meistens – auch nicht allzu schwer, Großeltern und Freunde zu ermuntern, dem Kind nicht zu viele Süßigkeiten zuzustecken. Sobald das Kind aber diesen Kreis verläßt, müssen Eltern sich mehr engagieren, damit der Süßigkeitenkonsum ihres Kindes in erträglichem Rahmen bleibt.

Bei Kleinkindern gelingt es meist noch problemlos, maßvoll damit umzugehen. Sobald die Kinder aber größer werden und auf dem Spielplatz oder im Kindergarten mit anderen zusammenkommen, wird es schon schwieriger. Oft bringen sie Süßigkeiten mit und verteilen sie untereinander. Auch Kinder, die bis dahin nur wenig Süßes erhalten haben und damit auch zufrieden waren, kommen dann allmählich – manchmal auch schneller – auf den Geschmack. Allein von Geburtstagsfeiern bringen Kinder des öfteren so viele Tütchen mit Zuckerwaren und anderen Schleckereien mit nach Hause, daß ihre Eltern das ganze Jahr nichts mehr dazukaufen brauchten. Auf diese Weise gerät der Konsum dieser Leckereien sehr schnell außer Kontrolle.

Wie können wir unsere Kinder aber dazu bringen, daß sie Süßes maßvoll zu sich nehmen?

Da schon dreijährige Kinder sehr verständig sein können – in diesem Alter stellen sie ja auch ihre Warum-Fragen – können Sie diesen Umstand dazu nutzen, Ihre Kinder über die schädlichen Folgen von zu viel Zucker aufzuklären.

- Anschaulich machen läßt sich dies, indem Sie sich eine Geschichte dazu ausdenken. So könnten Sie etwa erzählen, daß im Mund viele kleine Bakterien mit scharfen Zähnen nur darauf warten, mit Süßem gefüttert zu werden. Vollgefressen sind sie dann so stark, daß sie an den Zähnen nagen und Löcher in diese hineinbeißen. Je weniger Süßes die Bakterien bekommen, um so schwächer sind sie. Am allerwenigsten mögen diese kleinen Lebewesen es, wenn sie mit Zahnpaste und Bürste abgeputzt werden. Dann ärgern sie sich so, daß sie vor Wut schäumen und man sie ausspucken kann. Aber dafür glänzen dann die Zähne vor Freude. Solche Geschichten beeindrucken Kinder sicherlich, wo sie doch gerade in einem Alter sind, in dem sie sich selber gerne phantasievolle Geschichten ausdenken.
- Nur die allerwenigsten Eltern wollen ihren Kindern Süßigkeiten wohl ganz vorenthalten (oft muß das aber aus gesundheitlichen Gründen geschehen). Überlegen Sie sich Wege, diese Frage gar nicht erst zu einem Problem werden zu lassen und den Konsum in vernünftige Bahnen zu lenken. Inzwischen konnten Zahnmediziner feststellen, daß es in bezug auf Zahnschädigung nicht auf die Menge des Zuckers ankommt, sondern darauf, wie oft man ihn zu sich nimmt. Zucker schadet den Zähnen (wohlgemerkt nur den Zähnen) auch gar nicht, wenn man sich gleich nach dem Genuß die Zähne putzt. Die ernährungsphysiologischen Nachteile des Zuckerkonsums sind dadurch aber nicht verhindert, sie bleiben in vollem Maße wirksam.
- Dennoch ist es günstig, wenn Sie mit Ihrem Kind feste Zeiten vereinbaren, zu denen es Süßes essen darf. Dafür böte sich der Nachtisch an. Süßes gibt es nur nach dem Mittagessen, und anschließend werden gleich die Zähne geputzt.

  Diese Methode hat mehrere Vorteile: Zum einen kann sich das Kind darauf verlassen, jeden Tag etwas Süßes zu bekommen; zweitens vergißt es das Zähneputzen nach dem Genuß von Süßem nicht so leicht, da dies ein fester Bestandteil des Tagesablaufs wird.

Tip

Wenn Sie dem Kind schon zum Mittagessen eine süß schmeckende, gesunde Speise reichen (Fruchtsalat, Früchtequark etc.), dann verlangt es in der Regel weniger nach anderen Süßigkeiten, die man deswegen aber nicht vollkommen meiden sollte, denn dadurch wächst wiederum die Begehrlichkeit.

- Auch wenn Sie Ihrem Kind Süßigkeiten nicht vorenthalten wollen, sollten Sie ihm diese nicht vor oder gar anstatt einer Mahlzeit geben. Dadurch wird der Appetit verdorben, und langfristig kann es zu Ernährungsfehlern kommen.
- Geben Sie Ihrem Kind immer genügend vitaminreiche Nahrungsmittel wie Obst, Gemüse, Getreide, Milchprodukte. Kinder, die gesund ernährt werden, entwickeln weniger Gelüste nach Süßem.
- Ermuntern Sie Ihr Kind dazu, daß es sich nach dem Essen von süßen Speisen immer die Zähne putzt oder zumindest den Mund mit Wasser ausspült. Hält es sich an diese Abmachungen, dann sollten Sie das Kind auch loben. Sie können es auch belohnen, indem Sie ihm zum Beispiel eine Fortsetzungsgeschichte vorlesen.
- Damit Ihre Methode, die Sie zu Hause anwenden, auch Erfolg hat, müssen Sie auch nach außen hin tätig werden. Machen Sie eventuell in der Elternrunde im Kindergarten den Vorschlag, daß die Eltern ihren Kindern nichts Süßes mitgeben sollen. Für Geburtstage, die ja auch im Kindergarten gefeiert werden, sollten sich die Eltern andere kleine Geschenke (zum Beispiel Malstifte, Haarspangen, Glasmurmeln etc.) einfallen lassen.
- In vielen Kindergärten wird inzwischen auch vorbildliche Zahnpflege vermittelt und gefördert. In solchen Kindergärten, in denen kaum Süßigkeiten gegessen werden und in denen nach den Mahlzeiten gemeinsam die Zähne geputzt werden, haben wesentlich weniger Kinder Karies als dort, wo auf Zahngesundheit nur wenig Wert gelegt wird.

Da hier nur von Süßigkeiten die Rede ist, die den Zähnen schaden, muß noch eines ergänzt werden: Fast alle Nahrungsmittel schaden, genau betrachtet, den Zähnen; besonders so stärke- und fruchtzuckerhaltige wie Bananen, Brot, Trockenobst. Auch ist in vielen fertigen Lebensmitteln versteckter Zucker enthalten. Viele Lebensmittelhersteller machen Ihre Speisen durch Zuckerzugabe schmackhafter. Denken Sie auch daran, wenn Sie Gewürzgurken, Tomatenketchup, Kartoffelknödel und andere Fertiggerichte auf den Tisch bringen. Ob Zucker darin enthalten ist, entnehmen Sie der Zutatenliste. Diese Tatsache sollte Sie jetzt aber nicht dazu ermutigen: „Dann darf man ja gar nichts mehr essen!“ Man darf schon. Nur eben hinterher die Zähne reinigen!

Soll man Süßigkeiten ganz verbieten?

Eigentlich ist so eine strikte Maßnahme nur angebracht, wenn ein Kind aufgrund einer Gesundheitsstörung keinerlei Zuckerwaren essen darf und durch deren Genuß in Gefahr geriete. Ansonsten ist es sinnlos, einem Kind Süßigkeiten strikt vorzuenthalten. Dann besorgt sich das Kind solche Dinge irgendwann einfach selber. Denn Süßigkeiten oder die Werbung dafür begegnen einem, wie Sie selber wissen, auf Schritt und Tritt. Das kann dann so aussehen, daß es auf der Straße Leute darum anbettelt oder daß es anderen Kindern oder im Supermarkt Süßigkeiten „klaut“. Vielleicht holt es sich auch ein paar Groschen dafür aus Mutters Geldbörse. Auf jeden Fall würden Sie Ihr Kind dazu bringen, Sie zu hintergehen, sofern Sie solch strikte Maßnahmen ergreifen. Eine Tatsache, die oft noch weitergehende und unangenehme Folgen nach sich zieht: Das „Klauen“ zieht natürlich eine Lüge nach sich, weil das Kind ja erstens Ihr Gebot übertreten hat, Süßigkeiten zu essen, und zweitens diese auch noch sich auf verbotene Weise beschafft hat. Das wird niemand freiwillig zugeben. Des weiteren erzeugen die Lüge und die verbotene Tat dann Schuldgefühle: ein Teufelskreis.

Außerdem müßten Sie ein striktes Süßigkeitenverbot auch Ihrem Kind glaubhaft vorleben. Sie selber dürfen dann auch nichts Süßes essen. Wie verhalten Sie sich, wenn Sie einem Gast Kaffee oder Tee anbieten? Verweigern Sie ihm dann das Stück oder den Löffel Zucker dazu (sofern er welchen will) weil das für Ihr Kind ein schlechtes Vorbild wäre? Dürfte Ihr Kind keine anderen Kinder besuchen, weil es in deren Elternhaus möglicherweise Süßes bekommen könnte? Ein solches Vorhaben muß in letzter Konsequenz in Zwang ausarten.

Deshalb fahren Sie am besten, wenn Sie das Thema „Süßigkeiten" nicht überbewerten und mit kühlem, klugen Kopf handeln. So kommt Ihr Kind schon gar nicht auf die Idee, darin etwas Außergewöhnliches zu sehen, das es unbedingt zu erreichen gilt. Ein vernünftiger und möglichst normaler Umgang mit Süßigkeiten, nicht zu viel und nicht zu wenig – vielleicht eher etwas weniger – sollte die Richtschnur sein.

2.2.8 Woher kommen die kleinen Kinder?

„Mama, der Tobias hat eine kleine Schwester bekommen. Die ist bei seiner Mama aus dem Bauch herausgekommen, hat er erzählt. Tobias hat gesagt, alle Babys kommen aus dem Bauch von ihrer Mama. Gell, ich war nicht in deinem Bauch drin." – „Tobias hat schon recht, Clara. Alle Babys wachsen, bevor sie auf die Welt kommen, erst mal im Bauch ihrer Mama." – „Aber ich nicht. Ich bin doch viel zu groß." – „Ja, jetzt bist du zu groß. Aber als du geboren wurdest, warst du ganz klein. Noch kleiner als Miras Babypuppe." – „Soo klein? Warum wachsen dann die Babys zuerst im Bauch?" – „Weil sie anfangs so klein und schwach sind. Sie können noch gar kein Fläschchen halten und auch nicht daraus trinken und müßten frieren. Im Bauch ihrer Mama haben sie es schön warm und bekommen immer Nahrung durch die Nabelschnur von ihr. Da wo dein Nabel ist, ging ein kleiner Schlauch heraus, und über den hast du deine Nahrung bekommen." – „Warum ist der Schlauch jetzt nicht mehr da?" – „Du hast ihn nicht mehr gebraucht, weil du dann mit dem Mund trinken konntest. Nachdem du geboren warst, hat man die Nabelschnur durchtrennt und einen Knoten reingemacht. Die Nabelschnur ist dann vertrocknet und abgefallen." – „Hat das nicht weh getan?" – „Nein davon spürt so ein kleines Neugeborenes nichts. Das ist wie beim Haareschneiden. Das tut dir ja auch nicht weh." – „Wie bin ich in deinen Bauch reingekommen?" – „Du bist erst im Bauch drinnen entstanden. Der Papa und ich, wir haben uns dich gewünscht, und dann haben wir dich gemacht. Der Papa hat seinen Penis in meine Scheidenöffnung geschoben und eine Flüssigkeit reingespritzt. In meinem Bauch war ein ganz winzig kleines Ei, und als die Flüssigkeit auf das Ei getroffen ist, bist du entstanden. Du warst da so winzig, daß man dich mit dem bloßen Auge gar nicht hätte sehen können." – „Ist das ein Babymittel, was der Papa da reingespritzt hat?" – „Ja, so ungefähr könnte man das nennen ..."
Vorschulkinder sind sehr wißbegierig und stellen viele Fragen. Sätze, die mit „Warum", „Woher", „Wieso", „Weshalb" anfangen, sind jetzt an

der Tagesordnung. Die Kinder erkundigen sich nach allem, was ihnen wissenswert erscheint. Oft müssen Sie sich Antworten überlegen, die dem Kind einen Sachverhalt altersgerecht verständlich machen können. Bleiben Sie dabei aber immer auf dem Boden der Tatsachen. Erzählen Sie dem Kind von einer Sache so, wie sie ist. Um sie ihm besser verständlich zu machen, können Sie auch Vergleiche bringen, mit denen das Kind etwas anfangen kann. Sie merken dann schon, wann Ihr Kind Ihren Erklärungen folgen kann.

In diesem Alter fragen die Kinder auch danach, wie sie auf die Welt gekommen sind und wo sie vorher waren. Oft kann sich ein Kind auch nicht vorstellen, daß es im Leben seiner Eltern auch eine Zeit gegeben hat, zu der es noch nicht da war. „Und wo war ich da?“ wird das Kind vielleicht fragen, wenn Sie einmal erzählen, Sie hätten in dieser oder jener Straße früher einmal gewohnt.“ „Da warst du noch nicht geboren“, werden Sie antworten. Und Ihr Kind wird sich mit dieser Antwort nicht zufrieden geben. Sie werden ihm dann erklären müssen, warum es erst später geboren wurde und wie es entstanden ist. Auf alle diese Fragen sollten Sie ganz direkt und einfach antworten. Sie können Ihrem Kind zum Beispiel erklären, daß Mama und Papa sich lieben und miteinander schlafen. Und wenn sie sich ein Kind wünschen, entsteht es im Bauch der Mutter durch den Geschlechtsverkehr.

Auf diese Weise kommt das Kind in den Bauch hinein. Zuerst ist es ganz winzig, und dann beginnt es zu wachsen. Dazu können Sie ihm auch Abbildungen über die Entstehung eines Kindes zeigen. Sie können ihm erzählen, wie es selbst in Ihrem Bauch herangewachsen ist, daß es dort schön warm war und es sich über die Nabelschnur ernährt hat. Vielleicht haben Sie auch Fotos, auf denen Sie mit dickem Bauch zu sehen sind, die Sie dem Kind dann zeigen können.

„Wie bin ich aus dem Bauch herausgekommen?“ wird es dann fragen. Daraufhin erklären Sie ihm ganz einfach, als es groß genug war und kommen wollte, ist es genau durch die Öffnung herausgekommen, durch die es auch hineingekommen ist. „Hat das wehgetan?“ wird es möglicherweise fragen. Dazu erklären Sie ihm, daß die Öffnung weiter wird, damit das Kind leichter geboren werden kann, dann tut es auch nicht so weh. Wenn Sie gemeinsam Fotos aus seinen ersten Lebenstagen ansehen, wird Ihr Kind auch bemerken, daß seine Mutter schon gleich nach der Geburt wieder gelächelt hat.

Mit diesen Antworten sind Vorschulkinder dann auch meistens zufrieden. Wenn ausweichende oder verschämte Antworten gegeben werden, dann wird das Kind verunsichert und bekommt falsche und womöglich beängstigende Vorstellungen von dieser so natürlichen Angelegenheit. Deshalb ist es auch abzulehnen, einem Kind statt dessen zu erzählen, der Storch hätte es gebracht. Wenn Sie die Storchengeschichte so schön finden, daß Sie sie Ihrem Kind nicht vorenthalten möchten, dann sollten Sie vorher die Geschichte seiner Geburt so erzählen, wie sie der Wirklichkeit entspricht. Dann können Sie hinzufügen: „Früher hat man den Kindern folgende Geschichte erzählt... Aber wir finden es besser, wenn du erfährst, wie es wirklich ist."

Sinnvolle Sexualerziehung beschränkt sich allerdings nicht auf ein einmaliges Aufklärungsgespräch, sondern sollte ein fester Bestandteil der Erziehung sein. Dabei sollten Sie auch immer das Alter des Kindes berücksichtigen. Es wäre sinnlos, einem Dreijährigen die Verschmelzung von Ei und Samenzelle verständlich machen zu wollen. Das wird erst für ein zehnjähriges Kind interessant. Was Ihr Kind versteht und wofür es sich interessiert, können Sie aus seinen Reaktionen und Fragen schließen.

Wie weit Sie die Fragen Ihres Kindes beantworten, hängt natürlich auch davon ab, wieviel Einblick Sie in Ihre Intimsphäre geben wollen. Wenn Ihnen bestimmte Fragen zu weit gehen („Darf ich da mal zusehen?"), dann ist es besser, dem Kind zu sagen: „Das ist eine Sache, die Mama und Papa für sich behalten möchten", bevor Sie krampfhaft nach Ausreden suchen oder das Kind mit einem „Über sowas spricht man nicht" abspeisen.

Wichtig ist vor allem, daß Sie Ihrem Kind eine positive Einstellung zur Sexualität ermöglichen. Erklären Sie ihm auch, daß Erwachsene auch dann miteinander schlafen, wenn Sie keine Kinder bekommen wollen, sondern weil es ihnen gefällt und weil sie sich lieben. Nicht wenige Kinder stellen sich nämlich vor, daß Eltern, die ein Kind haben, auch nur ein einziges Mal miteinander geschlafen hätten.

Vergessen Sie auch nicht, Ihrem Kind auch das Inzesttabu nahezubringen. Sagen Sie ihm, daß Sex innerhalb der Familie nur eine Angelegenheit zwischen Eltern ist, nicht aber zwischen Eltern und Kindern oder unter Geschwistern. Ihr Fingerspitzengefühl ist in besonderer Weise gefordert, wenn sie dem Kind den Unterschied zwischen harmlosen Zärtlichkeiten und solchen, die sexuellen Charakter haben, nahebringen.

Geben Sie Ihrem Kind immer das Gefühl, daß es jederzeit mit Fragen zur Sexualität zu Ihnen kommen kann. Es ist auch in Ihrem Interesse, wenn Ihr Kind sich seine Informationen nicht von anderen Kindern oder aus den Medien besorgt. Dabei kann es ungünstig beeinflußt werden und Vorstellungen entwickeln, die an der Realität vorbeigehen.

2.2.9 Märchen

„Papa, liest du mir was vor?" – „Ja, Anna gerne ... Also: ‚Vor einem großen Walde wohnte ein armer Holzhacker mit seiner Frau und seinen zwei Kindern; das Bübchen hieß Hänsel und das Mädchen Gre'" – „Nein nicht ‚Hänsel und Gretel' vorlesen! Ich will nicht die schlimmen Sachen hören. Lies mir ‚Der Wolf und die sieben Geißlein' vor!" – „Aber Anna, das habe ich dir doch schon so oft vorgelesen. Magst du nicht mal was anderes hören?" – „Nein, ‚Der Wolf und die sieben Geißlein'" – „Was ist denn an ‚Hänsel und Gretel' so schlimm? Fürchtest du dich vor der bösen Hexe?" – „Die Eltern sind böse, weil sie die Kinder im Wald alleine lassen." – „Aha, aber die Geißenmutter läßt doch ihre Kinder auch alleine." – „Aber das sind viele Kinder, und die finden das lustig, wenn die Mutter nicht daheim ist." – „So, meinst du. Aber dann kommt doch der Wolf und frißt sie auf." – „Aber das kleinste Geißlein kann er nicht finden, weil es sich im Uhrenkasten versteckt hat. Und dann schneidet ihm die Mutter den Bauch auf und tut ihm Steine rein. Dann fällt er in den Brunnen, und alle tanzen fröhlich um ihn herum." – „Und was gefällt dir an diesem Märchen so gut?" – „Weil das kleinste Geißlein so schlau ist und nicht vom bösen Wolf gefressen wird." – „Hänsel und Gretel sind doch auch schlau und schieben die Hexe in den Ofen." – „Aber sie müssen so lange bei der Hexe im Wald bleiben, und die Eltern helfen ihnen nicht. Darum möchte ich das nicht hören. Bitte Papa, lies mir ‚Der Wolf und die sieben Geißlein' vor." – „Also gut Anna, dann zum hundertneunundneunzigsten Mal ‚Der Wolf und die sieben Geißlein': ‚Es war einmal eine alte Geiß, die hatte sieben junge Geißlein und hatte sie lieb, wie eine Mutter ihre Kinder lieb hat. Eines Tages ...'"

Kinder im Vorschulalter lieben es, wenn ihnen Geschichten vorgelesen oder erzählt werden. Sie haben ein gutes Gedächtnis dafür, zumeist haben sie auch bald ihre Lieblingsgeschichte oder ihr Lieblingsmärchen, das sie sich immer wieder erzählen lassen. Gerade was das Erzählen von Märchen betrifft, sind Eltern oft verunsichert, ob sie ihrem Kind damit überhaupt etwas Gutes tun. In den letzten Jahren gab es Auseinandersetzungen unter Psychologen, ob Märchen für Kinder gut sind oder ob sie ihnen eher schaden.

Die Gegner der Märchen geben zu bedenken, daß

- Märchen grausam sind: Kinder werden ausgesetzt, Bösewichter werden unmenschlich bestraft, indem sie geköpft, aufgeschlitzt, ihnen die Augen ausgestochen werden etc.;

- Vorurteile gegen bestimmte Gruppen geschürt werden: Stiefmütter sind böse; Frauen sind Hexen etc.;
- die Illusion, es gäbe Gespenster und Zauberwesen, erzeugt wird;
- bei Kindern durch solche Darstellungen Furcht erzeugt wird, die in ungünstigen Fällen über lange Zeit anhält.

Die Befürworter von Märchen halten dagegen, daß
- im Märchen immer die guten Kräfte siegen, was mit dem kindlichen Gerechtigkeitssinn in Einklang steht;
- Märchen Kinder dazu anregen, selber Gutes zu tun;
- die Kinder sich mit ihren Lieblingsfiguren identifizieren und so in der Phantasie Probleme bewältigen können;
- die kindliche Phantasie angeregt wird;
- Märchen in einer kindgerechten Sprache erzählt werden.

Sowohl Gegner als auch Befürworter bringen Argumente vor, die ernstzunehmen sind. Bevor Sie Ihrem Kind also Märchen vorlesen – es wäre schade, wenn Sie ihm dieses Kulturgut ganz vorenthalten würden – sollten Sie vorher nachlesen, ob es angsterzeugende Abschnitte enthält oder ein trauriges Ende hat. Um Ihnen eine Orientierungshilfe zu geben: Grundsätzlich kommen kleinere Kinder eher mit den Märchen der Brüder Grimm zurecht, als zum Beispiel mit denen von Andersen, da diese meist ein bedrückendes Ende haben. Eine solche Geschichte kann es ja dann lesen, wenn es größer ist.

Tip

Es ist besser, wenn Sie Ihrem Kind ein Märchen oder eine Geschichte selber vorlesen. Wenn Sie es eine Kassette anhören lassen, dann fehlt ihm der lebendige Bezug zum Erzähler. Das Kind kann sich an niemanden wenden, wenn es etwas nicht verstanden hat oder wenn es durch spannende Schilderungen beunruhigt wird. Ein Kind erträgt eine spannende Geschichte besser, wenn es beim Zuhören auf Ihrem Schoß sitzen kann, als wenn es dem Medium Kassette alleine ausgeliefert ist.

2.2.10 Fahrradfahren – ab wann?

„Benni hat zum Geburtstag ein Fahrrad von seinem Opa bekommen. Ich wünsche mir auch eins! Christian kriegt auch eines!“ Mit diesen Worten begrüßt die vierjährige Lilly ihren Vater, der gerade zum Kindergarten kommt, um seine Tochter abzuholen.
Der Vater hat schon damit gerechnet, daß Lilly diesen Wunsch demnächst äußern würde, denn auf dem Spielplatz, den Lilly immer besucht, fahren schon die meisten von ihren Spielkameraden mit Fahrrädern herum. Lillys Vater wollte dies bei seiner Tochter noch möglichst lange hinauszögern, weil er findet, daß es bei ihrem zarten Körperbau noch zu früh dafür ist. Aber jetzt, da seine Tochter diesen Wunsch ausgesprochen hat, fällt es ihm schwer, nein zu sagen. Lieber wäre es ihm ja schon, wenn Lilly ein langsameres und sichereres Fahrzeug benutzen wollte. Aber ein Dreirad hat sie schon, und das empfindet sie mittlerweile als zu „babyhaft“ für sich, und einen Roller hält sie für „doof“. Würde sie auch nicht benutzen, nachdem die anderen fast alle schon Fahrräder haben. Manche beherrschen es auch schon ganz gut.
Vielleicht wäre es doch ganz angebracht für Lilly, überlegt der Vater. Und wie es so kommt, Lilly erhielt als Geburtstagsgeschenk ein Fahrrad. Ein schönes, pink-farbenes hat sie sich ausgesucht. Dafür mußte sie aber versprechen, sich immer an die Sicherheitsregeln zu halten, die sich ihre Eltern für sie überlegt hatten. Andernfalls bliebe das Fahrrad, aus Sicherheitsgründen und nicht um Lilly zu schikanieren, im Keller. Lillys Eltern hatten sich den Kauf des Kinderrades gut überlegt und alle Risiken abgewogen.

Zunächst einmal muß das Fahrrad selbstverständlich verkehrssicher sein:
- Es muß „passen“. Im Stand muß es dem Kind möglich sein, sich mit beiden Füßen gleichzeitig auf dem Boden abzustützen, während es auf dem Sattel sitzt.
- Beim Fahren muß das Kind die Pedale bequem bedienen können. Dabei muß der Fuß die Pedale ohne mühsames Überstrecken der Knie durchtreten können.
- Die Handbremse sollte es bequem fassen können.

Wenn Sie ein Rad in der richtigen Größe haben, dann können Sie es durch Verstellen von Sattel und Lenkstange noch genau den individuellen Maßen Ihres Kindes anpassen. Haben Sie dann ein verkehrssicher ausgestattetes Fahrrad für Ihr Kind, dann denken Sie noch an die Ausrüstung für Ihr Kind. Das ist sinnvoll, sofern sich damit die Verletzungsgefahr bei

Stürzen verringern läßt. Am wichtigsten hierfür ist der Fahrradhelm. Stürze haben überwiegend Kopfverletzungen zur Folge. Mit einem Helm können diese, je nach der Härte des Aufpralls ganz vermieden oder doch zumindest gemildert werden.
Fahrradsturzhelme gibt es in verschiedenen Ausführungen: als Hartschalen-Helm und als Hartschaum-Helm. Beim Kauf sollten folgende Kriterien ausschlaggebend sein:

- Er soll leicht sein und gut (nicht zu fest, nicht zu locker) sitzen.
- Stirn-, Hinterkopf- und Ohrenpartie sollten geschützt werden.
- Der Helm sollte eine Prüfplakette TÜV/DIN usw. aufweisen.
- Er sollte dem Kind auch gefallen (zumindest die Farbe sollte es sich aussuchen dürfen), damit der Helm auch benutzt wird und nach dem Kauf nicht in einer Ecke landet, während das Kind oben ohne mit dem Rad fährt.

Um Verletzungen an den Extremitäten vorzubeugen, kann das Kind auch noch Knie- und Ellbogenschützer anziehen. Denn in der ersten Zeit wird es doch immer wieder vom Fahrrad stürzen. Aber auch Kinder, die sich schon sicher vorwärts bewegen, beherrschen in diesem Alter das Fahrrad noch nicht vollständig. Im Vorschulalter sind sie noch nicht so weit entwickelt, daß sie allen Anforderungen, die das Radeln stellt, gewachsen sind. Ein Vorschulkind kann nicht gleichzeitig radeln u n d auf Hindernisse achten u n d mögliche Gefahren abschätzen.
Deshalb wäre es auch im Straßenverkehr, ja sogar noch auf dem Fahrradweg überfordert, auch wenn es in Begleitung seiner Eltern wäre. Zur Sicherheit sollten Sie Ihr Kind nur im Hof oder auf dem Spielplatz radeln lassen. Und auch dort nur, wenn Sie selber dabei sind. Lassen Sie es auch nie auf abschüssigem Gelände fahren.
Da Fahrradunfälle gerade mit Vorschulkindern immer häufiger werden, empfiehlt der deutsche Verkehrssicherheitsrat, daß Eltern ihre Kinder bis zur Einschulung nicht radfahren lassen sollten. Darüber hinaus m ü s s e n Kinder laut Gesetz bis zum Alter von acht Jahren auf dem Gehweg radeln.
Beim heutigen Straßenverkehr ist es aber empfehlenswert, wenn auch Kinder, die schon älter sind, Gehwege zum Radeln benutzen. Dabei müssen sie aber unbedingt auf die Fußgänger Rücksicht nehmen und bei zu beengten Verhältnissen ihr Fahrrad auch einmal ein Stück weit schieben. Sicherheit sollte man auch den anderen gewähren!

2.3 Sechs bis zehn Jahre

2.3.1 Wie kann ich erkennen, ob mein Kind schon reif für die Schule ist?

Fast alle Eltern deren Kind vor der Einschulung steht, fragen sich, ob ihr Kind wohl schon den Anforderungen, die der Schulalltag stellt, auf Dauer geistig und körperlich gewachsen sein wird. Sollen sie es jetzt schon anmelden, oder wäre es günstiger, das Kind noch ein Jahr zurückzustellen? Sie erleichtern sich die Entscheidung, wenn Sie sich klar darüber werden, welche Anforderungen auf das Kind zukommen. Das Kind muß regelmäßig jeden Tag in den Unterricht. Viele Schulen geben ihren Schulanfängern nur eine kurze Schonfrist: Schon nach wenigen Tagen müssen sie bereits um acht Uhr zum Unterricht erscheinen. Am Nachmittag müssen die Hausaufgaben erledigt werden. Das Kind ist nun eines unter vielen gleichaltrigen, mit denen es zurechtkommen muß. Das Kind muß sich im Schulgebäude zurechtfinden und auch allein zur Toilette gehen. Es muß Ordnung halten können, denn es ist nun für seine Kleidung und seine Schulausrüstung selber verantwortlich. Es muß längere Zeit stillsitzen können und mit dem Essen bis zur Pause warten.

Sind Sie sich nicht ganz sicher, ob Ihr Kind diesen Anforderungen gewachsen sein wird, dann haben Sie mehrere Möglichkeiten, das herauszufinden. Wenn Ihr Kind einen Kindergarten besucht, dann kann Sie in der Regel die Erzieherin dort gut beraten. Sie weiß, wie Ihr Kind sich im Umgang mit anderen verhält, ob es bestimmte Aufgaben selbständig bewältigen kann und ob es Ausdauer und Lernbereitschaft zeigt.

Günstig ist auf jeden Fall, wenn Sie beizeiten selber beginnen, das Kind an eine gewisse Ordnung und Selbständigkeit und an einen regelmäßigen Tagesablauf zu gewöhnen. Wenn sich Ihr Kind sehr schwer dabei tut, kann es durchaus sein, daß es noch nicht „so weit“ ist. Je früher Sie aber damit beginnen, um so leichter wird sich Ihr Kind an den Schulalltag gewöhnen können.

Im übrigen werden bei der Schulanmeldung Tests gemacht, die Aufschluß darüber geben sollen, ob das Kind schulreif ist. Beim Einschulungsgespräch unterhält sich die Lehrerin mit jedem Kind. Sie fragt es zum Beispiel nach Namen und Adresse, nach seiner Familie. Sie läßt es erzählen, ein Bild malen, verschiedene Gegenstände ordnen oder mit Bauklötzchen etwas bauen. Dabei kann sie feststellen, ob das Kind sich für viel interessiert, ob es lernbereit ist, ob es zuhören kann und das Gehörte auch verstehen kann.

Außerdem wird auch die körperliche Reife des Kindes überprüft. Bei dieser Einschulungsuntersuchung überprüft der Schularzt unter anderem Größe und Gewicht des Kindes, beachtet die Körperhaltung und die Motorik und testet Augenlicht und Gehör. Sollten diese Tests ergeben, daß das Kind für einen Schulbesuch körperlich und geistig noch nicht reif ist, dann können Sie es ein Jahr vom Schulbesuch zurückstellen.
Es kann sich natürlich auch der gegenteilige Fall einstellen, daß Ihr Kind frühzeitig so aufgeweckt ist, daß zu überlegen wäre, ob Sie es nicht schon vorzeitig einschulen wollen. Diese Entscheidung sollten Sie natürlich genauso sorgfältig vorbereiten.

2.3.2 Die Schule beginnt

Die meisten Kinder sehen ihrem ersten Schultag mit ungeduldiger Freude entgegen. Endlich gehören sie nicht mehr zu den ganz kleinen. Sie freuen sich darauf viel Neues lernen zu dürfen und auf ihre Mitschüler. Wenn sich ein Kind dermaßen auf die Schule freut, dann ist das schon eine sehr gute Ausgangslage. Allerdings sollten Eltern bedenken, daß diese Freude durchaus auch in Enttäuschung umschlagen kann, und zwar dann, wenn die positiven Erwartungen nicht eintreffen.
Lesen- und Schreibenlernen ist nämlich ganz schön mühsam und am Anfang macht auch das intelligenteste Kind jede Menge Fehler. So ist es zum Beispiel beim Schreibenlernen eine sehr große Leistung für ein sechsjähriges Kind, seine Hand soweit zu beherrschen, daß es einen Buchstaben schreiben kann. Eine mindestens ebenso große Leistung ist es, aus diesen Buchstaben sinnvolle Wörter zu formen. So kann es mitunter vorkommen, daß Ihr Kind sehr bald enttäuscht sein wird, wenn die Lehrerin viele Fehler anstreicht.
Enttäuschend für einen Schulanfänger kann auch werden, daß der Stolz, nun nicht mehr ein Kindergartenkind zu sein, bald gedämpft wird. In der Grundschule gehört es jetzt eben doch wieder zu den Kleinen, und die Größeren können manchmal ganz schön frech werden.
Viele Schulanfänger können sich auch nur sehr schwer an die Tatsache gewöhnen, daß sie nun nicht mehr soviel Zeit haben, mit ihren Freunden nachmittags zu spielen. Sie müssen lernen, ihre Zeit einzuteilen, und können nun nicht mehr wie früher nach Lust und Laune mit Freunden zum Spielen gehen.
All dies sollten Eltern bedenken, wenn sie ihr Kind auf den Schulanfang vorbereiten. Vermeiden Sie also, Ihrem Kind die Schule ausschließlich in

den rosigsten Farben zu schildern. Besser wäre es, wenn Sie es behutsam auch auf all die Anforderungen, die ein Schulbesuch mit sich bringt, aufmerksam machen. So können Sie verhindern, daß Ihr Kind aufgrund falscher Vorstellungen bald enttäuscht oder entmutigt wird.
Hat Ihr Kind dagegen Angst vor der Schule, so kann das daran liegen, daß man ihm über die Schule allzuviele Schauergeschichten erzählt hat oder mit der Schule als Erziehungsmittel gedroht hat. Deshalb sind so Redensarten wie: „Warte nur, bis du in die Schule kommst, die werden dir deine Schlamperei schon austreiben!" oder „Mit der Schule beginnt der Ernst des Lebens" alles andere als förderlich für die Erziehung.
Haben Sie als Eltern an Ihre eigene Schulzeit schlechte Erinnerungen, dann sollten Sie sich auf jeden Fall dennoch um eine sachliche Sicht der Dinge bemühen. Vermeiden Sie, Ihre eigenen Ängste und Abneigungen an Ihr Kind weiterzugeben. Oft sind diese auch unbegründet, da sich der pädagogische Stil inzwischen ja geändert hat.
Angst vor der Schule kann bei einem Kind aber auch dadurch entstehen, wenn es merkt, daß seine Eltern von ihm besonders gute Leistungen erwarten und ehrgeizige Pläne hegen. Eine solche Erwartungshaltung kann zwar für manche Kinder durchaus ein Ansporn sein, bei anderen aber leicht Angst auslösen. Angst zu versagen und Angst, deshalb die Liebe der Eltern zu verlieren.

Was braucht ein Kind für die Schule?

Die Schultasche soll leicht und formstabil sein und auf dem Rücken getragen werden können. (Wirken Sie darauf hin, daß Ihr Kind den Ranzen auch auf dem Rücken trägt! Die Belastung für die Wirbelsäule ist so am günstigsten.) Zur Sicherheit des Kindes soll sie mit Reflektoren ausgestattet sein, damit das Kind bei Dunkelheit im Straßenverkehr rechtzeitig erkannt werden kann. Rucksäcke sind nicht zu empfehlen, da der Inhalt leicht aus dem Gleichgewicht gerät und somit die Körperhaltung des Kindes ungünstig beeinflußt. Außerdem werden Hefte und Bücher sehr strapaziert.
Das Schreibetui samt Inhalt sollte nicht nur schön, sondern auch zweckmäßig und haltbar sein. Wenn Sie hier an der Qualität sparen, kann das bald teuer werden, weil Sie öfter nachkaufen müssen. Auch sollten Sie auf die Umweltverträglichkeit dieser Artikel achten. Bevorzugen Sie unlakkierte Buntstifte, Radiergummis aus natürlichem Material, umweltschonend hergestelltes Papier, Klebstoffe ohne Lösungsmittel und Kolbenfül-

ler. Verwenden Sie zum Einbinden von Büchern und Heften spezielles Einbandpapier. Umweltfreundlich hergestellte Schreibwaren stehen in ihrem Gebrauchswert den herkömmlichen in nichts mehr nach.
In den meisten Schulen verteilen die Lehrkräfte vor Schulbeginn eine Liste mit den benötigten Artikeln, da es vorteilhaft ist, wenn alle Kinder mit dem gleichen Material arbeiten.

Wie kommt mein Kind sicher zur Schule?

- Wählen Sie den Schulweg aus, der am wenigsten Gefahren birgt: Bevorzugen Sie eine möglichst verkehrsarme Straße, und achten Sie auf gefährliche Kreuzungen. Der Schulweg sollte sich aber zur Umgehung von Gefahrenpunkten nicht unverhältnismäßig verlängern, da sonst die Gefahr besteht, daß das Kind einfach abkürzt. Und dann wird es noch gefährlicher.
- Gibt es Zebrastreifen oder eine Fußgängerampel?
- Haben vielleicht andere Kinder aus der Nachbarschaft denselben Schulweg?
- Gibt es Schülerlotsen oder Schulweghelfer, die an besonders gefährlichen Stellen den Schulweg sichern?
- Gibt es, falls der Schulweg besonders lang oder gefährlich ist, Eltern, mit denen man eine Fahrgemeinschaft bilden könnte?
- Denken Sie daran, Ihr Kind auch richtig zu kleiden. Es sollte auf dem Schulweg keine dunkle Kleidung tragen. Gerade bei schlechtem Wetter (Regen, Nebel, Schneefall) sowie im Dunkeln (Wintermorgen!), muß das Schulkind durch helle Kleidung gut erkennbar sein.
- Machen Sie die Oberbekleidung Ihres Kindes zusätzlich mit aufgenähten, das Scheinwerferlicht reflektierenden Streifen sicherer. In manchen Warenhäusern werden bereits solche Jacken und Mäntel angeboten. Reflexionsstreifen bekommen Sie auch im Warenhaus und in Stoffgeschäften in der Kurzwarenabteilung.
- Schultaschen müssen laut DIN-Norm grundsätzlich mit Reflexionsstreifen ausgestattet sein.
- Ob Ihr Kind bei Regenwetter besser einen Umhang mit Kapuze oder einen Regenschirm nimmt, muß nach Gutdünken entschieden werden. Eine Kapuze beeinträchtigt das Hörvermögen, während ein Regenschirm den Gesichtskreis einengt, dies sollte jedenfalls bedacht werden.

Wichtig für jeden Schulanfänger ist das Schulwegtraining!

- Nachdem Sie den sichersten Schulweg herausgefunden haben, müssen Sie ihn mit Ihrem Kind zusammen abgehen. Am besten gehen Sie ihn auch zu den Zeiten, in denen das Kind später immer unterwegs sein wird, zumeist wohl morgens und mittags, um die entsprechende Verkehrssituation kennenzulernen. Und nehmen Sie ab jetzt auch immer denselben Weg. Machen Sie Ihr Kind dabei auf mögliche Gefahren aufmerksam:
- Es soll möglichst weit vom Fahrbahnrand entfernt gehen, damit es beim Hinfallen oder Ausweichen nicht auf die Fahrbahn geraten kann.
- Auch auf dem Gehsteig muß es mit Autos rechnen, wenn ein Autofahrer einparkt oder an Einfahrten (Sehr gefährlich, weil unübersichtlich, und viele Autofahrer zu schnell ein- und ausfahren!).
- Den Fahrradweg sollte es sicher vom Gehweg unterscheiden, auch Zusammenstöße mit Radlern können lebensgefährlich sein.
- Auch wenn die Fußgängerampel Grün zeigt, muß es mit rücksichtslosen Autofahrern rechnen. Deshalb immer vorher schauen!

Nachdem Sie den Weg mehrmals gemeinsam abgegangen sind, überlassen Sie die Führung allmählich Ihrem Kind. Tun Sie so, als ob Sie das Schulkind wären, und lassen Sie sich führen. Wenn das Kind schon ziemlich sicher ist, dann lassen Sie es auch mal vorangehen, und folgen Sie ihm in einiger Entfernung. Auf diese Weise können Sie erkennen, wie es in bestimmten Situationen reagiert, wenn es auf sich alleine gestellt ist und ob es Ihre Begleitung vielleicht doch noch länger braucht.

Eltern müssen sich im klaren darüber sein, daß die tägliche Bewältigung des Schulweges für einen Schulanfänger eine beachtliche Leistung ist. Machen Sie Ihrem Kind auch bewußt, daß man sich auf die anderen Verkehrsteilnehmer nicht verlassen darf. Das Kind muß auf sich selber aufpassen können.

Vergessen Sie deshalb auch nicht, daß das Kind morgens gut ausgeschlafen und vor allem rechtzeitig aus dem Haus gehen sollte. Falls es doch einmal später werden sollte, müssen Sie Ihrem Kind unbedingt klarmachen, daß es immer noch besser ist, ein paar Minuten zu spät zur Schule zu kommen, als womöglich gar nicht. Bei Abc-Schützen zeigen Lehrer dabei durchaus Verständnis (falls es nicht zu oft vorkommt).

Nützliche Informationen zum Thema Sicherheit auf dem Schulweg und in der Schule können Sie gratis bestellen bei:

Komitee Sicherheit für das Kind (Adresse s. Anhang)

Dieses Merkblatt enthält viele wichtige Tips für Eltern, Schüler und Lehrer, wie das Unfallrisiko in der Schule verringert werden kann.

2.3.3 Frühstück

Lehrer machen immer wieder Umfragen zu den Frühstücksgewohnheiten ihrer Schüler und stellen dabei fest, daß an manchen Schulen fast die Hälfte der Schüler nur unzureichend oder gar nicht frühstückt. Darüber hinaus ist fast jedes sechste Kind für die Pause unzureichend verpflegt.
Aber gerade Schüler sollten sich unbedingt ausreichend ernähren. Der Körper der Kinder wächst noch, entwickelt sich und braucht eine ausgewogene Ernährung. Mit zunehmendem Hunger sinkt der Blutzuckerspiegel ab, und dadurch läßt die Konzentration nach. Viele Schüler gelüstet dann nach Süßem, etwa einem Schokoriegel oder Limonade, womit sie diesem Mangel auch vorübergehend abhelfen. Dies sollte jedoch nicht die Regel sein, da der Konsum zu vieler Süßigkeiten Übergewicht und Zahnfäule (Karies) verursachen. Überdies wird der Blutzuckerspiegel nur für kurze Zeit angehoben und fällt dann schnell wieder ab. Am besten hilft vollwertige Ernährung, die leicht verdaulich ist und den Körper mit reichlich Vitalstoffen versorgt. Das hat dann die positive Folge, daß der Körper, und damit auch der Geist, lange Zeit fit gehalten wird.
Besprechen Sie mit Ihrem Kind, was es gerne zum Frühstück essen möchte, und sorgen Sie dabei für Abwechslung: Kinder essen zum Frühstück gerne verschieden zubereitete Müslisorten oder Cornflakes, die Sie auch mit verschiedenen Obstsorten und Joghurt, Quark oder Milch verbessern und variieren können. Die trockenen Zutaten und das Obst lassen sich ohne Probleme oft schon am Vorabend herrichten, so daß am Morgen genügend Zeit zum geruhsamen Essen bleibt. Eine angenehme Begleiterscheinung von Müsli ist außerdem, daß es leichter zu schlucken ist als ein trockenes und nicht sehr nährstoffreiches Marmeladenbrötchen.
Falls Ihr Kind dennoch Brot bevorzugt, ist es auf jeden Fall günstig, die Brotsorte und den Belag öfter zu wechseln, damit kein Überdruß entsteht. Am wertvollsten sind natürlich Vollkornbrote und als Belag kommen magere Wurst, Käse, Quark, Frischkäse oder Früchte in Frage. Und vergessen Sie das Getränk nicht: Milch, Kräuter- oder Früchtetee und Säfte ergänzen ein Frühstück für Schulkinder sinnvoll. Wie immer bei der Ernährung ist Abwechslung ein wichtiges Element.

Obstmüsli

Banane, Apfel, Birne, Aprikose, Erdbeere etc., je nachdem was die Jahreszeit jeweils bietet und wie man es gerne kombiniert, in Stücke schneiden.

Dazu kommen Nüsse, Sonnenblumenkerne, Leinsamen, Rosinen etc. nach Geschmack. Man kann auch noch Haferflocken darübergeben oder Cornflakes und alles zusammen mit etwas Joghurt, Quark, Milch oder Fruchtsaft anrühren.
Menge und Anteile der einzelnen Zutaten können Sie nach Geschmack und Appetit Ihres Kindes verändern. Versuchen Sie durch einige Kombinationen herauszubekommen, welche Ihr Kind besonders gern mag. Aber bitte süßen Sie nicht mit Zucker, da dieser die Vitamine (sowohl die wasserlöslichen in den Früchten wie auch die ebenso wichtigen fettlöslichen in den Nüssen) und sonstigen Vitalstoffe abbaut. Besser geeignet ist Honig, den Sie aber auch maßvoll dosieren sollten. Wichtig ist außerdem, daß das Müsli bald nach der Zubereitung gegessen wird, da die Vitalstoffe schnell vom Luftsauerstoff zerstört werden.
Sollte Ihr Kind aber tatsächlich zu den Menschen gehören, die morgens keinen Bissen herunterbringen, dann stellen Sie die Schulverpflegung so zusammen, daß es die versäumte Frühmahlzeit im Laufe des Vormittags ausgleichen kann. Der Appetit kommt bestimmt.

2.3.4 Pausenverpflegung

Viele Kinder bekommen schlechte, das heißt vitalstoffarme Nahrung, obwohl wir in einem Land leben, in dem kein Mangel an Nahrungsmitteln herrscht und man die Mahlzeiten sehr abwechslungsreich zusammenstellen kann. Ungefähr zehn Prozent aller Schulanfänger leiden unter Übergewicht, weil sie zu fett und kalorienreich zu essen bekommen. In der Folge entstehen auch Kreislaufschwäche und Abgeschlagenheit. Das falsch ernährte Kind ist weniger leistungsfähig als ein mit vitalstoffreicher Nahrung versorgtes. Auch haben drei Viertel aller Schulanfänger Karies, da sie zu viele Süßigkeiten oder zu stark gesüßte Speisen und Getränke zu sich nehmen.
Falsche Ernährung zieht Langzeitschäden nach sich, und viele ernährungsbedingte Erkrankungen wirken sich erst im Erwachsenenalter aus. Deswegen ist der Zusammenhang zwischen Ursache und Wirkung bei falscher Ernährung für den einzelnen nur sehr schwer nachvollziehbar. Dennoch besteht er.
Auch wenn Ihr Kind gerne Schokoriegel und Limonade mag und Sie Schwierigkeiten befürchten, wenn Sie ihm Vollwertiges in die Schule mitgeben, tun Sie es dennoch: Es ist um so leichter, je früher Sie Ihr Kind an solche Ernährung gewöhnen, also schon im Vorschulalter, besser aber noch von Anfang an.

Sie haben auch die Möglichkeit, über den Elternbeirat der Schule Anregungen zur Verbesserung der Pausenverpflegung anzubringen, indem zum Beispiel ein Papier mit verschiedenen Vorschlägen für eine vollwertige Pausenverpflegung erarbeitet und an die Schüler und ihre Eltern verteilt wird. Sie können auch darauf einwirken, daß im Pausenverkauf keine Süßigkeiten und zuckerhaltigen Getränke angeboten werden, was in vielen Schulen bereits mit Erfolg durchgesetzt wurde.
Die Vorschlagsliste für sinnvolle Pausenverpflegung könnte folgende Anregungen enthalten:

	empfehlenswert	**nicht empfehlenswert**
Getränke	Wasser, Mineralwasser Milch, Saftschorle Kräuter-, Früchtetee	Limonade Nektar Fruchtsaftgetränk
Brot	Vollkorn-Knäckebrot Vollkornbrötchen	Weißmehlgebäck Brezeln
Brotbelag	fettarme Wurst, Schinken Käse, Quark, Salatblatt Gurkenscheibe, Tomate wenig Butter	Nuß-/Nougatcreme Schmelzkäse Wurst
Beilagen	Naturjoghurt (ungesüßt) frisches Obst (Orangen, Mandarinen, Äpfel, Aprikosen, Erdbeeren etc.) Gemüse (Karotten, Gurken, Tomaten, Paprika etc.), Studentenfutter (Trockenobst, Nüsse)	Süßigkeiten zuckerhaltige Joghurtzubereitungen

Grundsätzlich sind frische, unverfälschte Nahrungsmittel den industriell vorgefertigten vorzuziehen, weil in ihnen die wichtigen Vitamine und Minerale (Vitalstoffe) weitgehend erhalten sind. Kinder, die hauptsächlich vollwertig ernährt werden, leiden selten an Übergewicht, da ihr Körper ausreichend mit Vitalstoffen versorgt wird. Sie haben nicht das Bedürfnis, immer mehr an Menge zu essen, wie das bei einseitig ernährten oft der Fall ist.
Ein auffallendes Phänomen ist auch, daß einerseits viele Schüler keine oder keine ausreichende Pausenverpflegung haben, andererseits oft Pau-

senbrote im Abfalleimer landen. Dies ist natürlich für die Eltern, die sich bemühen, eine ärgerliche Tatsache, und viele ziehen es deshalb vor, ihrem Kind lediglich Geld mitzugeben, damit es sich selber versorgt. Allzu oft wird dieses Geld dann doch für die verführerischen Süßigkeiten ausgegeben, was nicht im Sinne der Eltern ist.

Wie können Eltern verhindern, daß ihr Kind sein Schulbrot wegwirft?
- Günstig ist in jedem Fall, wenn Sie mit Ihrem Kind absprechen, was es gerne zur Pause essen möchte. Wenn es Ihnen zu wenig vorkommt, geben Sie nicht einfach etwas mehr mit, sondern lassen Sie es ruhig darauf ankommen, daß Ihr Kind mal hungrig nach Hause kommt. Es sagt dann normalerweise von selber, ob es lieber etwas mehr Verpflegung hätte.
- Wenn Ihr Kind hingegen sein Pausenbrot regelmäßig zurückbringt, dann sollten Sie deswegen nicht mit ihm schimpfen, es kann das Brot noch im Laufe des Tages essen. Sie stellen dadurch immerhin fest, daß mit der Pausenverpflegung etwas nicht stimmt: Oft ist es entweder zu viel, zu eintönig, schmeckt nicht, oder das Kind hat im Moment eine Phase, in der es ganz einfach weniger zu essen braucht.
- Oft werfen Kinder ihre Pausenbrote weg, weil sie sie nicht nach Hause zurückbringen dürfen, das heißt, dafür gescholten werden. Eltern, die das tun, verlieren aber mit dieser zwanghaften Methode den Überblick über die Ernährungsbedürfnisse ihrer Kinder. Deswegen ist es nicht klug, sein Kind zu solchem Verhalten zu veranlassen.

2.3.5 Linkshändigkeit

Mit dem Erlernen der Schrift kann Linkshändigkeit zum Problem werden, zumeist also mit dem Eintreten in die Grundschule. Dieses Phänomen läßt sich aber schon früher feststellen, nämlich ungefähr ab dem zweiten Lebensjahr. Ein linkshändiges Kind nimmt und gibt oder wirft Gegenstände bevorzugt mit der linken Hand. Ebenso verfährt es, wenn es zum Beispiel Puzzleteile legt, mit Stiften malt oder Löffel und Gabel hält.
Der Anteil der Linkshänder in der Bevölkerung ist eigentlich höher als man gemeinhin annimmt, nämlich fast 20%. Dies fällt aber nicht auf, da viele Eltern, sobald sie eine Bevorzugung der linken Hand bei ihren Kindern bemerken, schon früh darauf hinwirken, daß das Kind statt dessen mehr die rechte Hand gebraucht.
Hierzu muß gesagt werden, daß Linkshändigkeit nicht einfach eine Sache der Gewöhnung ist, sondern Veranlagung: Das menschliche Gehirn be-

steht aus einer linken und einer rechten Gehirnhälfte. Diese Hälften haben unterschiedliche Funktionen in der Wahrnehmung und deren Verarbeitung. Die linke Gehirnhälfte steuert hauptsächlich die rechte Körperseite, während die rechte für die linke Körperseite zuständig ist. Das bedeutet, daß bei einem Linkshänder die rechte Gehirnhälfte die vorherrschende ist. Trainiert man nun einen Linkshänder auf Rechtshändigkeit um, dann greift man tiefer in körperliche und geistige Vorgänge ein, als man zunächst vermuten mag, weil man versucht, dem Gehirn permanent ein Schnippchen zu schlagen, und das kann auf Dauer nicht gelingen.
Dadurch können bei normaler Intelligenz bestimmte Blockierungen auftreten, die sich in den legasthenischen Schwierigkeiten äußern, wie etwa Lese- und Rechtschreibschwäche, Arithmasthenie (Rechenschwäche), Konzentrationsschwierigkeiten, Schwierigkeiten beim Verarbeiten von Informationen, schneller Ermüdung, Versprecher, Spiegelschrift, Verwechseln von links und rechts. Diese und ähnliche Erscheinungen können bei umgeschulten Linkshändern in mehr oder weniger starker Ausprägung vorkommen und ihnen das Leben sehr erschweren. Demgegenüber erscheint es unerheblich, ob das Kind eine etwas schönere Schrift hat oder nicht.
Die Einstellung zur Linkshändigkeit ist auch an Schulen toleranter geworden, seit man von den negativen Folgen einer erzwungenen Rechtshändigkeit weiß. Eine Beratung mit dem Lehrer Ihres Kindes ist in jedem Fall nützlich, da er gegebenenfalls auch auf das langsamere Schreibtempo eines linkshändigen Kindes Rücksicht nehmen kann. Bei Schuleintritt sollten Sie dann darauf achten, daß Ihr Kind so sitzt, daß es mit dem linken Arm genügend Bewegungsfreiheit hat, also links in der Bank oder neben einem weiteren Linkshänder. Das Licht sollte von rechts oder von vorne kommen.
Geeignete Schreibgeräte sind weiche Bleistifte, Kugelschreiber, Linkshänderfüller. Bei diesen speziellen Füllern ist die Feder etwas abgeflacht, so daß sie beim Schreiben nicht so leicht in das Papier gespießt werden kann. Beim Schreiben soll das Kind gerade sitzen, Hand- und Armhaltung sollen unverkrampft sein, das Heft etwas links von der Körpermitte liegen und leicht nach rechts gedreht sein. Der Stift soll genauso locker in der Hand liegen, wie beim Rechtshänder, nur ist es zweckmäßig, ihn etwas weiter hinten zu fassen, damit das Geschriebene gleichzeitig auch gelesen werden kann.
Nach anfänglichen Schwierigkeiten wird ein linkshändig schreibendes Kind bald seine rechtshändigen Mitschüler eingeholt haben, sofern man Verständnis für es hat und es fördert.
Eltern von linkshändigen Kindern können weitere Informationen und Beratung bei folgender Stelle erhalten:

Interessenvereinigung für Linkshänder ONRS (Adresse s. Anhang)
Diese Interessenvertretung für Linkshänder ist bundesweit organisiert. Es werden Beratungen durchgeführt, in denen es um die Bestimmung der Händigkeit eines Kindes (natürlich auch eines Erwachsenen falls nötig) und die richtige Schreibhaltung geht, ferner gibt es Beratung für Eltern und Kinder zu Kindergarten- und Schulthemen. Außerdem kann man Informationen über Gebrauchsgegenstände für Linkshänder, zur richtigen Berufswahl, Adressen und weitere Ansprechpartner zu diesen Themen etc. erhalten.

2.3.6 Hausaufgabentrödler

Karin sitzt stundenlang über ihren Hausaufgaben, während ihre Freundin Tanja nach einer halben Stunde damit fertig ist. Karin ist deswegen aber nicht „dümmer" als Tanja. Aber wie kann man ihr helfen, mit ihrem Hang zur Trödelei fertig zu werden, die Karin selber belastet, weil sie gerne öfter mit Tanja spielen möchte?
Die Leistungsfähigkeit des menschlichen Organismus gehorcht jeden Tag einem ganz bestimmten Rhythmus. Hoch und Tief der Leistung wechseln einander ständig ab. Am größten ist die Leistungsfähigkeit nachmittags zwischen 15 und 18 Uhr. Da dies bei jedem Kind natürlich etwas anders ist, müssen Sie durch Beobachtung herausfinden, wann Ihr Kind am besten arbeitet, sprich: sich am besten konzentrieren kann. Wann geht die Arbeit leicht von der Hand? Wann gibt es Durchhänger?
Welche Arbeitsdauer jeweils für welche Aufgabe angemessen ist, müssen Sie ebenfalls durch Beobachtung in Erfahrung bringen. Austausch mit anderen Schülereltern ist ebenfalls sehr aufschlußreich und ermöglicht Ihnen, die Leistungen Ihres Kindes besser einzuordnen. Lassen Sie sich von Ihrem Kind immer zeigen, wieviel Hausaufgaben es zu machen hat. Bleiben Sie anfangs dabei, nehmen Sie ihm aber nicht die Arbeit ab, sondern stehen Sie nur beratend zur Seite. Nach einiger Zeit können Sie dann abschätzen, wie lange Ihr Kind für bestimmte Aufgaben brauchen wird. So können Sie ihm je nach Bedarf einen Zeitraum vorgeben, innerhalb dessen es fertig werden sollte. Viele Eltern haben mit dieser Methode gute Erfahrung gemacht. Gleichzeitig entwickelt Ihr Kind auch selber ein Zeitgefühl und lernt abzuschätzen, welchen Arbeitsumfang es in einem vorgegebenen Zeitraum erledigen kann, was natürlich auch für andere Lebensbereiche sehr von Vorteil ist.
Sorgen Sie dafür, daß das Kind einen angenehmen Arbeitsplatz hat. Er sollte gut beleuchtet und belüftet, angenehm temperiert und möglichst ru-

hig sein. Es gibt allerdings Kinder, die in der Küche oder im Wohnzimmer besser arbeiten können, wo sie die Nähe der anderen Familienmitglieder spüren. Lärm sollte aber dennoch vermieden werden.
Diese Dinge müssen Sie selber herausfinden und je nach Vorlieben des Kindes dann einrichten. Ein Gefühl dafür, in welcher Zeit es mit seinen Aufgaben fertig werden kann, entwickelt ein Kind normalerweise ab einem Alter von etwa zehn Jahren. Bis dahin ist es durchaus unbedenklich, wenn Eltern ihr Kind immer wieder bei der Einteilung der Arbeit zur Hilfe kommen müssen. Grundsätzlich gilt, daß das Schulkind mit seinen Aufgaben selber zurechtkommen soll. Die Eltern sollten nur unterstützend tätig sein, aber nicht die eigentliche Arbeit abnehmen.
Wichtig hierbei ist für Schülereltern, daß sie immer in Kontakt mit dem Lehrer/den Lehrern bleiben, egal ob es sich um einen guten oder um einen schlechteren Schüler handelt. So wird das Kind im Unterricht eher beachtet, und Sie vermeiden böse Überraschungen zum Schuljahresende. Außerdem bekunden Eltern damit Interesse an der Schullaufbahn ihres Kindes und nicht zuletzt an der Arbeit der Lehrkräfte, was immer positiv bewertet wird. Im Gespräch mit dem Lehrer finden Sie auch leichter heraus, ob für Ihr Kind eventuell Förderkurse oder Nachhilfe nötig sind. Je früher solche Hilfe einsetzt, um so schneller und besser können Lücken geschlossen werden.

2.3.7 Lernprobleme

„Kannst du nicht mal fünf Minuten sitzenbleiben und dich auf deine Hausaufgaben konzentrieren?“ „Du paßt ja gar nicht auf, wir lesen doch schon längst auf der nächsten Seite!“ Solche mehr oder weniger verzweifelten Ausrufe müssen Kinder immer öfter von Eltern und Lehrern hören. Ungefähr ein Drittel aller Schulkinder haben unter Konzentrationsstörungen zu leiden. Den einen fällt es schwer, einen Text zu Ende zu lesen, andere unterbrechen ständig ihre Hausaufgaben und hecheln in ihrer Phantasie alles mögliche durch und lassen ihren Geist schweifen. So brüten Kinder oft Nachmittage lang über ihren Hausaufgaben, sind geistig aber eigentlich irgendwo ganz anders und kehren nur für kurze Zeit wieder zu ihren eigentlichen Aufgaben zurück. Wieder andere bringen ihre Aufgaben nie zu Ende oder machen sie erst gar nicht. Im Unterricht stören sie andere Kinder oder sind mit ihren Gedanken wieder ganz woanders.
Unvermeidlich gerät ein Schüler so in kürzester Zeit in enorme Schwierigkeiten, weil der Kenntnisstand mit dem Voranschreiten im Lehrplan na-

türlich nicht mithalten kann bei so viel geistiger Abwesenheit. Solche Schüler bekommen zu wenig mit, und ein Leistungsabfall ist unvermeidlich.
Die ständigen Ermahnungen, sich doch zu konzentrieren, stoßen auf taube Ohren und bewirken meistens gerade das Gegenteil. Viele Eltern vermuten dahinter eine körperliche Ursache und geben ihrem Kind Beruhigungsmittel oder „Konzentrationspillen". Damit kurieren sie aber nur am Symptom herum – wenn überhaupt –, da die Ursachen für Konzentrationsstörungen in den meisten Fällen nicht vom Kind selber ausgehen oder in ihm liegen. Es sind oft Störungen, die von außen auf das Kind einwirken und es davon abhalten, sich bewußt auf eine bestimmte Sache zu konzentrieren.

Falls Ihr Kind solche Probleme hat, sollten Sie auch diese Möglichkeit in Betracht ziehen. Oft sind es auch Familienprobleme (Streitigkeiten zwischen den Eltern, Scheidung, Todesfall, Krankheit, Arbeitslosigkeit etc.), die ein Kind mehr belasten können, als seine Eltern es sich vorstellen können. An einem Kind kann es nicht spurlos vorübergehen, wenn sich seine Eltern streiten, vor allem wenn dies regelmäßig vorkommt und Unversöhnlichkeit im Spiel ist, die das Familienleben vergiftet. Aber auch wenn zu Hause gedrückte oder gar gewalttätige Stimmung herrscht, wenn es Angst haben muß einen Elternteil zu verlieren, ist ein Kind seelisch enorm belastet. Selbst weniger gravierende Ereignisse oder Unstimmigkeiten wirken auf das Kind und verändern es.

Vielleicht ist Ihr Kind aber auch einfach überfordert. Viele Schulkinder haben einen Terminkalender wie gut ausgelastete Erwachsene im Berufsleben. Jeden Nachmittag ist ein anderer Kurs dran: Schwimmen, Ballett, Musikschule, Theatergruppe etc. Die Belastbarkeit von Kindern schwankt ziemlich stark. Was das eine Kind ohne Schwierigkeiten und mit Elan hinter sich bringt und auch noch Spaß dabei hat, kann für das andere schon viel zu viel sein.

Manche Kinder brauchen eben viel Zeit für sich selber, Zeit, die sie selber gestalten können, in der sie spielen, sich zurückgezogen beschäftigen, auch faulenzen oder sich sammeln.

Es gibt auch Eltern, die ihr Kind mit übertriebenem Anspruchsdenken überfordern: Das Kind soll zu den besten Schülern gehören, obwohl es als ein eher mittelmäßiger aber vielleicht gerade dadurch ausgeglichenerer Schüler viel glücklicher wäre. Es hätte dann mehr Zeit, seine Neigungen zu vertiefen und müßte nicht nachmittagelang ausschließlich den Schulstoff pauken. Eltern sollten durch genaue Beobachtung erkunden, was ihrem Kind zuzumuten ist und was die Grenzen, ob physisch oder psychisch, überschreitet.

Häufig ist auch ein zu hoher Fernsehkonsum für Lernprobleme verantwortlich. In Maßen genossen ist Fernsehen ja durchaus zu vertreten. Es gibt auch anregende Kinder- oder Tiersendungen, die Anlaß sein könnten, hinterher über die jeweiligen Themen zu reden, offene Fragen zu klären und einen Zusammenhang herzustellen mit Dingen, die das Kind schon kennt. Man sollte sein Kind aber auf jeden Fall vor zu viel Fernsehen oder gar Dauerberieselung bewahren.

Gehen Sie gemeinsam mit dem Kind die Programmzeitschrift durch, und wählen Sie maßvoll und bewußt und mit Begründung bestimmte Sendungen aus, die das Kind dann sehen darf. Vielleicht entwickelt Ihr Sohn oder Ihre Tochter auch eine Vorliebe für eine bestimmte Sendereihe oder eine bestimmte Art von Fernsehbeitrag, eine Art Lieblingssendung, die das Kind dann immer wieder ansehen darf. Durch gezieltes Auswählen und etwas Disziplin läßt sich eine Überfütterung mit Fernsehen vermeiden.

Kinder, die zuviel vor dem Fernsehapparat sitzen, werden deshalb unruhig, weil die Bilderfolge rasend schnell abläuft. Das Kind ist gar nicht in der Lage, die vielen Informationen und Eindrücke zu verarbeiten und gedanklich zu ordnen. Dies gilt besonders dann, wenn Kinder nicht Sendungen sehen, die ihrem Alter gemäß sind, sondern Beiträge, die eindeutig Erwachsene ansprechen. Die Thematik ist hierbei ziemlich egal. Ob es nun um Kultur, Politik, Spielfilme oder anderes geht. Unbewältigte Eindrücke dieser Art bewirken nämlich Nervosität und Konzentrationsschwierigkeiten.

Viele Kinder finden die Schule aber auch ganz einfach langweilig und alles andere als anregend. Das kann mitunter auch daran liegen, daß die Klassenstärke zu groß ist und die Lehrkraft auch infolge der Stoffülle wenig Gelegenheit hat, auf die Fragen der Schüler einzugehen. Der einzelne geht oft in der Masse unter.

Sie als Eltern können sich aber einiges einfallen lassen, um Ihr Kind nicht in einen langweilenden Trott verfallen zu lassen oder, falls schon passiert, es wieder herauszureißen.

Das Kind sollte zu einer positiveren Haltung der Schule und dem Lernen gegenüber kommen. Aber wie?

– Dazu muß eine Verbindung, und sei es auch nur eine gedankliche, hergestellt werden zu den Bereichen seines Lebens, die es gerne hat. Rechnen ist gar nicht so lästig und unangenehm, wie es einem Schüler im Zusammenhang mit der Schule vorkommen mag. Versuchen Sie Ihrem Kind klarzumachen, daß beim Spiel mit dem Kaufladen Rechnen eine wichtige Funktion hat. Spiele, bei denen es um das Sammeln von Punkten geht, bieten ähnlich Gelegenheit, den praktischen Nutzen von Mathematik zu verdeutlichen. Der Umgang mit Geld beim Einkaufen läßt sich ebenso als Beispiel für das Kind heranziehen.

- Den Wortschatz kann man beim Rätselraten, mit Kreuzworträtseln (je nach Altersstufe), Silbenrätseln, Schüttelreimen und Versen festigen und erweitern. Ein einfaches und doch kurzweiliges und nützliches Spiel ist etwa: Sie lassen Ihr Kind möglichst viele Wörter mit demselben Anfangsbuchstaben raten. Aus den Buchstaben von Autonummern lassen sich bei langen Fahrten auch neue Wörter bilden oder die Buchstabenkombinationen als vermeintliche Abkürzungen enträtseln. Dergleichen Spiele können Sie jederzeit selber erfinden, je nachdem, wo Sie sich gerade aufhalten.
- Spaziergänge und Wanderungen werden abwechslungsreicher durch Beobachtung von Pflanzen, Tieren, Steinen etc. Die naturwissenschaftlichen Fächer kann man mit solchen privaten Erkundungen lebendiger für das Kind gestalten und Bezüge zum Alltag zu Hause und draußen herstellen. Auch das Lesen von Karten im Wald, bei Spaziergängen und die Bezüge zum Schulatlas sind Themen, die das Verständnis eines Kindes vom trockenen Schulunterricht aufweichen und lebendig machen können.
- Illustrierte bieten oft wahre Schätze an. Wenn Sie Beiträge und Abbildungen finden, die für den Schulunterricht interessant sind, schneiden Sie diese aus und gestalten damit ein Heft oder noch besser einen Ordner. In einem Ordner lassen sich Beiträge auch zu wechselnden Themengruppen zusammenstellen.

Von solchen Anregungen läßt sich ein Kind meistens begeistern, da nun das, was als Stoff in der Schule begegnet, auch in der Freizeit zur Bereicherung wird. Lebendige und spielerische Anschauung bringt mehr als straff organisierte Lernprogramme. Bei all Ihren Unternehmungen, um Ihr Kind zu einem neuen Verständnis des Schulstoffes und zu einer wachen Beobachtung seiner Umwelt anzuregen, sollten Sie auf jeden Fall eines vermeiden: zu Hause die Schulatmosphäre nachzustellen und Disziplin zu verlangen. Das Kind sollte sich zu Hause eben auf andere Weise mit den Dingen beschäftigen dürfen als in der Schule: Der spielerische Umgang mit den Dingen sollte vermittelt werden.

Oft sind Eltern und Kind aber zu solchen Aktivitäten gar nicht mehr in der Lage, weil die Situation schon zu festgefahren ist oder man sich in kürzester Zeit in den Haaren liegt. Können Sie die Lernprobleme Ihres Kindes nicht mehr aus eigener Kraft beheben, dann haben Sie immer noch die Möglichkeit, sich an den zuständigen Schulpsychologen zu wenden.

Der Psychologe erkundet gemeinsam mit allen Beteiligten die Ursachen der Lernstörung. Falls schwere Familienprobleme der Grund sind, wird er Ihnen eine Familientherapie empfehlen. Liegt die Ursache beim Schüler, dann lernt dieser in einer auf ihn zugeschnittenen Therapie, wie er mit den Schwierigkeiten fertig werden kann. Oft lassen sich Probleme zusammen mit einem Schulpsychologen in kurzer Zeit lösen. Sie brauchen sich auch nicht scheuen, familiäre Dinge hierbei zu besprechen, denn Schulpsychologen unterliegen einer Schweigepflicht. Welcher Fachmann für Sie zuständig ist, erfahren Sie direkt bei der Schule Ihres Kindes oder bei der Schulbehörde.

2.3.8 Lese- und Rechtschreibschwäche, Legasthenie

Sie haben den Eindruck, daß Ihr Kind beim Lesen- und Schreibenlernen besondere Probleme hat. Es vertauscht beispielsweise Buchstaben, läßt welche aus oder erfindet einfach ein Wort. Zusammenhängende Texte kann es nicht lesen und tastet sich nur mühsam buchstabierend voran. Den Sinn der Sätze, die es liest, versteht es meistens nicht. Ihr Kind ist im Lesen und Schreiben viel schlechter als die meisten seiner Mitschüler, obwohl es doch in den anderen Schulfächern akzeptable Leistungen bringt. Sie könnten es ja verstehen, wenn Desinteresse oder Faulheit im Spiel wären, aber Sie haben mit dem Kind ja schon so viel geübt und dennoch war alle Mühe umsonst!
In einem so „rätselhaften“ Fall kann es sich normalerweise nur um die Lernstörung handeln, die auch als „Legasthenie“ bekannt ist. Haben Sie den Verdacht, daß bei Ihrem Kind eine solche Lernstörung vorliegt, dann lassen Sie zunächst von einem Arzt klären, ob nicht auch Seh- oder Hörschäden für das abweichende Lernverhalten verantwortlich sein könnten. Läßt sich dies aber sicher ausschließen, dann dürfte es sich um Legasthenie handeln.

Auf welche Anzeichen sollten Sie also achten, damit diese Schwäche frühzeitig entdeckt wird?

In der Vorschulzeit

- Hörverarbeitungsschwächen: Das Kind kann bestimmte Laute nicht aus- oder nachsprechen.
- motorische Unruhe
- Linkshändigkeit, insbesondere wenn das Kind dazu angehalten wird, statt der linken die rechte Hand zu gebrauchen.

In der Schule

– Das Kind schreibt ungewöhnlich viele Wörter falsch.
– Es vertauscht Buchstaben und läßt welche aus.
– Es erfindet Wörter.
– Es kann zusammenhängende Texte nicht lesen.
– Seine Schrift ist schlecht.

Legasthenie kommt oft bei Schülern vor, die in anderen Fächern gut sind, und wird deshalb oft erst nach ein bis zwei Schuljahren erkannt. Wird diese Lernstörung spät erkannt, so stellen sich im Laufe der Schulzeit zusätzlich noch andere Schwierigkeiten ein. Das Kind kann in den anderen Fächern bald nicht mehr mithalten. Aus einem anfangs guten Schüler wird allmählich ein überfordertes und von Schulangst geplagtes Kind.

Was bedeutet nun Legasthenie?

Beim Lesen- und Schreibenlernen machen Kinder verschiedene Entwicklungsstufen durch. Der Schulunterricht ist so angelegt, daß die meisten Kinder dem Stoff in der geplanten Geschwindigkeit folgen können. Ein Kind mit einer Lese- und Rechtschreibschwäche braucht für die verschiedenen Entwicklungsphasen länger und bleibt bald auf der Strecke, weil im Unterricht ständig und in zu schneller Abfolge neuer Stoff dazukommt. Deshalb sollten Sie Legasthenie aber nicht wie eine unheilbare Krankheit betrachten. Mit einer speziell auf das Kind abgestimmten Förderung kann dieses Problem allmählich behoben werden.

Wie stark ausgeprägt die Lernstörung bei Ihrem Kind ist und welcher Betreuung es deswegen bedarf, können Sie entweder von einem Lehrer erfahren, der sich speziell mit Lernstörungen befaßt, von dem zuständigen Schulpsychologen oder bei einem Institut für Lernförderung. An vielen Schulen gibt es auch Förderkurse für Schüler mit Lese- und Rechtschreibschwäche, die im übrigen wesentlich bekannter ist als die Arithmasthenie (Rechenschwäche). Diese Förderkurse werden meistens von Lehrern gehalten. In den Bundesländern Hamburg und Hessen wird der Grad der Behinderung besonders berücksichtigt.

In Hamburg gibt es drei Fördermodelle für Legastheniker:

1. Förderung für das dritte und vierte Schuljahr in Kleinstklassen
2. Förderung für weniger schwache Kinder mit Lese- und Rechtschreibschwächen.
3. Individuelle Förderung mit maximal drei Kindern in einer Gruppe.

In Hessen werden die Kinder entweder durch einen Zweitlehrer während des Unterrichts gefördert oder die Klassen so klein gehalten, daß der Lehrer genügend Zeit hat, sich auch mit den Legasthenikern zu beschäftigen. Hier beginnt die Förderung bereits im ersten Schuljahr.
In anderen Bundesländern bleibt es den Schulämtern und den Schulleitern überlassen, ob und wie entsprechende Förderkurse angeboten werden. Nähere Informationen können Sie einholen:
Bundesverband Legasthenie e.V. (Adresse s. Anhang)

2.3.9 Rechenprobleme, Dyskalkulie/Arithmasthenie

Oft kommt es vor, daß ein Schüler, der im allgemeinen gute Leistungen bringt, in Mathematik regelmäßig versagt. Dies kann sich zu einer Belastung, manchmal gar zu einem Trauma für die gesamte Schullaufbahn entwickeln und auch für die Berufswahl ausschlaggebend werden.
Viele Eltern haben dies in ihrer eigenen Schulzeit selber leidvoll erfahren. Mancher ist dann wohl geneigt zu sagen, „Das ist wohl vererbt, bei mir war das auch so. Man kann nichts dagegen tun." Andere bemühen sich um eine Lösung dieses Problems, weil jeder im täglichen Leben rechnen können muß. Außerdem besitzt diese Fähigkeit einen hohen Stellenwert, da das logische Denkvermögen durch das Rechnen gefördert wird. Eltern wollen ihrem Kind natürlich auch dabei helfen, in der Schule gut über die Runden zu kommen und seinen Geist bestmöglich zu entwickeln.
Zunächst ist natürlich wichtig zu klären, wodurch die schlechten Mathematikleistungen bedingt sind. Ist es so, daß das Kind die mathematischen Vorgänge eigentlich versteht, aber am Fach wenig Interesse zeigt, sei es aus „Faulheit", weil es sich mehr für andere Dinge interessiert, weil es im Unterricht nicht aufpaßt, weil es seine Hausaufgaben nicht macht; oder hat das Kind Schwierigkeiten, mathematische Vorgänge Gedankengänge überhaupt zu begreifen? Oder aber ist es möglich, daß der Lehrer es nicht versteht, seinen Schülern mathematische Denkweisen zu vermitteln?
Im ersten Fall sollten Eltern sich intensiver um die Rechenprobleme ihres Kindes kümmern, indem sie sich zunächst mindestens laufend über den Stoff informieren lassen. In dieser Lage müssen Eltern wissen, was in der Schule gerade gemacht wird und wie die Hausaufgaben aussehen.
In der Grundschulzeit können Eltern ihren Kindern oft selber Nachhilfeunterricht geben. Dieser sollte jedoch nicht einfach darin bestehen, daß die Hausaufgaben gemeinsam angefertigt werden – die sollte das Kind selbständig bewältigen –, sondern es sollten grundsätzliche mathemati-

sche Probleme verständlich gemacht werden. Erkunden Sie, welche Fragestellungen, Rechenoperationen, Rechenarten Ihrem Kind Schwierigkeiten bereiten, und helfen Sie hier gezielt nach. Sie können die Aufzeichnungen Ihres Kindes in den Heften sowie natürlich das Mathematikbuch zu Hilfe nehmen aber auch entsprechende eigene Beispiele, die die Problematik beinhalten, heranziehen.

Eltern sollten erklären können, warum eine Aufgabe in dieser und nicht in einer anderen Weise zu rechnen ist; etwa den Unterschied zwischen Multiplikation und Addition: Wieso ist 3 x 3 = 9, aber 3 + 3 = 6, wo doch 2 x 2 = 4 und 2 + 2 = 4 dasselbe Ergebnis haben? Antworten auf solche Fragen, in denen es um vergleichsweise einfache Rechenprobleme geht, fallen den meisten Eltern schwer.

Deshalb ist es nützlicher, sich einen Nachhilfelehrer empfehlen zu lassen. Befragen Sie dafür am besten den Lehrer Ihres Kindes oder andere Eltern. Auch Schüler höherer Klassen des Gymnasiums oder auch Studenten geben oft gerne Nachhilfestunden und verlangen dabei zumeist nicht ganz so viel je Stunde wie ein Lehrer.

Sollten Sie feststellen, daß es am Lehrer liegt, weil er schlecht erklärt, dann setzen Sie sich mit ihm in Verbindung, und besprechen Sie die Probleme, die Ihr Kind mit ihm hat. Lehrer sind oft dankbar für solche Hinweise, da sie bei der Vielzahl der Schüler, die sie zu betreuen haben, manches Problem übersehen können. In einem solchen Fall kann es auch nützlich sein, sich mit anderen Schülereltern, die möglicherweise mit der gleichen oder einer ähnlich gelagerten Schwierigkeit konfrontiert sind, zu beraten, um dann gemeinsam Kritikpunkte vorzubringen und gemeinsam mit der Lehrkraft für Abhilfe zu sorgen.

Wenn das Kind jedoch Schwierigkeiten hat, mathematische Vorgänge überhaupt zu verstehen, dann kann es sich dabei auch um eine Rechenschwäche – in der Fachsprache „Dyskalkulie“ oder „Arithmasthenie“ genannt – handeln. Diesem Problem ist dann nicht mehr einfach mit mehr oder intensiverem Lernen oder mit Nachhilfe beizukommen.

Die Arithmasthenie gehört zu den Teilleistungsstörungen. Über ihre Ursache ist man sich noch nicht im klaren. Liegt ein minimaler körperlicher Defekt vor, oder hat man es mit einer seelischen Blockade zu tun? Sicher ist, daß sie mit einer gezielten Betreuung durch Fachkräfte behoben oder doch zumindest stark verbessert werden kann. So gibt es in einigen Großstädten private Institute, die sich mit der Therapie rechenschwacher Kinder befassen.

Anders als im Schulunterricht, bei dem sich das Kind dem Lerntempo der Klasse anpassen muß, geht die Rechentherapie den entgegengesetzten

Weg. Das rechenschwache Kind bestimmt hier die Geschwindigkeit, in der die Schulung von einfachen zu komplexeren Stoffen voranschreitet. Den (Denk-)Fehlern, die das Kind bei der Lösung der ihm vorgelegten Aufgaben macht, geht der Therapeut – zumeist finden nur Einzelsitzungen statt, das heißt e i n Kind wird von e i n e r fachlich geschulten Person betreut –, sehr gewissenhaft nach und spürt dabei die Ursachen auf. Auf diese Weise werden die grundlegenden Lücken oder Unsicherheiten offengelegt und können systematisch behoben werden.
Mit entsprechenden Übungen wird dann das mathematische Problem mit dem Kind erarbeitet und so lange durchgespielt, bis es „sitzt". Die Übungen sind so gestaltet, daß das Verständnis für mathematische Operationen geweckt und mathematisches Denken eingeübt wird. In kleinen Schritten lernt das Kind, die einzelnen Rechenarten sicher zu beherrschen und es fällt ihm bald nicht mehr schwer, dem Mathematikunterricht in der Schule zu folgen.
In der Rechentherapie wird also nicht der aktuelle Schulstoff gepaukt, wie das in Nachhilfestunden oft der Fall ist, sondern weil kein Lehr- oder Stundenplan drängt, können hier die Grundlagen und das Verständnis für das Rechnen systematisch gefördert werden.

Folgende Anzeichen können bereits relativ frühzeitig auf eine Rechenschwäche hindeuten:
In der Vorschulzeit
– Raumorientierungsschwächen: Vorne-hinten, rechts-links, oben-unten werden leicht verwechselt.
– Das Kind hat große Schwierigkeiten, beim Erfassen von Größen, Mengen, Entfernungen und Zeitverhältnissen.

In der Grundschulzeit
– Wenn das Kind größere Mengen überblicken soll, wird es unsicher.
– Begriffspaare wie mehr-weniger, das Doppelte-die Hälfte, früher-später, länger-kürzer, werden erst nach langer Einübung gut auseinandergehalten.
– Bei Zehner-, Hunderter-, Tausenderübergängen etc. hat das Kind Zähl- und Rechenschwierigkeiten.
– Stellenwerte werden verwechselt, zum Beispiel 12 und 21, 13 und 31 etc.
– Stellenwerte und Zahlensystem werden nicht begriffen.
– Das Kind versteht nicht, daß die umgekehrte Zahlenreihenfolge doch jeweils das gleiche Ergebnis in den folgenden Rechnungen ergibt: $4 + 2 = 2 + 4$ und $4 \times 2 = 2 \times 4$.

- Additionen und Subtraktionen werden durch Zählen statt durch Rechnen bewältigt, was besonders durch die Dauer des Rechenvorgangs auffallen wird.
- Die Rechenart wird innerhalb einer Aufgabe plötzlich gewechselt.
- Ergebnisse werden einfach erraten statt errechnet.

Sollten Sie bei Ihrem Kind derartige Phänomene feststellen, kann ein Gespräch bei einer Beratungs- oder Therapiestelle klären, ob es sich um eine echte Rechenschwäche handelt oder ob andere Gründe für dieses Verhalten beziehungsweise diese Defizite vorliegen. Hat Ihr Kind tatsächlich eine Rechenschwäche, dann sollten Sie auch den Mathematiklehrer davon in Kenntnis setzen, denn auch viele Lehrkräfte wissen nicht, was es mit diesem Phänomen auf sich hat und daß man es durch Therapie positiv beeinflussen kann.

Scheuen Sie sich nicht, sich bei den entsprechenden Instituten eingehend beraten zu lassen. Eine erfolgreiche Behandlung kann bis zu zweieinhalb Jahre dauern, jedoch kann ein Kind schon innerhalb eines halben Jahres seine Note verbessern und wieder Anschluß an die Klasse und den neuen Stoff bekommen. Bei privaten Instituten wird zur Zeit (Frühjahr 1993) pro Kind und Monat bei einer Therapiesitzung in der Woche ca. DM 300,– verlangt. Eine Behandlung Ihres Kindes wird mittlerweile in allen Bundesländern – außer in Baden-Württemberg und Bayern – als den Schulunterricht ergänzende Maßnahme anerkannt und somit vom Bundesland finanziell gefördert, so daß Sie nicht den vollen Betrag, den die privaten Institute in Rechnung stellen, bezahlen brauchen.

Therapiestellen: siehe Anhang

In Göttingen und Bielefeld bieten die Universitäten entsprechende Nachhilfe für Rechenschwache an, die auch finanziell wesentlich günstiger kommen. Weitere Informationen können Sie auch bei folgender Elternvereinigung bekommen:
Initiative zur Förderung rechenschwacher Kinder e.V. (IFRK) (s. A.)

2.3.10 Vom Umgang mit Lehrern

Große Erwartung herrscht bei Familie Baum. Ihre Tochter Ruth besucht die vierte Klasse der Grundschule und soll nun eine Empfehlung für eine weiterführende Schule erhalten. Die Eltern erhoffen sich eine Empfehlung fürs Gymnasium, da Ruth nach Aussage der Lehrerin zu den guten Schü-

lern gehört. Dies freut die Eltern besonders, da die Familie zu Beginn des Schuljahres umgezogen ist und Ruth dies offensichtlich ohne größeren Leistungsknick bewältigen konnte. Um so größer ist ihre Enttäuschung, als ihnen die Lehrerin eröffnet, daß für Ruth nur die Hauptschule in Frage kommt: „Der Notendurchschnitt reicht nicht aus. Nicht mal für die Realschule, denn dazu fehlen noch drei Zehntel Punkte." Die Eltern: „Aber Sie sagten doch noch vor vier Wochen, Ruth gehöre zu den guten Schülern!" Die Lehrerin: „Der Notendurchschnitt ist ausschlaggebend, und überhaupt hat sie in Mathe so große Schwierigkeiten." Die Eltern: „Sie sollten auch berücksichtigen, daß wir umgezogen sind. Und dafür sind Ruths Leistungen wirklich gut. Wir und auch Ruth möchten, daß sie eine höhere Schule besucht. An der Hauptschule wäre sie unserer Meinung nach unterfordert. Wir wissen, daß Ruth gut und gerne lernt und an vielen Dingen Interesse zeigt. Sie kennen Ruth ja erst ein halbes Jahr." Die Lehrerin: „Ein Lehrer kann schon nach wenigen Stunden erkennen, wie ein Schüler ist. Ich meine es gut mit Ruth. Mit ihren Matheleistungen wäre sie an einer höheren Schule unglücklich." Die Eltern: „Wir meinen unsere Tochter besser zu kennen, und deshalb können wir Ihre Entscheidung keinesfalls akzeptieren. Wenn Sie Ihre Meinung nicht doch noch ändern, dann lassen wir Ruth am Beratungsverfahren teilnehmen, obwohl wir unserem Kind einen solchen Leistungsdruck ersparen wollten." Die Lehrerin: „Ich fände es unverantwortlich, Ruth an eine höhere Schule zu empfehlen. Ich bleibe bei meinem Entschluß." Ruths Eltern bleiben auch entschlossen und lassen ihre Tochter an den Tests teilnehmen, die Ruth ohne Schwierigkeiten besteht. So gelangt Ruth doch noch in die Realschule, in der sie ohne große Anstrengungen wirklich zu den guten Schülern gehört. Für das nächste Jahr stellt der Klassenlehrer aufgrund ihrer guten Leistungen einen Übertritt ans Gymnasium in Aussicht. Für Ruths Eltern ist das die schönste Bestätigung dafür, daß sie Zutrauen in ihre Tochter gesetzt haben und sich von der wohlmeinenden Lehrerin nicht haben beirren lassen.
„Mama, unser Mathelehrer hat bei der Melanie einen Fehler nicht mitgezählt. Bei mir hat er den gleichen Fehler schon gezählt. Jetzt habe ich eine Zwei gekriegt, und die Melanie hat wieder eine Eins." – „Vielleicht hat er das übersehen. Die Lehrer müssen so viele Arbeiten korrigieren, da übersieht man schon mal was." – „Ja, ja. Aber wehe, wenn wir was übersehen, dann kriegen wir gleich eine schlechte Note." – „Das ist allerdings ärgerlich. Da hast du schon recht, Uli. Geh' doch zu ihm hin und frage ihn, warum er das bei dir als Fehler wertet und bei Melanie nicht." – „Ja, aber wenn dann die Melanie eine schlechtere Note kriegt wegen mir, das mag ich auch nicht." – „Das ist natürlich unangenehm, aber andererseits ist es

auch ungerecht dir gegenüber. Dann soll er eben dir auch eine bessere Note geben, und Melanie braucht nicht beleidigt zu sein." – „Schon, aber ich trau' mich nicht. Der ist immer so nett zu Melanie. Ich glaube, sie ist sein Liebling." – „Das darf ja auch ruhig so sein. Aber die anderen Schüler darf er deswegen nicht benachteiligen. Dagegen hab' ich was. War da nicht schon mal was, wo er bei Melanie Fehler übersehen hat?" – „Eigentlich bei fast jeder Matheprobe." – „Das braucht man sich aber nicht gefallen lassen. Fehler ist Fehler, ob den jetzt Melanie macht oder jemand anderer. Geh' auf jeden Fall zu ihm hin, er muß wissen, daß es einem auffällt. Oder soll ich zu ihm in die Sprechstunde gehen?" – „Dann regst du dich womöglich auf, und alles wird noch schlimmer. Ich glaube ich mag das nicht." – „Hör' mal Uli. Das kann nicht so weitergehen, deshalb schlage ich dir vor: Du gehst morgen mit der Probearbeit zu ihm und machst ihn auf seinen Fehler aufmerksam. Und von da an machst du das mit jeder Probearbeit so, dann wird er sich schon genauer damit befassen müssen. Er merkt dann jedenfalls, daß du auf Draht bist. Und wenn dir das Nachteile bringen sollte, dann gehe ich auf jeden Fall in dieser Sache zu ihm."

Schülereltern stehen des öfteren vor der Frage, ob sie nun im konkreten Fall mit einer Lehrkraft Kontakt aufnehmen sollen oder nicht. Die Hauptfrage ist immer: Was schadet oder nützt meinem Kind, egal aus welchem Anlaß man sich für oder gegen eine Kontaktaufnahme entscheidet.

Grundsätzlich besteht ein Unterschied darin, ob man mit dem Lehrer die Lernfortschritte seines Kindes bespricht, was immer notwendig ist und auch regelmäßig geschehen sollte. Heikel wird es allerdings, wenn es um die pädagogischen Fähigkeiten eines Lehrers geht. Das kann der Fall sein, wenn sich das Schulkind ungerecht behandelt fühlt. In diesem Fall bedarf es eines gewissen Fingerspitzengefühls, denn man möchte einerseits nicht als Duckmäuser dastehen und dies seinem Schulkind als Beispiel vorleben. Andererseits möchte man seinem Kind durch unüberlegtes Verhalten keine Nachteile einhandeln.

Es ist vergleichsweise unkompliziert, wenn es sich um Fehler in der Notengebung handelt. Denn da lassen sich Irrtümer leicht beheben, indem man zum Beispiel eine Probearbeit Punkt für Punkt durchgeht und mit den Aufzeichnungen im Schulheft vergleicht. Günstig ist immer auch ein Vergleich mit den Arbeiten anderer Schüler, sofern diese ihre Unterlagen zur Verfügung stellen.

Haben Sie oder Ihr Kind Korrekturfehler entdeckt, dann wäre es ideal, wenn das Kind selber die Lehrkraft darauf aufmerksam machen könnte. Auf die meisten Lehrer macht das einen positiven Eindruck, denn der

Schüler zeigt damit, daß er mitdenkt. Außerdem ist ein Lehrer auch nur ein Mensch und macht hin und wieder Fehler. Wenn Ihr Kind sich nicht traut, dies direkt mit seinem Lehrer zu besprechen, dann sollten Sie dies selber übernehmen und dem Lehrer in diesem Fall auch sagen, daß sich Ihr Kind dies nicht getraut hat. Es könnte sein, daß der Lehrer ohne sein direktes Zutun einen autoritären Eindruck erweckt. Dann ist er sicherlich dankbar für einen solchen Hinweis.

Es kommt auch vor, daß sich ein Kind von seinem Lehrer oder seiner Lehrerin übergangen fühlt. Etwa wenn es sich eifrig meldet und dennoch seltener aufgerufen wird als Mitschüler. Dies kann mehrere Ursachen haben: Möglicherweise hat Ihr Kind einen ungünstigen Sitzplatz. So kann es Schülern, die in der ersten Reihe sitzen passieren, daß der Lehrer sie buchstäblich übersieht, weil er oftmals direkt neben ihnen steht. Oder sitzt Ihr Kind vielleicht hinter Mitschülern, die besonders lebhaft oder größer sind? Dann bringt ein Gespräch mit dem Lehrer zumeist baldige Verbesserung, sofern die Sitzordnung geändert werden kann.

Schwieriger wird es, wenn Abneigung mit im Spiel ist, und ein Lehrer deswegen einen Schüler übersieht oder gar schikaniert. Der Schulbesuch kann dann sehr deprimierend werden.

Hier müssen Eltern mit viel Fingerspitzengefühl vorgehen. Denn es ist immer problematisch, mit einem Lehrer über seine pädagogischen Fähigkeiten oder gar seine eigenen Charakterzüge zu sprechen. Zunächst müssen Sie auch herausfinden, ob Ihr Kind mit einem solchen Gespräch überhaupt einverstanden ist oder ob noch ärgere Nachteile zu befürchten sind. Dann kommt es natürlich auch auf die Persönlichkeit des Lehrers an. Wenn ohnehin schon bekannt ist, daß es sich dabei um eine Persönlichkeit handelt, die sich regelmäßig bestimmte „Opfer“ unter den Schülern sucht, um sie zu schikanieren, dann kann eine Intervention der Eltern die Sache durchaus verschlimmern. Vielleicht können Sie sich in diesem Fall aber auch mit anderen betroffenen Schülereltern zusammentun.

Prüfen Sie aber auch sich selber! Haben Sie Angst davor, mit dem Lehrer zu sprechen, weil er sich nur schwer oder gar nicht überzeugen läßt oder sich ohnehin immer im Recht fühlt. Können Sie ihm gegenüber überzeugend auftreten? Je nach Sachlage kann es von Vorteil sein, wenn beide Elternteile – im Fall von alleinerziehenden Elternteilen eventuell auch eine Vertrauensperson – zum Gesprächstermin erscheinen. Wenn auch das nicht in Frage kommt, dann können Sie sich auch an den Direktor der Schule wenden, damit dieser mäßigend einwirkt. Bemühen Sie sich bei solchen Gesprächen immer um sachliche Argumentation. Damit

überzeugen Sie mehr als mit möglicherweise nur allzu starken Emotionen.
In Situationen, die ausweglos erscheinen, können Sie sich auch an einen Schulpsychologen wenden. Dieser wird dann in einem Gespräch, an dem Eltern, der Schüler und der Lehrer teilnehmen, vermittelnd tätig sein. Mit schulpsychologischer Unterstützung lassen sich derartige Probleme oft überraschend schnell lösen.
Welcher Schulpsychologe für Ihre Schule zuständig ist, wird man Ihnen bei der Schulleitung oder bei der übergeordneten Schulbehörde (Schulamt) mitteilen. Sollten alle Versuche, die Situation für das Kind erträglicher zu gestalten, erfolglos bleiben, dann wäre ein Klassen- oder Schulwechsel durchaus zu überlegen. Eine neue Umgebung hat schon manche Verbesserung bewirkt.

2.3.11 Elternbeirat

Wußten Sie schon, daß die Schule den Eltern Gelegenheit zu verantwortlicher Mitarbeit geben muß? Dies besagt jedenfalls ein Beschluß der Kultusministerkonferenz. Und Sie als Eltern sollten diese Gelegenheit auch nutzen. Leider kommt es auf Elternversammlungen nur allzuoft vor, daß sich nur schwer Kandidaten für das Amt der Elternvertreter finden. Viele Eltern scheuen sich vor einer Mitarbeit im Elternbeirat, sei es aus Zeitmangel, aus Bequemlichkeit, aus Angst davor, sich bei Lehrern unbeliebt zu machen, oder auch einfach aus Unwissenheit.
Viele Eltern kennen ihre Rechte gar nicht, zumal manche Schulen ihre Schülereltern nur ungern und freiwillig schon gar nicht über ihre Rechte informieren. Sie haben aber die Möglichkeit, sich direkt beim für die Schulen zuständigen Ministerium Ihres Bundeslandes (Kultusministerium etc.) umfassend über Ihre Rechte zu informieren.
Die Rechte des Elternbeirats sind in den einzelnen Bundesländern unterschiedlich geregelt. In fast allen Bundesländern vermittelt der Elternbeirat zwischen den Eltern und der Schule; er darf fast überall über Ferientermine, Unterrichtsbeginn, bewegliche Ferientage, die Hausordnung der Schule und die Wahl der Lehrmittel mitentscheiden. Rechte, die darüber hinausgehen, sind in den einzelnen Bundesländern unterschiedlich.

2.3.12 Taschengeld

Wenn es um das Taschengeld geht, sind viele Eltern unsicher. Einerseits möchten sie ihre Kinder möglichst von Gelddingen fernhalten, andererseits ist ihnen klar, daß es in unserer vom Geld bestimmten Gesellschaft notwendig ist, damit vernünftig umgehen zu können. Dies lernt ein Kind aber nur, indem man ihm beizeiten Gelegenheit dazu gibt.

Ab wann ist es nun sinnvoll, einem Kind Taschengeld zu geben? Sobald Ihr Kind anfängt, Zahlen zusammenzuzählen (1 + 1 = 2), was ungefähr im Alter von fünf Jahren sein wird, können Sie damit beginnen. Am einfachsten ist es, wenn es zunächst jede Woche eine Mark erhält, am besten nur eine Münze. Mit diesem Betrag läßt sich leicht umgehen und die eine Münze ist auch handlich und übersichtlich. Geben Sie Ihrem Kind dagegen zwei Fünfzig-Pfennig-Münzen, so kann es in diesem Alter praktisch nichts damit anfangen, weil es den Wert nicht erkennt und auch nicht damit rechnen kann. Einzelne Markstücke dagegen kann, falls sie nicht ausgegeben werden, das Kind dann schon zusammenzählen und sieht dabei, wie seine Geldmenge mit jeder zusätzlichen Münze wächst.

Ein günstiger Zeitpunkt, mit der regelmäßigen Auszahlung von Taschengeld zu beginnen, ist auf jeden Fall der Schuleintritt. Von da an bekommen die meisten Kinder ihr Taschengeld.

Damit das Kind eine Ahnung davon bekommt, was es alles damit anfangen kann, ist es nützlich, wenn Sie ihm den Wert des Geldes beibringen. Es muß lernen und erfahren, was die Dinge des täglichen Lebens kosten. Wie teuer ist e i n Laib Brot, e i n Liter Milch, e i n Kopf Salat, e i n e Tafel Schokolade, e i n Paar Socken etc.?

Lassen Sie das Kind kleine Einkäufe in einem Laden um die Ecke machen, und addieren Sie vorher gemeinsam alles zusammen. So bekommt das Kind bald eine Vorstellung davon, wieviel Ware man für einen bestimmten Geldbetrag erhält.

Sie können das Kind aber auch zu Hause spielerisch an den Umgang mit Geld heranführen, indem Sie ihm einen kleinen Kaufladen einrichten. Die meisten Kinder spielen leidenschaftlich gern mit ihren Freunden oder Freundinnen, Eltern und Großeltern „Verkaufen". Größeren Kindern macht es auch Spaß, Versandhauskataloge durchzublättern. Ermuntern Sie Ihr Kind in diesem Fall auch dazu, sich Dinge auszusuchen, die es gerne haben möchte. Setzen Sie dafür aber eine Grenze, etwa so viel, wie vom Taschengeld bezahlt werden kann, oder setzen Sie einen von Ihnen gewählten anderen Betrag fest, den Sie in diesem Fall ausgeben möchten. Das Kind sollte dann die Artikel mit ihrem Preis aufschreiben und den Ge-

samtbetrag errechnen. Auf diese Weise lernt es, was die Dinge kosten, daß es auf bestimmte Sachen, auch wenn es schwerfallen sollte, verzichten muß, um dafür andere, die ihm momentan wichtiger sind, bekommen zu können. Auch lernt es dabei, wie lange es sparen muß, um sich einen besonderen Wunsch zu erfüllen. Dieses Sparen können Sie Ihrem Kind auch schmackhaft machen, indem Sie die letzte Rate übernehmen oder einfach einen bestimmten Anteil dazulegen, damit das Ziel in einer für das Kind absehbaren Zeit erreicht wird.
Auch ein kleiner Geldbetrag als Belohnung etwa für Mitarbeit im Haushalt ist eine Möglichkeit, Leistungen und Geldsummen für das Kind erkennbar miteinander in Beziehung zu setzen, so wie beim Einkauf Waren und Geld in Beziehung gesetzt werden. Geldbelohnungen für Hausarbeiten müssen nicht für regelmäßig anfallende Arbeiten wie Spülen, Mülleimer leeren, staubsaugen etc. sein, aber für umfangreichere wie Fensterputzen, Autowaschen oder Gartenarbeiten kann es durchaus ein Anreiz sein, wenn Sie eine Geldbelohnung in Aussicht stellen.
Viele Eltern geben ihren Kindern Geld für gute Schulnoten. Das ist nicht unbedingt zu vertreten, denn Sie sollten bedenken, daß die Arbeit, die das Kind in der Schule verrichtet, vor allem seinen eigenen Interessen dient und nicht denen der Eltern. Problematisch kann es auch werden, wenn in einer Familie mehrere Kinder mit unterschiedlicher Begabung sind. Da ist dann das Kind, das in der Schule schon im Nachteil ist, auch noch zu Hause finanziell schlechter gestellt. Und nicht nur das: Für das Kind wird auch deutlich, daß seine Eltern seine geringere Begabung auch noch bestrafen.
Wie hoch soll nun das Taschengeld sein? Grundsätzlich gilt, daß kleine Kinder weniger brauchen und auch nur geringe Summen richtig verwalten können, weil sie über mehr Geld keinen Überblick haben. Die Älteren haben schon größere Wünsche und können dementsprechend mehr verwalten.

Alter	**Betrag in DM**	**Zeitraum**
6- 7	3	wöchentlich
8- 9	4	wöchentlich
10-11	10	zweiwöchentlich
12-13	15	zweiwöchentlich
14-15	40	monatlich
16-17	50	monatlich

Die Geldbeträge in dieser Aufstellung geben nur eine Größenordnung an. Welcher Betrag aber bei Ihrem Einkommen speziell angemessen ist, das

müssen natürlich Sie selber entscheiden. Wenn Sie Einkünfte haben, die weniger Taschengeld erlauben, dann werden Sie eben entsprechend weniger weitergeben können. Sie sollten Ihren Kindern aber erklären, warum dies so ist. Meistens haben Kinder dann Verständnis für die Situation, die den Eltern nur ein bestimmtes Handeln erlaubt. Das ist im übrigen auch ein schönes Beispiel dafür, wie man seinen Kindern beibringen kann, mit einem bestimmten Budget auszukommen.
Haben Sie ein höheres Einkommen, können Sie sich vielleicht erlauben, Ihrem Kind auch etwas mehr Taschengeld zu geben als hier aufgelistet, denn es sollte ja auch in dieser Beziehung an Ihrem höheren Lebensstandard teilhaben. Gleichzeitig sollten Sie aber auch dafür Sorge tragen, daß Ihr Kind in diesem Fall nicht durch bewußtes Zurschaustellen, vor allem gegenüber Mitschülern oder Freunden, die nur über weniger verfügen, andere brüskiert. Damit wäre der Versuch, Kindern einen sinnvollen Umgang mit Geld zu vermitteln, auch bereits fehlgeschlagen.
Günstig ist aber auf jeden Fall, wenn ein Kind im Durchschnitt soviel Taschengeld erhält, wie andere Kinder in seiner Umgebung beziehungsweise seine Freunde. Um einen Überblick zu bekommen, wie andere Eltern hierbei verfahren, sollten Sie sich mit Bekannten unterhalten. Auch die Kinder werden wohl untereinander darüber sprechen. Zuwenig, vor allem aber zuviel Geld kann ein Kind zum Außenseiter werden lassen. Außerdem sollte es sich sein Geld immer einteilen müssen.

2.3.13 Zahnwechsel, nur nicht den Überblick verlieren!

Das Markenzeichen eines jeden Erstkläßlers ist die Zahnlücke. Anders als Erwachsene haben Schulanfänger allen Grund, darauf stolz zu sein. Sie betrachten es als ein Zeichen von Reife, wenn endlich der erste Milchzahn ausfällt.
Ab diesem Ereignis beginnt ein Entwicklungsabschnitt, der auch „Zahnwechsel" genannt wird. Einige Jahre lang besteht das Gebiß nun gleichzeitig aus Milchzähnen und aus bleibenden Zähnen. Jetzt ist es besonders wichtig, daß Eltern auf eine sorgfältige Zahnpflege achten. Viele Eltern halten die Pflege des Milchgebisses für nicht sehr wichtig, weil die Milchzähne später ja sowieso ausfallen. Gesunde Milchzähne sind aber die beste Voraussetzung für ein gesundes und nicht zuletzt schönes bleibendes Gebiß.
Milchzähne haben eine Platzhalterfunktion für die nachwachsenden bleibenden Zähne. Fallen sie wegen Zahnfäule zu früh aus, dann wach-

sen die zweiten Zähne nicht am richtigen Platz. Meistens ist dann eine langwierige und kostspielige kieferorthopädische Zahnregulierung die notwendige Folge. Deshalb besteht die wichtigste Vorsorge für ein schönes, und gesundes Gebiß bereits in der ausreichenden Pflege der Milchzähne.
Bei einem Gebiß, das sich im Zahnwechsel befindet, sollten Eltern auf eine besonders sorgfältige Zahnpflege ihrer Kinder achten. Es entstehen immer wieder größere und kleinere Zahnzwischenräume, in denen sich Speisereste festsetzen. Diese werden langsam vom Speichel zersetzt und es bildet sich eine Säure, die den Zahnschmelz angreift und mit der Zeit Karies entstehen läßt.

Was kann man für ein gesundes Gebiß tun?

- Nach den Hauptmahlzeiten mit Zahnpasta die Zähne bürsten. Verlangen Sie dies nicht nur von Ihrem Kind, sondern tun Sie es auch selber.
- Nach allen Zwischenmahlzeiten den Mund gründlich mit Wasser spülen.
- Einmal im Monat die Zahnbürste erneuern. Bevorzugen Sie weiche Zahnbürsten.
- Die Zahnzwischenräume zusätzlich mit einer Mundusche oder einem ähnlichen Gerät von Speiseresten säubern. Preisgünstig und dennoch zuverlässig in der Wirkung ist statt der teuren Munddusche die Anwendung von Zahnseide, die Sie in Apotheken und Drogerien erhalten. Über den richtigen Gebrauch kann Sie der Apotheker oder Ihr Zahnarzt informieren.
- Gehen Sie mit Ihrem Kind regelmäßig zum Zahnarzt, auch wenn es keine Beschwerden hat. Wenn Sie regelmäßig zweimal im Jahr gehen, können Sie Ihrem Kind unangenehme Eingriffe meistens ersparen.

Beobachten Sie das Wechselgebiß Ihres Kindes nach Auffälligkeiten:
- Stehen die Frontzähne sehr eng beieinander?
- Fallen Milchzähne lange nicht aus?
- Greifen die oberen Zähne nicht über die unteren, was oft bei Daumenlutschern vorkommt?
- Gibt es stark durch Karies zerstörte oder bereits ausgefallene Zähne?
- Schieben sich nachwachsende Zähne über bereits vorhandene zweite Zähne?

Wenn das Gebiß Ihres Kindes derartige Auffälligkeiten zeigt, dann kann eine Zahn- oder Kieferfehlstellung vorliegen. Ihr Zahnarzt wird dann sicher beurteilen können, ob es sich um eine vorübergehende Fehlstellung handelt, die sich von selber auswächst, oder ob eine kieferorthopädische Behandlung sinnvoll wäre.

2.3.14 Vorlaute Bemerkungen

Das kann Ihnen jetzt mit Ihrem zehnjährigen Kind passieren: Sie sind beide auf dem Heimweg von einer anstrengenden Einkaufstour. Erschöpft sitzen Sie im Bus, die Sonne scheint auf Ihr Gesicht. Ihre Tochter bemerkt dazu: „Du siehst aber alt aus!“ Natürlich spricht Ihre Tochter dabei so laut, daß auch andere Mitfahrende es hören.

Oder: Sie gehen auf der Straße und begegnen einem Behinderten, worauf ihr Sohn bemerkt: „Der kommt aber bescheuert daher!“

Eine weitere Möglichkeit: Sie sitzen mit Freunden beim Essen zusammen. Ihr Sohn ißt etwas geräuschvoll, und Sie bitten ihn, das zu unterlassen. „Der Papa schmatzt sonst aber auch immer, bei dem sagst du nie was.“

Es ist anzunehmen, daß Eltern von keiner dieser Bemerkungen begeistert sein werden. Dennoch sind sie in ihrer Art recht unterschiedlich zu bewerten. In der ersten wurde eine kritische Beobachtung gedankenlos ausgesprochen. Ihre Tochter hat an Ihnen Spuren von Müdigkeit festgestellt und es Ihnen auf unverblümte Art und Weise auch gleich mitgeteilt. Bestimmt hat sie auch einen wunden Punkt getroffen, denn wer hört schon gerne, daß er alt aussieht, besonders wenn er sich auch noch in diesem Augenblick so fühlt. Bestimmt hat das Mädchen es aber nicht beleidigend gemeint. Die Bemerkung wird hauptsächlich dadurch unangenehm, daß sie so laut ausgesprochen wurde, so daß Fremde Zeugen davon wurden.

Das Verhalten im zweiten Fall muß man schon sehr viel kritischer beurteilen. Hier wird ein Mensch wegen eines Gebrechens, an dem er auch noch zu leiden hat und für das er nichts kann, verspottet. Einem zehnjährigen Kind muß man bei solcher Gelegenheit sofort die Gefühllosigkeit, die aus einer solchen Bemerkung spricht, klarmachen. Überzeugende, sachliche Argumente werden von Kindern in diesem Alter normalerweise verständnisvoll aufgenommen. Vernunftalter wird diese Zeit ja auch genannt. Deshalb haben Eltern es vielleicht etwas leichter als zu anderen Zeiten, wenn die Kinder auf Argumente überhaupt nicht hören. Es besteht hier also die Möglichkeit, sein Kind relativ leicht positiv zu beeinflussen.

Bei dem dritten Beispiel handelt es sich wohl um einen berechtigten Einwand. Kinder dieses Alters haben ein sehr ausgeprägtes Gerechtigkeitsgefühl. Sie melden unverzüglich Protest an, wenn sie sich ungerecht behandelt fühlen. Sie wollen genauso rücksichtsvoll behandelt werden, wie das Erwachsene für sich in Anspruch nehmen. Wenn Eltern ihrem zehnjährigen Sohn vor Gästen schlechtes Benehmen vorwerfen, dann fühlt er sich natürlich bloßgestellt und verletzt, besonders wenn das monierte schlechte Benehmen sonst im Familienkreis auch bei den Erwachsenen üblich ist.

Was können Eltern tun, damit es nicht zu solchen peinlichen „Situationen" kommt?

Zunächst sollten Sie bei sich selber nachforschen, ob auch Sie immer rücksichtsvoll sind. Und normalerweise werden Sie bei sich auch nicht immer nur vorbildliches Verhalten feststellen, selbstverständlich gibt es Ausnahmen. Aber Kinder orientieren sich immer an Vorbildern, und Eltern sind eben auch Vorbilder für ihre Sprößlinge.
Wenn Sie es schaffen, Ihren Kindern ein gutes Vorbild zu sein, dann haben Sie damit schon eine ganze Menge guter Erziehungsarbeit geleistet. Das bedeutet aber nicht, daß Sie das Kind zur Kritiklosigkeit anhalten müßten. Es soll immer sagen dürfen, was es beobachtet und wie es darüber denkt. Machen Sie ihm aber den Vorschlag, daß es Dinge, die andere Personen verletzen könnten, Ihnen leise oder dann mitteilen sollte, wenn die Betroffenen nicht mehr da sind oder mithören können.
Wenn ein Kind sich aber über andere Menschen diskriminierend äußert, dann dürfen Eltern keinesfalls achselzuckend und gleichgültig darüber hinwegsehen. Das Kind muß rechtzeitig in diesem Lebensalter ein Gefühl der Achtung anderen gegenüber entwickeln. Dies kann aber nicht durch Moralpredigten gelingen, sondern die erste Voraussetzung ist, daß die Eltern diese Haltung glaubwürdig vorleben. Aber im aktuellen Fall einer solchen sprachlichen Entgleisung sollte man auch in Erwägung ziehen, sein Kind maßvoll zurechtzuweisen.
Da die meisten Kinder in diesem Alter aber eher erfreuliche Verhaltensformen an den Tag legen, werden Eltern solche Redensarten wohl auch immer wieder mit Humor nehmen. Überhaupt kann man mit etwas Humor, so manche „peinliche" Situation entschärfen.

2.4 Zehn bis vierzehn Jahre

2.4.1 Körperpflege

Heranwachsende Mädchen und Jungen legen heute großen Wert auf ein attraktives Äußeres. Insofern haben es Eltern nicht allzu schwer, ihre Kinder zu regelmäßiger Körperpflege zu ermuntern. Sie können nämlich überzeugend damit argumentieren, daß zu einer attraktiven Erscheinung nicht nur modische Kleidung, sondern auch ein gepflegter Körper gehören. Manchmal allerdings will sich so ein Heranwachsender auch nicht regelmäßig waschen und benutzt dennoch Duftwässerchen, um „gut zu riechen". Dann brauchen die Eltern etwas mehr Verständnis und haben mehr Mühe, dies in richtige Bahnen zu lenken.

Gute Grundlagen der Sauberkeitserziehung

- Wenn in einem Elternhaus die Körperpflege einen festen Platz im Alltag hat, dann übernehmen die heranwachsenden Kinder sie ganz selbstverständlich, sofern sie von frühester Kindheit an gewohnt sind, sich nach dem Toilettengang und vor dem Essen die Hände zu waschen, Baden und Duschen als etwas Angenehmes kennengelernt haben, wenn ihre Eltern darin ein Vorbild sind und alle regelmäßig mit frisch gewaschener Wäsche versorgt werden. Kinder werden diesen Sauberkeitsstandard dann auch später, wenn sie selbständig sind, nicht missen wollen.
- Wenn Kindern ermöglicht wurde, den eigenen Körper kennen- und lieben zu lernen, dann pflegen Sie ihn auch in dem Bewußtsein, ihn schön zu erhalten, und nicht nur, um Schmutz und Gerüche zu beseitigen.

Kinder übernehmen Gewohnheiten aus dem Elternhaus am ehesten, wenn sie das Verhalten dort überzeugend finden und angenehme Gefühle und Erinnerungen damit verbinden.

Schlechte Grundlagen für Sauberkeitserziehung:

- Wenn Eltern ihre Kinder zwingen, sich zu waschen, weil sie „stinken". Dadurch geben sie dem Kind das Gefühl, sein Körper wäre etwas, das Abscheu erregt. Besser ist es, dem Kind zu erklären, warum es die Hände nach dem Toilettenbesuch waschen soll, nämlich wegen möglicher

Krankheitserreger. Diese müssen ja nicht von ihm selbst stammen, sondern können etwa von anderen Toilettenbenützern herrühren, besonders in der Öffentlichkeit.

– Wenn Eltern Körperpflege mit „Eitelkeit" verwechseln. Es kommt gar nicht so selten vor, daß Kinder und Jugendliche, die Wert auf ihr Äußeres legen und sich pflegen, von ihren Erziehern fälschlicherweise als „eitel" beschimpft werden. Dabei ist es ein positives Zeichen, wenn die Kinder ihren Körper pflegen, denn sie bringen damit zum Ausdruck, daß sie ihn schätzen.

Welche Körperpflege ist für Teenager richtig?

Wichtig ist, daß das Kind e i g e n e Pflegeutensilien hat. Hier besteht die Grundausrüstung aus Zahnbürste, Zahnputzbecher, Haarbürste, Kamm, Handtüchern und Waschlappen.

– Die beste Art, seinen Körper zu reinigen, ist das Duschen. Das kann täglich gemacht werden, wenn das Kind ein mildes Duschgel verwendet, das seifenfrei ist und die Haut nicht austrocknet.
– Baden sollte man nicht öfter als einmal in der Woche, da dies die Haut zu sehr austrocknet und den Säureschutzmantel der Haut angreift. Günstig ist auf jeden Fall, dem Badewasser einen Schuß Badeöl zuzusetzen. Wenn man seinen Körper nur reinigen möchte, dann reicht Duschen dafür vollkommen aus und verbraucht wesentlich weniger Wasser: mit der Wassermenge für ein Vollbad kann man drei- bis viermal duschen.
– Nach dem Duschen oder Baden sollte die Haut gut eingecremt oder eingeölt werden, damit sie nicht austrocknet.
– Die Haare sollten jedoch nicht täglich gewaschen werden, alle zwei Tage reicht aus, wenn nicht gerade wegen schweißtreibender Betätigung häufigeres Waschen der Haare erforderlich ist. Selbst Shampoos, die für die tägliche Haarwäsche angepriesen werden, trocknen die Haare bei täglicher Anwendung aus. Dazu kommt noch, daß die Haare durch Fönen und Bürsten beansprucht werden und stumpf und brüchig werden können. Deshalb sollte auch hin und wieder eine Pflegespülung verwendet werden.
– Wenn morgens geduscht wurde, dann sollten abends vor dem Schlafengehen Gesicht, Hände, Füße und Intimbereich gewaschen werden. Dabei sollte das Kind wissen, daß warmes Wasser besser reinigt als kaltes. Erfrischen kann es sich nach der Wäsche mit kaltem Wasser.

- Der Intimbereich sollte speziell bei Mädchen nicht mit Waschlotionen oder Seife gewaschen werden, sondern nur mit reichlich lauwarmem Wasser. Am besten ist es, wenn Sie über ein Bidet verfügen. Durch zu gründliche Reinigung mit Seife werden auch körperfreundliche Bakterien (z.B. Milchsäurebakterien) zerstört, die für ein gesundes Bakteriengleichgewicht in diesem Bereich sorgen. In der Folge können sich Pilze und Bakterien schnell vermehren und Ausfluß, Scheiden- und Blasenentzündung und ähnliche Unannehmlichkeiten hervorrufen.
- Auch nach dem Waschen sollten Körper und Gesicht eingecremt werden.
- Für Teenager ist auch ein gutes Deodorant wichtig. Es wird immer n a c h der Reinigung und nicht statt dessen aufgetragen, sonst hat es keine geruchshemmende Wirkung. Wichtig ist auch, daß das Deodorant die Haut nicht reizt. Gut verträglich für die Haut und sehr sparsam im Verbrauch ist ein Deo-Kristall, den es in Drogerien und Naturkosmetikläden zu kaufen gibt. Dies ist ein aus Mineralsalzen natürlich gewachsener Stein, der angefeuchtet über die Achselhöhlen gestrichen wird und die Schweißzersetzung und die damit verbundene Geruchsbildung verhindert. Wer gerne duften möchte, kann sich zusätzlich parfümieren.
- Strümpfe und Unterwäsche sollten täglich gewechselt werden.
- Zum guten Aussehen gehören natürlich auch schöne und gute Zähne. Was zur richtigen Zahnpflege gehört, können Sie im ersten Kapitel nachlesen.

2.4.2 Pubertät – Zeit der Veränderungen

Pubertät wird die Zeit genannt, in der ein Mensch erwachsen wird. Sie beginnt im allgemeinen um das elfte Lebensjahr herum und ist mit ungefähr achtzehn Jahren schließlich abgeschlossen. Bei Mädchen beginnt sie rund zwei Jahre früher als bei Jungen: Die ersten körperlichen Anzeichen für das Erwachsenwerden zeigen sich bei Mädchen mit elf bis zwölf Jahren, bei Jungen mit zwölf bis vierzehn Jahren. Abweichungen sind durchaus normal, da die Entwicklung von den Erbanlagen und den Lebensbedingungen abhängig ist. Auch die Geschwindigkeit, mit der die Entwicklung zum Erwachsenen vor sich geht, ist von Kind zu Kind unterschiedlich. Manche sind schon mit fünfzehn am Ziel der Entwicklung angelangt, während andere erst mit achtzehn soweit sind.

Daß in dieser Zeit, in der der Körper sich in einer solchen Umstellungsphase befindet, auch der seelische Zustand starken Schwankungen unterliegt, ist nur zu verständlich. Viele Veränderungen drängen jetzt auf die Heranwachsenden ein: Loslösung von den Eltern, wachsendes Selbstbewußtsein, eigene Ansichten, neue Selbständigkeiten, veränderte persönliche Beziehungen, neue Beziehung zum anderen Geschlecht, sexuelle Regungen, erste Liebe. Das Verhalten wird erwachsener, trotzdem fühlt sich ein Heranwachsender noch oft wie ein Kind und wird auch von seiner Umgebung noch oft genug so behandelt. Für Jugendliche zu Beginn der Pubertät ist es oft sehr schwer, diese Gegensätze in Einklang zu bringen, und es beginnt nicht selten eine für das Familienleben stürmische Zeit.

Die wichtigsten Veränderungen des Körpers während der Pubertät

- Die Körperproportionen werden „erwachsen": Die Wirbelsäule wächst, und auch Arme und Beine werden länger.
- Die Gesichtszüge werden „erwachsen". Die rundliche Form verschwindet, die Wangenknochen treten stärker hervor, die Nase wird länger.
- Achsel- und Schamhaare beginnen zu wachsen.

Bei Mädchen

- Die Brüste wachsen und bald danach beginnen auch die ersten feinen Schamhaare zu sprießen.
- Die Hüften werden breiter.
- Die inneren Geschlechtsorgane beginnen zu reifen. Die Gebärmutterschleimhaut wird dicker und sondert kurz vor Beginn der ersten Menstruation einen klaren, weißlichen Ausfluß aus.
- Die Schamlippen wachsen.
- Der Monatszyklus setzt ein.
- Die Achselhaare beginnen zu sprießen.

Für Mädchen ist das wichtigste Ereignis im Laufe dieser Entwicklung die erste Monatsblutung, die auch Menarche genannt wird. Sie tritt zwischen dem zehnten und dem sechzehnten Lebensjahr ein. Damit die erste Regelblutung für ein Mädchen auch zu einem freudigen Ereignis wird – sie ist ein unverwechselbares Merkmal der Weiblichkeit –, sollte das Mädchen darauf auch gut vorbereitet sein. Gut ist es, wenn Sexualerziehung schon von frühester Kindheit an Teil der Erziehung ist, dann müssen Gespräche über sexuelle Fragen auch für keine Seite peinlich werden. Es ist auf jeden Fall zu spät, damit erst jetzt zu beginnen, wenn das Mädchen die erste Periode schon bekommen hat. Dann kann es nämlich passieren, daß die erste Regelblutung für ein ahnungsloses Mädchen zum Schockerlebnis werden kann.

Bei Jungen

- Die Hoden beginnen zu wachsen.
- Die ersten flaumigen Schamhaare beginnen zu sprießen.
- Es gibt einen auffallenden Wachstumsschub, mit dem zusammen sich auch Penis und Hoden vergrößern.
- Die Region um die Brustwarzen vergrößert sich.
- Der Stimmbruch erfolgt, die Stimme wird tiefer.
- Brust und Schultern werden breiter.
- In den Achselhöhlen und auf der Oberlippe sprießt Haar.
- Die Prostata (Vorsteherdrüse) vergrößert sich und die Produktion von Samenflüssigkeit beginnt. Es kommt von jetzt an zu Samenergüssen während des Schlafs (feuchte Träume) und während sexueller Aktivitäten.

2.4.3 Besuch beim Frauenarzt

Ab dem zehnten Lebensjahr können sich bei Mädchen Symptome bemerkbar machen, die einen Besuch bei einem Frauenarzt ratsam erscheinen lassen. Diese Beschwerden können bestehen in Ausfluß, Unterleibsschmerzen, Spannungsgefühl in der Brust etc. Da Heranwachsende mit ihrem sich verändernden Körper erst noch vertraut werden müssen und manchmal in Panik geraten, wenn sie glauben, daß etwas „nicht stimmt", ist es wichtig, daß sie fachkundig beraten werden. Wenn Sie so ein offenes Verhältnis zu Ihrer Tochter haben, daß diese sich mit solchen Problemen vertrauensvoll an Sie wendet, dann ist schon sehr viel erreicht. Dafür müssen Sie aber auch einiges an Vorarbeit leisten und bei der Sexualaufklärung Ihre Tochter auch über gynäkologische Probleme informieren, die während der Entwicklung des Körpers in diesem Alter auftreten können. So ist es normal, daß circa sechs Monate vor Beginn der ersten Regel sogenannter Weißfluß auftritt oder daß die wachsende Brust unangenehm spannen kann. Sagen Sie Ihrer Tochter auch, daß sie auf derartige Symptome achten soll. Falls sie dadurch beunruhigt werden sollte, kann ärztlicher Rat eventuell zur Beruhigung beitragen. Bieten Sie Ihrer Tochter an, ihr einen Termin bei einem Frauenarzt ihres Vertrauens zu besorgen und auch – falls sie dies wünscht – sie zu begleiten. Es ist besser, wenn ein Mädchen von einer erfahrenen Person – das können Sie selber sein oder ein Frauenarzt – beraten wird als von Gleichaltrigen. Diese wissen normalerweise nicht mehr als Ihre Tochter, auch wenn das oft vorgetäuscht wird.

Und noch eines sollten Sie dabei berücksichtigen: Wenn Sie Ihrer Tochter den Weg zum Gynäkologen weisen, dann geben Sie ihr damit auch ein Stück Selbständigkeit und Eigenverantwortlichkeit in bezug auf ihr Sexualleben in die Hand. Ihre Tochter wird sich dann, sobald sie Empfängnisverhütung benötigt, fachkundig und neutral vom Gynäkologen beraten lassen. Dies ist wichtig, denn noch immer werden viele Mädchen schwanger, ohne es zu wollen, und eine Schwangerschaft in frühen Jahren wirft den ganzen Lebensplan durcheinander. Auch kann man sich durch zuverlässige Verhütung einen Schwangerschaftsabbruch ersparen, der seelisch oft nur schwer zu verarbeiten ist.

Dies bedeutet jedoch keinesfalls, daß Sie selber dann gar nicht mit Ihrer Tochter über sexuelle Fragen reden sollten. Es ist aber besser, wenn sich ein Mädchen in bezug auf Empfängnisverhütung frei von elterlichen Bedenken selber entscheiden kann. Oft fühlen sich Mädchen von ihren Müttern gedrängt: „Meine Mutter fragt mich ständig, ob ich nicht die Pille nehmen möchte. Ich brauche sie aber ganz einfach noch nicht. Und überhaupt möchte ich nicht, daß sie sich da einmischt“, oder behindert: „Meine Mutter sagt immer, ‚nimm bloß nicht die Pille, dieses ungesunde Zeugs!‘ In Wirklichkeit möchte sie nur nicht, daß ich mit einem Jungen schlafe.“

Für Eltern kann es dann eine große Beruhigung sein, wenn sie ihre Tochter, was die Schwangerschaftsverhütung anbelangt, in guten Händen wissen. Andererseits ist es für eine Mutter nicht immer ganz leicht, ihre Tochter zum Frauenarzt zu schicken, wenn sie selber nur ungern hingeht. Diese ablehnende Haltung kann sich auch unbewußt auf die Tochter übertragen und ein unbefangenes Verhältnis zu den notwendigen Untersuchungen beeinträchtigen.

Um diese Angst abzubauen – besser wäre es natürlich, sie gar nicht erst entstehen zu lassen –, können Sie eine kostenlose Broschüre mit dem Titel „Erster Besuch beim Frauenarzt“ bestellen, und zwar bei:

Beratungsgruppe Kurt Pamminger
Gerlinger Straße 135
71229 Leonberg
Tel. 0 71 52/7 18 13

Dieser Ratgeber ist einfühlsam, aber dennoch mit der nötigen Offenheit geschrieben, so daß Mädchen, die sich gerade zu Frauen entwickeln, bestens darüber informiert werden, welche Untersuchungen ein Frauenarzt vornimmt. Hiermit läßt sich vorab ein ganz guter Einblick in die Praxis erhalten.

2.4.4 Besuch beim Urologen

Daß Empfängnisverhütung nicht nur Frauen beziehungsweise Mädchensache sein darf, sondern daß sich auch Jungen dafür verantwortlich fühlen, müßte auch im Interesse der Eltern liegen. Suchen Sie mit Ihrem Sohn daher auch einen Urologen auf. Dies kann notwendig werden, wenn sich Symptome für eine Männerkrankheit bemerkbar machen: Vorhautverengung (Phimose), Hodenhochstand, Knoten am Hoden, Schmerzen beim Wasserlassen oder beim Samenerguß, Ausfluß, Verletzungen am Geschlechtsteil etc.
Zögern Sie nicht, derartige Störungen schnell behandeln zu lassen, da sonst die Fortpflanzungsfähigkeit darunter leiden kann. Darüber hinaus haben Heranwachsende oft Angst, daß mit ihrem Körper „etwas nicht stimmen“ könnte, etwa daß der Penis zu klein sein könnte, oder sie sind durch häufige Erektionen beunruhigt. Dann ist es eine große Hilfe, wenn sich der angehende Mann an eine fachkundige Beratung zu wenden weiß. Einen Urologen kann man aber auch über Verhütungsmethoden befragen. Und deshalb sollten sich Eltern auch nicht scheuen, dies zu tun, beziehungsweise ihren Sohn dort beraten zu lassen, wenn sie selber nicht zuverlässig darüber Auskunft geben können.

2.4.5 Sexualität und Pubertät

Sexualität ist nichts, was sich erst im Lauf der Entwicklung des Körpers und speziell mit der Pubertät einstellt. Im Gegenteil, Sexualität äußert sich schon am ersten Lebenstag eines Säuglings. Bis zur Geschlechtsreife durchläuft der menschliche Leib dann mit einer bestimmten Gesetzmäßigkeit verschiedene Stadien, in denen Sexualität auf unterschiedliche Weise zum Ausdruck kommt.
Der Säugling macht seine ersten sexuellen Erfahrungen mit dem Mund, daher nennt man diese Phase (nach dem lateinischen Wort für ‚Mund‘: „os“, mit dem Genitiv „oris“) orale Phase. Wird ein Säugling gestillt,

dann befriedigt er nicht nur seinen Hunger und seinen Durst, sondern zugleich – und beides ist also untrennbar verbunden – auch sein Bedürfnis nach Körperkontakt. Er genießt dabei die warme, weiche Haut und ihren Geruch, das Streicheln und das Wiegen. Mütter, die ihr Kind nicht stillen, sollten deshalb daran denken, ihrem Kind auf andere Weise genügend zärtlichen Hautkontakt zu geben.
Auch das erste Erkunden seiner Umgebung erfolgt beim Baby über den Mund. Alle interessanten Gegenstände befühlt es vorrangig damit. Die orale Phase ist gegen Ende des zweiten Lebensjahres abgeschlossen.
Nun beginnt die anale Phase (von lateinisch „anus“: „After“). Das Kind, das mittlerweile festere Speisen zu sich nimmt, hat nun auch festeren Stuhl. Das verstärkt die Lust am „Drücken“ und der After wird zur Quelle körperlicher Befriedigung. Deshalb ist gerade bei der Sauberkeitserziehung darauf zu achten, daß diese sanft – nicht zu streng, aber auch nicht zu nachlässig – erfolgt, damit die sexuelle Entwicklung dadurch nicht gestört wird.
Im dritten bis fünften Lebensjahr wird der genitale Bereich die vorrangige erogene Zone. Die nun beginnende Phase nennt man auch die phallische. (von griechisch „phallos“, „Glied“). Die Knaben entdecken nun, daß Spielen am Penis Lust erzeugt. Bei Mädchen hat die Klitoris diese Funktion. Die sexuellen Spielchen der Kleinkinder sind vor allem Versuche, sich selber Lust zu verschaffen. Haben Jungen und Mädchen Gelegenheit, mit andersgeschlechlichen Kindern ungezwungen umzugehen, dann werden sie auch die Geschlechtsteile des andersgeschlechtlichen Kindes erkunden. Das geschieht meistens in den „Doktorspielen“. Hier geht es nicht um ein Rollenspiel (Arzt-Patient), sondern um die Erkundung des eigenen und eines anderen, eventuell andersgeschlechtlichen Körpers, das Herausfinden der Unterschiede und der Empfindungen. Ganz unbefangen drücken Kinder ihre zärtlichen Gefühle aus, schmusen, küssen sich und berühren sich gegenseitig. Diese ersten sexuellen Tastversuche werden verständlicherweise auch nur mit engen Freunden gemacht.
Wenn Eltern derlei konkrete sexuelle Äußerungen (Onanie, Doktorspiele) an ihren Kindern bemerken, dann bekommen Sie erstmals Probleme mit der Sexualität ihres Kindes/ihrer Kinder. Auch wer die Onanie für natürlich hält, den beschleicht dennoch unter Umständen hin und wieder ein ungutes Gefühl. Ebenso verhält es sich bei den „Doktorspielen“. Auch sie sind ein Ausdruck für eine bestimmte Phase der sexuellen Entwicklung, aber auch verständnisvolle Eltern wissen oft nicht, wie sie reagieren sollten, wenn sie mitbekommen, daß ihre Kinder Geschlechtsverkehr spielen. Sicher ist, daß die elterlichen Reaktionen auf die sexuellen Spiele des Kindes erste Maßstäbe setzen. Auch wenn Eltern schockiert sind, wenn ihr

Nachwuchs im Kindergartenalter Geschlechtsverkehr spielt, so sollten sie dennoch bedenken, daß Abwehr und Verbote Hemmungen aufbauen, die lebenslang prägen und nur sehr schwer, wenn überhaupt, wieder abzubauen sind. Im übrigen helfen Verbote ohnehin nicht viel. Deshalb ist es in den meisten Fällen klüger, wenn Eltern über Doktorspiele hinwegsehen, solange dabei niemand ernsthaft (körperlichen oder seelischen) Schaden leidet.

Anlaß zur Sorge gibt es nur, wenn die Kinder oft onanieren, täglich oder in aller Öffentlichkeit. Dann ist es sicher, daß das Kind ernste Probleme hat und sich durch sexuelle Erregung und Entspannung Trost verschaffen möchte. Ursachen hierfür können sein: Einsamkeit, Angst vor Liebesentzug, Außenseiterdasein, Schulprobleme, Eifersucht auf Geschwister oder einen Elternteil, körperliche Unterentwicklung, Vernachlässigung.

In solchen Fällen onaniert das Kind nicht aus Lust am eigenen Körper, sondern vorrangig, um sich über Probleme hinwegzutrösten. Wenden Sie sich dann an eine Erziehungsberatung. (Adressen finden Sie am Ende dieses Kapitels.)

In der Zeit der Vorpubertät zwischen dem siebenten und dem elften Lebensjahr ändert sich das Verhältnis zwischen Mädchen und Jungen. Die Zeit der unbefangenen Zärtlichkeiten zwischen den Geschlechtern ist nun zu Ende. In den Schulklassen bilden sich Mädchen- und Jungengruppen und man findet einander „doof“ oder „blöd“. Auch das Verhältnis zu den Eltern wandelt sich. Hing der Sohn bisher an der Mutter, so wendet er sich jetzt mehr dem Vater zu und prahlt auch mit ihm zusammen. Der Vater wird jetzt zum Vorbild für die erstrebte Männlichkeit.

Bei Mädchen verläuft die Entwicklung ähnlich ab. War die Tochter bisher am liebsten bei Papa, um zu schmusen und zu kuscheln, so weicht sie ihm jetzt mehr und mehr aus und wendet sich der Mutter zu. Dieses Verhalten wird psychologisch so gedeutet, daß in der Familie nun – unbewußt – die Inzestschranke aufgebaut wird. Diese verhindert ebenso wie das Abwenden vom anderen Geschlecht eine zu frühe sexuelle Stimulierung.

Natürlich werden die eben beschriebenen Verhaltensweisen nicht auf alle Kinder zutreffen. Es wird immer Mädchen geben, die auch in diesem Alter lieber mit Jungen als mit Mädchen spielen und umgekehrt. Dies sind aber die Ausnahmen. Die meisten Kinder werden wohl auch wegen des Gruppenzwangs eher gleichgeschlechtliche Spielkameraden bevorzugen.

Etwa vom zwölften bis zum sechzehnten (Mädchen) beziehungsweise bis zum achtzehnten (Knaben) Lebensjahr dauert die Pubertät. In dieser Zeit vollzieht sich die geschlechtliche Reifung; sie wird deshalb auch genitale Phase genannt. Weitere tiefgreifende Veränderungen im körperlichen,

seelischen und sozialen Bereich bestimmen diesen Lebensabschnitt. Freundschaften werden wichtig, oft werden bedeutsame neue geschlossen. Überwiegend handelt es sich noch um gleichgeschlechtliche Freunde, mit denen man sich am besten über die Veränderungen in und um sich verständigen kann. Mit diesem besten Freund oder der Freundin machen viele Jugendliche auch ihre ersten sexuellen Erfahrungen. Hier werden sexuelle Spielchen ausprobiert, die man sich mit dem anderen Geschlecht noch nicht auszuführen traut. Mit Homosexualität hat dies daher wenig zu tun. Nur sehr wenige Jugendliche bleiben dabei und verlieben sich in der Folge der weiteren Entwicklung ernsthaft in Menschen desselben Geschlechts. Andere wiederum fühlen sich von beiden Geschlechtern angezogen. Die meisten Jugendlichen jedoch wenden sich früher oder später andersgeschlechtlichen Liebesbeziehungen zu.
Da sich unsere Gesellschaft mit gleichgeschlechtlicher Liebe schwertut und sie als „unnatürlich" abstempelt, haben es homosexuelle Jugendliche und auch deren Eltern schwer, einigermaßen damit zurechtzukommen. Gleichgeschlechtliche Liebe ist keineswegs von minderer Qualität als heterosexuelle Beziehungen. Sie kann auch nicht als körperlicher oder seelischer Defekt angesehen werden, sondern stellt vielmehr eine bestimmte Form zwischenmenschlichen Verhaltens dar. Homosexuelle, das heißt lesbische Frauen und schwule Männer, finden eben Menschen ihres eigenen Geschlechts sexuell anziehend, analog dazu wie heterosexuelle Menschen das jeweils anderen Geschlechts anziehend finden.

Petting – Sex ohne Geschlechtsverkehr

Die ersten sexuellen Kontakte mit dem anderen Geschlecht beschränken sich meistens auf Küssen und Streicheln. Der ganze Körper und die Geschlechtsteile werden dabei mit den Händen und mit dem Mund liebkost. Dabei kann es auch zum Höhepunkt kommen. Ein Vorteil ist, daß man für diese Spielart von Sex keine Verhütungsmittel braucht. Voraussetzung dafür ist jedoch, daß kein männlicher Samen in die Scheide gelangt, etwa wenn Samenflüssigkeit an den Fingern klebt, die die Vagina liebkosen oder der Penis selber bei oder nach der Ejakulation (Samenausstoß) zu nahe an den Scheideneingang kommt.
Allerspätestens zu Beginn der Pubertät müssen Sie Ihren Sohn oder Ihre Tochter umfassend über Verhütungsmittel informieren. Ihr Kind muß erfahren, welche es gibt und wie man sie sicher anwendet. Ebenso muß Ihr Kind wissen, wie man sich vor AIDS schützen kann. Dabei sollten Sie so

ernsthaft und vernünftig vorgehen, daß dem Kind auf jeden Fall klar wird, daß es keineswegs darum geht, ihm seine sexuellen Wünsche und Erfahrungen zu vermiesen, sondern im Gegenteil sie es unbeschwert genießen zu lassen, jedoch geschützt vor ungewollter Schwangerschaft und vor AIDS, der Krankheit, die den Betroffenen das Leben kosten kann!
Dies seinem Kind so eindringlich wie nötig klarzumachen und ihm dabei dennoch nicht die Lust und den Mut zu nehmen, seine Sexualität zu entdecken, ist sicherlich eine der schwersten und dennoch wichtigsten Aufgaben im Leben von Eltern.

Wie erkläre ich Verhütungsmittel?

Obwohl die meisten Mädchen und Jungen frühzeitig aufgeklärt werden und also wissen, was Sexualität ist und bedeutet, erfahren sie doch offensichtlich zu wenig über Schwangerschaftsverhütung, denn noch immer werden viele Mädchen schwanger, ohne es zu wollen. Deshalb sollten sie auf einen möglichen Geschlechtsverkehr gut vorbereitet sein. Jugendliche sollten Sexualaufklärung nicht nur als Erklärung körperlicher Vorgänge erfahren, sondern auch als Aufklärung über die Möglichkeiten der Verhütung.
Sie sollten Ihrem Sohn oder Ihrer Tochter deshalb unbedingt klarmachen, daß eine Empfängnis bei jedem Geschlechtsverkehr möglich ist, auch beim allerersten. Sogar während einer Blutung kann ein Eisprung stattfinden. Ebenso kann bei Jungen bereits vor der Ejakulation (dem Samenausstoß beim Höhepunkt) Samenflüssigkeit austreten, die bereits ausreicht, um ein Ei zu befruchten. (Eine Samenzelle in der Samenflüssigkeit genügt.)
Besonders wichtig ist jedoch auch der Schutz vor Infektionskrankheiten, die durch Geschlechtsverkehr übertragen werden. Dazu gehören die „klassischen" Geschlechtskrankheiten wie Gonorrhöe und Syphilis, aber auch Pilze, Trichomonaden, Colibakterien und AIDS.
Für Jugendliche, die mehrere Sexualpartner nacheinander oder nebeneinander haben, ist daher das Kondom ein unverzichtbares Verhütungsmittel. Das sollten sie dann auch bei jedem Geschlechtsverkehr benutzen, da man nie weiß, wer mit wem sexuellen Kontakt hatte.
Kondome gibt es in verschiedenen Formen und Farben. Jedes Kondom ist mit einem Feuchtigkeitsfilm überzogen. Besonders empfehlenswert sind solche, die mit einer die Spermien abtötenden Substanz, die gleichzeitig auch gegen AIDS-Viren wirkt, überzogen sind. Da es viele minderwertige Qualitäten gibt, sollten Sie darauf achten, nur geprüfte Markenkondome

zu kaufen. Achten Sie auch auf das Haltbarkeitsdatum, und kaufen Sie am besten in einer Apotheke oder Drogerie, vielleicht auch in einer „Condomerie" ein. Automatenware kann zu alt oder beschädigt sein. Falls Ihr Sohn oder Ihre Tochter Hemmungen hat, Kondome zu besorgen, dann sollten Sie dafür sorgen, daß Sie welche im Haus haben. Erklären Sie Ihrem Kind auch die richtige Handhabung. (Im Zweifelsfall sollten Sie immer mit einem Arzt oder einer Beratungsstelle Kontakt aufnehmen.)
Wichtig: Für jeden, der wechselnde Sexualpartner hat oder an einer durch Geschlechtsverkehr übertragbaren Infektion leidet, sind Kondome als Verhütungsmittel unbedingt zu empfehlen.
Für Männer sind Kondome, abgesehen von einer Sterilisation, das bisher einzig wirksame Verhütungsmittel. Das sicherste Verhütungsmittel für junge Mädchen ist die Antibabypille. Es gibt sie in verschiedenen Zusammensetzungen. Auch wird sie nicht von allen gleich gut vertragen. Generell ist es ratsam, jede Form von Empfängnisverhütung mit einem Arzt zu besprechen. Auch wenn einmal etwas „schiefgehen" sollte, also wenn vergessen wurde, die Pille einzunehmen oder wenn ein Kondom undicht war, dann können Sie sich immer an eine Person Ihres Vertrauens wenden. Einen Überblick über die derzeit gebräuchlichen Verhütungsmethoden können Sie sich auch mittels Literatur verschaffen. Besonders empfehlenswert auch für Eltern ist in dieser Hinsicht das für Jugendliche geschriebene Buch:
Schneider, Sylvia, und Birgit Rieger: Das Aufklärungsbuch
Ravensburg: Otto Maier Verlag 1990
Wenn Sie Schwierigkeiten haben, Ihrem Sohn oder Ihrer Tochter Verhütungsmittel verständlich zu erklären, dann sollten Sie sich unbedingt an eine Familienberatungsstelle oder an einen Allgemein- oder Facharzt (Gynäkologen, Urologen) wenden. Legen Sie bei einer solchen Beratung Wert darauf, daß Sie und Ihr Kind ernstgenommen werden und auf Ihre Fragen und Bedürfnisse eingegangen wird. Wenn Sie das Gefühl haben, bevormundet zu werden, dann wechseln Sie die Beratung. Eine effektive Schwangerschaftsvorsorge ist die unentbehrliche Grundlage einer verantwortlichen Lebensplanung. Dies sollte Ihnen Ihr Kind wert sein. (Adressen von Beratungsstellen finden Sie am Ende dieses Kapitels.)

2.4.6 Beziehungen verändern sich

Während der Pubertätsjahre machen Kinder nicht nur grundlegende körperliche Veränderungen durch, auch ihre Verhaltens- und Denkweisen

ändern sich. Am auffälligsten trifft das auf die Beziehungen zu Eltern und Freunden zu. Für Eltern kann es besonders schmerzlich werden, wenn sie feststellen, daß ihr Kind sich immer mehr von ihnen zurückzieht.
Der letzte große Ablösungsprozeß von den Eltern beginnt. Das Verhältnis zueinander, das bisher von der Abhängigkeit des Kindes von seinen Eltern geprägt war, verändert sich zu einer neuen Art von Beziehung, die idealerweise auf Unabhängigkeit voneinander begründet ist und bei der Eltern und Kind eher partnerschaftlich miteinander umgehen.
Die Ablösung gestaltet sich weniger problematisch, wenn die Eltern mit der bisherigen Erziehung immer darauf abgezielt haben, ihr Kind zur Selbständigkeit zu erziehen. Ist ihnen das gelungen, dann werden sie auch die beginnende Eigenständigkeit ihres Kindes leichter akzeptieren können. Wenn das Kind sich hierin angenommen fühlt, dann wird es mit seinen Eltern ein dauerhaftes, freundschaftliches Verhältnis, das auf gegenseitiger Achtung basiert, führen können.
Eltern, die es vorziehen, autoritäre Erziehungsmethoden anzuwenden, werden dagegen in große Schwierigkeiten geraten. In keiner anderen Entwicklungsperiode aktivieren Befehle und Verbote so viel Widerspruchsgeist und aktiven Trotz wie während der Pubertät.

Stimmungsschwankungen

Viele Heranwachsende sind großen Stimmungsschwankungen unterworfen. Von einem Augenblick auf den anderen kann ihre Gemütslage von fröhlich auf tieftraurig oder zornig umschlagen. Das ist verständlich, da sich die Heranwachsenden täglich mit sich sehr widerstreitenden Gefühlen herumschlagen müssen. Sie spüren intuitiv, wie sie sich immer mehr vom Kindsein und von der elterlichen Geborgenheit entfernen, je näher sie an die Schwelle des Erwachsenenseins und zur Eigenverantwortlichkeit heranwachsen. Zwar sehnen die meisten das Erwachsensein und vor allem die damit verbundene Unabhängigkeit herbei, erkennen aber gleichzeitig, daß diese Errungenschaft mit dem Verlust der Sicherheit der Kindheit verbunden ist. Im Prinzip ein ähnlicher Prozeß mit ähnlichen Erscheinungen, wie ihn das Kind in einer Entwicklungsphase im Alter von zwei bis drei Jahren durchlebt und der auch landläufig als „Trotzphase“ bezeichnet wird.
Solche Stimmungsschwankungen haben also letztlich ganz plausible Gründe. Eltern brauchen es nicht auf sich persönlich beziehen, wenn es bei ihren Kindern Gewohnheit wird, die Launen zu Hause an der Familie

auszulassen. (Vielleicht kommen Eltern mit dieser Art von Beanspruchung durch ihre Kinder und überhaupt mit den Erscheinungen beim Heranwachsen ihres Kindes etwas besser zurecht, wenn sie sich vor Augen führen, daß das Kind eigentlich oftmals nicht die Person der Mutter oder des Vaters meint, wenn es mit Zorn reagiert, sondern daß diese Verhaltensweise entwicklungsbedingt ist und lediglich einen Anlaß zur Entladung braucht, den das Kind eben vor allem im Umgang mit den ihm vertrauten Personen findet.) Es ist also wichtig für Heranwachsende, seine aufgestauten Gefühle auf irgendeine Weise loszuwerden, und die Jugendlichen gehen eben dort am meisten aus sich heraus, wo sie sich am vertrautesten fühlen. Dies ist in den meisten Fällen dann in der Familie. Dort kann es deswegen aber zu großen Spannungen kommen, da Eltern und Geschwister auch mit eigenen Angelegenheiten fertigwerden müssen und nur ungern als Prellbock herhalten. Deshalb ist es wichtig, wenn nach solchen Gefühlsausbrüchen nicht tagelang dicke Luft in der Familie herrscht, sondern man sich wieder verträgt.

Eltern, die versuchen, diesen Launen mit Vernunft und gutem Zureden zu begegnen, stoßen oft auf taube Ohren, da die Jugendlichen zumeist der Meinung sind, es ginge die Eltern nichts an. Wichtig ist vor allem, daß Eltern vermeiden, bei ihren Kindern Schuldgefühle zu wecken, etwa mit Reden wie „Haben wir das verdient?“ oder „Wir waren immer gut zu dir“. Es genügt, wenn das Kind weiß, daß es mit seinen Problemen ernstgenommen wird und sich immer an sie wenden kann. Ansonsten hat sich in vielen Familien die Übereinkunft bewährt, daß sich jeder zu Hause mal gehen- lassen kann, solange man sich hinterher wieder verträgt.

Sie können Ihr Kind aber auch ermuntern, seinen Zorn mit Sport (Laufen, Tennis, Fußball, Radfahren, Rudern etc.) oder körperlicher Arbeit (Schrubben, Staubsaugen, Rasenmähen, Heckenschneiden etc.) abzubauen, wobei die häuslichen Arbeiten naturgemäß wohl weniger gut ankommen werden.

Auf keinen Fall sollten Sie ihn unterdrücken müssen. Unterdrückter Zorn verursacht auf Dauer Depressionen, Kopf- und Magenschmerzen und behindert die Entwicklung enorm.

Depressive Stimmungslagen

Viele Jugendliche leiden jetzt auch an depressiven Zuständen. Oft sind sie tieftraurig oder niedergeschlagen. Die Anlässe dafür können sehr verschieden sein: Liebeskummer, Unzufriedenheit mit sich selber, Mißerfolg in der Schule, oder wenn bei Mädchen kurz vor der Periode der Hormonspiegel sinkt, verletzende Bemerkungen von Klassenkameraden. Solche Vorkommnisse sind dann der Auslöser für depressive Zustände, die normalerweise aber nicht sehr lange dauern. Während dieser Zeit sind die Jugendlichen dann weinerlich, jammern und nörgeln an allem möglichen herum, können es nicht ertragen, wenn die anderen fröhlich sind, schließen sich ein; kurzum, sie kehren die dunkle Seite ihres Gemüts mit Inbrunst hervor und sind dabei dennoch recht aktiv. Deshalb kann man solche Stimmungen höchstens als depressiv bezeichnen, echte Depressionen sind es nicht. Hiervon Betroffene sind viel stärker in Mitleidenschaft gezogen und sind wie gelähmt. Eine echte Depression entwickelt sich außerdem langsamer und wird nicht unmittelbar von einem bestimmten Ereignis ausgelöst. Menschen, die an einer Depression leiden, fühlen sich hilflos, unfähig zu handeln und haben starke Minderwertigkeitsgefühle. Sie leiden permanent unter dem Gefühl, hinter allen Erwartungen zurückzubleiben.

Welche Anzeichen deuten auf eine echte Depression hin?

- Ihr Kind fühlt sich ständig müde, auch wenn es ausgeschlafen ist.
- Es ist lustlos und antriebsschwach („Stubenhocker“) und lehnt es ab, mit anderen etwas zu unternehmen oder auch selber Dinge zu tun, die ihm bisher Spaß gemacht haben.
- Es weint häufig, ohne eigentlich zu wissen weshalb.
- Es verliert bei den kleinsten Mißerfolgen schon die Fassung und ist schnell mutlos.
- Es ist unfähig, seinen Gefühlen Ausdruck zu verleihen. Freude wie Zorn versteckt es hinter einer „coolen“ Fassade nach dem Motto „Bloß keine Gefühle zeigen, man könnte sonst für schwach gehalten werden“.
- Es findet alles hoffnungslos, nicht mächtig, etwas – und sei es auch nur im eigenen Lebensbereich – zu verändern.
- Es hat Selbsttötungsgedanken.
- Es leidet an Schlaflosigkeit, Kopf- und Magenschmerzen oder Verstopfung.
- Es hat beträchtlich an Gewicht verloren.
- Es achtet nicht mehr auf seine Körperpflege, weil es das sowieso für sinnlos hält.

Wenn die Mehrzahl dieser Anzeichen auf Ihr Kind zutrifft, dann leidet es vielleicht an einer echten Depression, zumindest aber liegen dann schwere seelische Probleme vor, die unbedingt einer Hilfe bedürfen. Oft gelingt es mit Selbsthilfe, aus diesem seelischen Tief herauszukommen.

Selbsthilfemaßnahmen gegen Depressionen

- Da die Depression mit einer Lähmung vergleichbar ist, heißt das wichtigste Gebot: „Etwas tun!"
- Ermuntern Sie Ihr Kind zu sportlicher Betätigung, am besten in einem Verein und nicht allein im Sportstudio! Wenn es sich von alleine nicht aufraffen kann, dann bieten Sie ihm doch an, gemeinsam zum Schwimmen zu gehen, zusammen Rad zu fahren, zu laufen etc. Vielleicht können Sie, wenn Ihr Sohn oder Ihre Tochter Sie selber nicht so gerne als Gefährten hierbei hätte, auch Gleichaltrige um Mithilfe bitten.
- Bringen Sie Ihr Kind dazu, daß es sich überwindet und Freunde anruft, sich mit ihnen verabredet, selbst wenn es ihm schwerfällt. Es hat sich schon oftmals erwiesen, daß Kinder, die zuerst keine Lust hatten, etwas zu unternehmen, hinterher begeistert davon waren. In diesem Fall trifft das Sprichwort „Der Appetit kommt mit dem Essen" zu.
- Überzeugen Sie Ihr Kind davon, daß es auch starke Seiten hat, die ihm Anerkennung bringen. Zollen Sie selber ihm diese auch so oft es angebracht und nicht übertrieben erscheint, denn Kinder sind dann mißtrauisch. Vielleicht ist Ihr Sohn musikalisch oder Ihre Tochter handwerklich begabt, dann könnte diese Anlage durch das Erlernen eines Instruments oder durch Bastelaktivitäten etc. gefördert werden. Vielleicht ist Ihr Kind auch sportlich, kocht gerne oder malt Bilder. Dann sollten Sie diese Fähigkeiten anerkennen und fördern. Wenn sich Ihr Kind auf irgendeinem Gebiet stark und anerkannt fühlt, dann hebt das sein Selbstwertgefühl und es kann sich selber viel besser annehmen. Dann entwickelt es auch Kraft, die seelische Unbill zu überwinden.
- Schlagen Sie Ihrem Kind vor, sich für jeden Tag ein bestimmtes Ziel zu setzen: heute einen Brief schreiben, morgen mit dem Freund ins Schwimmbad gehen, übermorgen neue Bilder aufhängen etc.
- Lassen Sie in Ihrer Familie Emotionen zu: Es tut gut, weinen zu dürfen, wenn einem danach zumute ist. Auch seine Wut sollte man auslassen dürfen, aber nicht zerstörerisch, indem man Geschirr zerschlägt oder zuschlägt, sondern am Sofakissen oder durch Schreien. Sie als Erwachsener wissen ja wohl auch nur zu gut, daß die Welt manchmal einfach danach ist, daß man zornig wird.

– Oft nützt es auch, sich seine Gedanken und Gefühle von der Seele zu schreiben. Schreiben als Versuch der Selbsttherapie, dafür gibt es berühmte Beispiele unter Schriftstellern, etwa Franz Kafka.

Es fallen Ihnen bestimmt noch mehr Aktivitäten gegen Depressionen ein, vor allem werden Sie selber am besten beurteilen, welche Unternehmungen speziell für Ihr Kind geeignet sind und ihm wirklich helfen. Sollten die Depressionen auch trotz vereinter Hilfe von Familie und Freunden anhalten, dann müssen Sie sich schleunigst um professionelle Hilfe bemühen. Wenden Sie sich an einen Arzt, um körperliche Ursachen auszuschließen. (Aber Vorsicht mit der vorschnellen Verordnung von Medikamenten!, eine Depression ist eine seelische Veränderung, die nicht einfach durch medikamentöse Behandlung des Körpers behoben werden kann; nicht Symptome sollten verändert werden, sondern die Ursachen behoben!) Auch eine Beratungsstelle kann Ihnen vielleicht weiterhelfen.

Abkapselung – das Bedürfnis nach Intimsphäre

„Schließ' doch nicht immer die Badezimmertüre ab. Die anderen wollen auch rein." „Den ganzen Tag sitzt du in deinem Zimmer, man hat gar nichts mehr von dir!" „Du erzählst mir überhaupt nichts mehr. Ich weiß gar nicht, was du alles machst." Solche Sätze sagen oder denken Eltern pubertierender Kinder des öfteren.

Jetzt wird es für Sie schwierig, die zunehmende Zurückgezogenheit und Unabhängigkeit Ihres Kindes zu akzeptieren. Es ist jedoch völlig normal, wenn sich Heranwachsende eine Intimsphäre schaffen wollen. Sie brauchen jetzt Zeit und Freiraum, um zu ihrer eigenen Individualität zu finden. Dazu gehört auch, nicht mehr alles zu Hause zu erzählen oder erst dann, wenn ihnen danach zumute ist. Eltern, die ihre heranwachsenden Kinder ausfragen, heimlich ihre Post öffnen, was, wenn das Kind es bemerkt, um so schlimmer wirkt, oder in deren Tagebuchaufzeichnungen lesen, verletzen deren Privatsphäre. Dadurch kann es zu schweren Auseinandersetzungen und noch stärkerem Zurückziehen des Kindes kommen.

Es ist verständlich, daß sich Eltern Sorgen machen um ihr Kind, wenn sie über seinen täglichen Umgang, seinen Tagesablauf immer weniger oder gar nichts mehr erfahren. Wenig ist jedoch immer noch besser als gar nichts; und dazu kommt es, wenn Eltern sich heimlich oder mit Gewalt Zugang zu dieser Sphäre des Kindes verschaffen. Deshalb sollten Eltern

klugerweise – im eigenen Interesse und in dem des Kindes – die Unabhängigkeitsbestrebungen ihres Kindes akzeptieren und nicht bekämpfen. Gehen Sie mit Ihrem Kind, das erwachsen wird, partnerschaftlich um, und schließen Sie Kompromisse. Wenn Sie ihm seine Geheimnisse lassen, dann wird es Sie nicht ganz aus seinem Leben ausschließen. Es wird Ihnen dann auch von der Schule, von Freunden erzählen, aber nicht bis ins Detail, und das muß ja auch nicht sein. Sie haben wohl auch noch andere Dinge zu tun, als sich nur damit zu beschäftigen.
Auch die Badezimmertür dürfen Jugendliche verschließen, sie haben ein Recht auf Intimsphäre. Allerdings können Eltern soviel Rücksicht verlangen, daß dieser Raum, der von allen Familienmitgliedern genutzt wird, von einer Person nicht zu Lasten der anderen übermäßig lange in Beschlag genommen wird. Die Freiheit der anderen Familienmitglieder sollte hierbei, wie auch allgemein in unserer Gesellschaft, die Grenze für eigene Entfaltung sein.
Wenn sich Ihr Sohn oder Ihre Tochter oft in ihr Zimmer zurückzieht, um sich Gedanken und Träumen hinzugeben, dann ist das jetzt ein normales Verhalten und ein Anzeichen für die beginnende Selbständigkeit. Besorgniserregend wird diese Gewohnheit erst, wenn der Jugendliche sich auch von seinen Freunden zurückzieht und allgemein lustlos und antriebsschwach wird. Sie sollten auch darauf achten, ob sich Ihr Kind regelmäßig nach den Mahlzeiten in Bad oder Toilette einschließt, denn dies könnte auf eine Eßstörung hinweisen. Solchem Verhalten liegt zumeist eine seelische Störung zugrunde, und man sollte sich dann unbedingt und ohne zögern an eine fachkundige Beratung wenden.

„Telefonitis“

So ziemlich das Gegenteil des vorhergehenden Problems, auch was Tragweite und Dramatik betrifft, ist die landläufig so genannte Telefonitis, auch wenn man diese Erscheinung nicht einfach so abtun sollte. Von ihr sind vornehmlich Töchter „befallen“. Irgendwann entdecken Kinder das Telefon als Kommunikationsmittel und benutzen es dann, wie zumeist alle neu entdeckten Dinge extrem, aber oft auch nach dem Vorbild der Eltern.
Die „Anfälle“ ereignen sich meistens während der Hausaufgaben. Da taucht ein scheinbar unlösbares Problem auf, weswegen man jetzt unbedingt eine Mitschülerin anrufen muß, und schon nimmt das Unvermeidliche seinen Lauf: „Jetzt weiß ich nicht mehr, hat Frau Sauer gesagt, wir sol-

len nur Aufgabe Nr. 6 machen oder auch noch Nr. 7. Da muß ich mal Claudia fragen." Nina ruft bei Claudia an, und wer jetzt glaubt, der Fall wäre in zwei Minuten erledigt, dann nämlich, wenn Claudia gesagt hat, ob nun nur Nr. 6 oder auch noch Nr. 7, der täuscht sich gewaltig. Die beiden telefonieren fast eine Stunde lang miteinander. Sie müssen ja schließlich noch die Schulereignisse des heutigen Vormittags, aber auch noch ein paar andere Kleinigkeiten der letzten Zeit besprechen: „Der Jörg ist vielleicht ein Angeber! Als wir heute die Englischarbeit zurückgekriegt haben, hat er gesagt, ‚Das gibt wieder Kohle!' Find'st du doch auch blöd oder?" – „Weißt du, warum Tina heute in Sport geheult hat?" – „Was ziehst du denn morgen an?" und so weiter, und so weiter. „Also dann tschüssi!" Nina setzt sich endlich wieder an den Schreibtisch, da klingelt das Telefon: „Hallo Nina, Tanja hier. Sag mal, wie ist denn bei dir die Englischprobe ausgefallen?" – „Wo hast du deinen tollen Füller her?" ... Wenn diese Unterhaltung dann vielleicht schon nach einer halben Stunde beendet ist, klingelt das Telefon erneut. „Hallo Nina, hier ist Michaela. Hast du Lust, mit mir ins Schwimmbad zu gehen?" – „Was, du bist noch nicht mit den Hausaufgaben fertig? Schade, ich wollte auch schon Tanja und Claudia anrufen, aber bei denen ist ständig besetzt." Die beiden sind jetzt immerhin nach ein paar Minuten fertig. Jetzt ärgert sich Nina natürlich, daß sie noch nicht mit den Hausaufgaben begonnen hat. Sie möchte jetzt nämlich unbedingt schnell fertig werden, damit sie sich noch mit den Mädchen ihrer Klasse im Stadtgarten treffen kann, das ist ja schon länger abgemacht worden. Wenn es jetzt noch mal klingelt, geht sie gar nicht mehr ran. Und natürlich klingelt das Telefon wieder, aber Nina bleibt diesmal standhaft.

Als die Familie beim Abendessen sitzt, beschwert sich Vater: „Ich hatte heute meine Brieftasche nicht dabei. Nachmittags ist mir das aufgefallen und ich wollte hier anrufen, weil ich nicht wußte, ob ich sie nur vergessen oder womöglich verloren hatte. Aber da war ja ständig besetzt!" – „So ging's mir auch", sagt Mutter, „ich wollte nämlich Nina bitten, daß sie die Schnitzel aus dem Gefrierfach nimmt. Aber es war ständig besetzt, und später hob keiner mehr ab. Man muß wirklich Glück haben, wenn man da durchkommt. Tante Emmi hat mich neulich auch schon gefragt, ob unser Telefon kaputt sei. Irgendwie hat sie damit den Nagel auf den Kopf getroffen. Wenn wir kein Telefon hätten, wäre es nämlich nicht anders, nur billiger. Wirklich Nina. So geht's nicht weiter!" – „Ja", mischt sich noch Bruder Holger ein, „neulich wollte mir mein Musiklehrer sagen, daß die Flötenstunde ausfällt, aber er kam nicht durch. Da bin ich umsonst hingegangen. Ich finde das ganz schön unmöglich."

„Aber ich kann doch nichts dafür. Wenn mich die ganzen Mädchen anrufen, dann kann ich doch nicht gleich wieder auflegen. Das wäre ja wirklich unhöflich!", verteidigt sich nun Nina. „So, so unhöflich", hält Vater dagegen. „Überleg' doch mal: Das Telefon ist für alle da und sollte auch für Notfälle normalerweise frei sein! Wir haben nichts dagegen, wenn du telefonierst, dafür ist es ja gedacht, aber bitte nicht stundenlang und am Stück. Nimm Rücksicht auf uns andere und fasse dich kürzer. Wenn du mit deinen Freundinnen quatschen willst, dann triff dich doch mit ihnen oder spar' dir das für die Schulpausen auf. Am liebsten würde ich unser Telefon einfach abschließen, dann würde ich ein Schloß anbringen." – „Sieh das doch ein", gibt nun auch Mutter noch zu bedenken, „wenn jemand etwas wirklich Wichtiges mitteilen will, dann kommt er nicht durch. Holger ist umsonst zur Musikschule gegangen, und Vater war den ganzen Tag beunruhigt wegen seiner Brieftasche. Was würdest du sagen, wenn du nie telefonieren könntest oder deine Freundinnen nie durchkämen?"

„Okay, dann schau ich halt, daß ich weniger telefoniere", sieht nun Nina schweren Herzens ein, da sich alle beschwert haben. Die Argumente findet sie ja schon überzeugend, und da sie heute selber mit den Hausaufgaben so in Verzug gekommen ist, gelobt sie für's erste Besserung. Ob sie das auch über längere Zeit hinweg durchhalten wird, daran wagt sie selber gar nicht zu denken. „Telefonitis" ist in einer Beziehung halt wie Schnupfen (Rhinitis): Man wird, ob man will oder nicht, immer wieder angesteckt. Und dagegen helfen weder Strafen noch Zwang, lediglich Verständnis seitens der Eltern und der Geschwister.

2.4.7. Modische Extravaganzen – Jugendliche auf der Suche nach einem eigenen Stil

„Neulich habe ich in der S-Bahn den Sohn vom Metzger Hofer gesehen. Ich hätte ihn beinahe nicht wiedererkannt. Der hat jetzt eine Frisur wie ein Flokati und trägt total abgeschabte Klamotten. Vor zwei Jahren lief er noch ganz adrett im Walkjanker herum. Seine Eltern werden ja ihre helle Freude an ihm haben, die sind doch so aufs Geschäft aus." – „Ja, ja, meine Tochter hat mir schon erzählt, er kämmt sich seine Haare nicht mehr, auch nicht nach dem Waschen. Und deshalb verfilzen die so. Er hat ihr auch erzählt, daß ihn seine Eltern nicht mehr ins Geschäft lassen, wegen der Kundschaft. Also ich finde das übertrieben, er ist ja schließlich ihr Sohn und außerdem nicht der einzige, der so rumläuft. Irgendwann hört sich das doch auch wieder auf, sonst würden ja alle Erwachsenen so rumlaufen wie veraltete Teenager."

„Ganz so einfach ist das nicht. Mit unserer Karin haben wir ähnliche Probleme. Seit sie vierzehn ist, richtet sie sich grauenhaft zu. Sie steht stundenlang vor dem Spiegel und schminkt sich. Hinterher sieht sie aus wie Nina Hagen. Dann zieht sie auch noch Sachen an, die überhaupt nicht zusammenpassen: Springerstiefel zu Ballettröckchen und Lederjacke. Also ich laß mich mit ihr zusammen auch nicht mehr auf der Straße blicken. Neulich habe ich ihr das auch gesagt: ‚Mit dir kann man sich ja nirgends mehr sehen lassen', habe ich ihr gesagt, aber das war ihr egal. Für die Schule lernt sie auch fast nichts mehr, weil sie nur noch diese Maskerade im Kopf hat. Und was wir schon alles versucht haben: Taschengeldentzug, Hausarrest. Sogar Prügel haben wir ihr angedroht. Hat alles keinen Wert. Die anderen aus ihrer Lieblingsclique laufen auch so rum, sagt sie, und da wäre sie mit einem anderem ‚Outfit' unten durch. Ich weiß nicht mehr, was ich noch tun soll, ich habe den Eindruck, je mehr wir dagegen sind, um so toller treibt sie es. Aber ich denke, ich kann das doch nicht einfach so zulassen, die tanzt uns ja auf der Nase herum."

„Ich weiß nicht, irgendwie spinnen die alle. Ich habe neulich mit Frau Sommer gesprochen. Ihr Max kommt ja ganz ordentlich daher, aber sie hat mir auch ganz schön geklagt. Bei dem dürfen es nur teuerste Markenartikel sein: Turnschuhe von Nike, Jeans von Fiorucci, Jacke von Chevignon und was noch alles. Alles andere bezeichnet er als Schrott. Seit sie das nicht mehr mitmacht, verdient er sich sein Geld selber mit dem Austragen von Zeitungen und dem Verteilen von Werbeprospekten. Sie sagt, sie wäre froh, wenn er für seine Schularbeiten auch so eine Ausdauer entwickeln könnte. Max hat in der Schule auch schon nachgelassen."

„Na ja, immerhin hat er's geschnallt, daß er arbeiten muß, um sich seine Sonderwünsche zu erfüllen, obwohl ich ja für diese Konsumitis überhaupt kein Verständnis habe. Die lassen sich doch alle von der Werbung verblöden. Da zählt ja doch nur die Marke und nicht wirklich die Qualität des Produkts."

Das Aussehen ihrer heranwachsenden Kinder ist für viele Eltern ein großes Problem. Haben sie bisher ihre Kinder eingekleidet und ihr sonstiges Aussehen bestimmt, so können sie sich nur schwer daran gewöhnen, wenn sie das nun selbständig tun. Viele Eltern sehen in ihrem Kind auch ein Abbild ihrer selbst. Gerade Eltern, denen ihr äußeres Erscheinungsbild sehr wichtig ist, ist es besonders unangenehm, wenn Sohnemann oder Töchterlein so ausgeflippt herumläuft.

Und so sehen die Jugendlichen das Problem

„Meine Eltern gehen mir total auf den Nerv. Andauernd meckern sie über mein Aussehen. Warum ich im Müsli-Look rumlaufen müsse, wo sie mir doch immer so schicke Sachen gekauft haben. Ich mag eben nicht soviel modische Klamotten, weil ich die Umwelt schonen will und nicht soviel Abfall machen möchte!" – „Meine Mutter droht mir immer, sie würde mir nachts die Fingernägel abschneiden. Ich weiß nicht, warum sie sich darüber so aufregt. Ich finde meine langen Fingernägel echt geil, und außerdem reg' ich mich ja über ihr Aussehen auch nicht auf." – „Mein Vater ist neulich ausgerastet. Er hat meine ganzen Schminksachen in den Müll geworfen, weil ich in Mathe 'ne Fünf hatte und er meint, das käme davon, weil ich mich immer stundenlang im Badezimmer schminke. Dann schminke ich mich eben in meinem Zimmer."

Weshalb „verkleiden" sich Teenager so gerne?

- Die Persönlichkeit verändert sich, und das betonen sie auch äußerlich.
- Sie wollen eigene Entscheidungen treffen, auch in Bezug auf die Kleidung.
- Sie legen Wert darauf, kein Abbild ihrer Eltern zu sein, sondern eine eigenständige Persönlichkeit. Daß Kinder dabei manchmal zunächst über das Ziel hinausschießen und übertreiben, liegt nur in der Natur der Sache. Normalerweise pendelt sich das in irgendeiner Weise wieder ein.
- Sie passen sich in ihrer Kleidung ihrem Freundeskreis an, sonst würden sie nicht akzeptiert. Dabei setzen sie unter Umständen auch selber Maßstäbe bei ihren Freunden und preschen schon mal mit Außergewöhnlichem voran.
- Sie sind auf der Suche nach ihrem eigenen Stil: Heute verkleiden sie sich ökig, nächsten Monat als „Punk", dann mal als „Popper".
- Manchen macht es Spaß, in verschiedene Rollen zu schlüpfen, andere wollen bewußt provozieren, bei wieder anderen ist von beidem etwas dabei. Allen ist gemeinsam: Sie wollen sich von den Erwachsenen unterscheiden, und das möglichst gründlich.

Wann wird es bedenklich?

Schlimm wird es dann, wenn die Kleiderfrage zum beherrschenden Thema wird und der Haussegen deswegen dauerhaft schiefhängt. Dies kann in Familien, die auf die äußere Erscheinung besonderen Wert legen, zu großen Problemen führen. Die Eltern fühlen sich von ihrem Kind nicht genügend respektiert, weil es sich nicht ihren Vorstellungen gemäß anzieht, während sich das Kind seinerseits nicht respektiert fühlt, weil seine Eltern genau dies von ihm verlangen. Fast alle Jugendlichen machen eine solche Phase durch, in der sie sich verrückt kleiden. Es fällt jedoch auf, daß dies in Familien, in denen die Eltern damit tolerant umgehen, kaum zum Problem wird.

Erinnern Sie sich doch mal! Hatte nicht Ihre Cousine Gerda oder vielleicht Sie selber auch mal eine solche wilde Zeit, in der Ihre Mutter sich die Haare gerauft hat: „Jetzt läuft die in Schuhen mit Pfennigabsätzen rum! Du wirst noch böse enden!" Und Sie haben doch nicht böse geendet, sondern hatten nur eine Zeitlang das Bedürfnis, sich auf besondere Weise zu kleiden. Vielleicht waren Sie nur ein bißchen braver und haben Ihre Stöckelschuhe dann heimlich angezogen, wenn Mama es nicht gesehen hat.

Versuchen Sie doch, mit Ihrem Kind zu einer auskömmlichen Lösung zu kommen: Sie haben nichts dagegen, wenn es sich in seinem Freundeskreis in bizarrer Aufmachung am wohlsten fühlt, aber es soll doch so rücksichtsvoll sein und zu Tante Resis Hochzeit in gemäßigter, vielleicht sogar in angemessener Kleidung erscheinen.

Wenn Ihr Kind sich allerdings mit so vorbelasteten Symbolen wie Hakenkreuzen oder Runen schmückt, sich mit Schlagringen, Wurfsternen, Messern etc. ausrüstet, eine Vorliebe für militärische Kleidung hat, dann ist allerdings Toleranz fehl am Platz. Dann müssen Sie Ihrem Kind unbedingt klarmachen, daß es auf dem falschen Weg ist. Erklären Sie ihm, welche Ideologie Nazisymbole verkörpern und daß man so etwas heute nicht einmal mehr als Modeschmuck verwenden kann. Auch wenn Sie generell Ihrem Kind eine Privatsphäre zugestehen, so dürfen Sie vor derartigen Entgleisungen nicht die Augen verschließen und hoffen, das ginge ohnehin vorbei. Dafür sind Dinge, die den Nationalsozialismus mit seinen Greueln betreffen, zu ernst und zu vorbelastet.

Wenn Ihr Kind süchtig nach teurer Markenware ist, dann kann die Kleiderfrage zu einem ernsten Problem werden. Viele Schüler erledigen nebenher mehrere Jobs, um sich teure Kleidung, Parfums etc. leisten zu können. Das ist eine moderne Variante der Kinderarbeit. Manche machen auch schon mal lange Finger nach einem modischen Kleidungsstück. Auch kommt es vor, daß einem anderen Jugendlichen eine begehrte Lederjacke vom Leib gezogen wird. Dies sind kriminelle Handlungen, auch wenn ein Teenager vor Vollendung des vierzehnten Lebensjahres noch nicht strafmündig ist. Wenn Ihr Kind derart dem Konsumwahn huldigt und glaubt, ohne das Neueste, Teuerste, Edelste nicht leben zu können, dann sollten Sie auch mal Ihr eigenes Konsumverhalten in Betracht ziehen. Vielleicht stellen Sie dann fest, daß Sie alle paar Jahre eine neue Einrichtung brauchen, weil Sie es in der alten nicht mehr aushalten, und überhaupt: „Die neuen Einbauküchen sind wieder mal der helle Wahnsinn, da kann man einfach nicht anders. Und wenn Mercedes im Frühjahr die neuen Modelle herausbringt, ja da muß doch einfach ein neuer Wagen her, Airbag und so, den alten haben wir doch schon drei Jahre." – „Mama fuhr ja bisher einen Golf, aber jetzt kriegt sie so einen schnuckeligen kleinen Mazda." – „Ja, und wenn das Wetter gut ist, dann fahren meine Eltern immer mit dem Alfa-Spider durch die Gegend." – „Wir haben alle neue Mountainbikes bekommen, diesmal nach Maß. Die alten waren schon total out. Da hat mein Alter locker fünfzehn Riesen hingeblättert." – „Ich hab' mein ganzes altes Emailgeschirr rausgeschmissen, ich koche jetzt nur noch in Profi-Qualitätsgeschirr. Das ganze Haus bekommt neue Vorhänge. Ich kann die alten nicht mehr sehen!" – „Das hat man jetzt auch nicht mehr so." Als ob die Menschheit keine anderen Sorgen hätte.

Von Ihrem Vorbildverhalten einmal abgesehen, sollten Sie nicht die Wirksamkeit der Werbung unterschätzen. Werbespots sind bei Kindern und Jugendlichen äußerst beliebt. Oft trällern sie die Werbeslogans nach und unterhalten sich über die Spots oder lassen sich in ihren Spielen davon inspirieren. Das Ambiente, das in Werbespots gezeigt wird, entspricht dem der gehobenen Einkommensschichten. Dabei liegen die meisten der Zuseher weit unter dieser. Da kann sich leicht Anspruchsdenken und Unzufriedenheit einstellen, wenn man mehrmals täglich solch paradiesische Zustände vorgeführt bekommt. „Die anderen haben's, warum wir nicht?" Irrtum, die wenigsten haben's. Nur wollen wir das nicht wahrhaben.

Besuchen Sie doch mal mit Ihrem Kind die nette Nachbarin, die seit dem Tod ihres Mannes nur mit ein paar hundert Mark Rente auskommen muß, oder die Familie, die mit vier Kindern in einer Dreizimmerwohnung lebt. An Beispielen wird es Ihnen bestimmt nicht mangeln. Und Ihr Sohn oder Ihre Tochter bekommt einen Eindruck davon, daß es außerhalb seines Lebensbereiches und außerhalb der Werbewelt noch andere Lebensformen gibt, in der die Äußerlichkeiten der Konsumgesellschaft einfach beschämend wirken.

2.4.8 Wenn Teenager lügen

Bei Familie Bein herrscht dicke Luft. Die vierzehnjährige Tochter Eva ist gerade dabei, etwas selbständiger zu werden, und zwar mehr, als es dem Herrn Papa recht ist. Frau Bein hat weniger Probleme mit Evas Unabhängigkeitsbestrebungen, da Eva ihr gegenüber bisher immer zuverlässig war und ihr auch immer von Schwierigkeiten, falls sie welche hatte, erzählt hat. Herr Bein ist beruflich immer schon sehr angespannt – er leitet eine Firma – und in seiner Familie eher „zu Gast" als „zu Hause". Da er aber dennoch Einfluß auf seine Tochter ausüben möchte – er fühlt sich ja schließlich als das Familienoberhaupt –, tut er dies in der ihm bleibenden Zeit sehr intensiv und fast ausschließlich, indem er ständig irgendwelche Verhaltensregeln für seine Tochter verkündet. „Tu dies", „Tu das", „Du sollst das nicht", „Du darfst jenes nicht", „Wehe, wenn du", „Untersteh' dich bloß", „Wenn ich zu Hause bin, dann wird das so gemacht", „Solange du deine Füße unter meinen Tisch streckst ...", „Ich lasse mir doch nicht auf der Nase rumtanzen". Das sind die Formulierungen, die Eva ständig hört.

„Eva, ich möchte nicht, daß du diesen Claus triffst. Das ist kein Umgang für dich." – „Aber Papa, ich geh' doch in die Musikschule. Der Gitarrenlehrer macht heute aber zwei Stunden länger, weil wir ausgefallene Stunden nachholen müssen. Danach gehe ich dann noch zu Martina, Englisch lernen. Um sieben bin ich dann wieder zu Hause. Tschüssi, Bussi." – „Aber sei bloß pünktlich! Wenn ich schon mal einen Tag freinehme, dann möchte ich nicht, daß alle weg sind." Eva atmet erst mal tief durch, als sie aus dem Haus ist: „Ständig macht der einem Vorschriften. Alles unter Kontrolle, Herr Bolle. Das ist vielleicht ätzend. Ich bin doch kein Baby mehr!" Um sieben kommt Eva tatsächlich pünktlich nach Hause, aber sie merkt schon, es liegt was in der Luft. „Na Eva, wie war's denn in der Musikschule?" – „Nicht außergewöhnlich, Papa. Bloß anstrengend, weil der Lehrer so lange gemacht hat." – „ Weißt du, wer vorhin bei mir angerufen hat? Nein? Dein Gitarrelehrer. Er hat darum gebeten, daß du dich, wenn du nicht kommen kannst, doch vorher telefonisch abmelden sollst. Was hast du dazu zu sagen?" – „Also, der muß mich wohl verwechselt haben. Ich war dort. Zwei andere haben gefehlt, er hat bestimmt die falsche Telefonnummer erwischt." – „Kannst du dir vielleicht denken, daß man sich Sorgen um dich macht? Es hätte ja auch was passieren können. Ich habe dann bei Martinas Eltern angerufen. Dort warst du auch nicht. Was hast du denn getan? Wo bist du gewesen?" – „Wir haben im Park Englisch gelernt. Weil das Wetter so schön war. Was soll mir denn schon groß passieren hier in diesem Kaff?" – „Was dir passieren kann, das werd' ich dir gleich erzählen. Du bekommst für die nächsten zwei Wochen Hausarrest, weil du mich schon wieder angelogen hast. Für wie dumm hältst du mich eigentlich? Kein Gitarrelehrer ist so hirnverbrannt, daß er seine Schüler verwechselt, und Martinas Mutter wußte gar nichts davon, daß ihr zusammen lernen wolltet." – „Also Papa, wenn ich's dir sage ..." – „Mit diesem Claus hast du dich herumgetrieben. Wehe, du läßt dich mit ihm ein!" – „Mann, Papa! Du denkst auch immer gleich das Schlimmste. Du mußt ja nicht gleich von dir auf andere schließen." – „Ab jetzt hast du für den Rest des Tages Sprechverbot für deine Frechheiten und zwei Wochen Hausarrest für deine Lügen! Schluß, ich mag nichts mehr hören!" Zu seiner Frau gewandt, gibt Herr Bein noch folgende Anweisung: „Irene, du mußt Eva besser unter Kontrolle kriegen. Die tanzt uns beiden auf der Nase herum. Eines Tages werden wir nicht mehr mit ihr fertig."

Lügen, besonders wenn sie zum gewohnten Umgang zwischen Eltern und Kindern geworden sind, können zu einem großen Problem in Familien mit heranwachsenden Kindern werden. Sobald die Eltern merken, daß ihr Kind sie anlügt, empfinden sie dies als Vertrauensbruch und Kontrollverlust. Sie können sich nicht mehr auf die Aussagen ihres Kindes verlassen: Geht Eva nun wirklich zum Musikunterricht? Lernt sie tatsächlich mit Martina Englisch? Oder trifft sie sich statt dessen mit Jungs, oder unternimmt sie irgend etwas anderes, wovon ihre Eltern keinen blassen Schimmer haben?

In einer solchen Situation neigen Eltern dann nicht selten dazu, den Druck auf ihr Kind zu verschärfen, fühlen sie sich doch für ihr minderjähriges Kind verantwortlich und wollen es vor Schaden bewahren. Außerdem ist es für besorgte Eltern natürlich wesentlich beruhigender, wenn sie immer wissen, wo sich ihr Kind gerade aufhält. Dabei unterschätzt man jedoch leicht die Fähigkeit und das Bedürfnis ihrer Kinder zu selbständigem Handeln. Keinem Heranwachsenden ist damit gedient, wenn er bis zu seiner Volljährigkeit aus falsch verstandenem Verantwortungsbewußtsein von seinen Eltern unter Verschluß gehalten wird. Selbständigkeit muß genauso wie das Laufen, Sprechen und Sozialverhalten schrittweise gelernt werden.

Ein Kind lernt dies am besten, wenn seine Eltern Zutrauen zu ihm haben, es in gemeinsam festgelegten Grenzen selber handeln lassen, ihm in Schwierigkeiten aber jederzeit verläßliche Ansprechpartner sind.

Aus welchen Gründen lügen Teenager am häufigsten?

- Um Verbote zu umgehen: Da Eva genau weiß, daß Vater ihr den Umgang mit Claus verbietet, schiebt sie eben Englischlernen mit Martina vor. Lernen macht sich immer gut, und Martinas Eltern sind nach Vaters Meinung verläßliche Leute.
- Weil sich Eltern zu sehr einmischen: Eva empfindet die Kontrolle und die Einmischung ihres Vaters zu Recht als unerträglich. Sie findet, daß sie ein Recht darauf hat, ihre Freunde selber auszuwählen. An den meisten ihrer Freundinnen und Freunde hat er etwas auszusetzen und möchte sie auch nicht in seinem Hause sehen. Claus mag er nicht, weil dieser als Schülersprecher selbstbewußt auftritt und die Meinungen von Erwachsenen gerne in Frage stellt. Andere ihrer Freunde sind ihm zu verrückt gekleidet, was er als Provokation empfindet. Dabei haben diese Teenager weniger die Provokation im Sinn, als die Lust sich zu verkleiden. Da ihr Vater keine Anstalten macht, auch die guten Seiten ihrer Freunde kennenzulernen, enthält ihm Eva ihre Freunde konsequenterweise vor.
- Um ihre Privatsphäre zu schützen: Eva fühlt sich auf Schritt und Tritt von ihrem Vater überwacht. Da sie aber wie jeder andere Mensch auch ihre Privatsphäre und ihre kleinen Geheimnisse wahren möchte, zieht sie sich zurück und wird verstockt. Sie erzählt aus Trotz nicht einmal mehr harmlose Schulereignisse. Manchmal inszeniert sie sogar Lügengeschichten: Da sie weiß, daß ihr Vater in ihren Briefen liest, hat sie einige Freundinnen angestiftet, ihr glühende Liebesbriefe zu schicken. Als ihr Vater hinter den Schwindel kommt, da er die Absender – es waren erfundene Adressen – nicht ausfindig machen konnte, bekam sie wegen Veräppelung zwei Wochen Hausarrest. Ihre Genugtuung war jedoch so groß, daß sie die Strafe leicht in Kauf nahm. Immerhin liest ihr Vater nicht mehr in ihren Briefen.
- Wenn sie den Erwartungen ihrer Eltern nicht entsprechen: Oft erwarten Eltern von ihren Kindern Leistungen, die diese nicht erfüllen können: Wenn Eltern unter den Folgen ihrer geringen Ausbildung gelitten haben, dann wünschen sie oft, daß ihre Kinder es einmal „besser haben“ sollen. Sie bringen große Opfer, damit ihr Kind eine höhere Schule besuchen kann und erwarten aber als Gegenleistung gute Noten. Gelingt es dem Kind nicht, die Erwartungen der Eltern zu erfüllen, dann wird es sie aus Angst vor dem Verlust elterlicher Liebe anlügen. „Die Lateinprobe wurde nicht bewertet, weil die ganze Klasse schlecht war.“ – „Die Matheprobe haben wir noch nicht zurückbekommen.“

Und erst mit Erhalt des Jahreszeugnisses sehen die Eltern dann klar und stehen gleichzeitig vor bereits vollendeten Tatsachen. Es kann auch vorkommen, daß ein Kind, das sich überfordert fühlt, seine Leistungen bewußt oder unbewußt verweigert, obwohl es diese unter günstigeren Umständen durchaus erbringen hätte können.

Was können Eltern, die angelogen werden, tun?

– Behandeln Sie Ihr Kind nicht so, wie es Evas Vater getan hat, nämlich mit verstärktem Druck. In der Pubertät reagiert ein Kind wie in keiner anderen Entwicklungsphase auf Bestrafung und Befehle mit Rebellion. („Jetzt erst recht nicht!").
– Überprüfen Sie Ihre Haltung gegenüber Ihrem heranwachsenden Kind: Kaum ein Kind lügt seine Eltern einfach aus Spaß an, es gibt meistens plausible Gründe für ein solches Verhalten. Heranwachsende wollen partnerschaftlich behandelt werden und allmählich selbständig werden. Manche Eltern können sich nur schwer an diese Tatsache gewöhnen: „Setz' dir eine Mütze auf! Hast du auch ein Taschentuch dabei?" Solche und ähnliche Reden sind noch vergleichsweise harmlos, rufen aber bei den Heranwachsenden lediglich Widerstand hervor und bewirken das Gegenteil von dem, was die Eltern wollen.
– Stellen auch Sie Ihre Handlungsweise mal in Frage: Besteht Ihre Erziehung hauptsächlich im Erteilen von Befehlen, oder hören Sie Ihr Kind auch mal an und lassen es mitbestimmen? Wenn Sie den Eindruck haben, daß Ihr Kind sich zunehmend Ihren Anweisungen widersetzt oder gar nicht mehr zuhört und verstockt ist, dann sollten Sie dies zum Anlaß nehmen und deren Notwendigkeit in Frage stellen. Es könnte nämlich sein, daß Ihr Kind schon „befehlstaub" geworden ist: „Zieh' dir Hausschuhe an! – Wasch' dir die Hände! – Iß endlich! – Beeil' dich! – Sei pünktlich! – Mach' deine Hausaufgaben! – Grüße die Nachbarn! – Mach' nicht so viel Krach!" etc., etc. Ein solcher Umgangston geht im günstigeren Fall bei einem Ohr hinein und beim anderen wieder hinaus. Im ungünstigen Fall erziehen Sie Ihr Kind zu einem willenlosen Befehlsempfänger. Befehle haben aber nur Sinn, wenn sie befolgt werden. Deshalb sollten Sie auch nur sparsam damit umgehen, etwa wenn Gefahr droht: „Geh' nur bei Grün über die Straße! – Geh' von der Bahnsteigkante weg!"
– Nehmen Sie die Persönlichkeit Ihres Kindes ernst! Es hat ein Recht auf die Wahl seiner Freunde. Evas Vater lehnt Claus ab, weil dieser Autori-

täten in Frage stellt. Er fühlt sich durch dessen Anwesenheit brüskiert. Evas Vater könnte diese Freundschaft aber auch von einer positiven Seite her betrachten: Der Umgang mit Claus kann seiner Tochter nutzen, da sie von ihm Selbstbewußtsein und Durchsetzungsvermögen lernen kann. Vielleicht würde er Claus sogar sympathisch finden, wenn er sich entschließen könnte, ihn näher kennenzulernen. Lehnen Sie die Freunde Ihres Kindes also nicht von vornherein ab. Versuchen Sie erst mal sie kennenzulernen. Und wenn sie Ihnen dann trotzdem nicht passen, dann verbieten Sie Ihrem Kind nicht einfach den Umgang, sondern zeigen Sie ihm die Fehler des Freundes auf und eventuelle Nachteile dieser Verbindung. Zugleich können Sie den Kontakt mit anderen Kindern fördern (Einladungen, Ausflüge etc.), vielleicht ergeben sich dann noch andere Freundschaften; erzwingen läßt sich so etwas natürlich nicht.

– Handeln Sie überlegt und sagen Sie nicht zu schnell „Nein". Wenn Ihr Kind fragt, ob es auf eine Party gehen darf, dann wägen Sie das Für und Wider Ihrer Entscheidung ab und lassen Sie auch Ihr Kind daran teilnehmen. Dabei dürfen Sie von Ihrem Kind durchaus Kompromißbereitschaft erwarten. Ein Kind, das von vornherein weiß, es würde die Erlaubnis dazu ohnehin nie bekommen, tischt seinen Eltern irgendeine Geschichte auf, um so an das Ziel seiner Wünsche zu gelangen. Dabei entgleitet es nicht nur der Kontrolle, sondern vor allem auch dem Schutz seiner Eltern, und niemandem ist damit also gedient, schon gar nicht den Eltern.

2.4.9 Eßstörungen

Die Mutter des vierzehnjährigen Timm macht sich große Sorgen um ihren Sohn, weil er in den letzten Monaten auffallend an Gewicht verloren hat. Wog er bis vor einem halben Jahr noch siebzig Kilo, so bringt er jetzt gerade noch fünfundfünfzig auf die Waage. Tendenz weiter fallend. „Sag mal Timm, was ist bloß los mit dir? Fühlst du dich nicht wohl, oder hast du vielleicht das Gefühl, daß etwas nicht stimmt mit dir? Du siehst schon aus wie das wandelnde Elend, so dürr bist du!" – „Mach' dir keine Sorgen Mutti! Es ist alles okay, mir geht's gut. Wenn ich krank wäre, dann wäre ich doch auch schlapp und schwach. Ich wachse jetzt eben schnell. Andere aus meiner Klasse sehen inzwischen auch dünner und länger aus. Der Babyspeck muß ja schließlich auch irgendwann mal verschwinden." – „Erzähl' mir doch keine Märchen Timm. Natürlich bist du im Wachsen, aber deshalb nimmt kein Mensch so ab. Wenn dein Gewicht wenigstens gleich geblieben wäre, das ließe ich mir ja noch gefallen. Aber du nimmst ja auch noch wahnsinnig dabei ab. Da kann doch was nicht in Ordnung sein, wo du doch nicht weniger ißt als früher." – „Was soll denn nicht in Ordnung sein? Ich war sowieso viel zu fett." – „Ich finde es nicht in Ordnung, daß du so schnell und so viel abnimmst. Das kann nicht gut sein." – „Mutti, ich treibe ja schließlich auch mehr Sport als früher. Da muß ich ja auch auf mein Gewicht achten. Wenn ich einen Langstreckenlauf mache, dann darf ich nicht zu schwer sein. Das geht elend auf die Knochen und Gelenke, wenn ich so viel Gewicht mit mir rumschleppe." – „Ja, da bin ich ja schon lange der Meinung, daß das übertrieben ist. Jeden Tag zehn Kilometer! Und früher mußte man dir einen Tritt in den Hintern geben, damit du dich überhaupt bewegtest. Du fällst wirklich von einem Extrem ins andere." – „Dir paßt aber auch gar nichts, Mutti! Immer meckerst du an mir herum. Früher war ich dir zu dick und zu faul, das hat dir nicht gepaßt. Hab' ich mal wenig gegessen, hieß es ‚Warum ißt du nichts, schmeckt dir das Essen nicht?' Jetzt treibe ich eben viel Sport und damit ich nicht zu fett werde, schlucke ich eben Abführpillen. Was ist schon dabei? Andere machen es auch so. Aber eines kannst du mir glauben: Ich will nie mehr so dick sein wie früher. Da nimmt einen doch keiner für voll, alle haben nur noch ‚Dikker' zu mir gesagt. Jetzt werde ich endlich wieder bei meinem Namen genannt."

Seit einigen Jahren steigt die Zahl der Kinder und Jugendlichen, die an Magersucht (Anorexia nervosa) oder an Freß-Kotz-Sucht (Bulimia nervosa) leiden, beständig an. Am stärksten gefährdet sind junge Frauen aus der Altersgruppe der 14- bis 25jährigen. Die Betroffenen werden aber immer jünger, und Schätzungen gehen davon aus, daß fast 20 % der neun- bis 14jährigen Mädchen Eßstörungen haben.

Jungen sind weit weniger gefährdet – einer von zwanzig Eßgestörten ist ein Junge –, jedoch ist auch ihr Anteil im Steigen begriffen.

Harmlose Eßstörungen – schlechter Appetit

Kinder haben immer wieder Phasen, in denen sie wenig Appetit haben oder sich scheinbar einseitig ernähren – wochenlang essen sie am liebsten Obst, danach haben sie plötzlich eine Vorliebe für Deftiges –, was jedoch nicht besorgniserregend sein muß. Langfristig betrachtet, ernähren sich auch viele „schlechte Esser" durchaus ausgewogen. Das können Eltern auch am Allgemeinzustand des Kindes erkennen. Kinder, die krankhaft appetitlos sind, haben oft Durchfall, Erbrechen, Ekelgefühle, sie fühlen sich schlapp und lustlos, sehen blaß und krank aus und sind zu dünn. Wenn Eltern solche Symptome an ihrem Kind feststellen, dann sollten sie sich an den Kinderarzt wenden. Oft steckt dann eine organische Störung oder eine Nahrungsmittelunverträglichkeit dahinter, und die Störung kann schnell behoben werden.

Das können Sie selber tun

- Messen Sie den Eßgewohnheiten keine allzu große Bedeutung zu, sonst benutzt das Kind Nicht-Essen als Trotzmittel. Das gilt schon von klein an.
- Lassen Sie das Kind die Größe der Portionen selber bestimmen und zwingen sie es nicht, eine bestimmte Menge unbedingt zu essen.
- Laden Sie immer wieder andere Kinder zum Essen ein, in Gesellschaft ist der Appetit größer.
- Vermeiden Sie, daß Ihr Kind süße Zwischenmahlzeiten oder zuckerhaltige Getränke zu sich nimmt. Sie verderben den Appetit auf wirklich nahrhafte Speisen. Das Kind darf ruhig mal richtig hungrig werden. Es ist vielleicht ganz lehrreich, dieses Gefühl auch zu kennen!
- Wie ist die Atmosphäre am Eßtisch? Wird gestritten, kritisiert, herrscht „dicke Luft"? Nicht nur Kindern verdirbt eine angespannte Tischatmosphäre den Appetit.

Naschsucht

Christians Mutter hätte hin und wieder mal Lust auf ein Stückchen Schokolade, aber genau dann ist das Süßigkeitenfach im Küchenschrank leer. Sie ärgert sich, weil sie doch erst kürzlich Süßigkeiten gekauft hat, weil sie immer zu kurz kommt und vor allem, weil Christian sich nicht beherrschen kann. Den ganzen Tag hat er was zum Knabbern im Mund. Kein Wunder, daß er auch immer dicker wird. Am Mittagessen kann es ja nicht liegen, sonst müßten alle anderen Familienmitglieder auch dick sein. Christians Mutter macht sich auch deshalb Sorgen, weil sie festgestellt hat, daß er sich ungern bewegt, auch läßt der Zustand seiner Zähne zu wünschen übrig. Mit diesen Naschgewohnheiten muß es ein Ende haben, beschließt sie, sonst ruiniert er sich noch seine Gesundheit.
Bevor Sie den Naschgewohnheiten Ihres Kindes den Kampf ansagen, sollten Sie jedoch überlegen, warum Ihr Kind so viele Süßigkeiten nascht. Oft

gibt es einen Grund für ein bestimmtes Eßverhalten, und Nahrungsmittel dienen oft als Ersatz für bestimmte Defizite. Für die wenigsten von uns dient es als bloße Nahrungsaufnahme, sondern wird als Hilfe benutzt, um mit unseren Stimmungen und Gefühlen fertigzuwerden.

Überprüfen Sie, welchen Stellenwert Essen in Ihrer Familie hat

- Weinenden Säuglingen wird oft voreilig die Flasche gereicht. So wird Unlustgefühl mit Nahrung befriedigt, obwohl das Baby sich vielleicht nur Zuwendung gewünscht hätte. Und größere Kinder bekommen bei Wehwehchen zum Beispiel einfach ein Bonbon als Trostpflaster. So wird der Zusammenhang Unzufriedenheit – Essen schon sehr früh eingeübt. In diesem zarten Alter gelernt, wird dieser Reflex Unzufriedenheit–Nahrungsaufnahme das ganze Leben dieses Kindes vorhanden sein und es vielleicht sogar bestimmen.
- „Wenn du nett bist, dann bekommst du ein Bonbon!" Nicht wenige Kinder erhalten Süßigkeiten als Belohnung für Wohlverhalten oder gute Leistungen. „Wenn ich etwas geleistet habe, dann darf ich mir auch was gönnen", sagt dann dieser Mensch als Erwachsener. Daß dieses Verhalten keine Ausnahme ist, zeigt die Tatsache, daß die Werbung einer Nobelautofirma darauf abhebt, daß wer mehr (für die Wirtschaft/das Bruttosozialprodukt) leistet, auch mehr Sprit verfahren darf, also ruhig eine Nobelkarosse der Firma kaufen und fahren soll.
- „Mama, mir ist so langweilig ..." – „Dann spiel' halt was oder nimm dir was zu essen!" Essen soll Langeweile und Einsamkeit verdrängen, die Probleme sollen mit dem Essen „hinuntergeschluckt" werden.

Wie können Sie unbedachtes Naschen verhindern?

- Erziehen Sie Ihr Kind schon vom Säuglingsalter an so, daß ein Zusammenhang zwischen Essen und Unzufriedenheit/Unlustgefühl erst gar nicht zustande kommt.
- Vermeiden Sie, Süßigkeiten offen herumliegen zu lassen.
- Essen Sie Süßigkeiten nur zu bestimmten Zeiten (am besten nach dem Essen).
- Süßigkeiten sollten nie Ersatz für richtige Mahlzeiten sein.
- Süßigkeiten sollte man bewußt essen und nicht beim Fernsehen oder Arbeiten mechanisch nebenher eine Tüte davon leermampfen.

- Sorgen Sie dafür, daß Ihr Kind sich nicht langweilt. Wer eine interessante Beschäftigung und viel Bewegung hat, denkt nicht ununterbrochen ans Essen.
- Reden Sie in Ihrer Familie offen über Gefühle und Probleme, dann muß niemand seine Probleme in sich „hineinfressen".

Krankhafte Eßstörungen

Kritisch wird es, wenn das Kind an einer krankhaften Eßstörung wie Anorexie oder Bulimie leidet. Diese Störungen werden oft erst erkannt, wenn bereits die Gesundheit ernstlich in Mitleidenschaft gezogen wird. Da die Betroffenen nur selten wirklich appetitlos sind, fallen die seltsamen Ernährungsgewohnheiten zunächst nicht auf.

Magersucht (Anorexia nervosa, „Anorexie")

Diese Eßstörung ist durch folgende Symptome gekennzeichnet: Magersüchtige halten sich, selbst wenn sie Idealgewicht haben, für zu dick und haben auch noch Angst davor, zu dick zu sein, wenn sie schon beträchtlichen Gewichtsverlust hinter sich haben. Sie verlieren mindestens 15 Prozent ihres ursprünglichen Körpergewichts und halten sich dennoch für zu dick. Bei Mädchen hört die Menstruation wieder auf. Magersüchtige ekeln sich vor bestimmten Nahrungsmitteln, vorzugsweise solchen mit hohem Kalorien- oder Fettgehalt. Manche erbrechen sich nach den Mahlzeiten, klagen über Magenschmerzen und Völlegefühl oder über Verstopfung und nehmen große Mengen Abführmittel ein.
Wird das Idealgewicht um 25 Prozent unterschritten, dann kommt es zu körperlichen und seelischen Veränderungen. Ab 40 Prozent Gewichtsverlust besteht Lebensgefahr.
Komplikationen: Mangelerscheinungen wie dünnes, brüchiges oder ausfallendes Haar, brüchige Fingernägel; niedrige Körpertemperatur; Flüssigkeitsverlust, Herzjagen und Herzrhythmusstörungen; Herzinfarkt; niedriger Blutdruck; Abgeschlagenheit; mangelnde Hirndurchblutung und Nachlassen des Denkvermögens; Konzentrationsschwäche; Wahrnehmungsschwächen; Hormonstörungen; Aussetzen des Monatszyklus bei Mädchen; Unterentwicklung der Geschlechtsorgane; Mineralstoffmangel; Knochenschwund; Tod in 10 Prozent aller Fälle.

Freß-Kotz-Sucht (Bulimia nervosa, „Bulimie")

Bei dieser Eßstörung bleibt das Körpergewicht im allgemeinen normal, wodurch diese Krankheit für Außenstehende nur schwer zu erkennen ist. Die Betroffenen werden von immer wiederkehrenden, unkontrollierten Freßanfällen heimgesucht, an deren Ende immer willentlich ausgelöstes Erbrechen steht. Aus Furcht vor dem Dickwerden nehmen sie eine große Menge von Abführmitteln und harntreibenden Medikamenten ein. Zwischen den Freßanfällen gibt es Phasen von strengem Fasten oder Diäthalten. Auffallend ist auch ein übertriebenes Körpertraining, das gar nicht oder nur oberflächlich auf Fitneß abzielt, sondern eigentlich darauf, eine gute Figur und ein ideales Körpergewicht zu erhalten.
Komplikationen: starker Flüssigkeitsverlust; gestörter Elektrolythaushalt; Mineralstoffmangel; Leber- und Nierenschäden; Darmveränderungen; durch den hohen Säuregrad des Erbrochenen hervorgerufen Karies, Entzündungen der Kehle, innere Blutungen; Magengeschwür; Muskelkrämpfe; unregelmäßige Herztätigkeit; Herzinfarkt; Tod in schweren Fällen.
Anorexie und Bulimie unterscheiden sich vom harmlosen Appetitmangel dadurch, daß sie zwanghafte Formen annehmen. Bestimmte Nahrungsmittel, vorzugsweise solche mit hohem Kalorien- oder Fettgehalt, werden ängstlich gemieden. Bei allen Mahlzeiten wird die Menge des Essens eingeschränkt, nur bestimmte Lebensmittel – Salat oder Joghurt – werden überhaupt zu sich genommen, diese auf eine bestimmte Weise auf dem Teller angeordnet oder nach strengen Regeln gegessen. Manchmal nehmen die Betroffenen auch tagelang gar keine Speisen zu sich. Diesem zwanghaften Fasten liegen psychische Ursachen zugrunde, mit denen das Kind fast immer auf seine Situation im Elternhaus reagiert. Für die Behandlung dieser Leiden muß deshalb außer einem Arzt immer auch ein Psychiater hinzugezogen werden.

Was kann Eßstörungen auslösen?

– Der Schlankheits- und Schönheitskult, der uns seit Jahren über die Medien vorgeführt wird, beeinflußt das Eßverhalten vieler Menschen. Wer schlank ist, hat Erfolg, diese Botschaft vermitteln uns tagtäglich die Medien. Da viele Kinder und Jugendliche täglich oft mehr Zeit vor dem Fernseher als in der Schule verbringen, darf man annehmen, daß diese Botschaft auch auf fruchtbaren Boden fällt.

- Die Körperformen der Filmstars sind heute von so großer Bedeutung wie nie zuvor, und es ist Mode geworden, den Körperformen seines Idols nachzueifern. Als erste brachte Jane Fonda die Aerobic-Welle ins Rollen, als sie ihren knackigen Körper als Ergebnis dieser Betätigung präsentierte. Die passende Diät wurde gleich mitgeliefert. Und welcher Junge hätte nicht gern einen Body wie Arnold Schwarzenegger, dank dessen Filmerfolge Bodybuilding-Institute wie Pilze aus dem Boden schossen. Ein riesiger Markt tat sich auf, und viele Industriezweige verdienen daran: die Sportbekleidungsindustrie, die Ernährungsbranche, die Pharmazie, die Kosmetikbranche, die Werbewirtschaft sowieso, etc.
- Im Kinderzimmer schon beginnt die Beeinflussung. Für viele kleine Mädchen ist „Barbie“ mit ihren überlangen Beinen, der Wespentaille und ewig strahlendem Lächeln das erste Schönheitsidol.
- Auch die Eltern sollten sich einmal kritischer Selbstbetrachtung unterziehen. Es gibt kaum eine Familie, in der die Eltern nicht mit schöner Regelmäßigkeit ihren Kindern vor Augen führen, daß die Nahrungsaufnahme etwas Kompliziertes sein muß. Mit Schlankheitskuren, Diätpillen, Light-Produkten, Kalorienzählen oder Sprüchen wie „Das kann ich nicht essen, das macht dick“, „Ich sehe schrecklich aus!“, „Ich muß unbedingt abnehmen“ wird den Pfunden der Kampf angesagt. Wie muß so ein Verhalten auf ein Kind wirken, das noch seinen natürlichen Babyspeck trägt! Zwangsläufig wird es sich unattraktiv vorkommen oder Angst bekommen, seine Eltern oder auch andere Menschen könnten es als „Dickerchen“ nicht lieben.
- Nahrungsmittel werden oft als Ersatz für Gefühle angeboten: „Wenn du brav bist, bekommst du ein Bonbon!“, „Iß ein Stück Schokolade, dann tut's nicht mehr weh!“, „Dir ist langweilig? Dann iß mal was!“ Das unselige „Betthupferle“ (eine Süßigkeit zum Einschlafen, nach dem Zähneputzen!) gehört wohl dennoch schon der Vergangenheit an. Essen kann zwar im Augenblick befriedigen, unangenehme Gefühle kann es aber nicht beheben. In diesem Sinne ist zuviel oder falsches Essen auch eine Droge, denn es wird wie eine Droge verwendet: um Unangenehmes für einen Moment zu vergessen und statt dessen ein Glücksgefühl herbeizuführen.
- Oft betreiben Jugendliche eine Sportart, die strenge Gewichtskontrolle erfordert (Ringen, Bodybuilding, Turnen, Marathonlaufen, etc.). Das für einen Wettkampf vorgeschriebene Gewicht wird dann oft nur noch durch regelmäßiges Erbrechen und die Einnahme von Abführmitteln und harntreibenden Medikamenten schnell erreicht. Daraus kann sich eine Gewohnheit entwickeln, von den körperlichen Schäden abgesehen.

Wie kann man eine Eßstörung frühzeitig erkennen?

- Ist Ihr Kind besonders ehrgeizig?
- Möchte es allen Anforderungen und Mitmenschen gerecht werden?
- Setzt es seine Fähigkeiten und sein Aussehen herunter?
- Kontrolliert es mehrmals täglich sein Gewicht?
- Zählt es Kalorien und hat es auffällige Eßgewohnheiten?
- Ißt es, wenn es Probleme hat?
- Betrachtet es sich auffallend oft im Spiegel?
- Betreibt es verbissen Sport?
- Kann oder darf es seine Gefühle ausdrücken?

So beteiligen Sie sich aktiv daran, Eßstörungen bei Ihrem Kind vorzubeugen

- Machen Sie Ihrem Kind klar, daß bestimmte Körperveränderungen während der Pubertät normal sind. Wenn Ihre Tochter weiß, daß rundliche Hüften und ein größerer Busen zum Frausein gehören und daß sich diese Veränderungen bei allen Mädchen vollziehen, dann wird sie nicht unbedingt durch Hungern ihre kindlichen Körperformen erhalten wollen.
- Machen Sie Ihrem Kind klar, daß jede Form von Diät dem Körper schadet, weil eine Diät immer einseitig ist.
- Geben Sie Ihrem Kind keine Nahrungsmittel als „Trostpflaster".
- Fördern Sie das Selbstwertgefühl Ihres Kindes. Loben Sie es für Eigenschaften und Fähigkeiten und nicht für sein Aussehen.
- Fördern Sie die Selbständigkeit Ihres Kindes. Lassen Sie es in angemessenem Rahmen Entscheidungen treffen und Verantwortung übernehmen.
- Nehmen Sie die Gefühle und Bedürfnisse Ihres Kindes ernst. Hören Sie Ihrem Kind zu und bestrafen Sie es nicht, wenn es Ihnen offen Dinge sagt, die Ihnen nicht passen.

Erste Anzeichen einer bereits vorhandenen Eßstörung beim Kind

Es ist nicht leicht, die Eigenheiten, die Heranwachsende entwickeln, richtig zu deuten. Teenager schließen sich oft in ihr Zimmer ein, weil sie das Bedürfnis nach einer Privatsphäre haben. Das ist auch nicht weiter besorgniserregend. Kritisch wird es allerdings dann, wenn sich das Kind

dauerhaft oder zumindest für längere Zeit ohne ersichtlichen Grund wie Streit oder ähnliches von seinen Freunden zurückzieht und lustlos wird. Dann sind das Anzeichen dafür, daß es Probleme hat.
In einer solchen Situation sollten Sie besonders auf folgende Verhaltensweisen achten:

- Hat Ihr Kind in der letzten Zeit rapide abgenommen?
- Ißt es sehr wenig?
- Geht es nach dem Essen immer auf die Toilette, und haben Sie den Verdacht, es erbricht sich dort?
- Treibt Ihr Kind auffallend viel Sport und ordnet dem auch seinen Tagesablauf unter?
- Ist Ihr Kind besonders aufbrausend?
- Bereitet es anderen gerne Mahlzeiten zu, ohne selber etwas davon zu essen?

Wenn Sie bei Ihrem Kind tatsächlich eine Eßstörung festgestellt haben, dann sollten Sie nicht mit Wut reagieren, da Sie damit die Sache nur verschärfen würden. Das Kind würde sich nur noch mehr zurückziehen. Eine geschicktere Vorgehensweise wäre etwa, dem Kind zunächst Literatur über Eßstörungen zu lesen zu geben und damit eine Gesprächsgrundlage herzustellen. Auch Sie selber sollten sich dann noch kundiger machen.
Folgende Titel bieten sich hierzu an:

- Grauer, Angelika, und Peter F. Schlottke: Muß der Speck weg? Der Kampf ums Idealgewicht; München: Deutscher Taschenbuchverlag 1987
- Nygaard, Gunvor: Inger oder Jede Mahlzeit ist ein Krieg; München: Deutscher Taschenbuchverlag 1985
- Gödel, Renate: Eßsucht oder die Scheu vor dem Leben. Eine exemplarische Therapie; Reinbek bei Hamburg: Rowohlt 1988

(Weitere Angaben finden Sie im Anhang zu diesem Kapitel.) Lassen Sie sich auch in Ihrer Stadt- oder Gemeindebücherei geeignete Bücher empfehlen. Auf jeden Fall sollten Sie sich an eine Beratungsstelle wenden. Adressen finden Sie ebenfalls am Ende dieses Kapitels.

2.4.10 Drogenkonsum vorbeugen

Es ist nur zu verständlich, wenn Eltern heranwachsender Kinder sorgenvoll in die Zukunft blicken. In der Tagespresse können sie fast täglich Nachrichten über Drogentote und die damit einhergehende Kriminalität lesen und fast immer mit dem Hinweis darauf, daß es bis dahin mehr Drogentote gab als im gleichen Zeitraum des Vorjahres. Zwar kommt die Polizei auch immer öfter mit Meldungen über spektakuläre Drogenfunde und zerschlagene Drogenhändlerringe in die Schlagzeilen, deshalb ist sie aber nicht erfolgreicher. Denn die Mengen an Drogen, die heutzutage geschmuggelt werden, sind gewaltig gestiegen.

Beides sind Hinweise dafür, daß die Drogenmenge, die in Umlauf gebracht wird, weiterhin ständig wächst und damit auch der Kreis derer, die sie konsumieren. Wo viel Ware an die Frau/den Mann gebracht werden soll, wird auch kräftig dafür geworben, um den Kundenkreis zu erweitern. Deshalb scheuen sich Drogenhändler (Dealer) auch nicht, immer jüngere (und damit auch immer ahnungslosere) Menschen hineinzuziehen. Die Skrupellosigkeit kennt keine Grenzen, wenn es um den gewaltigen Gewinn geht, der mit Drogen erzielt wird. Auch ist das Drogenproblem schon lange nicht mehr eine Angelegenheit, die nur auf größere Städte beschränkt ist. Dealer suchten sich ihre Kunden/Abhängigen in den letzten Jahren verstärkt auch in ländlichen Gebieten, da sie dort, nicht zuletzt wegen einer gewissen Ahnungslosigkeit („Bei uns hier draußen gibt's sowas nicht, das gibt's nur in der Großstadt!") leichteres Spiel hatten.

Deshalb ist es äußerst wichtig, daß Sie sich und Ihr Kind schon frühzeitig über die Gefahr, die von Drogen ausgeht, gründlich und vor allem auch sachlich informieren, um einigermaßen gewappnet zu sein und eventueller Verführung Ihres Kindes zum Drogenkonsum vorzubeugen. Dieses Informieren sollten Sie nicht erst während der Pubertät vornehmen, denn dann könnte es bereits zu spät sein, sondern spätestens dann, wenn das Kind zehn Jahre alt ist, das heißt, bevor die allmähliche Loslösung von den Eltern beginnt. In diesem Alter haben Sie noch die besten Chancen, Ihr Kind positiv zu beeinflussen. Ihr Kind ist aber auch nicht mehr zu jung, um Ihre Ausführungen und das Problem nicht verstehen zu können.

Oft müssen sich Eltern mit diesem Problem schon viel früher auseinandersetzen, nämlich dann, wenn ihr Kleinkind auf dem Spielplatz Injektionsspritzen findet. Dann genügt es keinesfalls, wenn Sie Ihrem Kind lediglich streng verbieten, solche Dinge anzufassen. Von Ihrem Kleinkind können Sie erwarten, daß es Sie zu solchen Fundstücken immer erst hinführt, bevor es sie berührt. Einem Kindergartenkind kamm man schon erklären, wie geldgierige Drogenhändler Menschen abhängig machen, damit sie sich Rauschgift spritzen. Für ein Kind hat schon allein die Vorstellung, sich Gift mit einer Nadel in die Blutbahn zu spritzen, eine abschreckende Wirkung. Viel mehr werden Sie ihm nicht erzählen müssen. Antworten Sie aber auf alle seine Fragen zu diesem Thema sachlich und nüchtern. Wenn Ihr Kind Sie fragt, warum manche Menschen sich Rauschgift spritzen, dann dürfen Sie keinesfalls so etwas sagen wie, „... damit sie ihr Leben besser ertragen" oder „... weil sie ihr Bewußtsein erweitern wollen". Betrachten Sie die Angelegenheit immer von der elenden Seite her: „... weil sie auf geldgierige Drogenhändler hereingefallen sind. Jetzt sind sie krank und kommen nicht mehr davon los. Um die teuren Dinge bezahlen zu können, stehlen sie oft. Viele waren schon im Gefängnis und wären froh, wenn sie nie in ihrem Leben Drogen ausprobiert hätten." Derartige Erklärungen genügen kleineren Kindern meistens. Klären Sie Ihr Kind immer über Gefahren auf, statt sie zu leugnen.

Regen Sie Schulveranstaltungen zum Thema „Drogen" an.

- Initiieren Sie mit dem Elternbeirat eine solche Informationsveranstaltung.
- Engagieren Sie dazu einen Fachmann von der Drogenberatung. Er kennt sich in der Praxis aus, und betroffene Eltern werden sich im Notfall eher an eine Beratungsstelle wenden, wenn sie bereits einen Berater kennengelernt haben.
- Bereiten Sie die Schülereltern auf eine solche Veranstaltung vor. Bringen Sie auf einem Fragebogen in Erfahrung, welche Fragen von Interesse sind; etwa: Welche Drogen gibt es? Wie wirken Sie? Wie kann ich mein Kind schützen? Woran erkenne ich, ob mein Kind Drogen nimmt? Wie steigen Jugendliche in Drogen ein? Wie werden sie abhängig? etc.

Seien Sie auch selbstkritisch! Wenn Sie Ihre Kinder vor Drogenkonsum erfolgreich schützen wollen, dann müssen Sie zunächst auch Ihr eigenes Verhalten kritisch unter die Lupe nehmen.

Eltern als Vorbild: maßvoller Umgang mit Genußmitteln

Was Eltern ihren Kindern vorleben, das nehmen diese in mehr oder weniger starker Ausprägung, bewußt oder unbewußt an. Besonders schnell werden natürlich Genüsse, oder das, was dafür gehalten wird, angenommen, die leicht zu haben sind, das Selbstwertgefühl der Kinder und Jugendlichen stärken und ihnen Abwechslung, Reize und Genuß bieten.
Kindern, deren Eltern ganz selbstverständlich Alltagsdrogen einnehmen, fällt der Einstieg dazu relativ leicht. Erstens verbinden sie Erwachsensein mit solchem Genuß, zweitens haben ihre Eltern es schwer, sie

eines Besseren zu belehren. Die Jugendlichen argumentieren auch in der Diskussion um die Legalisierung von Haschisch vorzugsweise mit dem negativen Vorbild ihrer Eltern: „Ihr habt eure Drogen, laßt uns unsere!" Nicht selten kommt auch der Hinweis, daß doch jeder nach irgend etwas süchtig sei und warum das ausgerechnet bei Jugendlichen so schlimm sein soll, wenn sie das doch so „harmlose Haschisch" verbrauchen wollten.

Spätestens an diesem Punkt der Diskussion sollten sich Eltern ihres eigenen Konsumverhaltens bewußt werden:

- Wie selbstverständlich ist die tägliche Flasche Bier oder Wein geworden?
- Wie oft genehmigen Sie sich ein Schnäpschen nach dem Essen?
- Lechzen Sie nach jeder Mahlzeit nach einer „Verdauungszigarette"?
- Halten Sie eine Einladung ohne alkoholische Getränke überhaupt für denkbar?
- Welchen Stellenwert haben bei Ihnen Trinkrituale wie Frühschoppen, Stammtisch, Volksfeste, Weinproben etc.?
- Müssen Sie immer wieder „Raucherpausen" einlegen?
- Können Sie keinen Tag ohne Fernsehen auskommen?
- Bestimmt das Fernsehprogramm Ihren Tagesablauf?
- Greifen Sie bei Wehwehchen und Unpäßlichkeiten schnell zur Pille?
- Geben Sie Ihrem Schulkind womöglich Medikamente zur Konzentrationssteigerung?

Wenn Sie sich diese Fragen gestellt haben, dann wird Ihnen sicher bewußter sein, wieviel Sie sich selber an Alltagsdrogen genehmigen oder wie Sie selber damit umgehen. Sobald Sie dies erkannt haben, wird es Ihnen leichterfallen, Ihr Verhalten zu ändern. Das muß nicht im vollkommenen Verzicht von Genußmitteln enden. Es ist schon sehr viel getan, wenn Sie selber lernen, damit maßvoll umzugehen:

- Machen Sie aus dem Trinken von Alkohol kein Ritual. Verzichten Sie ruhig mal auf Ihr Glas Wein zum Essen oder auf das Bier zum Fernsehen. Sagen Sie vor Ihrem Kind auch nie: „Ich brauche jetzt einen Schnaps/ein Bier/Wein!" Damit tun Sie Ihre Abhängigkeit kund.
- Sorgen Sie dafür, daß Sie immer eine ansprechende Auswahl an nichtalkoholischen Getränken im Haus haben (Säfte, Tees, Milch, Mineralwasser etc.).
- Betrinken Sie sich nicht vor Ihren Kindern.
- Machen Sie sich einen Sport daraus und üben Sie Verzicht. Sie werden sehen, wie angenehm eine Woche ohne Alkohol, Nikotin oder Fernsehen sein kann.

Wenn Ihr Kind schon von frühester Kindheit an damit aufwächst, daß Alkohol und Nikotin in seiner Familie nicht zu unabdingbaren täglichen Gewohnheit gehören, dann verbindet es diese Drogen nicht mit dem Erwachsenenleben. Auch leben Sie ihm glaubhaft vor, daß man ohne regelmäßigen Verbrauch von legalen Drogen auskommen kann. Dies ist eine gute Voraussetzung dafür, daß die Kinder keine gewohnheitsmäßigen Drogenkonsumenten werden. Eine sichere Gewähr ist es natürlich nicht. Auch Kinder aus entsprechend vorbildlichen Familien können drogenabhängig werden.

Da nur das gute Vorbild der Eltern alleine nicht ausreicht – allerdings eine gute Voraussetzung ist –, müssen Sie Ihr Kind auch dazu befähigen, mit Genußmitteln maßvoll umzugehen. Damit sollten Sie nicht erst beginnen, wenn das Kind seinen ersten Griff zur Zigarette bereits getan hat. Schon im Kleinkindalter sollten Sie Ihr Kind an den maßvollen Umgang mit Genußmitteln heranführen. Zu den Genußmitteln in diesem Sinne zählen alle Sachen, die gut schmecken, Freude machen und Lustgewinn verschaffen: Süßigkeiten, Fernsehen, Spiele etc.

Wichtig ist, daß Sie Ihrem Kind Genußmittel nicht generell verbieten, es soll ja auch seinen Spaß an etwas haben dürfen. Jedoch sollten Sie es auf keinen Fall zu einer körperlichen oder seelischen Abhängigkeit kommen lassen. Darauf müssen Sie immer ein Auge haben. Spätestens sobald Sie bei Ihrem noch kleinen Kind bemerken, daß es ohne diese Dinge schlecht gelaunt ist, müssen Sie Grenzen setzen. (Über den maßvollen Umgang speziell mit Süßigkeiten können Sie sich unter 2.2.7. in diesem Kapitel informieren.) Gewöhnen Sie Ihr Kind nicht daran, daß es alle seine Wünsche automatisch erfüllt bekommt. Lassen Sie es zwischen zwei Spielzeugen wählen, anstatt gleich beide zu kaufen. Wenn Ihr Kind dann größer ist, können Sie es, wie im folgenden geschildert, zum maßvollen Umgang mit Genußmitteln ermuntern:

– Zeigen Sie selber Verzicht bei Genußmitteln und verlangen Sie dies auch von Ihrem Kind.
– Bieten Sie Ihrem Kind nicht an, alkoholische Getränke oder Zigaretten zu versuchen, bevor es selber überhaupt ein Verlangen danach äußert.
– Halten Sie immer ein attraktives Angebot an alkoholfreien Getränken bereit, und bieten Sie immer diese zuerst an.
– Sprechen Sie mit Ihrem Kind über die Wirkungsweise von Alkohol. Abschreckende Beispiele dürfte es auch in Ihrer Umgebung geben.
– Vermeiden Sie zu rauchen. Falls Sie davon nicht lassen können, sollten Sie Ihrem Kind dennoch von der Schädlichkeit des Rauchens erzählen und welche Schwierigkeiten Sie damit haben aufzuhören.

- Falls Ihr Kind bereits raucht, dann maßregeln Sie es nicht. Argumentieren Sie überzeugend und sprechen Sie mit dem Kind über die gesundheitlichen Gefahren des Rauchens: Lungenkrebs, Herzinfarkt, Schlaganfall, Raucherbein, Bronchitis, Magengeschwüre, Abbau der Mundschleimhaut, Verlust des Geschmackssinnes, welke Haut, Wachstumsstörungen etc.
- Bieten Sie Ihrem Kind Alternativen zum Genuß von Alkohol, Nikotin oder anderen Drogen.

Dies sind Möglichkeiten, dem Drogenkonsum unmittelbar vorzubeugen. Eltern haben aber auch die Möglichkeit, die Erziehung ihres Kindes von Beginn an so anzulegen, daß es erst gar nicht dafür anfällig wird, einmal Drogen zu konsumieren. Dafür gilt es einige Erziehungsgrundsätze zu beachten.

Stärken Sie das Selbstvertrauen des Kindes

Kinder, die Selbstvertrauen haben, bringen den Mut auf, auch mal „Nein“ zu sagen und Konflikte zu lösen. Selbstvertrauen kann man folgendermaßen fördern:
- Fördern Sie die Entdeckungslust Ihres Kindes und hemmen Sie es nicht durch Ihre Überängstlichkeit (vor Unfällen müssen Sie es natürlich immer bewahren).
- Loben Sie Ihr Kind für seine Tätigkeiten; kritisieren Sie es nicht ohne konstruktive Verbesserungsvorschläge.
- Nehmen Sie die Ängste Ihres Kindes ernst, sprechen Sie mit ihm darüber und führen Sie es an Lösungsmöglichkeiten heran.
- Lassen Sie Ihr Kind die Wochenend-, Urlaubs und Wohnungsgestaltung mitbestimmen, besonders natürlich das Kinderzimmer.
- Erkennen Sie die Bilder und die Bastelarbeiten Ihrer Kinder an, indem Sie sie in Ihrer Wohnung aufhängen und ausstellen.
- Lassen Sie sich auch einmal von Ihrem Kind beraten, wenn es Ihnen auf bestimmten Gebieten überlegen ist.
- Fördern Sie Kontakte und Freundschaften Ihres Kindes zu anderen Menschen und laden Sie diese auch zu sich nach Hause ein.
- Hat Ihr Kind Mißerfolge, dann ermutigen Sie es dazu, diese aus eigener Kraft zu überwinden. Räumen Sie ihm nicht vorschnell Schwierigkeiten aus dem Weg.

Fördern Sie die Eigeninitiativen Ihres Kindes

- Lassen Sie Ihr Kind Interessen und Hobbys eigenständig suchen; wenn es will, beraten Sie es natürlich dabei.
- Sagen Sie zu Vorhaben Ihres Kindes nicht einfach „Nein!“, sondern wägen Sie sorgfältig zuerst alle Vor- und Nachteile ab.
- Freuen Sie sich, wenn Ihr Kind eine eigene Meinung hat und sie durchsetzt, solange es nicht zum eigenen Schaden oder dem anderer gereicht.
- Übertragen Sie Ihrem Kind sinnvolle Aufgaben in Haushalt und Familie. Vermitteln Sie ihm das Gefühl, daß es gebraucht wird.

Fördern Sie soziale Kontakte

- Pflegen Sie Umgang mit Nachbarn, Freunden, Bekannten, Verwandten und laden Sie diese auch zu sich ein.
- Unternehmen Sie gemeinsam mit Ihren Kindern und anderen Familien etwas.
- Engagieren Sie sich an der Schule Ihres Kindes (Elternbeirat, Schulfeste etc.).
- Fördern Sie die Freizeitkontakte Ihrer Kinder (Sportverein, Orchester, Theatergruppe etc.).

Mit all diesen Anregungen können Sie die Drogengefährdung Ihres Kindes vermindern. Patentrezepte, um sie mit Sicherheit auszuschließen, gibt es nicht. Entscheidend ist letztenendes immer der erste Schritt zum Probieren, der fast immer unter dem Eindruck des „Gruppenzwanges“ vollzogen wird. Wenn im Freundeskreis Rauschgift genommen wird, dann ergibt sich bald eine Gelegenheit, es auch mal zu versuchen. Man möchte ja schließlich wissen, „wie das ist“, und auch mitreden können. Außerdem denken die meisten, daß es ihnen nicht passieren kann, selber abhängig zu werden. Bei vielen Drogen macht jedoch schon die erste „Probe“ abhängig und zieht zwangsläufig eine langjährige Drogenabhängigkeit nach sich, an deren Ende nicht selten der Tod steht.
Achten Sie deshalb darauf, welchen Umgang Ihr Kind pflegt, und versuchen Sie ihn so positiv wie möglich zu beeinflussen. Dafür ist es wichtig, daß Sie mit Ihrem Kind immer im Gespräch bleiben, damit Sie rechtzeitig merken, wenn „etwas nicht stimmt“, und damit ist nicht einfach nur gemeint, wenn das Kind schon Drogen nimmt, sondern wenn es Probleme hat, die dazu führen könnten, daß es Drogen nimmt.

Im akuten Fall von Drogenkonsum Ihres Kindes sollten Sie der Realität ins Auge blicken und sich umgehend an eine Drogenberatungsstelle wenden, am besten gemeinsam mit dem Kind.
Hilfe für Betroffene bieten an:

- die sozialen Dienste der Kirchen (Caritas, Diakonisches Werk) und von Wohlfahrtsverbänden (Deutscher Paritätischer Wohlfahrtsverband),
- Drogenberatungsstellen,
- Suchtkrankenhilfe,
- Jugendämter von Stadt, Gemeinde oder Kreis,
- Telefonseelsorge.

Über die Telefonauskunft der Bundespost oder Ihr Telefonbuch kommen Sie an die entsprechenden Telefonnummern. Bei diesen Stellen können Sie Adressen erfragen, die Ihnen weiterhelfen. (Auch am Ende dieses Kapitels finden Sie Adressen von Beratungsstellen.)

2.5 Altersunabhängige Probleme

2.5.1. Sexueller Mißbrauch von Kindern

Einer Mutter fiel auf, daß ihr sechs Monate alter Säugling eine Zeitlang an den Innenseiten der Oberschenkel blaue Flecken hatte und hysterisch zu weinen anfing, wenn sie die Windeln wechseln wollte. Nachdem sie eine Tagesmutter für ihr Baby gefunden hatte, hörte das allmählich auf. Sie vermutet jetzt, daß der Babysitter, den sie vorübergehend engagiert hatte, das Baby wohl sexuell mißbraucht hat. Beweisen konnte sie das allerdings nie.
Der vierjährige Denis war immer auffallend verschlossen, wenn er aus der Nachbarwohnung vom Spielen kam. Er ging seinen Eltern aus dem Weg, wollte auch nichts essen und zog sich auf sein Zimmer zurück. Nachdem die Mutter ihn immer wieder ausfragte, erzählte er dann nach einiger Zeit, daß der Nachbar sein eigenes Kind und ihn gezwungen hatte, seinen Penis in den Mund zu nehmen. Er hatte den Kindern gedroht, ihre Mütter würden sie in ein Kinderheim stecken, wenn sie jemals etwas verraten würden.
Die achtjährige Sabrina ist plötzlich verschlossen und hat kein Interesse mehr daran, mit Freundinnen zu spielen. In der Schule wirkt sie abwesend und ihre Leistungen lassen auffällig nach. Als ihre Mutter sie fragt, was denn mit ihr los sei, reagiert sie gereizt und zieht sich noch mehr zurück. Eines Tages kommt ihre Mutter früher von der Arbeit nach Hause und

überrascht ihren Freund dabei, wie er mit dem Kind zusammen ein Pornovideo ansieht und sich dabei selber befriedigt.
Die vierzehnjährige Doris steht eines Tages vor der Tür ihrer Tante und bittet sie, bei ihr wohnen zu dürfen. Seit zwei Jahren wird sie von ihrem Vater sexuell mißbraucht. Er hat ihr gedroht, sie umzubringen, wenn sie etwas verrät. Gestern kam die Mutter dahinter, aber die hält zum Vater, weil die Familie auf sein Einkommen angewiesen ist. Außerdem schiebt sie Doris die Schuld zu, weil sie sich angeblich aufreizend kleidet. Doris hält die Spannungen nicht mehr aus und flüchtet aus dem Elternhaus.

Sexuellen Mißbrauch an Kindern kann es überall geben: in allen Familien und bei Kindern jeden Alters. Sexuellen Mißbrauch gab es auch schon immer, nur hat man lange Zeit zu diesem Thema geschwiegen. Erst in den letzten Jahren traten Opfer mutig an die Öffentlichkeit und erzählten von den seelischen Wunden, die ihnen als Kind zugefügt wurden und an denen sie auch noch als Erwachsene zu leiden haben, oder schreiben darüber. Seither ist die Öffentlichkeit hellhörig geworden, und es werden immer mehr Fälle gemeldet.

Nahm man früher an, Kinder wären vornehmlich durch Fremde gefährdet, so ist heute durch die Tatsachenberichte und Erhebungen sicher, daß die größte Gefährdung für Kinder aus dem Familien- und Bekanntenkreis kommt und nahezu ausschließlich von Männern. In gut siebzig Prozent der Fälle ist der Täter der Vater oder der Stiefvater, in bis zu dreißig Prozent der Fälle der Onkel, Großvater, Bruder, Nachbar oder ein anderer Bekannter der Familie des Kindes. Nur in etwa fünf Prozent der Fälle sind Fremde verantwortlich. Dies bedeutet auch, daß der Kindesmißbrauch in der Regel nicht von irgendwelchen zwielichtigen Gestalten, die hinter Hecken oder in dunklen Hauseingängen lauern, begangen wird, sondern von netten Menschen, denen man so etwas nie zutrauen würde und die zum nahen Umfeld der Familie gehören. Da für diesen Personenkreis natürlich viel Ehre und Ansehen auf dem Spiel steht, falls ihr Treiben an den Tag kommt, sind sie auch darauf bedacht, daß ihnen nichts nachgewiesen werden kann. Deshalb darf man sich Kindesmißbrauch nicht vornehmlich als Geschlechtsverkehr mit einem Kind vorstellen. Das kommt natürlich auch vor, besonders bei größeren Kindern, hinterläßt aber Spuren, die gegebenenfalls medizinisch leicht nachgewiesen werden können. Es ist meistens so, daß sich die Täter auf das Alter des Kindes einstellen und in den sexuellen Handlungen entsprechend erfindungsreich sind. Das heißt, sie lassen sich ihre Geschlechtsorgane von den Kindern berühren, entkleiden die Kinder, onanieren vor oder an ihnen, machen Fotos oder nehmen Filme auf mit den nackten Kindern etc. Oft sind es also Handlungen, die keine erkennbaren körperlichen Spuren hinterlassen, sich auf den seelischen Zustand des Kindes aber um so verheerender auswirken und es bis in sein Erwachsenenleben hinein, vielleicht auch für sein ganzes Leben, zeichnen. Hinzu kommt noch, daß die Kinder von den Tätern erpreßt werden, damit sie ja niemandem etwas darüber sagen. Die Täter lasten dem Kind enorme Schuldgefühle auf, indem sie ihm etwa androhen, es wäre schuld daran, wenn er sich umbringen müßte oder ins Gefängnis gehen, oder das Kind beziehungsweise alle Geschwister müßten dann von der Familie weg und in ein Heim, die Familie würde auseinanderbrechen, müßte in Armut leben, die Leute würden mit Fingern auf sie zeigen, ihre Mutter würde sie hassen und dergleichen mehr.

Besonders schlimm wird es für ein mißbrauchtes Kind, wenn es erkennen muß, daß es auch von seiner Mutter keine Hilfe erwarten kann. In vielen Fällen kuschen die Frauen, weil sie auf das Einkommen des Vaters und Ehemannes, des Stiefvaters ihrer Kinder oder ihres Lebensgefährten angewiesen sind und den erreichten Lebensstandard nicht missen mögen. Schlimm wird es auch für ein Mädchen, das nun von der Mutter als Konkurrentin um die Gunst des Vaters bekämpft wird. Solche Kinder müssen sich sehr alleingelassen fühlen, wenn sie gerade von den wenigen Personen, die sie eigentliche beschützen müßten und denen sie am vertrautesten sein müßten, so behandelt werden.

Mütter mißbrauchter Kinder sind aber oft in einer besonders schwierigen Lage, nicht nur wegen der materiellen Abhängigkeit vom Täter. Nein, sie werden oft von der eigenen Familie mitverantwortlich gemacht, indem man ihr etwa vorwirft, sie käme ihren „ehelichen Pflichten" ungenügend nach, sie kümmere sich nicht genug um das Kind oder sie wolle ihrem Mann übel etc. Deshalb stehen oft auch Mütter, die ihren Kinder beistehen und sie vor weiterem Mißbrauch schützen wollen, alleine da.

Hinzu kommt noch eine extreme seelische Belastung für das Kind, falls der Mißbrauch wirklich offensichtlich wird oder es sich an jemanden um Hilfe wendet: Dann wird nämlich das Kind automatisch zum Ankläger gegen den Vater, Onkel, Großvater etc. und damit zum Zerstörer einer – nach außen hin! – ehrbar scheinenden Familie. Außerdem muß das Kind fürchten, von der Familie getrennt zu werden. In vielen Fällen wird nämlich das betroffene Kind, zum eigenen Schutz sozusagen, aus der Familie „herausgenommen" (Heimerziehung) und nicht der Übeltäter! Deshalb ziehen es viele Opfer vor zu schweigen und ihr Schicksal lieber weiter zu ertragen, nicht zuletzt wegen der oftmals massiven Drohungen und weil ihnen eingeredet wurde, selber an allem schuld zu sein.

Deshalb gibt es auch keine genauen Aussagen darüber, wieviel Mädchen und Jungen tatsächlich mißbraucht werden. Die Annahmen schwanken zwischen 13.000 und 300.000 mißbrauchten Kindern jährlich allein in der Bundesrepublik! Aber gleichgültig wieviele es wirklich sind: Jedes sexuell mißbrauchte Kind ist eines zu viel, und die Wunden, die sexueller Mißbrauch in die Seele des Opfers schlägt und die es ein Leben lang mit sich herumträgt, können nicht in Zahlen ausgedrückt werden.

Wann kann man von sexuellem Mißbrauch sprechen?

Viele Eltern, die gerne mit ihren Kindern schmusen, sind jetzt vielleicht verunsichert. Ist es schon sexueller Mißbrauch, wenn der dreijährige Moritz mit seinem Papa badet und dabei dessen Penis berührt? Mißbrauchen Herr und Frau Mustermann ihre Kinder, wenn sie jeden Sonntagmorgen im Familienbett mit ihnen schmusen? Wie ist es zu bewerten, wenn die verwitwete Frau Z. sich nachts manchmal heimlich zu ihrem vierzehnjährigen Sohn ins Bett legt, in der Hoffnung, er merkt nichts, einfach weil sie menschliche Wärme vermißt und sie nun bei ihrem Sohn sucht? Die vierjährige Biggi möchte gerne wieder mal an Mamas Busen nuckeln, weil es das neue Baby auch darf. Begeht ihre Mama sexuellen Mißbrauch, wenn sie Biggi das tun läßt?
In vielen Fällen kann man von natürlichem Interesse eines Kindes am Körper Erwachsener sprechen. Solange das Kind Berührungen und Fragen in altersgemäßer Art stellt und diese sachlich und ohne Umschweife erklärt werden, handelt es sich gewiß nicht um Mißbrauch.
Die Grenzen sind aber durchaus fließend. Am Beispiel des dreijährigen Moritz, der mit seinem Papa badet und dabei dessen Penis befühlen möchte, läßt sich dies anschaulich machen: Solange es dabei sachlich zugeht, und Papa Moritz' Fragen beantwortet: „Warum sind da Haare dran?", „Wird mein Penis auch mal so?" etc., damit die Sache erledigt ist und beide dann wieder mit den Schwimmtieren spielen, gibt es daran nichts auszusetzen. Wenn aber Papa gerne mit Moritz badet, weil dieser immer mit seinem Penis spielt, dann mißbraucht er sein Kind, da er daraus sexuelles Vergnügen zieht.
Auch die bei Kindern üblichen Doktorspiele sind harmlos, solange sie unter Gleichaltrigen stattfinden. Es kann dann zum Mißbrauch werden, wenn unter den Kindern ein großer Altersunterschied besteht: wenn ein Dreizehnjähriger mit einem Fünfjährigen spielt, wenn die Kinder nicht

freiwillig mitmachen oder wenn die Kinder dabei auf voyeuristische Art beobachtet werden.
Eltern sollten sich daher bewußtmachen, welche Gefühle sie beim Köperkontakt mit ihren Kindern empfinden. Schmusen und Kuscheln ist so lange harmlos, wie keine sexuelle Befriedigung für den Erwachsenen daraus entsteht. Sobald Sie sexuelle Erregung bei der Berührung oder dem Anblick eines Kindes spüren, müssen Sie sich selber eine Schranke setzen und umgehend Abstand davon nehmen.

Welche Formen von sexuellem Mißbrauch gibt es?

Sexuelle Handlungen an Kindern:
- Der kindliche Körper wird zur sexuellen Befriedigung gebraucht: Am kindlichen Körper wird onaniert, Oralverkehr praktiziert, das Kind muß die Geschlechtsteile des Erwachsenen berühren.
- Es wird am Geschlechtsteil des Kindes herumgespielt.
- Es wird Geschlechtsverkehr, auch Analverkehr, praktiziert.
- Das Kind wird beim Entkleiden heimlich beobachtet.

Sexuelle Handlungen vor einem Kind:
- Dem Kind werden Geschlechtsteile vorgezeigt.
- Es wird mit obszönen Telefonanrufen belästigt.
- Es muß pornographische Abbildungen und Filme ansehen oder Kassetten hören.

Das Kind wird zu sexuellen Handlungen mit Dritten gezwungen:
- Das Kind muß sexuelle Handlungen mit einer anderen Person, etwa mit einem anderen Kind, ausführen, der Täter sieht dabei zu.
- Das Kind muß bei der Herstellung pornographischer Medien mitwirken, allein, mit anderen Kindern oder Erwachsenen.
- Das Kind wird zur Prostitution gezwungen.

Welche Anzeichen können auf sexuellen Mißbrauch eines Kindes hindeuten?

Da es in den meisten Fällen keine sichtbaren körperlichen Anzeichen für sexuellen Mißbrauch an den Kindern gibt, und sie, wie gesagt, nur schwer darüber zum Sprechen zu bringen sind, sollten Sie auf bestimmte Verhaltensweisen achten, die bei betroffenen Kindern besonders häufig vorkommen.

- Das Kind leidet unter Schlafstörungen.
- Es bekommt Eßstörungen.
- Die Schulleistungen lassen rapide nach.
- Es kapselt sich von seinem Freundeskreis ab.
- Es wird launisch: Mal ist es aggressiv, dann wieder deprimiert.
- Es hat vor einer bestimmten Person auffallend große Furcht.
- Es entwickelt sich zurück: Es näßt ein, fängt an zu lispeln oder zu stottern etc.
- Es zeigt ein für sein Alter auffallendes Sexualverhalten.
- Es macht immer wieder Andeutungen wie „Der Onkel Erwin hält mich immer fest" oder „Bei Herrn Meier muß ich mich immer auf den Schoß setzen".

Was können Sie tun, wenn Sie vermuten, daß Ihr Kind sexuell mißbraucht wird?

- Lassen Sie Ihr Kind nicht mit der verdächtigten Person alleine.
- Fragen Sie Ihr Kind ruhig und ganz direkt nach der Ursache seiner Ängste oder seiner Verletzungen.
- Sagen Sie ihm deutlich, daß Sie ihm nicht böse sein werden und ihm auf jeden Fall helfen, wenn es Ihnen sein Geheimnis erzählt.
- Nehmen Sie die Erzählungen des Kindes ernst. Besonders kleine Kinder können sich sexuellen Mißbrauch nicht ausdenken.
- Reagieren Sie dann aber ruhig und überlegt, trotz aller berechtigten Empörung und Wut! Sie könnten das Kind sonst einschüchtern, und es erzählt Ihnen überhaupt nichts mehr.
- Konfrontieren Sie den Täter nicht sofort mit dem Verdacht. Er wird mit Sicherheit leugnen und das Kind noch mehr unter Druck setzen.

Handeln Sie!

Wägen Sie gut ab, ob Sie den Fall zur Anzeige bringen oder sich lieber an eine Beratungsstelle wenden. Gehört der Täter zum engen Familienkreis, dann schrecken viele vor einer Anzeige zurück, und das mit Recht. Oft wird dadurch eine Maschinerie in Gang gesetzt (polizeiliche Vernehmungen, Strafverfahren, Heimerziehung etc.), die dem Kind letzten Endes mehr schadet als nützt. Deshalb wurde eine alternative Kinderschutzarbeit entwickelt, die nach dem Grundsatz „Hilfe statt Strafe"

arbeitet. Wenden Sie sich daher an eine Beratungsstelle. Zögern Sie nicht!
Dort finden Sie und Ihr Kind auch seelischen Beistand, und falls nötig und möglich, kann das Kind vorübergehend in einer Kinderwohngruppe unterkommen, bis der Täter aus der Familie weggeht oder sich einer Therapie unterzieht. Oft ist es nämlich gar nicht nötig, die Familie auseinanderzureißen, wenn der Täter den Mißbrauch einsieht und bereit ist, sich helfen zu lassen. Adressen von Beratungsstellen können Sie von Ihrer Stadt- oder Gemeindeverwaltung, von Pfarrämtern oder von der Telefonseelsorge erhalten oder einfach im Telefonbuch nachschlagen. Die Beratung erfolgt anonym und kostenlos.

Das Kind vor sexuellem Mißbrauch bewahren

- Lehren Sie Ihr Kind, nein zu sagen, und üben Sie dies auch im täglichen Umgang mit dem Kind.
- Gestehen Sie Ihrem Kind von klein auf das Selbstbestimmungsrecht über seinen Körper zu. Es muß sich von niemandem berühren oder küssen lassen, wenn es das nicht will!
- Besprechen Sie sich mit Ihrem Kind, wie es sich bei Annäherungsversuchen von Fremden, aber auch von Bekannten verhalten soll. Um sich vor Schaden zu bewahren, darf das Kind sich nicht scheuen, Höflichkeitsregeln zu verletzen.
- Es soll wissen, daß Liebe nicht gleichbedeutend ist mit körperlichem Kontakt.
- Klären Sie Ihr Kind rechtzeitig auf. Kinder, die die Geschlechtsteile benennen können, tun sich leichter, über deren Berührungen zu reden. Besonders sollten Sie auch das Inzesttabu betonen: Sexuelle Handlungen gibt es in der Familie nur zwischen Mutter und Vater, nicht aber zwischen Eltern und Kindern oder anderen Verwandten und den Kindern.
- Bauen Sie zu Ihrem Kind von Anfang an ein Vertrauensverhältnis auf. Es muß wissen, daß es Ihnen alles erzählen kann, was es bedrückt, ohne Angst vor Strafe.
- Sehen Sie in Ihrem Kind eine vollwertige Persönlichkeit, deren Würde genauso unantastbar ist wie die eines Erwachsenen. Kinder dürfen nicht zur Bedürfnisbefriedigung Erwachsener herangezogen werden.
- Glauben Sie nicht Fremden mehr als Ihrem eigenen Kind.
- Geben Sie Ihr Kind nur Personen in Obhut, denen Sie absolut vertrauen. Lassen Sie sich einen Babysitter am besten von Bekannten empfeh-

len. Machen Sie aber dennoch „Stichproben“: Kehren Sie immer mal wieder zufällig früher zurück.
- Vorsicht ist auch bei Partnerschaftsanzeigen oder bei Wohnungsangeboten geraten, die sich bevorzugt an Frauen mit Kind wenden. Dahinter haben sich schon häufig Menschen mit eindeutiger Absicht versteckt.

Diese Vorschläge sind Anregungen. Sicheren Schutz vor sexuellem Mißbrauch können sie nicht bieten. Es fallen Ihnen aber bestimmt noch mehr Vorsichtsmaßnahmen ein, die ganz auf Ihre Situation zugeschnitten sind, um Ihr Kind effektiv zu schützen.

2.5.2 Fernsehen und Video – Wie geht man kinder- und familienfreundlich damit um?

Wie jeden Abend wechselt Herr M. mit seiner zehnjährigen Tochter Sophie vor dem Einschlafen noch ein paar Worte, gibt ihr einen Gute-Nacht-Kuß und löscht das Licht aus. Dann geht er ins Wohnzimmer und sieht sich im Fernsehen einen Film an. Nach einer Stunde geht die Tür auf, und herein kommt Sophie: „Papa, ich kann nicht einschlafen.“ – „Was, du hast noch nicht geschlafen? Morgen ist doch so früh Schule. Trink noch etwas Wasser und dann leg' dich wieder hin und schlafe.“ Sophie verschwindet, kommt aber nach kurzer Zeit wieder. „Papa, steckst du das Nachtlicht an? Ich kann bei der Dunkelheit nicht einschlafen.“ Herr M. wundert sich, da seine Tochter normalerweise keine Einschlafprobleme hat. Aber da er auch nicht jeden Tag gleich gut einschläft, macht er sich keine weiteren Gedanken darüber. Außerdem möchte er den Film ja noch zu Ende sehen und kommt daher dem Wunsch seiner Tochter schnell nach. Sophie schläft endlich ein.
Am nächsten Tag verlangt Sophie gleich vor dem Schlafengehen nach dem Nachtlicht. Und jetzt forscht Herr M. doch nach der Ursache ihres Wunsches. „Warum möchtest du es jetzt plötzlich hell haben zum Einschlafen?“ – „Weil ich im Dunkeln immer das Gesicht von der Frau sehe.“ – „Von welcher Frau denn?“ – „Von der blassen Frau. Vor den Nachrichten kam doch so eine Filmvorschau ...“ – „Ach, der Film mit Bette Davis!! ... Das habe ich fast befürchtet. Sophie, das ist eine Schauspielerin gewesen, und die haben sie für den Film nur so unheimlich zurechtgeschminkt. Ich zeige dir mal ein Foto, auf dem sie ganz anders aussieht. Aber daß dir das Angst gemacht hat, das sehe ich ein. Ich fand den Filmausschnitt auch unheimlich. Weißt du was, wir schreiben an den Sender, daß die so früh

am Abend, wenn Kinder noch auf sind, noch nicht so gruselige Sachen senden sollen."

Zwei Mütter unterhalten sich: „Bei Tommi ist es jetzt zur Gewohnheit geworden, nachmittags, wenn er vom Kindergarten heimkommt, fernzusehen. Nachmittags kommen ja immer Zeichentrickfilme, da legt er sich dann mit seiner Trinkflasche aufs Sofa, und ich kann in der Zwischenzeit in der Küche das Abendessen herrichten. Hinterher ist er aber manchmal ganz schön übel gelaunt." – „Bei uns war das auch so, bis vor kurzem aber nur. Einmal kam meine Mutter gerade vorbei und sah Marco vor dem Fernseher liegen, während ich in der Küche werkelte. Dann sagte sie: ‚Der macht das schon wie Opa. Wenn der vom Geschäft kommt, dann entspannt er sich auch erst mal vor dem Fernseher.' Das hat mir dann gereicht. Mein Vater hat meiner Mutter noch nie im Haushalt geholfen, was mich immer schon geärgert hat. Ich möchte nicht, daß Marco auch so wird. Deshalb habe ich den Fernseher jetzt ins Arbeitszimmer abgestellt, und Marco darf sich in seinem Zimmer oder auf dem Balkon ausruhen." – „Und das hat er mit sich machen lassen?" – „Ja, eigentlich ohne besondere Schwierigkeiten. Anfangs hat er schon nach dem Fernseher gefragt. Aber ich habe ihm dann geantwortet, wir schauen zur Zeit alle weniger fern und deshalb habe ich den Apparat weggestellt. Das hat er akzeptiert. Und jetzt kommt er nach dem Ausruhen in die Küche und schaut mir zu, und manchmal hilft er auch mal mit." – „Beachtlich. Das könnte ich mit Tommi nicht machen." – „Versuch' es doch einfach!" – „Schon. Aber eigentlich habe ich in der Küche lieber meine Ruhe."

In 98 % aller bundesdeutschen Haushalte steht mindestens ein Fernsehgerät. Daher ist anzunehmen, daß es heutzutage kaum Kinder und Jugendliche gibt, die keine Fernseherfahrung haben.

Mehr als die Hälfte aller Kinder unter drei Jahren hat bereits ferngesehen. Fast alle Kinder zwischen drei und sechs Jahren sitzen oft länger als zwei Stunden pro Tag vor dem Fernsehapparat und größere Kinder und Jugendliche verbringen zumeist mehr Zeit vor dem Fernseher als in der Schule.

Besonders Kinder, die durch Verkabelung, Satellitenfernsehen oder Videorecorder eine große Programmauswahl haben, sehen mehr fern als Kinder, denen nur drei Programme zur Verfügung stehen. Nicht vergessen sollte man darüber jedoch auch die anderen Medien, die unseren Kindern in den meisten Haushalten zugänglich sind: Radio, Kassettenrecorder, Walkman, Computer. Auch sie nehmen großen Raum in der Freizeitgestaltung der Kinder ein. Diese Medien haben eine hervorstechende Eigenschaft gemeinsam: sie werden konsumiert. Die Konsumenten dieser Me-

dien “ziehen sich einen Film/Videoclip/ein Computerspiel etc. rein“, um es umgangssprachlich auszudrücken. Da diese Medien leicht zu konsumieren sind, schnellen Genuß bieten, unüberschaubar zur Verfügung stehen, doch andererseits nie anhaltend befriedigen in ihrer Wirkung, besteht leicht die Gefahr, daß man danach süchtig wird.
Da Kinder und auch Jugendliche durch Nachahmung lernen, orientieren sie sich in viel stärkerem Maße als Erwachsene an dem, was sie an Anregungen von außen erhalten. Wenn Medien in der Erziehung großen Raum einnehmen, dann können sie auch starken Einfluß auf das Verhalten der Kinder ausüben. So ist es auch nicht verwunderlich, wenn wir immer wieder in der Presse nachlesen können, wie Kinder oder Jugendliche nach Art eines Grusel- oder Kriminalfilmes versucht haben, jemanden zu töten, um zu sehen, „wie das ist“. So kommt es durchaus vor, daß zehnjährige Kinder ein dreijähriges zu Tode foltern oder vierzehnjährige Schüler einen schwächeren im Pausenhof bis zur Bewußtlosigkeit verprügeln und treten, nur um das nachzuspielen, was ihnen im Film „vorgelebt“ wird.
Das Wort „vorgelebt“ trifft hier deswegen zu, weil Kinder, jedenfalls ohne entsprechende Hinweise, nicht zwischen Realität und Scheinwelt unterscheiden können und glauben, alles sei Schein oder alles sei Realität und die Schlägerhelden, die nach einem Kampf fast unversehrt wieder aufstehen, seien real.
Bilder eines Krieges in Nachrichten sind real, Kriegsszenen in einem Film nicht, Schlägereien in Nachrichten oder Dokumentationen zeigen Realität, Schlägereien im Kriminalfilm nicht, etc. Kinder müssen entsprechend vorbereitet werden. Es gibt Kinder, die auf ihre Mitschüler brutalst einschlagen, und danach gefragt, warum sie dies tun und daß dies dem Mitschüler ja weh tue, antworten, im Fernsehen oder im Videofilm hätte es eine ähnliche Szene gegeben und der Betroffene sei danach, kaum verletzt, wieder aufgestanden.
Zwar sind dies sicherlich Fälle und Reaktionen, die in ihrer Brutalität herausragen und im Moment noch nicht alltäglich sind, doch wohin soll es führen, wenn schon Zweijährige, um beschäftigt zu werden, bereits um acht Uhr morgens vor den Fernseher gesetzt werden. Und solche Fälle gibt es. Es zeichnet sich eine Entwicklung ab, die bei Kindern und Jugendlichen ein immer brutaleres Verhalten erkennen läßt. Besorgniserregend daran ist auch, daß sich immer öfter Kinder nicht einfach nur gegenseitig verprügeln und dann vom Gegner ablassen, sobald der aufgibt, sondern auch dann gnadenlos auf den anderen weiter eindreschen, bis er auf übelste Weise zugerichtet ist. Das hat mit den Rangeleien, Raufereien früherer Zeiten nichts mehr zu tun. Hier ist eine andere Qualität, und natürlich im

negativen Sinne, erreicht. Ebenso ist in Studien belegt, daß Kinder und Jugendliche, die viel brutale Filme sehen, einen deutlichen Hang zu gewalttätigem oder gar kriminellem Handeln zeigen. Da aber nicht jedes Kind, das brutale Filme sieht, verhaltensauffällig wird, darf man annehmen, daß es auch auf die Lebensumstände des Kindes ankommt, damit der Fernsehkonsum negative Wirkung ausüben kann. Generell kann man sagen, daß die schlechten Auswirkungen mit Sicherheit dann auftreten, wenn sowieso schon Familienprobleme vorhanden sind.
Selbst wenn ein Kind keine meßbaren Reaktionen zeigt auf Brutalfilme, wird es dennoch in seinem Unterbewußsein berührt und negativ beeinflußt. Warum sollte man ein Kind ohne Not dem aussetzen?

Ab wann wird Fernsehen schädlich?

- Kinder unter drei Jahren sollten überhaupt nicht fernsehen, auch keine Kindersendungen. Schon eine 30-Minuten-Sendung bedeutet rund 700 Bildeinstellungen, die das Kind verkraften muß. Hinzu kommen noch Sprache und Musik. Dies bedeutet eine enorme Reizflut, die erst einmal verarbeitet werden muß, und das strengt ein Kind dieses Alters enorm an. Sie können dies daran sehen, daß Ihr Kind nach einer solchen Sendung müde ist, erschöpft oder aggressiv. Beobachten Sie ein Kleinkind einmal nach einer halben Stunde Fernsehen. Es ist mit Sicherheit alles andere als wohlgelaunt. Häufig stellen sich auch noch Schlafstörungen ein, da unverarbeitete beängstigende Bilder im Traum wiederkehren oder das Kind erst gar nicht einschlafen lassen.
- Wenn das Fernsehen an die Stelle von Freizeitvergnügungen tritt, wenn für Erlebnisse, Spielen, Basteln, Lesen, Sport, Toben oder Entspannen keine Zeit mehr bleibt.
- Wenn Kinder alleine Fernseh- oder Videoprogramme ansehen; sie werden mit ihren Ängsten alleingelassen.
- Wenn Eltern sich mit ihren Kindern nicht ausreichend beschäftigen oder mit ihnen über das reden, was ihre Kinder bewegt, oder auch einfach mal so. Man muß mit seinen Kindern ja nicht immer nur Probleme wälzen und sich über die wichtigen Dinge des Lebens austauschen; ein beiläufiges Gespräch über Belangloses schafft auch Nähe und Vertrautheit.
- Wenn es Familienprobleme (Gewalttätigkeit, Lieblosigkeit etc.) gibt.

Kann ein Kind seine Vorbilder aus dem wirklichen Leben (Mutter, Vater) nicht akzeptieren, dann holt es sie sich von anderswoher. Am leichtesten

abrufbar sind eben dann Vorbilder aus den Medien. Auch wenn nicht jeder Vielseher gleich kriminell wird, so sollten sich Eltern immer bewußt sein, daß Fernsehkonsum nie ohne (negative) Folgen bleibt. Die Bandbreite reicht von Angst, Schlaf-, Lern-, Verhaltensstörungen bis zu Haltungs- und Augenschäden.
Wenn Eltern sich verständlicherweise fragen, wie schädlich der Fernsehkonsum für ihre Kinder ist, und etwas dagegen unternehmen wollen, dann müssen sie auch ihr eigenes Medienverhalten unter die Lupe nehmen.

Welchen Stellenwert hat das Fernsehen in Ihrer Familie?

- Benutzen Sie das Fernsehen als Erziehungsmittel? Wenn Sie Ihrem Kind ein Fernsehverbot erteilen, um es zu bestrafen, dann erhält das Fernsehen dadurch eine Bedeutung, die es eigentlich gar nicht verdient.
- Richtet sich Ihr Familienleben nach bestimmten Sendezeiten? Lassen Sie wegen einer Fernsehsendung schon mal eine Einladung sausen oder richten Sie Ihre Mahlzeiten danach?
- Überspielen Sie mit dem Fernsehen Kommunikationsprobleme? Schalten Sie das Fernsehgerät ein, damit Sie mit Ihren Familienmitgliedern nicht reden müssen oder weil sonst sowieso nur gestritten wird?
- Handhaben Sie den Fernseher wie ein Herrschaftsinstrument? Halten Sie die Fernbedienung in der Hand, bestimmen Sie die Programmauswahl und der Rest der Familie muß schweigen?
- Ist der Fernsehapparat der zentrale Punkt in Ihrem Wohnzimmer? Haben sie die Gruppierung Ihrer Möbel nach ihm ausgerichtet?
- Schieben Sie Ihre Kinder vor den Fernseher ab, damit Sie ein Stündchen Ihre Ruhe haben?
- Haben Sie das Problem der Programmauswahl mit Zweit- oder gar Drittgeräten (im Kinderzimmer?) gelöst?

Seien Sie selbstkritisch, wenn Sie den Medienkonsum Ihres Kindes begrenzen wollen. Sie können von Ihrem Kind nicht mehr verlangen, als Sie selber zu leisten bereit sind. Wenn Sie jede freie Minute vor dem Fernseher verbringen, dann können Sie von Ihrem Kind keine Mäßigung verlangen. Das ist unglaubwürdig.

Wie geht man mit dem Fernseher kinder- und familienfreundlich um?

- Kinder unter drei Jahren verlangen normalerweise gar nicht danach. Bieten Sie Ihrem Kind keinesfalls das Fernsehen an, bevor es selber danach verlangt. Ihr Vorschulkind können Sie behutsam ans Fernsehen heranführen und mit ihm zusammen (!) sorgfältig ausgewählte Sendungen ansehen. Lassen Sie dies aber nicht zur täglichen Gewohnheit werden. Es reicht vollkommen – oder ist sogar eine Bereicherung –, wenn ein Vorschulkind einmal in der Woche zum Beispiel „Die Sendung mit der Maus" (Sonntagvormittag, wird am Montagnachmittag wiederholt) ansehen darf.
- Achten Sie unbedingt darauf, daß die Kinder nicht alleine fernsehen. Sie können Realität und Fiktion nicht auseinanderhalten. Deshalb ist es wichtig, wenn Sie sich mit ihren Fragen und Ängsten während und nach dem Beitrag an Erwachsene wenden können. Klären Sie Ihr Kind unbedingt über Filmtricks, Dressur- und Stuntmenszenen auf und betonen Sie den Unterschied zur Realität des Lebens im Gegensatz zur Filmgeschichte.
- Stellen Sie gemeinsam für jede Woche einen Fernsehplan auf. Besorgen Sie sich eine gute Fernsehzeitschrift – die andere Seite könnte sein, daß Ihr Kind durch die Fülle der Ankündigungen erst Geschmack am Fernsehen bekommt, was für Sie und Ihr Kind am besten ist, müssen also auf jeden Fall Sie entscheiden –, anhand der Sie eine bestimmte Anzahl von guten Sendungen aussuchen. Für jeden sollte etwas dabei sein und wenn ein Konflikt entsteht, sollte jeder einmal zu Gunsten der anderen auf einen Wunsch verzichten. Diese Abmachungen müssen auch eingehalten werden. Sendungen, die Gewalttätigkeiten beinhalten, sollten Sie auf keinen Fall auswählen.
- Reden Sie hinterher über die Sendungen, die Sie zusammen mit den Kindern gesehen haben. Besprechen Sie, was gut und was schlecht daran war, und machen Sie Ihrem Kind deutlich, daß Gewalt, auch wenn sie im Film noch so spektakulär dargestellt wird, kein Mittel zur Konfliktlösung ist, sondern lediglich eine Spirale der Gewalt in Gang setzt. Dazu gehört auch, daß Sie bewußtmachen, daß Filme immer auch nur einen begrenzten Bereich (von fiktivem Leben) zeigen; das heißt, ein Film endet zumeist nach 90 Minuten, ein Mensch muß mit seinen Problemen über längere Zeit leben als nur 90 Minuten, also muß er bedächtiger und vorausschauender vorgehen als eine Filmfigur. Wenn eine Filmfigur mit Gewalt ein für sich gutes Ende im Film herbeiführt, dann ist damit das letzte Wort gesprochen. Würde jemand versuchen,

mit Gewalt ein für sich gutes Ergebnis in einer bestimmten Sache zu erreichen, dann ist mit Erreichen dieses Zieles kein Ende erreicht, sondern normalerweise geht das Leben ja weiter, und das Blatt kann sich wieder wenden. Dazu kommt noch, daß in den meisten Brutal- und Gewaltfilmen eine krasse Vereinfachung der Zusammenhänge die Regel ist, wie man sie im Leben so nicht vorfindet.

- Nutzen Sie das Medium Fernsehen bewußt: um sich zu informieren, zu bilden, zu unterhalten. Aber nicht einfach wahllos, sondern gezielt. Lassen Sie Dauerberieselung und wahlloses Hüpfen zwischen Kanälen nicht zu, es gibt auch einen Abschaltknopf.
- Bieten Sie Ihren Kindern ein hausgemachtes Gegenprogramm zum Fernsehen. Gehen Sie gemeinsam viel ins Freie, erkunden Sie Ihre Umgebung, gehen Sie spazieren, wandern Sie; bei schlechtem Wetter können Sie ins Hallenbad oder in ein Museum – es gibt heutzutage bereits viele ungemein ansprechend eingerichtete Museen, die mit den trockenen Kästen, in denen Hunderte von Dingen einfach nebeneinandergestellt waren, nichts mehr gemein haben, probieren Sie es aus! – gehen, in den Sportverein oder auch einfach zu Hause basteln, Spiele machen, Musik hören, tanzen, Geschichten erzählen, miteinander reden, Freunde einladen etc. Es ist wichtig, daß das Kind aktiv ist und seine eigenen Erlebnisse und Erfahrungen macht und sie nicht nur aus zweiter Hand, aus den Medien, fertig und ohne Anregung für die eigene Phantasie vorgesetzt und vorgespielt bekommt! Kinder, die wissen, was sie in ihrer Freizeit anfangen können, langweilen sich nicht so leicht und sind weniger anfällig dafür, rein aus Verlegenheit auf den Einschaltknopf zu drücken. (Anregungen zur Freizeitgestaltung finden Sie im dritten Kapitel dieses Buches.)

2.5.3 Stehlen

Zwei Freundinnen, deren Kinder dieselbe Schule besuchen, tauschen Erfahrungen aus: „... Also die Mode mit dem Aufklebersammeln hat ja jetzt ganz schön um sich gegriffen. Unsere beiden haben sich zum Geburtstag ein Stickeralbum gewünscht. Das wollte ich ihnen erst gar nicht kaufen und meinte, sie sollen doch ein Schulheft nehmen. Aber da war ich wieder mal schlecht informiert. Steffi erklärte mir dann, daß man aus einem Stikkeralbum die Aufkleber wieder abziehen und dann tauschen könne, ein Schulheft wäre also witzlos, darin bleiben die Sticker nämlich haften oder zerreißen beim Abziehen. Dann habe ich halt jedem Kind eines gekauft.

Aber voll kriegen die das sowieso nicht." – „Hör' mir bloß auf mit den Stickern. Da hatte ich kürzlich mit Florian ein Riesentheater. Du weißt doch, ich habe ein Sparschwein im Bücherregal und werfe da seit dem letzten Jahr immer wieder Wechselgeld und, was vom Haushaltsgeld am Monatsende übrigbleibt, rein. Das ist für unsere USA-Reise, damit wir dort für zusätzliche Vergnügungen und Essengehen nicht knausern müssen. Vorletzte Woche wollte ich mal nachzählen, wieviel schon drin ist, und ich dachte mich trifft der Schlag: Da waren weniger Münzen drin als beim letzten Mal. Florian hat zugegeben, daß er was herausgenommen hat. Mir war zum Heulen, und stell' dir vor, ich hab' ihm den Hintern verhaut. Das hab' ich noch nie gemacht vorher. Aber der Florian weiß ganz genau, daß ich schon seit Jahren für die Reise spare und daß mir viel dran liegt. Ich möchte endlich wieder mal meine Schwester besuchen." – „ Das ist allerdings hart. Und was hat er gesagt, warum er das getan hat? Er kriegt doch Taschengeld." – „Es hat ihn schon schwer getroffen, als er gesehen hat, wieviel mir an dem Ersparten liegt. Er hat gleich zugegeben, daß er sich immer Sticker davon gekauft hat. Stell' dir mal vor: Da ist einer in der Klasse, der hat schon drei Hefte voll davon." – „Wahnsinn! Wenn man denkt, daß vier Stück meistens eine Mark kosten. Was da Geld drinsteckt in so einem Album!" – „So ist es. Aber jetzt muß er ein halbes Jahr lang die Hälfte von seinem Taschengeld ins Sparschwein geben. Das ist ganz schön hart für ihn. Aber für mich war es das auch. Da spart man sich das Geld vom Mund ab – es kommt ihm ja schließlich auch zugute –, während er es für so Kinkerlitzchen ausgibt."

Wenn Eltern entdecken, daß ihr Kind stiehlt, dann bedeutet dies einen schweren Schock für sie, da ihnen damit auf drastische Weise bewußt wird, daß irgend etwas in ihrer Erziehung falsch gelaufen sein muß. Das wäre der Fall, bei dem das Kind den Eltern unbewußt Erziehungsfehler mitteilt. Im anderen Fall lehnt sich ein Kind bewußt gegen die Erziehung der Eltern auf, indem es etwas tut, was sich gegen die Eltern richtet und was diese als sehr drastisch empfinden müssen.

Eltern fühlen sich einem solchen Problem gegenüber oft machtlos. Die Tat geschieht ja zunächst einmal heimlich. Erst wenn die Eltern dahinterkommen, sehen sie, daß ihr Kind von dem Verhalten, das sie sich vorstellen, auf drastische Weise abgewichen ist.

Diebstahl ist, rein juristisch betrachtet, eine Straftat, und Eltern, deren Kind einen Diebstahl begangen hat, befürchten unwillkürlich, daß ihr Kind eine kriminelle Laufbahn einschlagen wird. Normalerweise besteht die Reaktion dann in Strenge, Drohungen und Bestrafung wie Hausarrest, Taschengeldentzug und ähnlichen Maßnahmen, um das Kind wieder „auf

den rechten Weg“ zu bringen. Es gibt aber auch Eltern, die sich so schämen, daß sie sich von ihrem Kind abwenden: „So haben wir dich nicht erzogen. Sieh zu, wie du damit fertigwirst!“ Solch krasse Reaktionen sind jedoch zum einen unwirksam und beschleunigen in vielen Fällen außerdem nur noch die befürchtete Entwicklung.
Im Gegenteil: Das Kind braucht jetzt gerade die volle Unterstützung der Eltern, natürlich nicht in dem Sinne, daß man die Tat beschönigt oder vertuscht, sondern darin, daß man sich klar macht, daß die Tat begangen ist und damit nicht mehr rückgängig zu machen; und daß man andererseits versucht, dem Kind die Tragweite und das Unrechte in seinem Tun klarzumachen und es bei der inneren Bewältigung dieser Dinge unterstützt und eben nicht allein läßt.
Auch sollten Sie bedenken, daß Sie mit Strenge höchstens erreichen, daß das Kind nach wirksameren Mitteln sucht, den Diebstahl zu verbergen. Es wird vermutlich weiterhin stehlen, sich aber in immer raffiniertere Lügen verstricken oder sich zurückziehen, damit niemand etwas davon erfahren soll.
So wird ein Klima des Mißtrauens zwischen Eltern und Kind entstehen, aus dem beide nur noch sehr schwer wieder herausfinden werden.
Eine besondere Schwierigkeit bereitet oft auch die Beurteilung des Stehlens. Daß Kinder oft Dinge ungefragt an sich nehmen, ist verständlich und entspricht in gewissen Entwicklungsabschnitten dem inneren Befinden. Wo zum „Stehlen“ auch Lügen dazukommt, wird es allerdings kritisch. Verständnisvolle Eltern werden darum bemüht sein, gelegentliche „Ausrutscher“, kleine Diebstähle ihres Kindes zum Anlaß zu nehmen, ihm zu zeigen, wo die Grenze vom normalen Nehmen zum Stehlen verläuft. Wenn das Kind dies selber erkennt und einsieht, dann wird es ihm um so leichterfallen, seine Begierden und seine Hände unter Kontrolle zu halten.

Wann stiehlt ein Kind?

Nicht immer, wenn ein Kind Gegenstände an sich nimmt, die ihm nicht gehören, bedeutet dies, daß es stiehlt. Dies ist nicht zuletzt auch eine Alters- und Bewußtseinsfrage. Ein Kind muß erst lernen zwischen Mein und Dein zu unterscheiden.

– Wenn der zweijährige Niklas in Tante Annas Handtasche kramt und sich die Puderdose zum Spielen herausholt, dann ist das nicht Stehlen, sondern ein Nehmen. Kleinkinder nehmen sich Dinge, weil sie den Gegenstand an sich interessant und begehrenswert finden: wie er aussieht, wie er riecht oder schmeckt und was sich damit anstellen läßt. Nachdem sie ihn untersucht und ihre Neugier befriedigt haben, legen sie ihn gemeinhin wieder weg: Er ist untersucht, erkannt und damit praktisch uninteressant geworden. Ein Verlangen, ihn zu besitzen, hat ein Kleinkind normalerweise nicht.

- Im Kindergartenalter lernen die Kinder allmählich, auf ihre eigenen Sachen zu achten und anderen nichts wegzunehmen. Sie halten ihre Sachen zusammen, legen sie in ihr eigenes Fach und packen ihre Kindergartentasche zusammen. Die gemeinschaftlich genutzten Dinge lernen sie mit den anderen zu teilen und darauf aufzupassen. In diesem Alter machen sie auch ihre ersten kleinen Tauschgeschäfte: Nina gibt Lisa eine Haarspange und bekommt dafür zwei Glasmurmeln. Solange sich alle an die Spiel- beziehungsweise Tauschregeln halten, ist dies auch vollkommen in Ordnung. Denn auf diese Weise lernen Kinder, daß sie für etwas, was sie gerne besäßen, etwas anderes, das ihnen schon gehört, hergeben müssen.
- Von einem Kind, das in die Schule kommt, kann man auf jeden Fall erwarten, daß es zwischen eigenem Besitz und dem anderer unterscheiden kann und das fremde Eigentum achtet, es also unangetastet läßt oder nur mit Zustimmung des Besitzers etwas damit anfängt. Eltern sollten deshalb immer dann besonders aufmerksam sein, wenn sich die Buntstifte ihres Kindes auf wundersame Weise vermehren oder wenn sie immer wieder das Gefühl haben, es müßte doch noch mehr Kleingeld in ihrem Portemonnaie sein.

Warum stiehlt ein Kind?

- Ein Kind stiehlt, weil es etwas sofort haben will. Es kann nicht warten, und es denkt auch nicht an die möglichen Folgen seines Handelns.
- Das Kind will sich mit dem, den es bestohlen hat, identifizieren. Erna klaut Nagellack von ihrer älteren Cousine, weil sie auch gerne so schick aussehen möchte wie diese. Robert bedient sich heimlich an Vaters Zigaretten, weil er sich beim Rauchen stark vorkommt.
- Oft stiehlt ein Kind auch, damit es in seinem Freundeskreis mithalten kann und anerkannt wird: teure, modische Artikel, die sich seine Eltern nicht leisten können, die aber in seiner Clique „in“ sind und getragen werden, CDs, Videos, Genußwaren etc. Nicht selten ist Stehlen in diesem Zusammenhang auch Bestandteil einer Mutprobe.

- Manche Kinder wollen sich auch die Zuneigung ihrer Freunde erkaufen, indem sie gestohlene Artikel verschenken.
- Mangelnde Liebe und Zuwendung für das Kind wird von Eltern zwar oft – zumindest unterbewußt – wahrgenommen und als eigener Fehler erkannt: Sie ändern aber ihr Verhalten dann doch aus Bequemlichkeit nicht, sondern versuchen, die fehlende Zuneigung materiell auszugleichen. Kinder, die mit einer solchen Art von „Wohlstandsverwahrlosung" (Motto: Geschenke statt Liebe) aufwachsen, fühlen sich dennoch vernachlässigt. Die Wertvorstellungen ihrer Eltern (Fleiß, Ehrlichkeit etc.) stimmen daher nicht mit den ihnen von ihren Eltern tatsächlich vermittelten Werten überein. Aus Enttäuschung über die mangelnde Zuwendung suchen sie Befriedigung im Ansammeln von Konsumgütern, und sollte das Geld nicht ausreichen, durch unrechtmäßiges Ansichnehmen. Außerdem entspricht das ja auch der ihnen beigebrachten Art von Liebe, nur gewähren sich die Kinder diese Art von Liebe dann eben selber. Das ist manchmal einfacher.
- Kinder stehlen aber auch, wenn sie „zu kurz" gehalten werden. Dinge, von denen sie wissen, sie würden sie mit Erlaubnis der Eltern ohnehin nie bekommen, nehmen sie einfach heimlich an sich.
- Stehlen kann auch eine Trotzhaltung sein. Trotz gegenüber den als zu streng empfundenen Erziehungsidealen der Eltern oder anderer Autoritäten. Die gestohlenen Gegenstände werden dann meistens auch gar nicht benutzt, sondern lediglich irgendwo gehortet. Manche Kinder legen es sogar darauf an, daß ihre Eltern dies entdecken und davon schockiert sind.
- Oft geben aber auch die Eltern selber ein schlechtes Vorbild ab: Wenn Eltern in öffentlichen Verkehrsmitteln ohne zu bezahlen fahren, bei der Steuererklärung mogeln, Versicherungsfälle vortäuschen, ihr Fernsehgerät nicht anmelden oder Baumaterial von der Firma mitgehen lassen, dann leben sie ihrem Kind nicht gerade Rechtschaffenheit vor. Sie verlieren damit auch an Autorität ihrem Kind gegenüber. Sie können von ihm dann nicht mehr Ehrlichkeit verlangen, als sie selber praktizieren. Deshalb ist Vorsicht geboten bei solchen Unehrlichkeiten, die dann landläufig als „Kavaliersdelikte" verharmlost werden. Selbst wenn dies unter Erwachsenen toleriert wird, Sie sollten sich des Unterschieds zwischen den rein strafrechtlichen Folgen und den moralischen Folgen für die Erziehung Ihres Kindes bewußt sein.

Wie kann man dem Stehlen vorbeugen?

Wichtig ist grundsätzlich, daß zwischen Eltern und Kind ein Klima gegenseitigen Vertrauens besteht. Ein Kind, das seine Eltern achtet und das auch von ihnen wieder geachtet wird, nimmt die Wertvorstellungen seiner Eltern viel eher an als ein Kind, dem man – im Extremfall – versucht, Rechtschaffenheit einzuprügeln. Das kann nicht gelingen. Es ist daher notwendig, das Kind schon sehr früh zu einem maßvollen Umgang mit den Dingen anzuleiten. (Hierzu können Sie auch unter 2.1.6. Überall mit den Fingern dran, 2.2.7. Süßigkeiten, 2.3.12. Taschengeld, 2.4.10. Drogenkonsum vorbeugend lesen.)

Das Kind braucht dazu auch Regeln, an die es sich halten kann. Es muß frühzeitig unterscheiden lernen zwischen Dingen, die ihm gehören und über die es daher immer verfügen darf, Dingen, die Gemeingut sind und deren Nutzung es mit anderen teilen muß, und Dingen, die anderen gehören, zu deren Verfügung es erst den Besitzer um Erlaubnis fragen muß. Diese Unterschiede zu erkennen, bedeutet für ein Kind eine beachtliche Leistung. Was soll sich ein Kind auch dabei denken, wenn es sich aus dem Kühlschrank und aus der Obstschale bedienen darf, sooft es hungrig ist, während es andererseits Mehl und Zucker nicht einfach aus dem Küchenschrank holen darf, wenn es Lust darauf hat zu backen? Wie man sieht, wird es trotz Regeln immer gewisse Unklarheiten im Umgang mit Dingen geben, besonders im Familienleben. Würde dort alles starr reglementiert, dann wäre das Zusammenleben bald unerträglich, da Übertretungen entsprechend streng bestraft würden. Andererseits würde ohne Regeln bald Chaos herrschen, was für das Familienleben genauso schädlich wäre. Ein erträgliches Familienleben besteht eben auch aus vielen Verhaltensweisen, für die es keine festen Regeln gibt. Im täglichen Umgang üben die Familienmitglieder diese Verhaltensweisen ein, ohne daß darüber viel Worte verloren werden müssen.

Um ein Kind vor dem „Stehlen" zu bewahren, müssen Eltern schon mit der entsprechenden Erziehung beginnen, wenn ihr Kind noch in einem Alter ist, in dem es erst „nimmt".

- Ihrem Kleinstkind müssen Sie den verantwortlichen Umgang mit den Alltagsdingen beibringen und dürfen es doch gleichzeitig nicht in seinem Entdeckungsdrang behindern (siehe 2.1.6. Überall mit den Fingern dran).
- Vom Kindergartenkind können Sie schon verlangen, daß es seine Hände in Zaum hält und vorher fragt, ob es etwas, das ihm nicht gehört, haben kann. Außerdem kann man Kindern in diesem Alter das Tausch-

gesetz erklären: Wer etwas haben will, was anderen gehört, muß etwas dafür hergeben. Sofern der andere überhaupt bereit ist zu tauschen!

- Ihrem Schulkind sollten Eltern regelmäßig Taschengeld geben (siehe dazu 2.3.12. Taschengeld). Darüber kann es dann selber verfügen und braucht nicht zu stehlen. Um (vermeintliche) Bedürfnisse des Kindes, die mit dem Taschengeld nicht zu befriedigen sind, müssen die Eltern sich kümmern.
- Außerdem sollten Eltern dem Kind in Aussicht stellen, daß es Gelegenheiten gibt, zu denen Wünsche erfüllt werden, wie Geburtstag oder Weihnachten. Bis dahin muß es sich allerdings in Geduld üben, dafür wird es aber belohnt. An solche Versprechen ihrem Kind gegenüber müssen Eltern sich aber auch halten, damit sich das Kind darauf verlassen kann und nicht versucht ist, sich seine Wünsche auf anderem Wege zu erfüllen.
- Eltern sollten ihrem Kind genügend Aufmerksamkeit und Zuwendung widmen und einen Mangel derselben nicht mit Geschenken auszugleichen versuchen. Kinder, die sich vernachlässigt fühlen, versuchen fehlende Liebe durch materiellen Ersatz auszugleichen.
- Eltern sollten auch ihr eigenes Verhaltens kritisch in Augenschein nehmen: Sind Sie für ihr Kind ein Vorbild? Wie sieht es aus mit Übertretungen wie Schwarzfahren, Mißachten von Verkehrsregeln, Steuerhinterziehung etc.? Wie sieht es mit dem elterlichen Konsumverhalten aus? Erfüllen Sie sich spontan alle Wünsche? Nehmen Sie sich gleich drei Pullis, wenn Sie sich nicht für eine Farbe entscheiden können? Eltern sollten ihren Kinder vorleben, daß der Verzicht auf bestimmte Dinge selbstverständlich ist und nichts mit verminderter Lebensqualität zu tun hat.
- Hat das Kind nun einmal gestohlen, dann ist es falsch, es wie einen Kriminellen zu behandeln, es strengen Anschuldigungen und Verhören auszusetzen. Die natürliche Reaktion auf einen Diebstahl ist zunächst, das Gestohlene gemeinsam mit dem Kind wieder zurückzubringen und ihm dabei zu helfen, vom Stehlen wegzukommen, indem man die Ursachen seiner Tat ergründet und gemeinsam mit dem Kind abhilft. So wird das Kind mit der Zeit Gewissen entwickeln und sich beherrschen lernen.
- Eltern, die wiederholte Diebstähle ihres Kindes vertuschen, weil sie um ihren Ruf fürchten, machen sich zu Mittätern. In diesem Fall muß einem Kind fachkundig geholfen werden. Sollten die Eltern mit dem Problem nicht zu Rande kommen, dann empfiehlt es sich auf jeden Fall, sich an eine Erziehungsberatungsstelle zu wenden. (Adressen finden Sie am Ende des zweiten Kapitels.)

2.5.4 Geschwisterstreit

Die zweieinhalbjährige Mona und ihr ein Jahr jüngerer Bruder Michael spielen im Kinderzimmer. Monas besonderer Ehrgeiz besteht zur Zeit darin, mit Bauklötzchen möglichst hohe Türme zu bauen. Michael spielt ebenso gerne mit Bauklötzchen und er hat entdeckt, daß es ihm die größte Freude bereitet, seine Bauwerke und auch die von Mona umzustoßen, so daß alles in sich zusammenfällt. Mona findet das gar nicht spaßig und wirft dem Kleinen aus Zorn ein Klötzchen an den Kopf. Natürlich gibt es ein Riesengeschrei, die Mutter stürzt herein: „Wie oft hab' ich schon gesagt, wir werfen nicht mit Gegenständen!" – „Der Michael macht immer meinen Turm kaputt. Das sind meine Bausteine." – „Das sind eure Bausteine, ihr habt so viele davon. Und wenn ihr nicht friedlich damit spielen könnt, räume ich sie weg!"

Sabine und Ulla spielen „Schwarzer Peter". Ihre Mutter führt gerade ein wichtiges Telefongespräch. Sie und ihr Mann suchen per Anzeige eine größere Wohnung, und der erste Anbieter ist am anderen Ende der Leitung. „Ja und wie alt sind denn Ihre Kinder?" – „Sechs und neun Jahre alt." – „Ach, da sind sie ja dann schon ruhiger. Mit Kleinkindern ist das immer so viel Geschrei ..." Rrrumms, die Türe fliegt auf. Heulend kommt die sechsjährige Sabine herein: „Die Ulla ist so gemein, immer gewinnt sie beim Schwarzen-Peter-Spiel. Ich spiel' nie nie mehr mit der!"

Familie K. fährt mit ihren Kindern Lisa (6) und Robert (4) auf einen Wochenendausflug. Lisa meckert: „Bei mir scheint immer die Sonne rein und bei Robert nicht. Das ist ungerecht."

Vater: „Wenn wir an der nächsten Kreuzung abbiegen, dann scheint sie auch bei Robert herein."

Lisa, nach der nächsten Kreuzung: „Jetzt scheint die Sonne immer noch zu mir her! Du hast gesagt, daß sie nicht mehr bei mir scheint, wenn wir abgebogen sind."

Vater: „Na klar, weil sie von hinten kommt."

Lisa: „Aber dann muß ich länger in der Sonne sitzen als Robert."

Mutter: „Dann tauscht ihr eben nächstes Mal eure Plätze. Dann sitzt du auf Roberts Platz, vielleicht bist du dann zufrieden."

Lisa: „Aber Robert darf nicht auf meinem Platz sitzen."

Vater: „Himmelherrgottnochmal, wo soll er denn sonst sitzen!"

Robert, weinend: „Aber das ist mein Platz! Da darf nur ich sitzen, ich will hinter Papa bleiben."

Lisa: „Ich will ja gar nicht auf deinen Platz. Meiner ist ja viel schöner."

Robert: „ Und meiner ist hinter Papa."

Lisa: „Und meiner hinter Mama, und da ist viel mehr Platz."
Mutter: „Und wenn ihr jetzt nicht augenblicklich ruhig seid, steigt ihr aus."
Lisa: „Ihr seid gemein. Wie die Eltern von Hänsel und Gretel."
Vater: „Ja, aber euch würde die Hexe gar nicht ins Knusperhaus reinlassen."
Steffi (6) und Carolin (11) teilen sich ein Zimmer. Steffi: „Mama, die Carolin hat ihre Zähne nicht geputzt. – Mama, die Carolin macht das Licht an. – Mama, die Carolin steht auf. – Mama, die Carolin liest Comics. – Wenn die Carolin das darf, dann möchte ich auch." Carolin: „Du alte Petze, du nervst mich! Laß bloß die Finger weg von meinen Sachen! Ich möchte endlich mal ohne dich was machen, du Nervensäge!" Mama: „Hört das denn nie auf?!"
Natürlich könnte man die Geschichten um zankende Geschwister endlos fortführen, wie alle Eltern sicher bestätigen können. Denn wo in einer Familie mindestens zwei Kinder beisammen sind, da können sich Eltern täglich auf Streit einstellen. Natürlich wird nicht in jeder Familie zu allen Zeiten gleich viel gestritten. Dies hängt stark von der Altersstruktur der Kinder ab und davon, wie in der Familie mit Streit umgegangen wird.
Kinder sind von Natur aus streitlustig und finden jede Menge Gelegenheiten, einen Streit vom Zaun zu brechen. Manchen Eltern kommt es in der Tat so vor, als würden ihre Kinder pausenlos streiten. „Vertragt euch doch endlich mal!" – „Wie soll es denn jemals Frieden auf der Welt geben?" – „Es ist zum Davonlaufen!" Solche und noch andere mehr oder weniger verzweifelte Ausrufe hört man von genervten Eltern. In Wirklichkeit verhalten sich die meisten Kinder aber doch die längste Zeit über friedlich, was die Eltern aber als so selbstverständlich hinnehmen, daß es ihnen nicht auffällt. Streit fällt eben mehr auf, weil die streitenden Kinder die besondere Aufmerksamkeit ihrer Eltern auf sich ziehen.
Fragt man die Kinder, weshalb sie sich immer so streiten, dann geben sie oft zur Antwort: „Wegen irgendwelcher Sachen." – „Manchmal macht es auch Spaß." – „Um meine Schwester zu ärgern." – „Weil uns langweilig ist." Nur selten kommt es vor, daß Geschwister streiten, weil sie sich nicht leiden mögen.

Die häufigsten Gründe für Geschwisterstreit

- Wenn ganz kleine Kinder streiten, geht es meistens um Spielzeug. Die Kinder sind noch sehr ichbezogen und müssen erst noch lernen zu teilen.

- In den meisten Fällen ist es ein Kampf um die Liebe und Beachtung der Eltern. Man bricht einen Streit vom Zaun, zieht seine Eltern als Schiedsrichter in die Sache hinein und hofft, in der Opferrolle als Sieger hervorzugehen. „Der hat mir weh getan." – „Aber du hast angefangen."
- Kinder, die sich von ihren Eltern zurückgesetzt fühlen, streiten besonders häufig: „Ja, ja, ich bin immer die Böse und bei ihr schimpft ihr nie!"
- Jüngere Kinder prügeln sich mit älteren, um sich gegen sie zu behaupten.
- Ältere Kinder gehen tätlich gegen jüngere vor, um ihre Überlegenheit zu zeigen. Dies geschieht oft aus Verzweiflung, nachdem sie vom jüngeren Geschwister schon länger provoziert worden sind.
- Auffallend oft ist Streit ein Mittel, die Aufmerksamkeit der Eltern auf sich zu ziehen. Die Kinder fühlen sich zu wenig beachtet, wenn sie friedlich sind. Aufmerksamkeit in Form von Zurechtweisungen nehmen sie lieber in Kauf als Nichtbeachtung.
- Manche Kinder streiten sich aus Langeweile, weil sie nicht wissen, was sie sonst tun sollen.
- Leider gibt es auch Eltern, die ihre Kinder gegeneinander ausspielen, um sie so anzuspornen. Zur Tochter sagen sie: „Nimm dir ein Beispiel an deinem Bruder." Während sie dem Sohn empfehlen: „Mach' es so wie deine Schwester." Hier sind Neid und Rivalität vorprogrammiert.
- Und dann gibt es Kinder, die von Natur aus Unruhestifter sind und die keine Gelegenheit auslassen, einen gegen den anderen auszuspielen, oder eifrig Material zu sammeln, um es ihren Geschwistern heimzuzahlen.

Wie können sich Eltern verhalten?

Klar ist, daß das Gezänk ihrer Kinder für Eltern ausgesprochen nervenaufreibend sein kann. Schon aus reiner Selbsterhaltung ist es deshalb geboten, den Streit nicht zum beherrschenden Thema in der Familie werden zu lassen. Da es in den meisten Fällen darum geht, die Eltern bei einem Streit für sich zu gewinnen, sollten Sie also auf der Hut sein und sich von Ihren Kindern nicht zu tief in die Streitigkeiten hineinziehen lassen.

- Lassen Sie sich nicht in die Rolle des Schiedsrichters drängen. „Du weißt doch, daß Laura da empfindlich ist. Es geschieht dir ganz recht, daß sie dich verhaut hat." Die gute Laura ist sich der Zustimmung ihrer

Eltern sicher und wird möglicherweise die kommenden Streitigkeiten so anlegen, daß sie die Eltern wieder auf ihre Seite bringt. Bringen Sie vielmehr Ihre Kinder dazu, Zank ohne Ihr Zutun zu bereinigen: „Ihr wißt selber am besten, was los war, also solltet ihr auch selber damit klarkommen!"

- Schenken Sie regelmäßig petzenden Kindern nicht zuviel Aufmerksamkeit. Wenn Ihr Kind merkt, daß es mit Petzen nicht ankommt, dann läßt es das schnell sein. Eine Ausnahme ist natürlich, wenn Gefahr droht. „Mama, Kai spielt mit dem Waschpulver!" Darauf müssen Sie natürlich reagieren.
- Spielen Sie nicht Detektiv und versuchen Sie nicht, jeden Streit bis zur Wurzel zurückzuverfolgen, um den wirklich Schuldigen zu finden. Ihre Nachforschungen führen mit Sicherheit ins Uferlose. Zwei Geschwister können sich heute wegen eines zerplatzten Luftballons in den Haaren liegen, weil das eine vorgestern den Radiergummi des anderen auseinandergebrochen hat. Und den hat das eine auseinandergebrochen, weil ihm das andere vorher einen Strich ins Schulheft gemacht hat. Aber dem ging natürlich eine andere Auseinandersetzung voraus ... Sie könnten also endlos viel Aufmerksamkeit dafür aufwenden, bevor Sie das Ergebnis letztlich mit dem Satz krönen: „Also wißt ihr was, kümmert euch um euren Mist alleine. Ich bin doch nicht euer Hanswurst!"
- Greifen Sie also möglichst wenig in Streitigkeiten ein, so lernen Ihre Kinder auch, diese selbständig beizulegen. Wenn körperliche oder ernsthafte seelische Schäden drohen, dann müssen Sie selbstverständlich eingreifen und das Kind festhalten, das die Grenze zu überschreiten droht.
- Wenn die Kinder wie Hund und Katze aufeinander losgehen, sich beißen, treten, zwicken, an den Haaren ziehen etc., dann ist es auf jeden Fall angebracht, sie in getrennte Zimmer zu geben, bis sich die erhitzten Gemüter wieder beruhigt haben. Oft setzt sich der Streit durch die Mauer hindurch fort. „Papa, die Sophie klopft an die Wand!" Dann nehmen Sie ein Kind zu sich und geben ihm eine Beschäftigung: „Du wolltest doch immer schon mal Geschirr abtrocknen", oder „Komm wir machen jetzt einen Pudding, den essen wir dann alle gemeinsam".
- Falls es um einen Gegenstand Streit gegeben hat, dann entfernen Sie ihn für einen angemessenen Zeitraum. Später können Sie eine „Benutzungsordnung" vorschlagen: Moritz spielt mit dem Traktor am Vormittag, wenn Max im Kindergarten ist. Nachmittags gehört er Max.
- Erteilen Sie auch mal Sprechverbot, wenn es Ihnen zu bunt wird. Fünf bis zehn Minuten sind eine realistischer Zeitraum, den auch kleinere

Kinder durchhalten können. Stellen Sie die Zeit auf einem Küchenwekker oder sonstwo sichtbar und öffentlich ein, so daß sich jeder danach richten muß.

Läßt sich Streit ganz vermeiden?

Sicher ist Ihnen schon aufgefallen, daß bei Ihren Kindern die Streitigkeiten immer nach einer gewissen Gesetzmäßigkeit verlaufen beziehungsweise es meistens einen bestimmten Auslöser gibt: „Es ist immer ein Riesentheater, wenn die beiden ihre Hausaufgaben machen sollen." – „Abends vor dem Schlafengehen geht's im Badezimmer regelmäßig rund." – „Jonas kann es nicht ertragen, wenn er beim Spiel verliert." – „Karin ist nur noch damit beschäftigt, ihre Spielsachen zu bewachen." – „Nora kann es nicht ertragen, daß sich ihre kleine Schwester ihr immer an die Fersen heftet." – „Immer kurze Zeit vor den Mahlzeiten streiten meine beiden besonders wild, weil sie dann hungrig sind und besonders gereizt."
Wenn Sie herausgefunden haben, welche Situationen besonders zwistträchtig sind, dann versuchen Sie dem entgegenzuwirken und es möglichst selten so weit kommen zu lassen, daß der Streit ausbricht. Das zuverlässigste Mittel, dies zu tun, ist, die Kinder zu trennen. Damit ist aber nicht gemeint, die Kinder in verschiedene Zimmer zu stecken, sondern nach Möglichkeit ganz unauffällig den Tagesablauf Ihrer Kinder so einzurichten, daß sie nicht unablässig beisammen sind.

- Bei sehr kleinen Geschwistern wirkt es sich sehr entlastend aus, sobald eines davon in den Kindergarten geht. Dort hat es altersgemäßen Umgang und lernt bald, Spielsachen mit anderen zu teilen. Zu Hause wird es dann gelassener sein, wenn sich sein kleines Geschwisterchen für seine Spielsachen interessiert, aber auch nicht immer, es kommt auch auf die Laune und die Tagesform an.
- Geht das ältere Kind zur Schule, dann ist es eine große Erleichterung, wenn das kleine nachmittags während der Hausaufgabenzeit im Kindergarten weilt.
- Wenn die Kinder größer werden, dann sollten Sie deren verschiedene Interessen fördern. Lassen Sie das größere auch mal bei Freunden übernachten oder laden Sie Freunde ein, Nachmittage in der Nachbarschaft zu verbringen oder in einem Klub (Sport, Umweltschutz etc.) aktiv zu werden.
- Größere Kinder haben das Bedürfnis, sich auch mal zurückzuziehen. Steht kein eigenes Zimmer zur Verfügung, so sollte jedes Kind

im gemeinsamen Zimmer doch einen klar abgegrenzten Bereich haben.

Schließen Sie Streitigkeiten direkt aus!

- Wenn Ihre Kinder sich während der Hausaufgabenzeit regelmäßig trietzen, dann lassen Sie die Hausaufgaben in getrennten Räumen anfertigen.
- Liegen sich Ihre Kinder bei der Abendtoilette regelmäßig in den Haaren, dann schicken Sie sie nacheinander ins Bad. Dabei müssen Sie natürlich peinlichst auf die Reihenfolge achten, sonst hören Sie Sätze wie: „Ich mußte gestern als erster ins Bad, heute muß die Nina zuerst!" Und dann haben Sie den Streit wieder.

Manche Streitsituationen sind alterstypisch

- Zweijährige raffen Spielzeug an sich.
- Vierjährige sind besonders frech zu allen Geschwistern.
- Sechsjährige petzen und sind schlechte Verlierer (Vorsicht bei Gewinnspielen, da gibt es fast immer Tränen!).
- Achtjährige fühlen sich schnell ungerecht behandelt.
- Zehnjährige mögen es nicht, wenn man an ihre Sachen rührt.
- Elfjährige sind ohnehin in einem kritischen Alter (Vorpubertät) und lassen sich ungern auch nur irgend etwas sagen, machen aber ihrerseits anderen gern Vorschriften.
- Zwölfjährige und ältere Kinder kommen relativ gut mit ihren Geschwistern aus, mögen es aber nicht, wenn sie an ihre Sachen gehen oder besonders die Kleinen wie eine Klette an ihnen hängen.

Bei all Ihren Bemühungen, in Ihrer Familie eine einigermaßen friedliche Atmosphäre zu schaffen oder zu erhalten, sollten Sie nicht verzweifeln, wenn es nicht immer zu Ihrer Zufriedenheit gelingen sollte. Ihre Familie ist mit Sicherheit nicht die einzige, in der gestritten wird, und außerdem ist es durchaus zu vertreten, wenn Unstimmigkeiten auch einmal offen ausgetragen werden, sofern man sich hinterher wieder verträgt, also eine Grundübereinstimmung in der Familie und besonders zwischen den Geschwistern gegeben ist.

Wenn die Streitigkeiten Ihr Familienleben jedoch zu vergiften drohen, Ihnen an die Substanz gehen, immer schlimmer werden oder sich die Kinder gegenseitig mißhandeln, dann sollten Sie sich nicht scheuen, fachgerechte Hilfe bei einer Familienberatungsstelle zu suchen. Hinweise, wo Sie Adressen und Rat erhalten können, finden Sie am Ende dieses Kapitels.

2.5.5 Machtkämpfe zwischen Eltern und Kind

Trödelei am Morgen

Der neunjährige Jonas bringt, seit er zur Schule geht, seine Mutter jeden Morgen zur Verzweiflung. Es ist jedesmal eine wahre Zitterpartie, ob er es auch schafft, noch rechtzeitig aus dem Haus zu kommen, um pünktlich in der Schule zu sein. Gleichgültig, ob sie Jonas sehr früh aufweckt oder seine Zeit knapp bemißt, er ist jedesmal so spät fertig mit seiner Morgentoilette, daß ihm höchstens fünf Minuten fürs Frühstück bleiben. In der Zwischenzeit geht seine Mutter drei- bis fünfmal ins Badezimmer, um ihn anzutreiben. Fast täglich endet diese Prozedur damit, daß sie ihm seine Tasche zusammenpackt, ihm die Kleidung reicht und ihn schließlich mit dem Auto zur Schule fährt, weil er sonst zu spät kommen würde. Seinen zehnten Geburtstag nimmt sie endlich zum Anlaß, unter dieses Theater einen Schlußstrich zu ziehen: Sie schenkt ihm einen Wecker. Jonas hat es von nun an selber in der Hand, wann er aufsteht. Zugleich eröffnet sie ihm, daß sie von nun an morgens nicht im Hause wäre, da sie Frühsport betreiben werde. Jonas müsse also selber dafür sorgen, daß er rechtzeitig zur Schule käme. Das Frühstück würde sie ihm aber dennoch vorbereiten.
Für Jonas kommt diese neue Situation wie ein Gewitter aus heiterem Himmel. Er wagt aber nicht zu widersprechen. Seine Mutter hatte zur Sicherheit die Lehrer informiert, daß Jonas in der nächsten Zeit möglicherweise mal zu spät erscheinen würde und sie doch bitte Verständnis für ihre Maßnahmen haben wollen. Jonas sagte sie davon aber nichts. Und ihr Sohn schafft es tatsächlich, rechtzeitig in die Schule zu kommen. Am dritten Tag wurde es etwas später, weil er seine Mutter wieder herausfordern wollte. Diese ließ sich aber nicht unter Druck setzen, sondern ermunterte ihn: „Ich finde das ganz großartig, wie du das schaffst. Morgen klappt es ganz bestimmt wieder." Und Mutter hatte recht. Dem Sohn blieb ja auch nichts anderes übrig.

Lauffaulheit

Familie K. unternimmt mit ihren drei Kindern regelmäßig Sonntagsspaziergänge. Alle machen bereitwillig mit, nur entpuppt sich das mittlere Kind, die sechsjährige Ines, dabei jedesmal als „lauffaul". Wegen ihr hat die Familie schon oft die vorgenommene Route geändert, damit sie nicht zu spät nach Hause kamen. Auch gab es immer wieder Unzufriedenheiten, da die anderen Familienmitglieder gerne schneller vorangekommen wären. Vater und die achtjährige Vera beklagten sich: „Bei diesem Geschleiche schläft man ja ein." Anspornen ließ sich Ines davon nicht. Während Vater und die anderen Geschwister schneller vorausgingen und dann immer wieder warteten, ging Mutter mit Ines hinterher. Dabei ermunterte sie ihre Tochter immer wieder und schob sie auch manchmal, wenn es bergauf ging, an. So gab es bei den Sonntagsspaziergängen von nun an jedes Mal Unstimmigkeiten, obwohl sich vorher alle darauf gefreut hatten. Die Eltern sahen schließlich ein, daß es so nicht weitergehen konnte, und überlegten, was sie gegen die Trödelei ihrer Tochter unternehmen könnten. Schimpfen, Ermuntern oder Anschieben hatten bisher nicht geholfen. Was blieb also zu tun? Sollten sie Ines einfach zu Hause lassen? Dadurch käme sie sich aber bestraft vor und ihre Lauffaulheit würde das auch nicht beseitigen. Beim folgenden Spaziergang würde sie mit Sicherheit wieder trödeln. Ines' Eltern beschlossen also, fortan von ihrer Trödelei keine Notiz mehr zu nehmen, sondern sie wie die anderen Kinder zu behandeln und einfach draufloszugehen. Wenn der fünfjährige Dieter Schritt halten konnte, dann durfte man dies von Ines längst auch erwarten.
Am folgenden Sonntag wählten sie einen Spazierweg, den Ines bereits kannte und auf dem sie sich nicht verlaufen würde können, wenn die anderen mal außer Sichtweite gerieten. Wie zu erwarten war, fiel Ines auch bald zurück. Diesmal blieb niemand an ihrer Seite und war auch nicht mit Tränen und Gejammere dazu zu bewegen. Die anderen gingen in ihrem Tempo weiter. Auch als sie außer Sichtweite kamen, wartete niemand an der nächsten Biegung auf sie wie sonst immer. Das war für Ines neu und nun merkte sie, daß die anderen es ernst meinten. Aus Trotz ging sie aber dennoch nicht schneller, damit die Familie auf dem Parkplatz lange auf sie warten sollte. Das würden sie auch machen, denn dort spendierten die Eltern immer ein Eis. Als Ines endlich eintrudelte, hatten die anderen schon ihr Eis gegessen und warteten bereits im Auto. „Gibt's heute kein Eis?", fragte Ines. „Du kommst leider zu spät. Wir essen das Eis doch immer gemeinsam", antwortete Mutter, und alle taten so, als ob das die selbstverständlichste Sache der Welt wäre und beachteten

Ines' Schmollen nicht weiter. Sie hatte die Folgen ihres Trödelns zu spüren bekommen.

Autoterror

Die sechsjährige Steffi und ihre achtjährige Schwester Karoline hatten es sich angewöhnt, bei Ausflugsfahrten im Auto zu streiten. Seit Jahren ging das schon so. Und obwohl ihre Eltern die beiden vor jeder Abfahrt ermahnten, sie sollten sich doch bitte vertragen im Interesse aller, damit der Fahrer nicht in seiner Konzentration gestört werde, legten die beiden spätestens zehn Minuten nach der Abfahrt, wie von einer unwiderstehlichen Macht dazu gedrängt, los: „Karoline streckt ihre Beine zu mir herüber." – „Stimmt ja gar nicht. Da ist die Mitte." – „Ich will aber nicht, daß du so nah zu mir rüber kommst." – „Das tu' ich doch gar nicht. Dafür schaut Steffi immer bei meinem Fenster hinaus." Und beide: „Wie lange dauert es noch bis wir endlich da sind?" Die verzweifelten Eltern: „Ab jetzt gelten zehn Minuten Sprechverbot, sonst kehren wir um!" Die beiden sind tatsächlich ruhig. Doch bald beginnen sie mit ihrem Gezänk aufs neue. Mit völlig entnervten Eltern kommt die Familie am Ausflugsziel an. „Das mach' ich nicht mehr mit. Beim nächsten Mal kehre ich wirklich um, egal wie weit wir sind", stellt Vater in Aussicht, Mutter pflichtet ihm bei.
Am nächsten Wochenende ist ein Besuch in einem Erlebnispark geplant. Die Anfahrt mit dem Auto dauert eine Stunde. Steffi und Karoline freuen sich schon riesig darauf, aber nach zehn Minuten geht wie üblich das Gezänk los. „Steffi zwickt mich immer." – „Weil Karoline ihren Fuß zu mir rübergestreckt hat." Diesmal gingen die Eltern aber gar nicht darauf ein. Mutter bremste sachte ab, wendete den Wagen und fuhr wieder Richtung Heimat. Dabei unterhielt sie sich mit Vater, und keiner von beiden schien Steffi und Karoline zu beachten. Danach ließ der nächste Autoausflug noch etwas auf sich warten, aber alle entschieden, daß es ein Besuch in einem Erlebnispark sein sollte. Und diesmal verhielten sich die Kinder wenn auch nicht vorbildlich, so doch immerhin so friedlich, daß die Autofahrt für alle angenehm wurde. Deshalb stiegen auch alle wohlgelaunt aus und fanden diesen Ausflug viel schöner als die anderen, „bei denen wir immer gestritten haben".
Auch die Eltern konnten sich gegenseitig auf die Schulter klopfen: „Endlich haben wir mal gehandelt und nicht immer bloß geredet."

Schlamperei

Der vierzehnjährige Gerd läßt seine Kleidung immer da liegen, wo er sie ausgezogen hat. „Gerd, wie oft habe ich dir schon gesagt, die Kleidung, die gewaschen werden muß, sollst du in den Wäschekorb geben. Alles andere hängst du bitte auf, dann kann es lüften und zerknittert nicht. Wenn ich nicht ständig hinter dir herräumen würde, stündest du eines Tages ohne Wäsche da." – „Wer sagt dir denn, daß du immer hinter mir herräumen mußt? In meinem Zimmer braucht es dich doch nicht zu stören, wenn was rumliegt!" – „Es geht mir weniger um die Ordnung in deinem Zimmer, sondern darum, wie du daherkommst. Wenn du verschmuddelte Kleidung anhast, dann fällt das schließlich auf mich zurück. Sei so lieb, und tu' mir also den Gefallen!" – „Mama, du hast vielleicht Probleme."
Wie zu erwarten, bleibt natürlich alles beim alten. Als Mutter sich wieder mal bei Vater über Gerds Sturheit beklagt, entfährt es dem: „Hat dein Gequatsche schon jemals Wert gehabt? Solange du ihn trotzdem mit gewaschener und gebügelter Wäsche versorgst, wird er sich nicht ändern. Also ich hätte ihm schon längst was gepfiffen. Wenn du jetzt von mir ein Machtwort erwartest, dann muß ich dich leider enttäuschen." – „Gut, wenn du meinst, dann pfeif' ich ihm eben mal was. Aber wundere dich dann bitte nicht, wenn er verkommen aussieht." Schweren Herzens ließ Mutter den Wäscheberg in Gerds Zimmer höher werden. Manchmal brannte es ihr ja schon auf den Nägeln, aber sie hielt durch. Gerds Vorrat an frischer Kleidung schrumpfte, und einige Wochen später wurde in der Schule ein Discoabend veranstaltet. Dazu wollten alle Schüler weiße Kleidung anziehen, weil die bei der Beleuchtung dort auffällig reflektiert. „Mama, wo sind denn meine weißen Jeans?" – „Keine Ahnung, Gerd." – „Und mein weißes T-Shirt?" – „Tut mir leid, ich weiß es nicht. Sieh doch mal in deinem Zimmer auf dem Sauhaufen nach." Gerd wurde nervös. Er fand die gesuchten Stücke tatsächlich dort. „Oh Mann! Auf der Hose ist ja noch Ketchup, und das T-Shirt ist total verschwitzt. Warum hast du das nicht gewaschen?" – „Wie käme ich dazu? Die beiden Stücke waren nicht im Wäschekorb, und um dein Zimmer soll ich mich ja nicht kümmern." – „Was soll ich denn jetzt anziehen? Ich hab' nichts Weißes mehr. Leihst du mir deinen weißen Pulli? Bitte, Mama." – „Mein weißer Pulli ist in der Wäsche, den brauche ich nämlich morgen, wenn ich mit Papa in die Disco gehe." Gerd hatte verstanden. Seine Mutter brauchte ihren Pullover natürlich nicht für einen Discobesuch. Aber sie hatte ihm deutlich gemacht, daß sie nicht länger bereit war, die Folgen seiner Schlamperei für ihn auszubügeln.

2.6 Diese Adressen helfen Ihnen weiter

Unter diesen Adressen der teilweise bundesweit organisierten Einrichtungen, Institutionen und Vereine können Sie sich zum einen Rat einholen zu dem Problem, das Sie und Ihr Kind gerade bewegt, und außerdem Informationen über eventuelle Niederlassungen in Ihrer Nähe erhalten, um eine persönliche Beratung in Anspruch nehmen zu können.
Auch bei den für Soziales, Gesundheit, Jugend und Familie zuständigen Landesministerien erhalten Sie ausführliche Adreßlisten über Beratungsstellen.
Weitere Möglichkeiten, an entsprechende Adressen, vor allem regionale in Ihrer Umgebung, zu gelangen, bieten Stadt- und Gemeindeverwaltungen, Pfarrämter, karitative Institutionen, Telefonseelsorge, Telefonbücher, Adreßbücher, Landes- und Bundesämter.
Schließlich finden Sie in allen Büchereien und Bibliotheken allgemeine wie auch thematisch sortierte Adreßverzeichnisse.

ABC-Club e.V.
Internationale Drillings- und Mehrlings-Initiative
Strohweg 55
64297 Darmstadt
Tel. 0 61 51/5 54 30

Anad, Selbsthilfe Anorexia-Bulimia Nervosa e.V.
Ungererstraße 32
80802 München
Tel. 0 89/33 38 77 und 36 75 07

Anonyme Alkoholiker (AA)
Postfach 46 02 27
80910 München
Tel. 0 89/3 16 43 43

Arbeitsgemeinschaft Tagesmütter
Bundesverband für Eltern, Pflegeeltern und Tagesmütter e.V.
Witzfeldstraße 17
40636 Meerbusch
Tel. 0 21 32/7 65 24

Blaues Kreuz in Deutschland e.V.
Freiligrathstraße 27
42289 Wuppertal
Tel. 02 02//62 10 98 und 62 10 99
[Suchthilfe]

Bund für drogenfreie Erziehung e.V.
Adenauerallee 45
20097 Hamburg
Tel. 0 40/24 58 80

Bundesarbeitsgemeinschaft für Beratung
bei Familienkrisen, Trennung und Scheidung
Von-Vincke-Straße 6
48143 Münster
Tel. 02 51/51 14 14

Bundeselternrat
Hamburger Straße 31
22083 Hamburg
Tel. 0 40/2 91 88-35 27

Bundeskonferenz für Erziehungsberatung e.V.
Amalienstraße 6
90763 Fürth/Bayern
Tel. 09 11/77 89 11
Bundesverband alleinstehender Mütter und Väter
Von-Groothe-Platz 20
53173 Bonn
Tel. 02 28/35 29 95

Bundesverband Neue Erziehung e.V.
Oppelner Straße 130
53119 Bonn
Tel. 02 28/6 68 51 12

Bundesvereinigung für Gesundheitserziehung e.V.
Viktoriastraße 28
53173 Bonn
Tel. 02 28/36 15 48

Bundeszentrale für gesundheitliche Aufklärung
Postfach 91 01 52
Ostmerheimer Straße 200
51109 Köln
Tel. 02 21/89 92-1

Deutsche Arbeitsgemeinschaft für Jugend- und Eheberatung e.V. (DAJEB)
Münchner Straße 20
85774 Unterföhring
Tel. 0 89/9 57 08 09

Deutsche Gesellschaft für Ernährung e.V.
Feldbergstraße 28
60323 Frankfurt a.M.
Tel. 0 69/72 01 46

Deutsche Hauptstelle gegen die Suchtgefahren
Postfach 13 69
Westring 2
59065 Hamm
Tel. 0 23 81/2 58 55

Deutsche Hilfe für Kinder von Arbeitslosen e.V.
Lüneburger Straße 44
21073 Hamburg
Tel. 0 40/77 21 11 und 7 65 50 05

Deutsche Liga für das Kind in Familie und Gesellschaft
Prinz-Albert-Straße 30
53113 Bonn
Tel. 02 28/26 26 25

Deutscher Elternverein e.V.
Brandenburger Weg 12
65719 Hofheim 1
Tel. 0 61 92/3 85 58

Deutscher Familienverband
Poppelsdorfer Allee 48
53115 Bonn
Tel. 02 28/65 32 15

Deutscher Guttempler-Orden (IOGT) e.V.
Adenauerallee 45
20092 Hamburg
Tel. 0 40/24 58 80
[Suchthilfe]

Deutscher Kinderschutzbund,
Bundesverband
Drostestraße 14-16
30161 Hannover
Tel. 05 11/66 20 56
[Beratung Kindesmißhandlung u.ä.]

Dick und Dünn, Beratung bei Eßstörungen
Innsbrucker Straße 42
10825 Berlin
Tel. 0 30/7 82 25 77

Drogenreferat im Bundesministerium für
Jugend, Familie, Frauen und Gesundheit
Kennedyallee 105-107
53175 Bonn
Tel. 02 28/3 08-34 04

Fachverband Sucht e.V. GCAA
German Council on Alcohol an Addiction
Grafenberger Allee 115
40237 Düsseldorf
Tel. 02 11/67 22 63

Frankfurter Zentrum für Eßstörungen e.V.
Hansaallee 18
60322 Frankfurt a. M.
Tel. 0 69/55 01 76

Gesamtverband für Suchtkrankenhilfe im Diakonischen
Werk der Evangelischen Kirchen in Deutschland e.V.
Brüder-Grimm-Platz 4
34117 Kassel
Tel. 05 61/10 26 38

Gesellschaft für Sozialwaisen e.V.
Adoptions- und Pflegekinderzentrale
Hubert-Beckers-Straße 43
80997 München
Tel. 0 89/8 12 25 19

Institut für Ernährungsberatung und Diätetik
Moorenstraße 5 40225 Düsseldorf
Tel. 02 11/34 82 16 und 3 11-78 72

Institut für Umweltkrankheiten
Im Kurpark 1
34308 Emstal
Tel. 0 56 24/80 61

Kinder-AIDS-Hilfe e.V.
Kasernenstraße 59
40213 Düsseldorf
Tel. 02 11/32 67 02

Kinderschutzgemeinschaft e.V.
Eschborner Landstraße 117
60489 Frankfurt a.M.
Tel. 0 69/7 89 53 52

Kindervereinigung e.V.
Unter den Linden 36-38
10117 Berlin
Tel. 0 03 72/20 34 02 34
Malteser-Telefonberatung, Informationen über
bundesweite Institutionen, Verbände und Initiativen
Goltsteinstraße 89
50968 Köln
Tel. 02 21/34 10 11 (24- Stunden-Dienst)

Mehr Platz für Kinder e.V.
Schürmannstraße 25a
45136 Essen
Tel. 02 01/25 55 22

Pro Familia. Deutsche Gesellschaft für
Sexualberatung und Familienplanung e.V.
Bundesverband
Cronstettenstraße 30
60322 Frankfurt a.M.
Tel. 0 69/55 09 01

Schnüfflerhilfe, Verein für Suchtprävention und
Therapie mit Drogenabhängigen e.V.
Graefestraße
10967 Berlin
Tel. 0 30/6 91 70 42 und 6 91 70 43

Selbsthilfeinitiative für Eßstörungen
"Cinderella Frankfurt"
Uhlandstraße 50
60314 Frankfurt a. M.
Tel. 0 69/44 50 67

Selbsthilfenetzwerk betroffener Eltern und Kinder
bei Trennung und Ehescheidung
Ostseestraße 114
10409 Berlin
Tel. 0 03 73 27 05/2 91-1 85

Verband Scheidungsgeschädigter e.V.
Bürgerinitiative gegen Kindesentzug und Unterhaltsmißbrauch
Schlüterstraße 39
10629 Berlin
Tel. 0 30/8 81 54 50

Verein zur Prävention von sexueller Gewalt
an Mädchen und Jungen Ostwestfalen-Lippe e.V.
Oberntorwall 11
33602 Bielefeld
Tel. 05 21/13 37 96

[Veröffentlichung „Elternbrief" zu diesem Thema, zusammen mit dem Stadtjugendamt]

Weißer Ring e.V.,
Bundesgeschäftsstelle
Weberstraße 16
55130 Mainz
Tel. 0 61 31/8 30 30

2.7 Diese Bücher helfen Ihnen weiter

- Bäuerle, Dietrich: Im Kampf gegen die Drogensucht. Hilfe für Eltern und ihre Kinder; Frankfurt a.M.: Fischer Taschenbuch-Verlag 1991 (Fischer Taschenbücher 10378)
  Was Eltern tun können, wenn ihr Kind Drogen nimmt. Ein sachliches Informationswerk.

- Bettner, Betty Lou, und Amy Lew: Kindern eine Chance geben: Der Familienrat. Auseinandersetzungen ohne Sieger und Verlierer; München: Mosaik 1992
  Dieses Buch ist ein Vorschlag an Eltern, ihre Kinder bei allen Dingen, die die Familie und ihr Leben betreffen, mitentscheiden zu lassen. Ein Familienforum soll die Entscheidungen treffen, nicht allein immer die Eltern.

- Canitz, Hanne-Lore von: Liebe? oder Sex oder Streß – oder was ...? Ein offenes Buch für Jugendliche und Eltern zum Thema Pubertät, Sexualität und Partnerschaft; Recklinghausen: Bitter 1990
  Alle wichtigen Themen der Pubertät und der nachfolgenden Kindes- beziehungsweise Jugendlichenjahre werden hier speziell für Eltern gut aufbereitet. Was steckt hinter diesen oder jenen Verhaltensweisen des Kindes, weniger, welche physischen Vorgänge sich abspielen, erfahren hier betroffene Eltern.

- Clemes, Harris, und Reynold Bean: Selbstbewußte Kinder. Wie Eltern und Pädagogen dazu beitragen können; Reinbek bei Hamburg: Rowohlt 1991 (rororo 8822)

Ausführliche Darstellung des Themas und wichtige Hinweise dafür, was Eltern tun können, um ihren Kindern zu einem guten Selbstbewußtsein und zu einem gesunden Selbstwertgefühl zu verhelfen.

– Cratzius, Barbara: Der Mond kommt durch die Nacht geschwommen. Einschlafgeschichten für Kinder und Tips für Eltern; Frankfurt a.M.: Scriptor 1990
Alles was zum Einschlafen gehört, wenn es nicht von alleine geht: Geschichten, Lieder, Ratschläge für Eltern, wie sie das Einschlafen ihrer Kinder fördern können.

– Dolto, Françoise: Die ersten fünf Jahre. Alltagsprobleme mit Kindern; Weinheim u.a.: Beltz 1991
In diesem Entwicklungszeitraum werden die Weichen für das ganze Leben eines Menschen gestellt. Entsprechend viele Fragen und Probleme kommen auf Eltern und Kind in den ersten fünf Lebensjahren zu. Diese Fragen und die entsprechenden Antworten für Eltern stellt die Autorin gegeneinander und gibt Anstöße zum Nachdenken. Ein hilfreiches Buch.

– Dörpinghaus, Eva: Das Einzelkind und die Besonderheiten bei seiner Erziehung; München: Mosaik 1992
Familien bestehen heutzutage in der Regel aus den Eltern und einem Kind. Die Situation des Kindes ohne Geschwister ist nicht immer unproblematisch, vor allem wegen der Entwicklung des Sozialverhaltens. Auf diese besondere Ausgangslage geht der Band ein, indem er von grundsätzlichen Gedanken bis zu Anregungen für Spiele (fast) alles bedenkt.

– Douglas, Joe, und Naomi Richman: Mein Kind will nicht schlafen. Förderung und Formung des Schlafverhaltens. Ein praktischer Ratgeber für Eltern von Vorschulkindern; Stuttgart u.a.: G. Fischer 1989 (Gustav-Fischer-Taschenbücher: Ärztliche Ratschläge)
Art und mögliche Ursachen dieser ungemein häufigen Erscheinung bei Kindern werden beschrieben und durch Vorschläge zur Vermeidung und Behebung ergänzt.

– Enders, Ursula: Mütter melden sich zu Wort. Sexueller Mißbrauch an Mädchen und Jungen; Köln: Volksblatt-Verlag 1991
Berichte von fünf Müttern und einem Vater von sexuell mißbrauchten Kindern.

- Firnhaber, Mechthild: Legasthenie. Wie Eltern und Lehrer helfen können; Frankfurt am Main: Fischer-Taschenbuch Verlag 1990 (Fischer Taschenbuch 3539)
  In Beratungstätigkeit und Elterngruppen gewonnene Erfahrungen gibt die Autorin klar und mit Tips für die Praxis versehen an alle weiter, die mit Legasthenie konfrontiert sind.

- Friesen, Astrid von: Geld spielt keine Rolle. Erziehung im Konsumrausch; Reinbek bei Hamburg: Rowohlt 1991
  Überfluß herrscht nicht mehr allerorten, dennoch gibt es immer noch genügend Möglichkeiten, sein Geld unsinnig auszugeben. Wer wissen will, wie er seine Kinder und sich selber vor unnützem Konsumzeug bewahrt, der findet in diesem Buch genügend Anregungen.

- Grimm, Grunhild, und Inga Bodenburg: Was will das Kind denn bloß? Kleine Kinder verstehen und ihnen mehr Erfahrungen ermöglichen; Reinbek bei Hamburg: Rowohlt 1990 (rororo 7655)
  In der Zeit, in der Kinder sich noch nicht gar nicht oder noch nicht so gut durch Sprache verständlich machen können, ist das Einfühlungsvermögen der Eltern besonders gefordert. In diesem Buch erhalten Sie Hinweise, die Ihnen ein besseres Verständnis der Bedürfnisse Ihres Kindes ermöglichen.

- Grossmann, Thomas: Eine Liebe wie jede andere. Mit homosexuellen Jugendlichen leben und umgehen; Reinbek bei Hamburg: Rowohlt 1991 (rororo 8451)
  Ein wegen der auch heute noch vielfach vorhandenen Vorbehalte vieler Menschen sehr wichtiges Buch und ein elementarer Ratgeber für Eltern eines homosexuellen Kindes. Grundsätzliches zur Homosexualität und Erfahrungen von Eltern und homosexuellen Jugendlichen vereint der Autor zu einem grundlegenden Werk.

- Kammerer, Dorothea: Geschwister: Welche Konflikte zwischen ihnen bestehen und wie Eltern damit umgehen können; München. Mosaik 1991
  Streitende Kinder, ein grundsätzliches Problem für Eltern; aber auch die Reaktion eines Kindes auf ein Neugeborenes (Eifersucht etc.) kann Schwierigkeiten bereiten. Welches Verhalten und welche Maßnahmen den Eltern im Alltag hierbei am dienlichsten sind, kann man hier nachlesen.

- Kentler, Helmut: Eltern lernen Sexualerziehung; Reinbek bei Hamburg: Rowohlt 1990 (rororo 7440)
  Keine hochtrabende Belehrung, sondern praxisnahe und leichtverständliche Gedanken für Eltern, die ihre pubertierenden Kinder verstehen und ihnen verständnisvoll begegnen wollen.

- Kettner, Anne: Das Kindergartenbuch. Was Eltern wissen müssen; Reinbek bei Hamburg: Rowohlt 1990 (rororo 8790)
  Ratgeber rund um den Kindergarten. Der Alltag im Kindergarten, verschiedene Arten von Kindergärten und ihre verschiedenen Erziehungsansätze, Kriterien zur Wahl des Kindergartens.

- Kitzinger, Sheila: Wenn mein Baby weint. Praktische Hilfen und Informationen für Eltern; München: Kösel 1990
  Ein Baby weint, weil es seine Bedürfnisse noch nicht mit Hilfe der Sprache mitteilen kann. Welche Bedürfnisse ein Baby gerade durch sein Weinen kundtut, müssen seine Eltern oder Pflegepersonen erst interpretieren. Was das Kleinstkind mit seiner Äußerung sagen will, was dahintersteckt und wie man mit einem weinenden Baby umgeht, das sagt die bekannte Autorin in ihrem Buch.

- Koch, Christa: Naturkost fürs Kind; Ravensburg: Maier 1992
  Wer sich Anregungen holen will für eine abwechslungsreiche Kost für seine Kinder, ist mit diesem Band gut beraten. Einige Rezepte, Tabellen und Bilder ergänzen den Text.

- Korte, Jochen: Faustrecht auf dem Schulhof. Über den Umgang mit aggressivem Verhalten in der Schule; Weinheim u.a.: Beltz 1992
  Eltern können sich hier informieren. Hier wird der Schule viel Verantwortung für die zunehmende Gewalt zugeschrieben, aber auch Lösungsmöglichkeiten zeigt der Autor.

- Kübler, Hans-Dieter: Fernsehen ist bei Oma und Opa am schönsten. Kleiner Fernsehratgeber für Großeltern; Düsseldorf: Livonia 1991
  Großeltern neigen besonders dazu, Kindern ihre Wünsche zu erfüllen. Und Fernsehen ist oftmals eine Streitfrage: wie oft, welche Sendungen, wie lange. Einige sachlich gute Informationen zum Thema können hierbei nicht schaden.

- Mann, Iris: Lernprobleme. Ein Buch für Eltern und Lehrer; Weinheim u.a.: Beltz 1991
  Anhand von Beispielen werden die immer wieder auftretenden Probleme für Schulkinder dargestellt und Lösungsmöglichkeiten besonders auch für Eltern angeboten.

- Matthiesen, Kai: Das Au-Pair-Handbuch; Freiburg i.Br.: Verlag interconnections 1991
  Ein nützlicher Ratgeber für künftige Au-pairs und für Gastfamilien. Das Buch informiert über Art und Umfang der geforderten Tätigkeit, Risiken und Probleme, Arbeitsvertrag, gesetzliche Vorschriften und Anmeldeformalitäten, Sprachschulen, Besonderheiten des Gastlandes.

- Rogge, Jan-Uwe: Kinder können fernsehen. Vom sinnvollen Umgang mit dem Medium; Reinbek bei Hamburg: Rowohlt 1990 (rororo 8598)
  Sehr sachkundig beschäftigt sich der Autor mit dem Thema: Kinder behutsam an das Medium Fernsehen heranzuführen. Hilfestellung für alle Eltern, die Fernsehen nicht grundsätzlich ablehnen für ihre Kinder, sondern realistischen Umgang damit weitergeben wollen, denn Kinder können Nutzen aus ihren Sendungen ziehen. Doch wie man mit seinen Kindern hierüber ins Gespräch kommt und wie man am besten verfährt, das erfährt man in diesem Band.

- Schuster-Brink, Carola: Kinderfragen kennen kein Tabu; Ravensburg: Maier 1991
  Die bohrenden Fragen der Kinder nach diesem und jenem, nach Kleinigkeiten und großen Dingen, die so richtig überhaupt niemand beantworten kann, stellen Eltern immer wieder vor gewisse Probleme. Für solche Situationen kann man sich in diesem Bändchen Rat holen für zumindest drei große Bereiche, die auch manchmal Tabuthemen sind: Gott, Tod, Sexualität.

- Sommerfeld, Verena: Krieg und Frieden im Kinderzimmer. Über Aggressionen und Actionspielzeug; Reinbek bei Hamburg: Rowohlt 1991 (rororo 8807)
  Wenn Eltern unglücklich sind, weil ihre Kinder besonders kriegerisches Spielzeug lieben, dann finden sie hier erklärt, woher das kommt und was sie dagegen tun können. Daß solche Wünsche in Kindern entstehen, hängt auch mit den Spielzeugherstellern und deren Werbung zu-

sammen. Eltern werden mit diesem Buch ihre Kinder besser verstehen und Abhilfe schaffen können.

- Stein, Arnd: Mein Kind hat Angst. Wie Eltern verstehen und helfen können; Bergisch Gladbach: Bastei Lübbe 1991 (Bastei- Lübbe-Taschenbuch 66210)
  So wenig Ängste wie möglich sollten Kinder ausstehen müssen. Dabei können die Eltern sehr stark helfen, indem sie wissen, woher die Ängste der Kinder kommen und wie sie bis zu einem gewissen Grad verhindert werden können. Alles, was damit zusammenhängt, schildert der Autor in seinem leicht verständlichen Werk.

- Valette, Brett: Suppenkaspar und Nimmersatt. Eßstörungen bei Kindern und Jugendlichen; Reinbek bei Hamburg: Rowohlt 1990 (rororo 8755)
  Sollte Ihr Kind an Eßstörungen leiden, dann können Sie diesem Buch Rat entnehmen, wie Sie damit umgehen sollten. Ob Familien- oder Einzeltherapie für das Kind, welche Ursachen hat diese Krankheit, welche Folgen können auftreten.

- Zauner, Renate: Kinder brauchen Bewegung; Ravensburg: Maier 1991
  Gemeinsame Unternehmungen von Eltern und Kind und von den ersten Tagen nach der Geburt bis in spätere Jahre hält die Autorin für wichtig. Die Autorin stellt einen Zusammenhang zwischen geistiger Entwicklung und ausreichend Bewegungsmöglichkeiten her.

- Zippel, Bärbel: Sauberkeitsprobleme bei Kleinkindern. Einkoten, Bettnässen, Stuhlzurückhalten; Stuttgart: TRIAS Thieme, Hippokrates, Enke 1991
  Allgemeine Informationen für alle Eltern zum Thema Sauberkeitserziehung, und gleichzeitig geht die Autorin auf Probleme ein, die beim Sauberwerden der Kinder immer wieder auftauchen.

- Zuckrigl, Alfred: Linkshändige Kinder in Familie und Schule; München u.a.: E. Reinhardt 1991
  Linkshändigkeit ist heutzutage nicht unbedingt mehr ein Problem. Dennoch sollten Eltern sich vielleicht mit diesem Werk einen Überblick über diese Eigenschaft ihres Kindes verschaffen, damit sie leichter mit den Besonderheiten von Linkshändern umgehen können.

3. Kapitel
Beschäftigung mit Kindern

3.1 Urlaub für die ganze Familie

Ilona, Mutter von zwei Kindern im Alter von sechs und acht Jahren, läßt sich beim Friseur verschönern. „Wohin fahren Sie denn heuer in Urlaub?“, fragt die Friseuse. „Wieder auf den Bauernhof, wo wir letzten Sommer schon waren. Solange unsere Kinder keine anderen Wünsche äußern, werden wir dort Urlaub machen. Seit unserer letzten Fahrt in den Süden haben wir beschlossen, nicht mehr länger als drei Stunden zum Urlaubsort zu fahren.“ – „Wieso das denn, sind Sie etwa im Stau gestanden?“ „Allerdings. Und das bei dreißig Grad im Schatten. Und nachdem wir dann angekommen waren, hatten unsere Kinder erst mal vier Tage lang Fieber. Mein Mann und ich sind immer abwechselnd an den Strand gegangen, damit immer jemand bei den Kindern war. Bis sich die beiden ganz allmählich an die Sonne gewöhnt hatten und wir alle das Baden so richtig genießen konnten, war der Urlaub vorbei. Das Hotel lag auch noch an einer belebten Straße, und jeden Abend spielte eine Tanzkapelle bis zwölf Uhr nachts in einem Terrassencafé am gegenüberliegenden Hang. Als wir nach Hause kamen, hätten wir noch mal zwei Wochen Urlaub nötig gehabt. Nachbarn meiner Eltern haben uns dann diesen Bergbauernhof empfohlen. Sie machen mit ihren Kindern auch immer dort Urlaub und erholen sich prächtig dabei.“ – „Als meine Brüder und ich klein waren, sind meine Eltern mit uns auch immer auf einen Bergbauernhof gefahren. Wir Kinder waren immer ganz begeistert, besonders weil wir auch mithelfen durften. Ich habe am liebsten Hühner gefüttert und Eier eingesammelt. Auf der Weide sind wir immer barfuß in die warmen Kuhfladen getreten. Das war ein Spaß! Und hinterher sind wir durch den Bach gewatet, damit die Füße wieder sauber wurden. Unsere Eltern sind viel gewandert und wenn wir keine Lust zum Mitgehen hatten, sind wir einfach bei der Bauernfamilie geblieben.“ – „Genau so haben unsere Kinder das auch gemacht. Es ist auch angenehm, wenn man nicht den ganzen Tag aneinanderklebt. Noch nie war ein Urlaub so erholsam wie der auf dem Bauernhof, und Erholung ist für uns momentan das Wichtigste. Abenteuerliche Reisen heben wir uns für später auf, wenn die Kinder groß sind.“
So wie die Ilona und ihre Familie halten es mittlerweile mehr als die Hälfte aller Familien mit Kindern: Urlaub auf dem Lande. Auf einem Bauernhof oder auch in einem Ferienhaus, möglichst nicht allzu weit von zu Hause entfernt, damit die Fahrten nicht so lange dauern.

Gute Gründe sprechen für eine solche Entscheidung

- Für den Organismus von Kindern bis ins Vorschulalter sind weite Reisen in klimatisch ungewohnte Gebiete besonders strapaziös. Nicht wenige bekommen in den ersten Tagen am neuen Urlaubsort Fieber.
- Lange Anfahrten – besonders im Auto – sind strapaziös für die Kinder und nervenaufreibend für die Eltern.
- Stark frequentierte Ferienorte sind meistens teuer und selten kinderfreundlich. Wird viel geboten, dann ist dies so gut wie immer mit einem Zwang zum Geldausgeben verbunden. Selbst wenn Animationsprogramme für Kinder geboten werden, so haben diese zwar Unterhaltungs-, aber kaum tiefergehenden Erlebniswert.
- Es gibt immer mehr komfortable Bauernhöfe und Ferienhäuser, die auf die Bedürfnisse von Familien mit Kindern eingestellt sind. Sie können sicher sein, daß Sie dort mit Ihren Kindern willkommen sind.
- In naturnaher Umgebung können sich Kinder frei bewegen und ihre kleinen Abenteuer erleben. Kostspielige Erlebnisparks sind dazu nicht notwendig. Mit Wiesen, Wald, Bach, Tieren und gleichaltrigen Kindern als Spielkameraden wird der Aufenthalt auf dem Land zum Erlebnis. Wenn es in der Umgebung schöne Wanderwege und einige Sehenswürdigkeiten gibt, dann kommen auch die Eltern nicht zu kurz.
- Ausflüge, wenn Sie mit dem Auto vor Ort sind, in die nähere und weitere Umgebung bringen zusätzlich Abwechslung.

So finden Sie familienfreundliche Urlaubsziele

Wenn Sie innerhalb Deutschlands Familienurlaub machen wollen, dann bietet Ihnen die ADAC-Broschüre „Familien-Ferien“ eine gute Orientierungshilfe. So werden in der neuesten Ausgabe „Familienferien ’93“ 276 Ferienorte, davon 47 aus den neuen Bundesländern, beschrieben, die ihr Angebot auf die besonderen Bedürfnisse der Familien im Urlaub abgestimmt haben. Für jeden Ort werden Anschriften und Telefonanschlüsse der zuständigen Fremdenverkehrsämter angegeben. Diese schicken Ihnen gerne Listen mit Übernachtungsmöglichkeiten zu.
Außerdem sind in der Broschüre 188 gemeinnützige Ferienstätten aufgelistet, für die man Beihilfen bekommen kann. Des weiteren werden 67 gewerbliche Ferienzentren und 30 für Familien besonders geeignete Alpenvereinshütten beschrieben.

Die Broschüre „Familienferien ‚93“ bekommen Sie in den ADAC-Geschäftsstellen, oder Sie bestellen sie bei der
Bundeszentrale für gesundheitliche Aufklärung
Ostmerheimer Straße 200
51109 Köln
Tel. 02 21/89 92-1

Haben Sie sich einen Urlaub auf dem Bauernhof vorgenommen, dann können Sie Kataloge bei folgenden Adressen bestellen:
DLG-Urlaubsservice
Rüsterstraße 13
60325 Frankfurt
Tel.: 0 69/71 68-3 26
(Katalog mit 1546 Bauernhöfen, inkl. Porto DM 15,50)

Zentrale für Landurlaub
Heerstraße 73
53111 Bonn
Tel. 02 28/63 12 84
(Katalog mit 3573 Bauernhöfen, inklusive Porto DM 19,50)

Wenn Sie bereits wissen, an welchem Ort Sie gerne mal Urlaub machen möchten, dann wenden Sie sich einfach direkt an das dortige Fremdenverkehrsamt oder die Tourist-Information. Sollte es eine derartige Institution nicht geben, hilft Ihnen im Zweifelsfall auch die Stadt- oder Gemeindeverwaltung weiter. Listen mit Übernachtungsmöglichkeiten und Informationsmaterial werden Ihnen gerne zugeschickt. Adressen und Telefonnummern erfahren Sie über das Telefonbuch oder die Telefonauskunft.
Wußten Sie schon, daß auch Familien in Jugendherbergen übernachten können? Viele Jugendherbergen sind mit Familienzimmern ausgestattet. Nähere Informationen müssen Sie dem Jugendherbergsverzeichnis entnehmen. Es ist in den meisten Stadtbibliotheken vorhanden. Sie können es aber auch bestellen:
Deutsches Jugendherbergswerk – Hauptverband
Bismarckstraße 8
32756 Detmold
Tel. 0 52 31/74 01-0

Wenn Sie Ihren Familienurlaub nicht alleine planen möchten, dann können Sie sich auch an professionelle Anbieter wenden, die sich auf Eltern-Kind-Reisen spezialisiert haben. Um hier nur zwei zu nennen:

VAMOS Eltern-Kind-Reisen e.V.
Flüggestraße 26
30161 Hannover
Tel. 05 11/3 48 19 17

KUF Reisen
Hochbrückenstraße 10
80331 München
Tel.: 0 89/22 50 80

„Sanft" reisen

Sicherlich haben Sie auch schon mal davon gehört und konnten sich nicht allzuviel darunter vorstellen. „Sanftes" Reisen nimmt Rücksicht auf Mensch und Umwelt und läßt sich vereinfacht so beschreiben:

- Der Reisende wählt ein umweltfreundliches Reisemittel zum Beispiel Bahn, Fahrrad, Boot oder auch die eigenen Beine. (Zu viele Autos verpesten die Luft. Zu viele Flugzeuge gefährden die Ozonschicht.)
- Der „sanfte" Tourist wählt ein Reiseziel, das er ohne Auto erreichen kann.
- Der „sanft" Reisende bucht keine Pauschalreise, denn daran verdienen hauptsächlich die großen Touristikunternehmer bei uns, die Bevölkerung des Gastlandes jedoch nur wenig. Er zieht eine Unterkunft bei Einheimischen einem die Landschaft verschandelnden Betonklotz in einem Touristenghetto vor und ißt auch Speisen, die aus der Ferienregion stammen. Denn so verdient auch die einheimische Gastronomie am Fremdenverkehr. Aber die Reise oder der Aufenthalt in der Fremde erhält so erst Sinn: Die heimische Kost und die heimischen Gewohnheiten hat man eben „daheim". Und wenn man sich ins Ausland begibt, dann lernt man die Menschen, deren Gewohnheiten und Denkweise erst, wenn man zu ihnen geht und eine Zeitlang mit ihnen lebt und, unter anderem, auch ißt.
- Der sanft Reisende betreibt keine Sportarten, die die Natur gefährden, wie zum Beispiel Motorsport, Mountainbiking, Abfahrtsski. Er schont die Natur und den Lebensraum der Tiere, bleibt auf den Wanderwegen und nimmt seine Picknickabfälle wieder mit. Er respektiert vor allem die Gepflogenheiten des Gastlandes.

Sicherlich wird nicht jeder einen rundum oder vollkommen „sanften" Urlaub machen können oder wollen. Viele Ziele sind nur mit dem Flugzeug erreichbar. Aber vielleicht gelingt es Ihnen, Ihren Urlaub wenigstens zum Teil „sanft“ zu gestalten. Auch wenn Sie eigentlich nur auf das Auto ungern verzichten: Versuchen Sie es doch einmal mit dem Zug! Kinder, die aus eigener Erfahrung nur das Auto als Verkehrsmittel kennen, sind in der Regel von einer Zugfahrt begeistert; und wenn es etwa über Nacht im Liegewagen zum Reiseziel geht, dann kennt die Begeisterung keine Grenzen mehr. Das ist schon ein Erlebnis.

Reisevorbereitungen

Stimmen Sie Ihr Kind schon einige Wochen vorher auf die Reise ein. Zeigen Sie ihm Bücher, Bilder oder Karten vom Urlaubsort. Lesen Sie Geschichten oder Märchen der betreffenden Region vor, oder geben Sie Ihrem Kind welche zu lesen. Wenn Sie Gelegenheit haben, dann können Sie sich auch in einem Museum über das Urlaubsland informieren. Vergessen Sie auch nicht das Kind auf die Dauer der Anfahrt vorzubereiten.
Die Anfahrt zum Urlaubsort sollte nicht zu lange dauern. Im allgemeinen sollten Sie es sich zur Regel machen, jede Stunde oder mindestens alle zwei Stunden eine Rast einzulegen, während der Sie sich an der frischen Luft bewegen. Nehmen Sie für solche Fälle vielleicht ein Springseil, einen Gummitwist, einen Schaumgummiball oder eine Frisbeescheibe mit. Diese Dinge brauchen kaum Platz und bringen einen hervorragend in Bewegung.
Für den Zeitvertreib während der Fahrt sollten Sie immer eine kleine Wundertüte parat haben. Bewährt haben sich kleine Bilderbücher, Comics, Malblock mit Buntstiften, Rätselhefte, kleine Puzzles, Kassetten, je nach Alter, Bedürfnissen und Neigungen Ihrer Kinder. Manche blättern auch immer wieder gern in Reiseführern oder Atlanten. Denken Sie sich auch Spiele aus, die während der Fahrt die Zeit verkürzen: Wörter von hinten her sagen (ROBERT/TREBOR oder KOFFER/REFFOK) oder aus Autokennzeichen Sätze bilden (RI – NR 7532 ergibt: Rosa ißt nie Rosenkohl) oder „Ich sehe was, was du nicht siehst und das ist rot“ (Antwort: Papas Pullover).
Setzen Sie sich, wenn möglich, auch mal nach hinten zu Ihren Kindern und unterhalten Sie sich mit ihnen, oder schauen Sie die Landschaft gemeinsam mit ihnen an. Oft sind es ganz simple Dinge, mit denen man ein Kind zufriedenstellen kann, was aber nicht bedeuten muß, daß Sie sich während der Autofahrt ausschließlich mit den Kindern beschäftigen oder den Clown spielen müßten. Nachdem Sie Zuwendung gegeben haben, können

Sie von Ihrem Kind durchaus verlangen, daß es sich wieder eine Zeitlang mit sich selber beschäftigt.
Vergessen Sie auf keinen Fall das Kuscheltier oder die Schmusedecke des Kindes. Sie sind für sein seelisches Gleichgewicht sehr wichtig und wirken besonders beim Einschlafen beruhigend. Ansonsten hängt der Urlaubssegen ziemlich schief, und das kann sehr belastend werden.
Der Reiseproviant sollte aus leichtverdaulichen Speisen bestehen wie Sandwiches, Obst, Studentenfutter, zuckerfreien Süßigkeiten. Am besten stellen Sie für jedes Kind ein eigenes Essenspaket zusammen. So kann es sich bei Bedarf selbst versorgen, und Sie vermeiden auch Streit. Bei Hitze sollten Sie Speisen, die leicht verderben, und Babynahrung in einer Kühltasche aufbewahren.
An Getränken sparen Sie auf keinen Fall. Das zahlt sich nicht aus. Berechnen Sie pro Person und Tag mindestens zwei Liter. Bevorzugen Sie Mineralwasser, Saftschorle oder dünnen schwarzen oder Früchte- und Kräutertee. Diese Getränke löschen den Durst am besten. Zuckerhaltige Getränke wie Cola und Limonaden verstärken ihn nur.
Die Kleidung für die Fahrt sollte leicht und luftig und nicht beengend sein, sofern Sie im Sommer fahren. (Während der anderen Jahreszeiten passen Sie die Kleidung entsprechend an.) Dazu leichte Schuhe, die man schnell an- und ausziehen kann.
Neigt Ihr Kind zur Reisekrankheit, dann ist es wichtig, daß Sie sich an einen sanften, ruhigen Fahrstil halten und daß das Kind so hoch sitzt, daß es aus dem Fenster sehen kann. (Sonst wird es ihm außerdem auch schon sehr bald langweilig werden.) Bei kleineren Kindern tritt die Reisekrankheit so gut wie nicht auf, hauptsächlich Heranwachsende sind davon betroffen. Wenn Ihr Kind über zwölf ist, dann lassen Sie es am besten auf dem Beifahrersitz Platz nehmen. Es sollte während der Fahrt nicht lesen oder malen, sondern aus dem Fenster sehen. Bei beginnender Übelkeit hat sich das Kauen eines speziellen Kaugummis gegen Reiseübelkeit bewährt. Dieser ist in Apotheken erhältlich. Manchmal hilft auch ein Tropfen Minzöl, den man vom Handrücken leckt.
Nicht vergessen sollten Sie auch ein Sonnenschutzmittel mit hohem Lichtschutzfaktor. Die Haut von Babys und Kleinkindern ist zehnmal dünner als Erwachsenenhaut und also besonders schutzbedürftig. Gewöhnen Sie Ihr Kind erst allmählich an die Sonne. Für leichte Sonnenbrände nehmen Sie eine Spezialsalbe mit. Bei einem schweren Sonnenbrand muß das Kind unbedingt ärztlich behandelt werden.
Seien Sie auch auf Durchfall eingerichtet. Den Durchfall selbst behandelt man am besten mit Kohletabletten. Der Flüssigkeitsverlust muß durch

entsprechende Zufuhr, wie zum Beispiel Tee, ausgeglichen werden. Den Elektrolytverlust behebt man mit speziellen Mitteln aus der Apotheke wie „Oralpädon“ oder „Elotrans“. Zur Not können Sie sich aber auch mit Cola und Salzstangen behelfen. Babys und Kleinkinder mit Reisedurchfall müssen jedoch immer möglichst bald von einem Arzt behandelt werden, da der Flüssigkeits- und Elektrolytverlust bei ihnen schnell lebensbedrohend werden kann.

3.2 Wandern

Wenn Sie mit Ihrer Familie zusammen die Natur erkunden, Landschaften kennenlernen und sich in frischer Luft bewegen wollen, dann sind Wanderungen hierfür bestens geeignet. Viele Eltern sind unsicher darüber, ab welchem Alter sie ihrem Kind Wanderungen zumuten können. Generell läßt sich sagen, daß ein sechsjähriges Kind in der Regel eine zweistündige Wanderung bewältigen kann (das entspricht bei mäßigem Tempo ca. 6 km), wobei es auch schon mal Vier- und Fünfjährige gibt, die das schaffen. Dies ist auch eine Frage der Konstitution, des Trainings und des Willens. Wenn Sie eine Wanderung unternehmen wollen, dann sollten Sie immer auch den Rückweg mit einplanen und kindgerechte Wanderwege auswählen. In vielen Wanderführern gibt es Hinweise auf die Schwierigkeitsgrade der Wanderwege, die abhängig sind von Gefälle, Breite und Wegebeschaffenheit. Drei Kilometer sind gut zu bewältigen, solange der Weg flach und breit ist. Auf einem schmalen, steilen Pfad, auf dem man auf jeden Schritt achten muß, können drei Kilometer schon für Erwachsene anstrengend sein, geschweige denn für Kinder. Achten Sie also immer auch darauf, und planen Sie zunächst keine zu großen Touren. Kinder brauchen viele Pausen, da sie schneller erschöpft sind als Erwachsene (ein zehnjähriges Kind besitzt nur knapp die Hälfte der körperlichen Leistungsfähigkeit eines Erwachsenen).

Welche Ausrüstung ist nötig?

- Am wichtigsten ist das Schuhwerk. Das Kind soll wasserfeste, gut sitzende knöchelhohe Schnürschuhe mit Profilsohle tragen. Achten Sie darauf, daß die Schuhe bereits eingelaufen sind, sonst gibt es Blasen an den Füßen. Blasen kann man auch vorbeugen, indem man zwei Paar Socken anzieht: zuerst feine baumwollene, darüber dickere aus Wolle.

- Die Kleidung sollte am besten aus mehreren Schichten bestehen: T-Shirt, Rolli, Pullover, Jacke, so daß sich das Kind je nach Witterung entkleiden kann.
- Vergessen Sie auch nicht den Regenschutz: Ein Umhang ist besser als ein Regenmantel, weil er weiter vom Körper absteht – so werden die Beine nicht so schnell naß – und auch ein Rucksack darunter noch Platz hat.
- Das Kind sollte nach Möglichkeit seinen eigenen Rucksack tragen, er sollte jedoch höchsten ein Kilo wiegen, wegen der Wirbelsäulenbelastung. Kommt er Ihnen zu schwer vor, dann übernehmen Sie die Getränke.
- Nehmen Sie ausreichend zu trinken mit: Mineralwasser, dünner Tee oder Saftschorle löschen auch hier den Durst am besten. Je nach Alter und Durst sollten Sie für ein Kind ein bis zwei Liter an Getränken dabei haben.
- Frische Luft macht hungrig. Deshalb packen Sie auch ausreichend Proviant ein! Beliebt sind Sandwichbrötchen (belegt mit Fleisch, Wurst, Käse, Salatblatt, Tomate, Gurke etc.), Obst (Apfel, Banane, Aprikose etc.) und zur Aufmunterung eventuell etwas Süßes (Schoko-, Müslieriegel), auch ein schneller Energiespender für zwischendurch (Blutzuckergehalt). Nehmen Sie die Verpflegung in Mehrwegverpackungen mit und bringen Sie Ihre Abfälle wieder mit nach Hause zurück (Tüte). So lernt Ihr Kind ganz selbstverständlich den verantwortungsvollen Umgang mit der Natur.
- Meiden Sie Ausflugslokale: Dort sind oft die Wartezeiten sehr lang, die Speisen teuer und von mäßiger Qualität. Picknicken Sie lieber. Eine Mahlzeit in freier Natur ist für Kinder wesentlich aufregender und für Eltern entspannender. Außerdem kann man die Dauer der Pause selber bestimmen.
- Für Verletzungen oder Blasen sollten Sie auch immer eine kleine Wanderapotheke in der Tasche haben: ein frisches Päckchen Papiertaschentücher, Jodlösung, Pflaster, eine elastische Binde und eine Schere.
- Wichtig, besonders bei Wanderungen in den Bergen, ist ausreichender Sonnenschutz: Packen Sie eine Sonnencreme mit hohem Lichtschutzfaktor, eine Kopfbedeckung und eine Sonnenbrille ein.
- Für die Pausen sollten Sie leichtes Spielzeug dabei haben: ein Schäufelchen oder einen Ball. Aber nicht zuviel, in der Natur gibt es ja viel zu sehen und zu erkunden. Kinder interessieren sich vor allem für die Dinge

am Wegrand: Steine, kleine Tiere, Pflanzen, Früchte, Blätter, Rindenstücke, Schneckenhäuser etc. Nehmen Sie daher auch einen leichten Behälter zum Sammeln mit (Versandröhre, Kaffeedose), da die Kinder gerne kleine Trophäen mitnehmen als Erinnerung und zum Spielen und Untersuchen zu Hause. Beachten Sie beim Sammeln aber immer die Naturschutzgebote!

3.3 Sprachspiele

Zungenbrecher

Sie zwingen das Kind (sanft!) zu deutlicher Aussprache und machen dabei Spaß:
Blaukraut bleibt Blaukraut,
Brautkleid bleibt Brautkleid.

Bürsten mit schwarzen Borsten bürsten besser,
als Bürsten mit weißen Borsten bürsten.

Esel essen Nesseln nicht,
Nesseln essen Esel nicht.

Fischers Fritz fischt frische Fische,
frische Fische fischt Fischers Fritz.

Große Krebse krabbeln im Korbe.
Im Korbe krabbeln große Krebse.

Klitzekleine Kinder können keinen Kirschkern knacken.

Der Cottbuser Postkutscher putzt
den Cottbuser Postkutschenkasten.

Der Metzger wetzt das Metzgermesser
mit des Metzgers Wetzstein.
Mit des Metzgers Wetzstein
wetzt der Metzger sein Metzgermesser.

Sieben Schneeschipper schippen sieben Schippen Schnee.

In Ulm und um Ulm und um Ulm herum.

Wir Wiener Waschweiber wollten weiße Windeln waschen,
wenn wir wüßten, wo warmes Wasser wäre.

Zwischen zwei Zwetschgenbaumzweigen
zwitschern zwei geschwätzige Schwalben.

Kommando Pimperle

Bei diesem Spiel ist Reaktionsschnelligkeit gefordert: Mehrere Kinder sitzen um einen Tisch und eines gibt das Kommando an: „Kommando Pimperle!“ oder „Kommando Faust!“ oder „Kommando hohl!“ oder „Kommando flach!“ Alle Kinder, auch das kommandierende, müssen die verschiedenen Kommandos ausführen. Bei „Kommando Pimperle!“ klopfen alle mit den Fingern auf den Tisch, bei „Kommando Faust!“ trommeln alle mit der Faust, bei „Kommando hohl!“ mit der leicht gewölbten Handfläche und bei „Kommando flach!“ mit der flachen Hand. Läßt der Vorspieler bei seinen Befehlen das Wort „Kommando“ weg, dann dürfen die anderen seine Befehle nicht ausführen, auch wenn er selber diese Bewegungen zur Verwirrung der anderen ausführt. Wer einen Fehler macht, zahlt ein Pfand.

Alles, was Flügel hat

Auch dies ist ein Reaktionsspiel: Mehrere Kinder sitzen um einen Tisch und eines gibt den Ton an.
Alles, was Flügel hat, fliegt hoch.
Alle Enten fliegen ... hoch!
Alle Bienen fliegen ... hoch!
Alle Katzen fliegen ... hoch!
Der Vorspieler hebt bei jedem Befehl die Hände. Wer bei dem Gegenstand, der nicht fliegen kann, die Hände hebt, gibt ein Pfand ab. Zwischen den Befehlen trommeln alle mit den Fingern auf die Tischkante.

Flüstertelefon

Die Kinder, es sollten fünf oder sechs sein, sitzen im Kreis beieinander. Einem flüstert die Mutter oder der Vater rasch ein nicht zu einfaches Wort oder einen kurzen Satz ins Ohr, zum Beispiel „Schulbushaltestelle“ oder „Morgen kommt die Tante“. Das erste Kind flüstert nun seinem Nachbarn das, was es verstanden hat, rasch ins Ohr, und der gibt es wiederum an den nächsten weiter. Wiederholt wird nicht. Jeder gibt weiter, was er verstanden hat, auch wenn es der größte Unsinn ist, denn darin liegt der Reiz dieses Spiels. Der Letzte im Kreise sagt dann laut, was er verstanden hat. Aus der „Schulbushaltestelle“ sind inzwischen „alte Stühle“ geworden oder aus der Tante, die morgen kommt, eine „Morgenrockverwandte“.

Kofferpacken

Der erste im Kreis sagt: „Ich packe meinen Koffer: Als erstes packe ich meinen Badeanzug hinein und eine Zahnbürste.“ Der Nächste wiederholt alles und fügt noch ein Stück dazu: „Ich packe meinen Koffer: Als erstes packe ich meinen Badeanzug hinein, eine Zahnbürste und einen Fotoapparat.“ Der Nächste wiederholt dies und gibt wieder ein Stück dazu und so weiter. Je länger wir packen, um so schwieriger wird es, die Dinge, die schon im Koffer sind, zu behalten. Aber bei diesem Spiel ist gegenseitiges Helfen erlaubt.

Eine Variante dieses Spiels: Eines der Kinder muß vor die Tür, während die anderen ausmachen, für wen der Koffer gepackt wird. Das Kind wird hereingerufen und muß einen nach dem anderen fragen, was er in den Koffer gepackt hat, und aus den Antworten raten, für wen der Koffer gepackt wird. Sobald er den Kofferbesitzer richtig erraten hat, muß derjenige als nächster vor die Tür, der die letzte Antwort gegeben hat.

Stadt – Land – Fluß – Name – ...

Jeder Mitspieler schreibt auf sein Blatt nebeneinander die Rubriken Stadt, Land, Fluß, Name oder weitere Oberbegriffe, die von den Teilnehmern der Spielrunde gemeinsam ausgewählt werden. Einer der Mitspieler beginnt, das Alphabet aufzusagen, indem er nur den Buchstaben A laut ansagt, die weiteren aber nur im Gedächtnis weiterdenkt. Ein anderer ruft irgendwann

„Halt“ und der erste nennt den Buchstaben, bei dem er gerade angekommen war, als „Halt“ gerufen wurde. Die Buchstaben Q, X, Y sollten übergangen und neu ausgelost werden, da die Möglichkeiten, hierfür Begriffe zu finden, sehr gering sind. Nun muß jeder schnell die entsprechenden Wörter auf sein Blatt in die Rubriken eintragen, und wer als erster fertig ist, ruft wieder laut „Halt“. Denn ab sofort darf nicht mehr weitergeschrieben werden. Bei der Auswertung gibt es für jede Lösung zehn Punkte. Haben mehrere Spieler dasselbe Wort, erhalten sie dafür nur fünf Punkte.
Beispiele für mögliche Lösungen für die Kategorien „Stadt – Land – Fluß – Name – Speise“ angegeben:
Potsdam – Polen – Po – Paul – Pfannkuchen
Berlin – Belgien – ? – Berta – Brot
Augsburg – Algerien – Alster – August – Apfel

ABC-Geschichte

Bei diesem Spiel müssen nacheinander Begriffe gefunden werden, die mit den Buchstaben A, B, C, D, E und so weiter anfangen durch das ganze Alphabet hindurch. Dazu erfindet man eine passende Geschichte und fängt zum Beispiel so an: „Heute war ich auf dem Markt und habe Ananas gekauft.“ Der nächste hat “Ananas und Birnen“ gekauft. Der dritte hat „Ananas, Birnen und Clementinen“ gekauft und so weiter, bis der Korb endlich durch eingekaufte Zwetschgen vervollständigt ist.
Genausogut kann man das Spiel natürlich auch mit einem Zoobesuch (Affe, Bär, Chamäleon, ...) oder mit Pflanzen (Ahorn, Buche, Christrose, ...) machen.

Teekessel

Zwei aus der Spielrunde verständigen sich im Geheimen über ein Wort, das zwei ganz verschiedene Bedeutungen hat. Abwechselnd beschreiben die beiden nun den Mitspielern jeweils die Bedeutung ihres Wortes, Schritt für Schritt. Die anderen müssen raten, welcher Begriff gemeint ist: zum Beispiel das Wort „Blatt“ (ein Stück Papier oder ein Blatt am Baum). Der erste erklärt: „Mein Teekessel raschelt.“ Der zweite: „Mein Teekessel raschelt auch.“ Dann sagt der erste: „Auf meinen Teekessel kann man malen.“ Der zweite: „Mein Teekessel wächst“; und so weiter, bis jemand das Wort „Blatt“ erraten hat.

Teekesselwörter gibt es viele: Birne (Obst – Glühbirne), Brücke (Bauwerk – Zahnersatz), Mutter (Gegenstück zur Schraube – Elternteil), Schloß (Gebäude – Türschloß), Ball (Fest – Spielzeug), Linse (Hülsenfrucht – Vergrößerungsglas), Futter (Tiernahrung – Innenseite von Kleidungsstücken), Auflauf (Speise – Menschenansammlung).

Gedächtnisspiel

Auf ein Tablett legt man mehrere deutlich voneinander unterscheidbare Gegenstände, aber nicht mehr als zehn (etwa Brille, Birne, Banane, Schlüssel, Uhr, Kugelschreiber, Münze, Trinkglas, Stein, Blume). Das Tablett wird in die Mitte der Spielerrunde gestellt, so daß jedes Kind gut darauf sehen kann. Die Mitspieler haben zwanzig Sekunden Zeit, um sich die Gegenstände einzuprägen. Dann wird das Tablett weggenommen, so daß es niemand mehr sehen kann. Nun schreibt jedes Kind die Dinge, die es sich merken konnte, auf einen Zettel. Wer noch nicht schreiben kann, darf die Dinge auch aufmalen. Wer die meisten weiß, hat gewonnen.

Ich sehe was, was du nicht siehst

Wer kennt diesen Dauerbrenner unter den Kinderspielen nicht? Es eignet sich bestens, um den Kleinen die Namen der Farben beizubringen. Man kann das Spiel zu zweit und zu mehreren spielen.
Ein Mitspieler sucht sich – aber möglichst unauffällig, damit die anderen, die raten sollten, nicht gleich merken, was es ist – im Zimmer einen gut sichtbaren Gegenstand von eindeutiger Farbe und nennt nur diese: „Ich sehe was, was du nicht siehst, und das ist grün." Die anderen nennen nun so lange grüne Gegenstände aus dem Zimmer, bis einer den gesuchten erraten hat, zum Beispiel „der Kaktus". Der Finder darf nun als nächster die Farbe eines von ihm gewählten Gegenstandes sagen, und die anderen müssen den Gegenstand wieder erraten.
Spielt man mit Kindern im Vorschulalter, dann sollte man nur größere und einfarbige Dinge wählen. Haben die Mitspieler schon eine gewisse Übung, dann kann man auch zu schwierigeren Fragen übergehen und etwa die rote Zunge des Stoffkrokodils oder das gelbe Lenkrad am Spielzeugauto suchen lassen. Natürlich kann das Spiel auch variiert werden und statt Farben setzt man Formen ein (rund wie der Teller, gezackt wie die Tischdecke etc.).

Dieses Spiel kann man auch gut im Auto spielen. Dann sollte aber der gesuchte Gegenstand während der nächsten paar Minuten nicht aus dem Blickfeld verschwinden.

Namen rückwärts nennen

Dies ist ein Spiel, das schon eine gewisse Gewandtheit im Umgang mit der Sprache voraussetzt. Man kann natürlich alle Wörter von hinten her aufsagen, aber am meisten Spaß macht es, wenn zunächst die Namen der Mitspieler rückwärts genannt werden. Aus SOPHIE wird EIHPOS, CLAUDIA wird AIDUALC, NINA wird ANIN, BENJAMIN wird NIMAJNEB.

Reimen

Lassen Sie Ihr Kind das Reimwort ergänzen:
Morgens früh um sechs kommt die kleine Hex,
morgens früh um sieben
schabt sie gelbe ... (Rüben),
morgens früh um acht
wird Kaffee ... (gemacht),
morgens früh um neune
geht sie in die ... (Scheune),
morgens früh um zehne
hackt sie Holz und ... (Späne),
feuert an um elfe,
kocht dann bis um zwölfe
Fröschebein und Krebs und Fisch.
Hurtig, Kinder, kommt zu ... (Tisch)!

„Wir geben einen Ball!“, sagte die Nachtigall.
„Was werden wir speisen?“, fragten die ... (Meisen).
„Strudel!“, kreischte der ... (Pudel).
„Was werden wir trinken?“, sangen die ... (Finken).
„Bier!“, brüllte der ... (Stier).
„Wein!“, grunzte das ... (Schwein).
„Kümmel!“, wieherte der ... (Schimmel).
„Auch Tee!“, bat das ... (Reh).

„Werden wir tanzen?“, sangen die ... (Wanzen).
„Wer wird was blasen?“, fragten die ... (Hasen).
„Ein Frosch wird flöten!“, unkten die ... (Kröten).
„Wie lange?“, fragte die ... (Schlange).
„Bis zwölf!“, heulten die ... (Wölf‘).
„Aber wo?“, fragte der ... (Floh).
„Im Jägerhaus!“, piepste die ... (Maus).
Und damit war die Sitzung ... (aus).

Verkehrte Welt

Dunkel war‘s, der Mond schien helle,
Schnee lag auf der grünen Flur,
als ein Wagen blitzesschnelle
langsam um die Ecke fuhr.

Drinnen saßen stehend Leute,
schweigend ins Gespräch vertieft,
als ein totgeschossner Hase
auf der Sandbank Schlittschuh lief.

Und ein blondgelockter Jüngling
mit kohlrabenschwarzem Haar
saß auf einer blauen Kiste,
die rot angestrichen war.

Schüttelreime – Rüttelscheime

Die Grundlage von Schüttelreimen oder Schüttelwörtern ist meist ein Doppelwort. Bei der Wiederholung des Wortes werden die Anfangsbuchstaben geschüttelt (ausgetauscht) und es entstehen lustige Wüttelschörter, äh Schüttelwörter:

Schulbus – Bulschus
Radkappe – Kadrappe
Bleistift – Steiblift
Lesebuch – Beseluch

3.4 Kinderreime

Kniereiterverse

Fast alle Eltern machen mit Ihren Kindern das Kniereiterspiel und die Kleinen können oft gar nicht genug davon bekommen. Das Kind sitzt auf den Knien des Erwachsenen, der durch Heben und Senken der Knie eine Reitbewegung erzeugt. Das Kind „reitet“, bis man es an der entsprechenden Stelle des Verses hintüber kippen läßt, während man es weiterhin an den Händen festhält.

Hoppe hoppe Reiter,
wenn er fällt, dann schreit er.
Fällt er auf die Steine,
tun ihm weh die Beine.
Fällt er in die Hecken,
fressen ihn die Schnecken,
fressen ihn die Müllermücken,
die ihn vorn und hinten zwicken.
fällt er in den tiefen Schnee,
dann gefällt's ihm nimmermeh.
Fällt er in den Graben,
fressen ihn die Raben.
Fällt er in den Sumpf,
Macht der Reiter plumps.

Hopp, hopp, ho!
Pferdchen friß kein Stroh!
Muß dem Pferdchen Hafer kaufen,
daß es kann im Trabe laufen.
Hopp, hopp, hopp, hopp, ho!
Pferdchen frißt kein Stroh.

Erste Fingerspiele

Mit dem Daumen beginnend wird ein Finger nach den anderen angefaßt und hin- und herbewegt.

Das – ist der Daumen,
der – schüttelt die Pflaumen,
der – liest sie auf,
der – bringt sie nach Haus,
und der kleine Wicht – ißt sie alle auf.

Der – ist in den Brunnen gefallen,
der – hat ihn wieder rausgeholt,
der – hat ihn ins Bett gelegt,
der – hat ihn zugedeckt,
und der kleine Wicht da,
der hat ihn wieder aufgeweckt.

Alle Finger

Zehn kleine Zappelmänner
zappeln hin und her.
Zehn kleine Zappelmänner
finden das nicht schwer.

Zehn kleine Zappelmänner
zappeln auf und nieder.
Zehn kleine Zappelmänner
tun das immer wieder.

Zehn kleine Zappelmänner
zappeln rundherum.
Zehn kleine Zappelmänner
finden das nicht dumm.

Zehn kleine Zappelmänner
spielen jetzt Versteck –
zehn kleine Zappelmänner
sind auf einmal weg!

Dabei hält man die Hände etwas vom Körper weg und zappelt mit den Fingern. Entsprechend dem Text führt man mit den Händen die Bewegungen aus. Mit dem letzten Satz versteckt man die Hände hinter dem Rükken.

Bewegungsspiele

Adam hatte sieben Söhne,
sieben Söhne hatte Adam.
Sie aßen nicht,
sie tranken nicht,
sie waren alle liederlich
und machten's so wie ich:
Mit den Fingerchen tip tip tip,
mit dem Köpfchen nick nick nick,
mit den Füßchen trap trap trap.
mit den Händchen klapp klapp klapp.

Große Uhren gehen tick tack, tick tack,
kleine Uhren gehen tick tack, tick tack, tick tack, tick tack,
und die kleinen Armbanduhren ticke tacke, ticke tacke, ticke tacke tick.

Das Ticken kann das Kind entweder mit den Fingern, den Händen, dem Kopf oder den Füßen im unterschiedlichen Takt nachahmen.

Wenn sich das Kind wehgetan hat

Heile heile Segen,
drei Tage Regen,
drei Tage Schnee
und dem Kind tut's nimmer weh.

Denkt euch nur, der Frosch ist krank!
Liegt nur auf der Gartenbank,
quakt nicht mehr, wer weiß wie lang,
ach, wie fehlt mir sein Gesang!
Denkt euch nur, der Frosch ist krank!

Wenn das Essen nicht schmeckt

Bim bam beier,
die Katz' mag keine Eier.
Was mag sie dann?

Speck in die Pfann'!
Ei wie lecker ist unsre Madam!

Ringelspiele

Ringel ringel Rosen,
schöne Aprikosen,
Veilchen und Vergißmeinnicht,
alle Kinder setzen sich.

Ringel ringel Reihe,
der Kinder sind wir dreie,
sitzen unterm Hollerbusch,
schreien alle: Husch, husch, husch!

Petersilie Suppenkraut
wächst in unserm Garten.
Unser Lieschen ist die Braut,
soll nicht länger warten.
Roter Wein und weißer Wein,
morgen soll die Hochzeit sein.

3.5 Fingerspiele

Fadenspiele sind Fingerspiele, mit denen sich größere Kinder – ab etwa acht Jahren – befassen können. Diese Spiele sind sehr alt, es gibt sie in vielen Kulturkreisen. Insbesondere bei Naturvölkern haben Fadenspiele weniger die Funktion eines Zeitvertreibs als vielmehr magische Bedeutung. Die Fadengebilde symbolisieren Gegenstände, Tiere, Naturerscheinungen. In Japan erfreuen sich Fadenspiele auch bei Erwachsenen allgemeiner Beliebtheit. Bei uns sind sie fast in Vergessenheit geraten.
Fadenspiele erfordern Konzentration und ein bißchen Geschicklichkeit, können aber durch Zuschauen schnell eingeübt werden. Man kann sie jederzeit alleine oder zu zweit spielen, da man einen Faden oder eine dünne Schnur immer bei sich haben kann. Der Faden soll ungefähr 150 Zentimeter lang sein und zu einem Ring zusammengeknotet werden. Wer sich einmal im Fadenspiel versucht hat, erfindet bald selber Figuren. Im folgenden finden Sie zwei relativ einfache japanische Beispiele für eine Person.

Das Hausdach

Der Faden wird über Daumen und kleinen Finger der beiden Hände gestrafft (1; die 1 hier und alle weiteren in der Folge verweisen immer auf die beigegebenen Abbildungen). Dann nimmt man mit den Mittelfingern, zuerst der rechten und dann der linken Hand, den Faden von der jeweils anderen Hand von unten her auf (2) und strafft die Fäden. Im nächsten Schritt nimmt man mit den Daumen, wie in 3 markiert, den Faden von un-

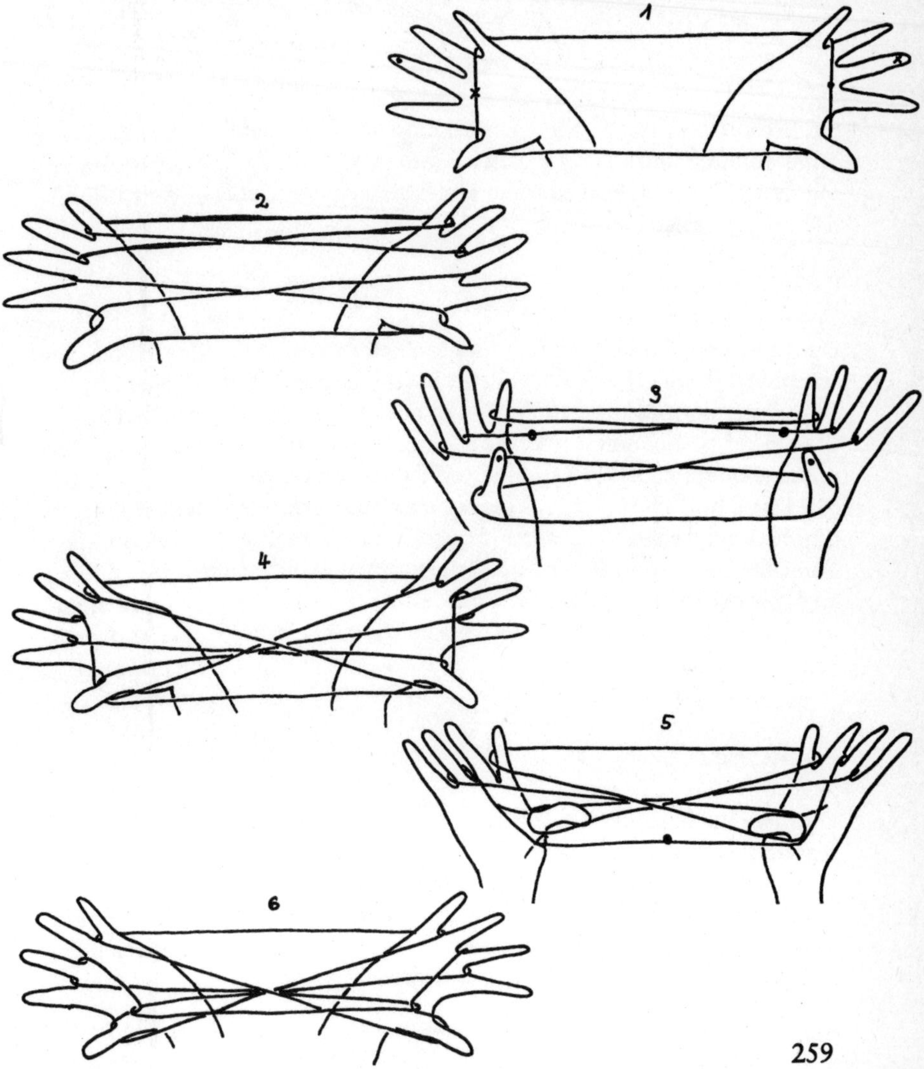

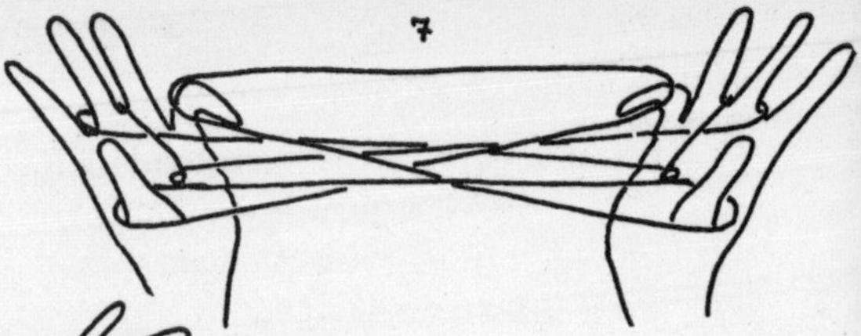

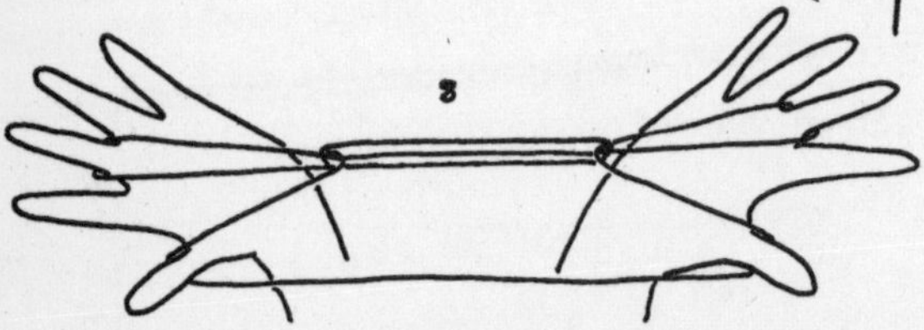

ten her auf und strafft wieder (4). Dann schlüpft man mit den Daumen unter den in 5 markierten Fadenteil und strafft (6). Zuletzt schlüpft man mit den kleinen Fingern aus dem Fadengebilde heraus (7) und strafft wieder. Fertig ist das Hausdach (8).

Zwei funkelnde Sterne

Der Faden wird über Daumen und kleinen Finger der beiden Hände gestrafft (1). Dann geht man der Reihe nach mit jedem dieser Finger aus der Schnur heraus und häkelt diese von oben her mit dem betreffenden Finger wieder auf. So bekommt man die Schlingen (2). Anschließend nimmt man mit den Daumen den in 3 markierten Faden von unten her auf und strafft (4). Dann holt man den in 4 markierten Faden mit den kleinen Fingern durch Untergreifen nach oben (5), straffen. Nun fahren die Mittelfinger unter den in (5) markierten Faden der eigenen Hand, straffen (6). Zuletzt schlüpft man mit den Daumen und kleinen Fingern aus den in 6 markierten Fadenteilen und strafft das Gebilde. Die funkelnden Sterne sind fertig (7).

Fingertheater

Dies ist eine besonders raffinierte, aber einfache Idee, um ohne großen Aufwand Theater zu spielen. Die Gesichter malen Sie mit abwaschbaren Filzstiften auf die Innenseiten der letzten Fingerglieder. Hüte, Schleifen, Frisuren basteln Sie aus Papier, Stoff- und Wollresten. Eine einfache Bühne schaffen Sie sich, indem Sie eine Klemmstange in einem Türstock befestigen und ein Stück Tuch darauf drapieren.

1

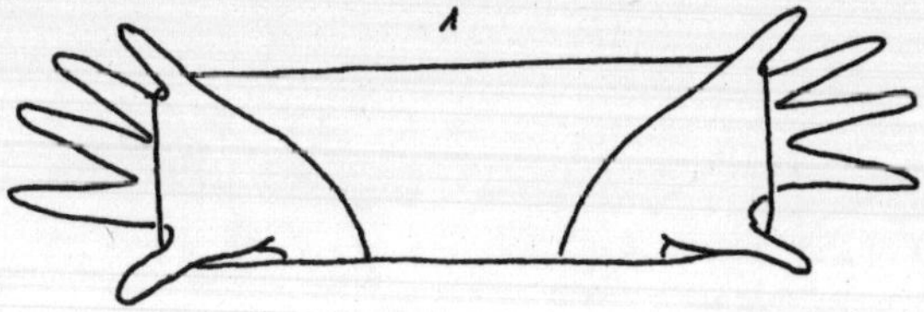

2

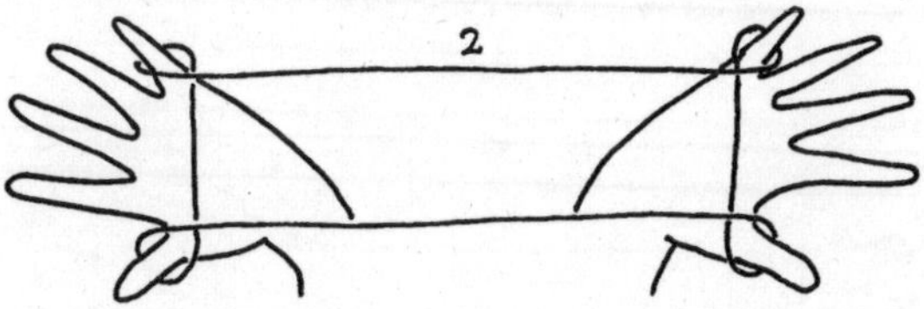

3

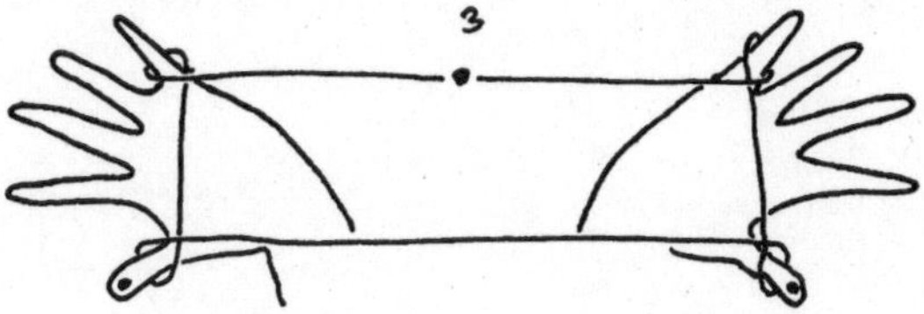

4

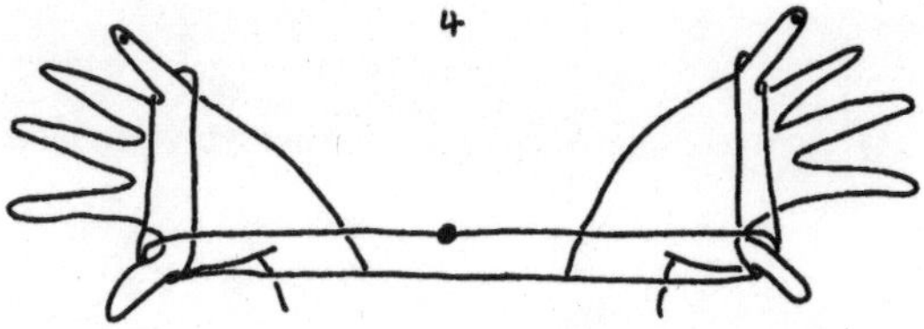

6

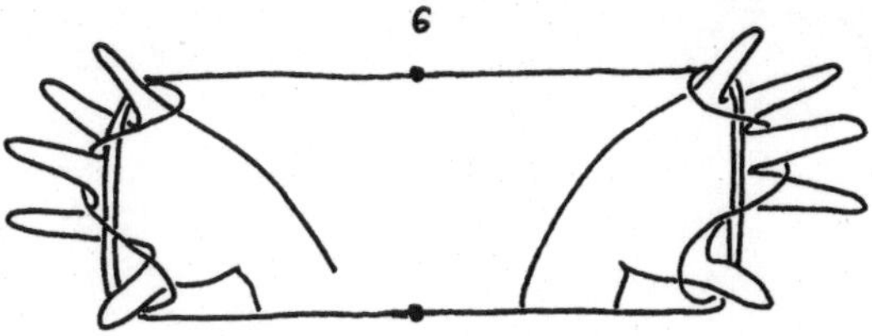

5

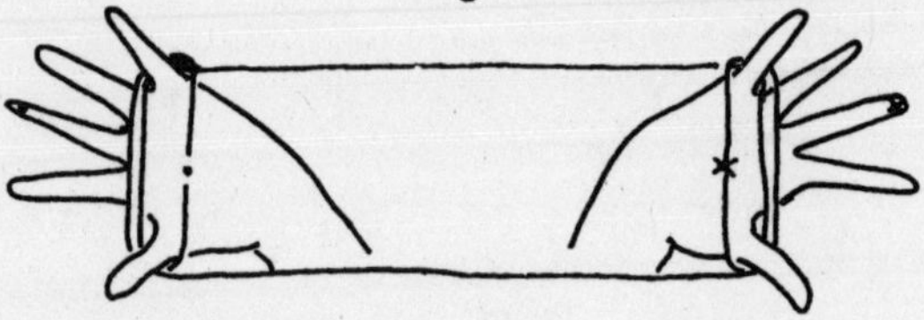

7

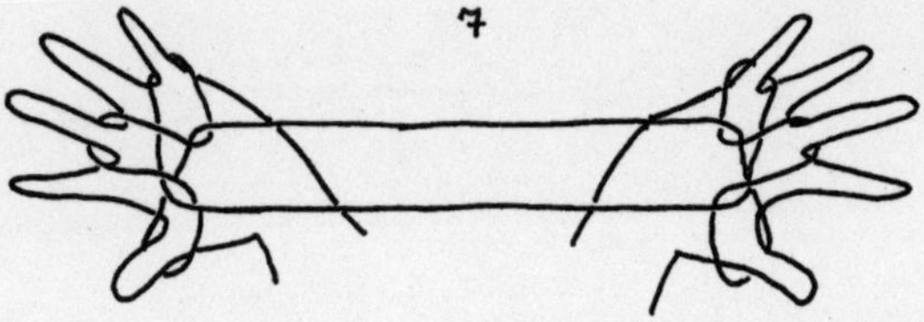

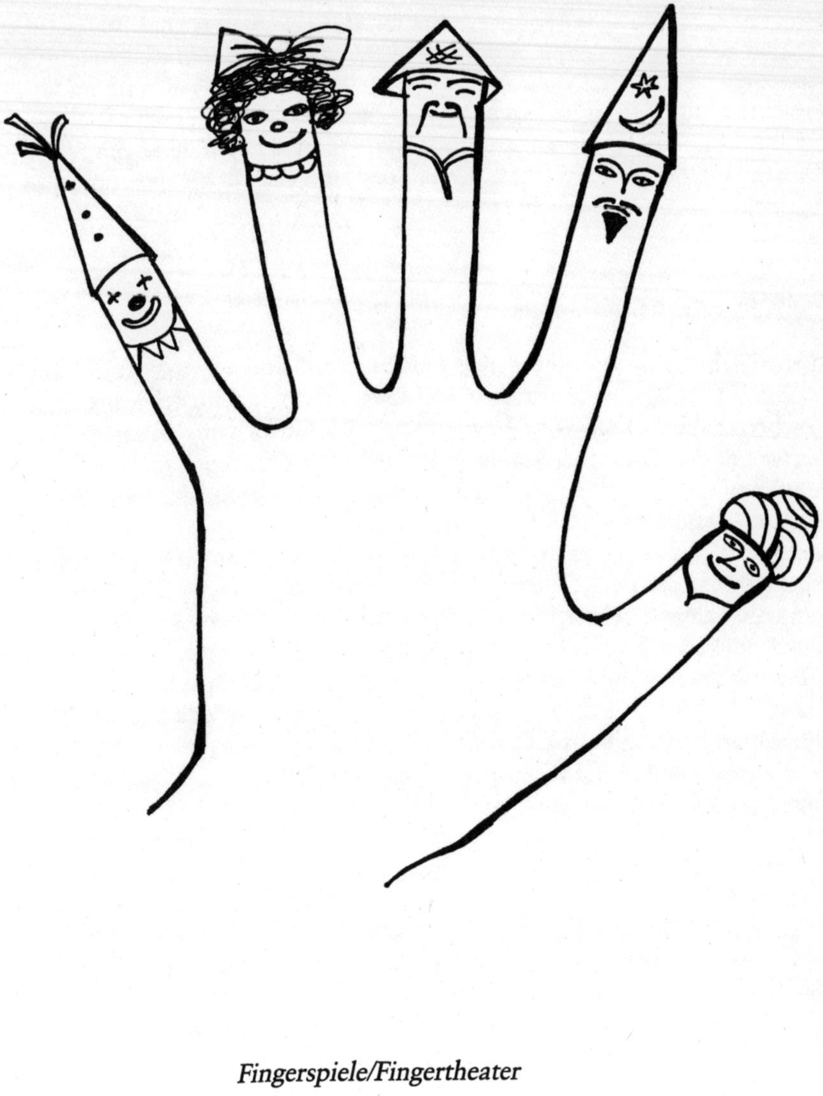

Fingerspiele/Fingertheater

3.6 Basteln mit Papier

Papier ist ein äußerst vielseitiges Spielmaterial, das man schnell zur Hand hat und aus dem sich mit wenig Aufwand die schönsten Gegenstände herstellen lassen. Papier kann Ihr Kind bemalen, bedrucken, reißen, schneiden, falten, und im Nu hat es ein neues Spielzeug geschaffen. Gewiß wird ihm am Anfang noch so manches schwerfallen, aber die Eltern können ja dabei helfen. Das ist ja auch der Sinn der Sache: gemeinsames Spielen.

Papier bedrucken

Kinderleicht herzustellen und sehr wirkungsvoll sind Stempeldrucke auf Papier. Sie sind auch vielseitig verwendbar: mit Stempeldruck kann man Geschenkpapier, Laternen, Lampenschirme, Glückwunschkarten, Papiertischdecken, ja sogar Wände verzieren. Nimmt man Stoffarben, dann kann man mit den selber gefertigten Stempeln auch Textilien bedrucken: T-Shirts, Einkaufstaschen, Decken, Vorhänge.
Am schnellsten fertigt man einen Stempel an, indem man geeignetes Obst oder Gemüse der Länge quer oder der Länge nach halbiert. Die nun entstandene Schnittfläche ergibt das Stempelbild. Nach dem Aufschneiden drückt man den Fruchtstempel zunächst auf ein Küchentuch, damit der Saft aufgesogen wird. Dann kann man mit dem eigentlichen Stempeln beginnen. Als Stempelkissen dient ein Stück Schaumstoff, das mit dem gewünschten Farbton bestrichen wird. Dabei ergeben sich je nach Früchteart überraschende Effekte. Einige Beispiele finden Sie in der Abbildung: Lauch quer (1) und längs (4) durchschnitten, Zwiebel (2) und Apfel (3) längs, Zitrone (5) quer halbiert. Die Früchtestempel bringen allerdings nur in frischem Zustande gute Druckergebnisse.
Besonders geeignet zum Herstellen von Druckstempeln ist die Kartoffel, da sie sich leicht schnitzen läßt. Man kann die Stempelbilder entweder freihändig mit einem Messer in die Schnittfläche einschneiden oder, was wesentlich einfacher ist, Ausstechformen zu Hilfe nehmen. Dazu drückt man eine Ausstechform so tief in die Schnittfläche der Kartoffel ein, daß nur noch die wulstige Oberkante heraussteht. Dann schneidet man mit einem Messerchen rund um die Form eine schmale Scheibe von der Kartoffel ab, zieht die Form heraus, und fertig ist der Stempel (6). Ein besonders effektvolles Muster bekommt man, wenn man mit den Kartoffelstempeln nicht nur Farbe abdruckt, sondern statt dessen Kleister oder Ei-

weiß nimmt und auf die Abdrucke Glitter streut. Dann wird etwa Geschenkpapier besonders festlich.
Einfache Fingerdrucke (7) ergeben oft witzige Bilder. Die Vogelkörper sind mit dem Daumen gedruckt, die Blütenblätter und die Raupe mit dem Zeigefinger. Die übrigen Teile wurden mit dem Zeichenstift ergänzt.
Schwieriger, aber sehr reizvoll sind Abdrucke von Blättern. Gute Druckergebnisse bringen nur Blätter, die ganz frisch sind und die eine auffallende Äderung haben. Dazu bestreicht man die Blattunterseite von der Mitte zum Rand hin dünn mit Farbe, legt das Blatt vorsichtig auf das Papier, das man bedrucken möchte, und drückt es leicht mit einem zusammengeknüllten Tuch an. Dann faßt man es am Stengel und zieht es ab. Fertig ist der Blattabdruck (8).

1

2

3

4

5

6

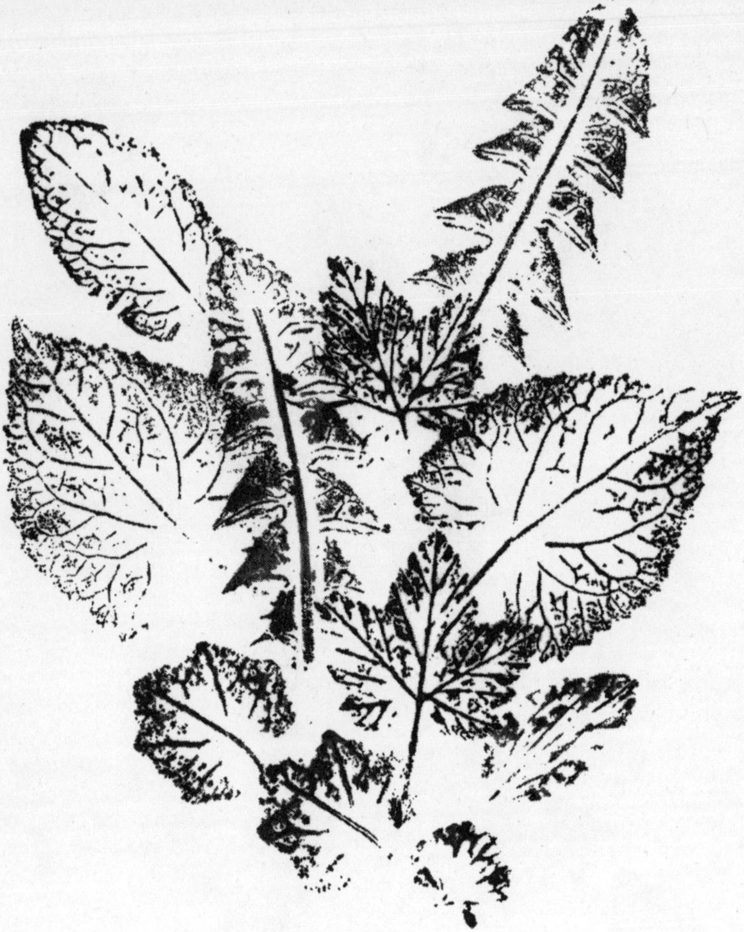

Papierperlen

Tut es Ihnen auch immer leid, wenn Sie gebrauchtes Geschenkpapier wegwerfen sollen? Es gibt dafür noch eine schöne Verarbeitungsmöglichkeit: Man kann daraus Papierperlen basteln. Das geht ganz einfach, und die Kinder können sich ihren Schmuck oder den für Puppen oder Tiere selber herstellen.

Aus buntem Papier werden schmale Keile geschnitten. Sie sollten nicht zu kurz sein, denn die Perlen sollen ja ein wenig bauschig werden (1). Dann werden die Keile dünn mit Kleister bestrichen und um Stäbchen (ein Schaschlikstäbchen zum Beispiel) oder eine Stricknadel aufgerollt (2). Dann zieht man das Stäbchen heraus und läßt die Perlen trocknen (3), fertig.

Aufgerollt ergeben sie eine hübsche Halskette oder ein Armband. Ganz Emsige und Ausdauernde machen sogar Perlenvorhänge daraus.

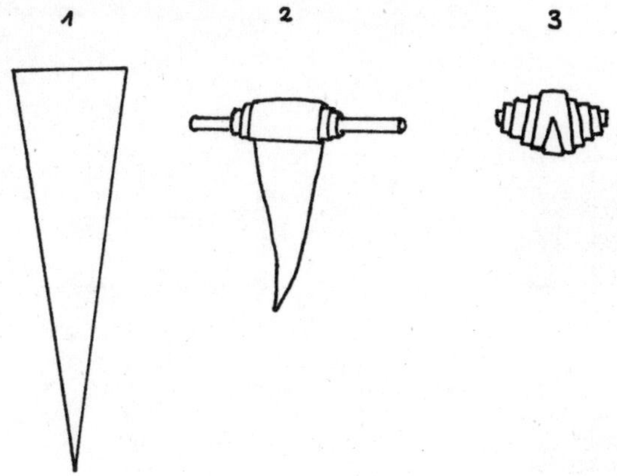

Ein Hut

Kinder verkleiden sich so gerne und lieben Kopfbedeckungen aller Art. Mit diesem einfachen Dreispitz zum Beispiel kann sich das Kind beim Hoppe-Reiter-Spiel in einen Reiter verwandeln.

Man nimmt einen großen Bogen Papier (etwa DIN A 2) – es kann auch ein Zeitungsbogen sein – und faltet ihn auf die Hälfte. Senkrecht dazu faltet man ihn noch mal und klappt ihn wieder auf, so daß ein Bug entsteht (1). Dann faltet man die Ecken zur Mitte – eine vor, die andere zurück (2 und

3). Anschließend klappt man auf beiden Seiten den Rand hoch und knickt die vorstehenden Enden im Wechsel nach vorne und nach hinten (5). Man kann sie festkleben oder klammern. Die Hutspitze kann man mit bunten Papierstreifen schmücken.

Segelschiff

Wenn der Reiter lieber mal Kapitän sein möchte, dann läßt sich aus dem gefalteten Dreispitz auch ein Schiff falten. Dazu nimmt man den Hut und legt ihn so zusammen, daß die Spitzen aufeinanderliegen (6). Nun faltet man eine Spitze nach oben (7), dreht das Stück um, faltet die andere Spitze ebenso nach oben und streift das Ganze schön glatt (8).

1

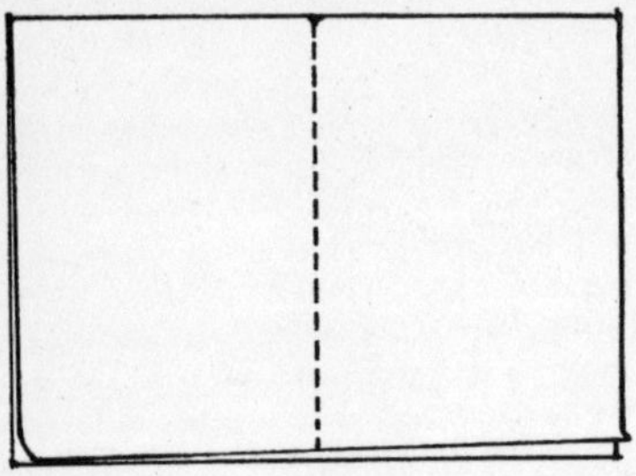

2

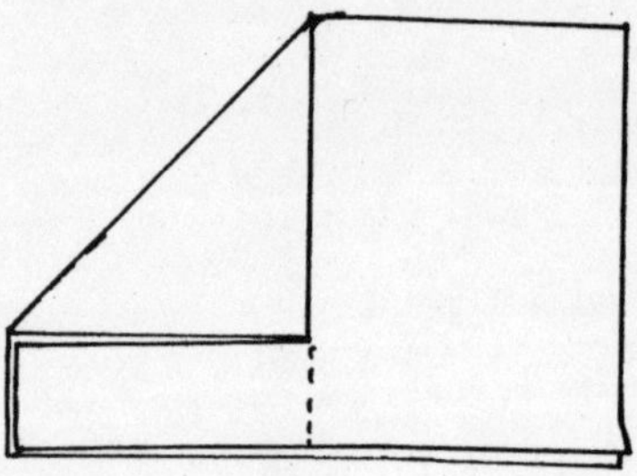

3

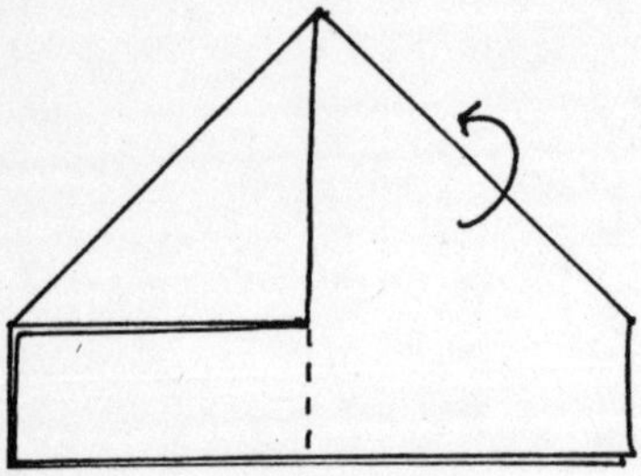

4

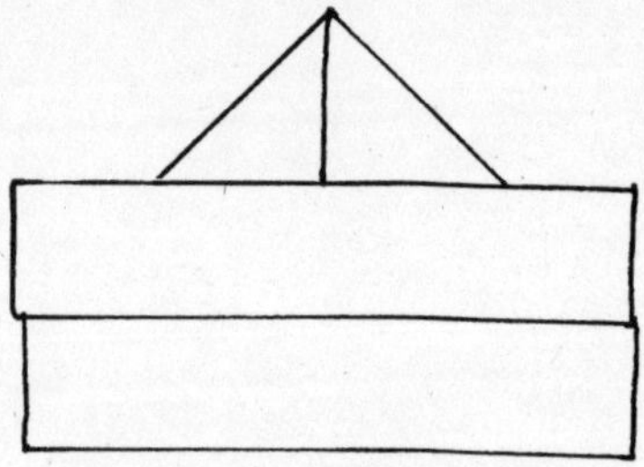

5

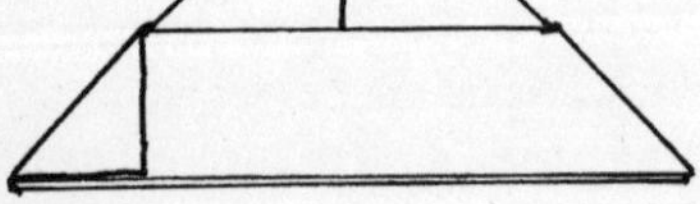

6

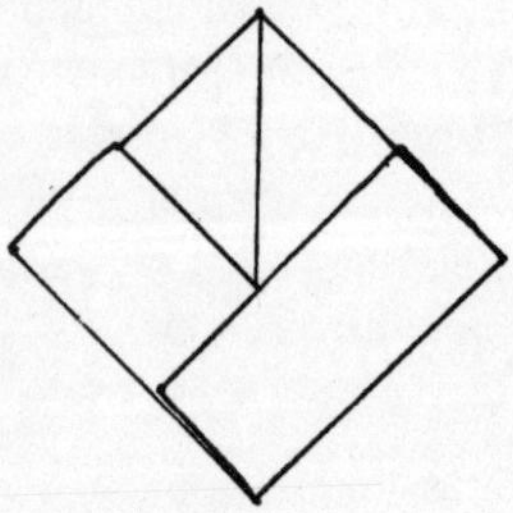

7

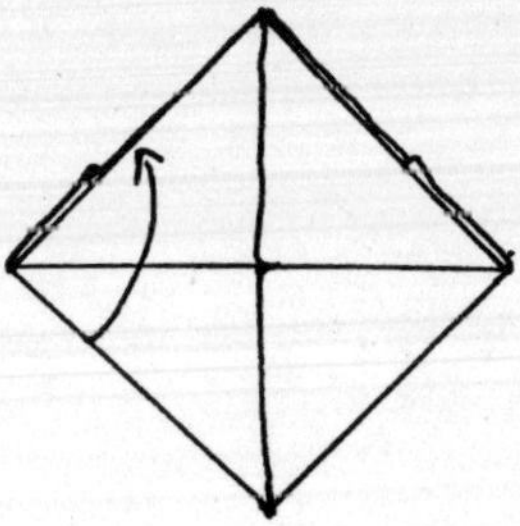

8

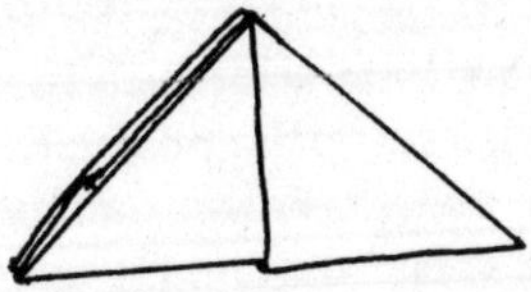

9

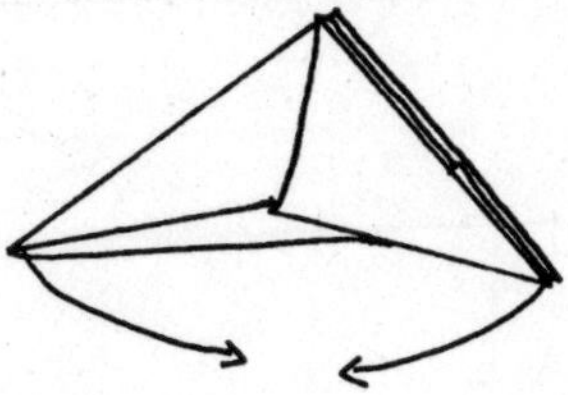

10

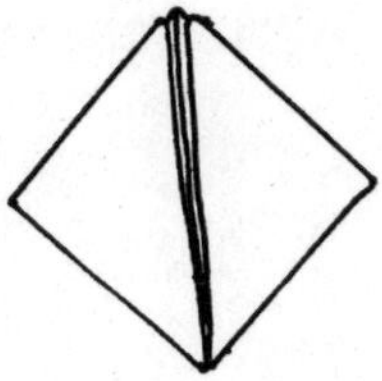

11

12

Diesen gefalteten Dreispitz öffnet man (9), legt die Ecken aufeinander und streicht alles wieder glatt (10). Zuletzt zieht man die oberen Ecken vorsichtig nach außen (11), und fertig ist das Segelschiff (12).

Hexentreppe

Eine der einfachsten, aber auch vielseitigsten Faltarbeiten ist die Hexentreppe. Sie wird aus zwei langen Papierstreifen hergestellt, deren Enden rechtwinklig aufeinandergelegt und dann übereinander verflochten werden (1 bis 5). Hexentreppen können auch aus unterschiedlich breiten Papierstreifen geflochten werden. Dann werden sie flach und breit.
Nimmt man Papierstreifen, die immer schmäler werden, dann verjüngt sich der geflochtene Körper. Besonders wirkungsvoll sind Hexentreppen,

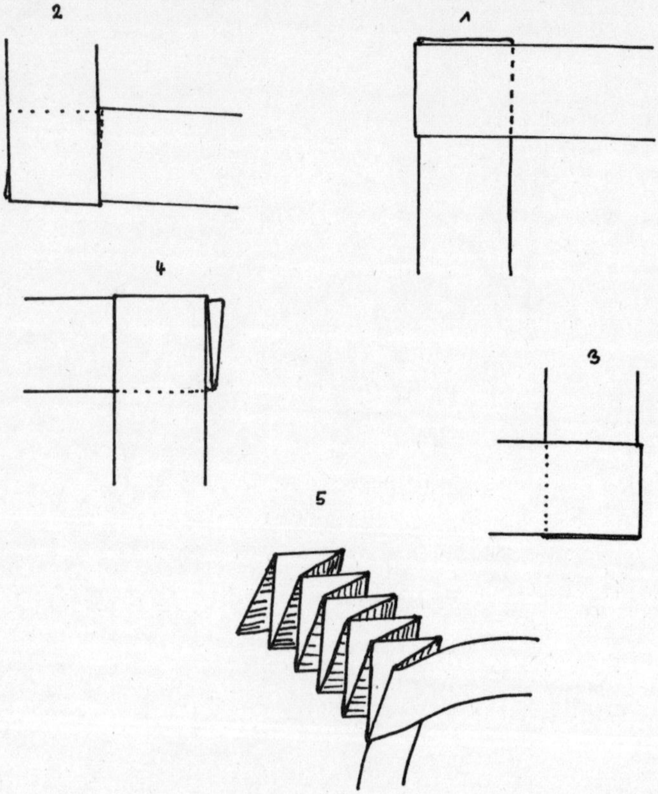

die aus verschiedenfarbigen Streifen geflochten werden. Aus Hexentreppen kann man Girlanden, Kerzenhalter, Weihnachtsschmuck, Marionetten und vieles mehr basteln.

Zappelpuppe

Auf einfache Weise kann man aus Hexentreppen lustige Zappelpuppen basteln. Dazu benötigt man eine Käseschachtel und Papierstreifen. Man faltet vier Hexentreppen für die Arme und die Beine. Dann überzieht man eine Käseschachtel mit Buntpapier und klebt Augen, Nase und Mund auf. Für die Haare schneidet man einen Papierstreifen, dreht über einen Stift Locken und klebt ihn auf den Schachtelrand. Dann klebt man die Arme und Beine fest. Hände und Füße werden aus Tonpapier ausgeschnitten und an die

Enden der Hexentreppen geklebt. Wird ein Gummifaden am Kopf der Zappelpuppe befestigt, dann hüpft und zappelt sie besonders schön.

Schlange

Eine besonders wirkungsvolle Marionette aus Hexentreppen ist die Schlange. Für ihren Körper faltet man eine Hexentreppe aus allmählich schmäler werdenden Streifen. So erhält man den sich verjüngenden Schlangenleib.
Der Schlangenkopf entsteht folgenderweise: Ein quadratisches Stück Papier faltet man zur Hälfte zusammen, und dies faltet man noch einmal auf dieselbe Weise wiederum auf die Hälfte zusammen, öffnet es aber wieder,

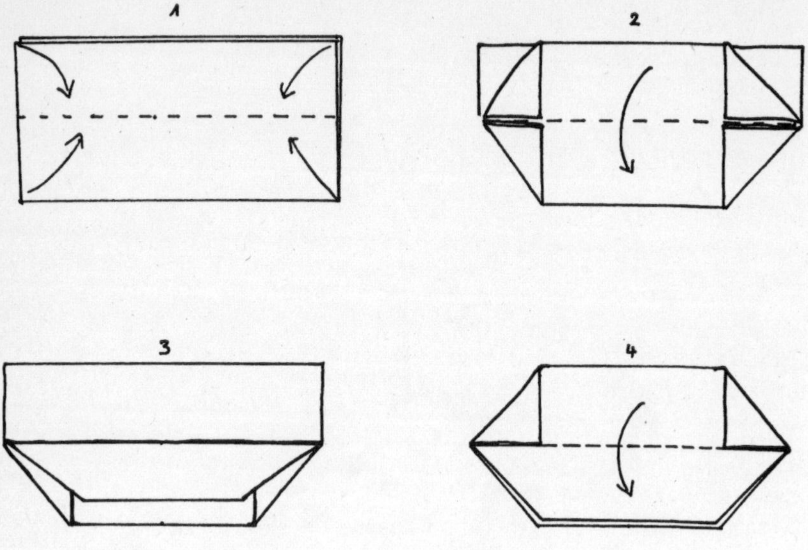

7

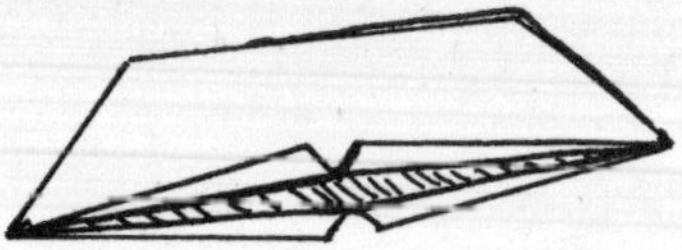

8

9

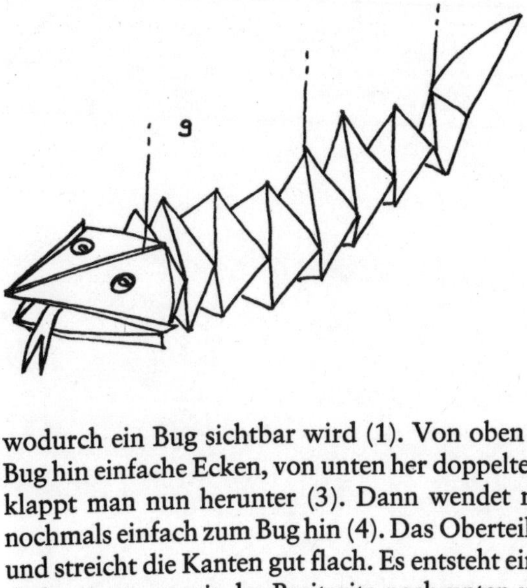

wodurch ein Bug sichtbar wird (1). Von oben her faltet man zu diesem Bug hin einfache Ecken, von unten her doppelte (2). Das vordere Oberteil klappt man nun herunter (3). Dann wendet man das Stück und faltet nochmals einfach zum Bug hin (4). Das Oberteil klappt man nun herunter und streicht die Kanten gut flach. Es entsteht ein Trapez (5). Dieses Stück dreht man nun mit der Breitseite nach unten und schneidet diese in der Mitte etwas ein. Anschließend faltet man zwei schmale schräge Ränder hoch (6). Der gefaltete Körper wird nun geöffnet (7) und an den Schnittstellen geknickt (8). Fertig ist der Schlangenkopf.
Augen und Zunge werden aus Tonpapier geschnitten und aufgeklebt. Am Hinterkopf befestigt man nun das dicke Ende der Hexentreppe, und ab sofort kann die Schlange (9). Am schönsten tut sie das, wenn man eine Marionettenaufhängung dazu bastelt. Und das geht so: Als Haltegriff klebt man eine Papierrolle zusammen. An dieser Rolle bindet man die Fäden fest, die mit der Puppe verbunden sind.

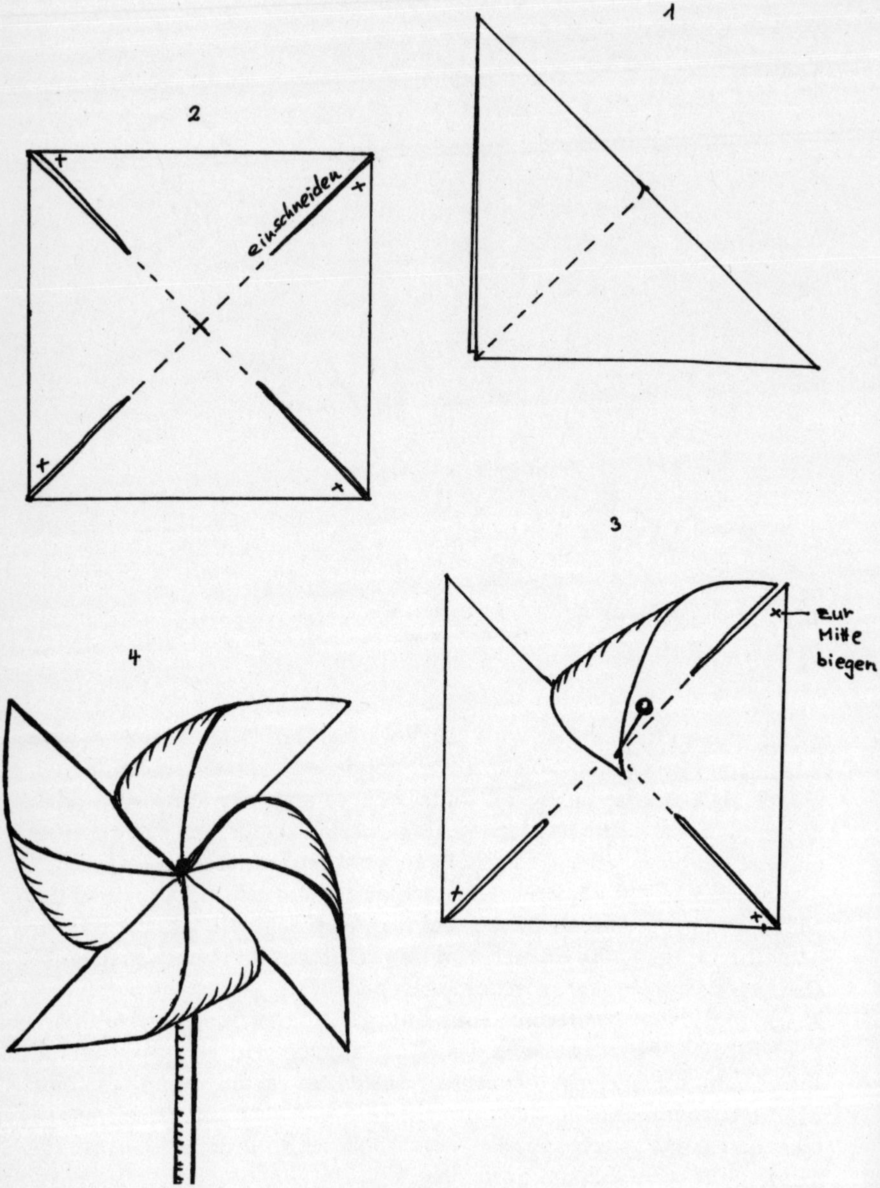
1
2
einschneiden
3
zur Mitte biegen
4

Windrädchen

An diesem Spielzeug haben besonders kleine Kinder Freude. Am besten nimmt man dazu festes Papier (Tonpapier), das man zu einem Quadrat mit 15 Zentimeter Seitenlänge schneidet. Dieses faltet man zweimal diagonal und öffnet es wieder (1). Die nun entstandenen Faltlinien schneidet man bis etwa zur Hälfte ein (2). Die in 2 markierten Ecken biegt man nun zur Mitte und hält sie mit einem langen dünnen Nagel zusammen (3). Mit diesem befestigt man das Windrad an einem Holzstab (4).
Besonders gut dreht sich das Windrädchen, wenn an seiner Vorder- und Rückseite je eine kleine Holzperle mit aufgesteckt wird.

Laternen

Herbstzeit ist Laternenzeit und am schönsten sind Laternenumzüge, wenn verschiedene selbstgebastelte Laternen mitgetragen werden. Im folgenden finden Sie Anleitungen zu zwei verschiedenen Laternenarten, die einfach herzustellen sind und auch von kleineren Kindern mitgestaltet werden können.
Eine runde Laterne ist ganz einfach zu basteln: Sie benötigen dazu eine runde Käseschachtel und einen Bogen Pergamentpapier. Den Boden der Schachtel nehmen Sie als Boden der Laterne. Vom Deckel schneiden Sie einen Kreis aus (1). Dieser Teil wird zum oberen Rand der Laterne. Nun messen Sie den Umfang der Käseschachtel aus, rechnen ungefähr zwei Zentimeter dazu und schneiden einen Bogen Pergamentpapier in dieser Breite aus. Das wird die Seitenwand der Laterne. Diesen Papierbogen können Sie bemalen, bedrucken oder bekleben. Sodann kleben Sie ihn zuerst um den Schachtelboden, dann kleben Sie den Schachteldeckel an (2). Am Rand stechen Sie zwei gegenüberliegende Löcher ein und befestigen daran einen Drahtbügel (3). Laternenstäbe gibt es zu kaufen (in Spiel- oder Schreibwarengeschäften), man kann aber auch einen geraden dünnen Stecken nehmen, wenn Sie etwas in dieser Art gerade zur Hand haben. So kann man das Laternengehäuse gestalten: Man bedruckt den Papierbogen – vor dem Aufkleben! – mit verschiedenen selbstgefertigten Stempeln (Gemüse-, Kartoffel-, Korkstempel). Eine andere Gestaltungsmöglichkeit wäre das Bekleben. Dazu eignet sich am besten Transparentpapier, das man in Formen gerissen oder aus dem man Figuren geschnitten hat. Aber auch gepreßte Pflanzen, die man das Jahr über gesammelt hat, ergeben, auf die Laterne geklebt, ein schönes Bild.

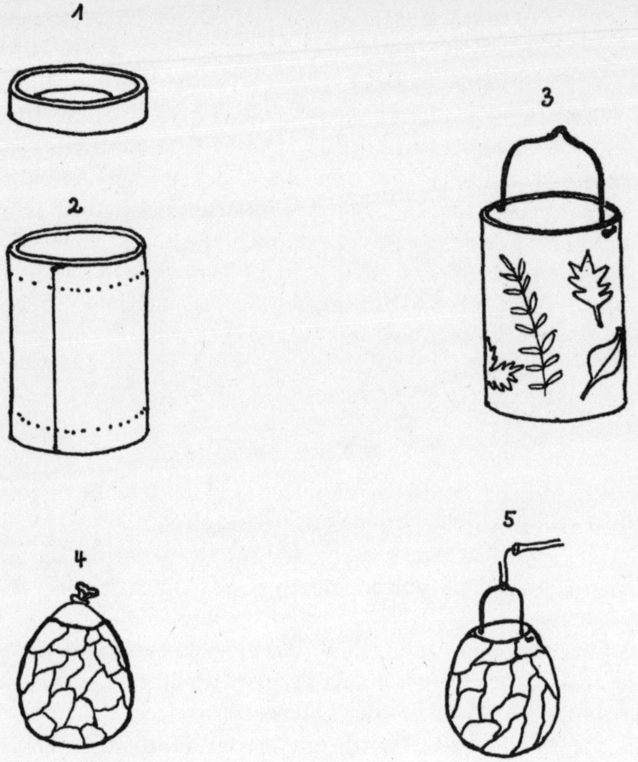

Ganz einfach und auch für die Kleinsten herzustellen ist eine Tropfbatiklaterne. Hierzu tropft man mit einer Kerze Wachs auf den Papierbogen. Dann bemalt man den Bogen mit einer hellen Farbe (etwa Gelb). Nachdem diese abgetrocknet ist, betropft man den Bogen wieder und überstreicht das ganze schließlich mit einem etwas dunkleren Farbton (etwa Orange). Nach dem nächsten Tropfdurchgang kann man zum Beispiel Rot nehmen. Abschließend muß man das Wachs wieder herausbügeln. Dazu legt man das Blatt zwischen Zeitungen und bügelt die Wachstropfen heraus. Mit der Farbzusammenstellung aus unserem Beispiel erhält man ein Blatt mit weißen, gelben und orangen Punkten.

Ballonlaternen leuchten in sehr schönen Farben. Diese Art Lampions wird folgendermaßen angefertigt: Man bläst einen nicht zu kleinen Luftballon prall auf. (Die Laterne wird die gleiche Form erhalten wie der Luftballon.) Dann wird Seidenpapier in Stücke gerissen, mit Kleister eingestrichen und auf den Ballon geklebt. Die Stücke müssen sich überlappen, damit der Ballon eine stabile, geschlossene Form erhält. Rund um die Luftballonöffnung läßt man ein Stück weit frei, damit man in die fertige Laterne hineingreifen kann (4). Der beklebte Ballon muß zwei bis drei Tage trocknen. Dann läßt man die Luft aus dem Ballon heraus und erhält einen leuchtendbunten Lampion (5). Papierlaternen leuchten am schönsten, wenn Gelb-, Orange- und Rottöne überwiegen. Grün- und Blautöne schlucken zuviel Licht. Zur Beleuchtung eignen sich Teelichter besonders gut, da sie nicht so leicht umkippen und die Laterne in Brand setzen können.

3.7 Formen mit Salzteig

Falls sich Ihre Kinder mal an einem verregneten Nachmittag langweilen, dann überraschen Sie sie doch einmal mit Salzteig als Modelliermasse. Die Zutaten hierfür haben Sie bestimmt jederzeit vorrätig: Für das Herstellen von Salzteig nimmt man 2 Tassen Mehl, 1 Tasse Salz und 1 Tasse Wasser. Salz und Mehl vermengt man sorgfältig und knetet es zu einem Teig, indem man nach und nach das Wasser dazugibt. Es soll ein fester, glatter Teig entstehen, der nicht an den Händen kleben bleibt. Der Teig läßt sich am besten verarbeiten, solange er frisch ist, machen Sie also nicht zu viel Teig auf einmal. Luftdicht verschlossen und im Kühlschrank aufbewahrt, sollten Sie ihn nach zwei Tagen verbraucht haben. Die fertigen Figuren werden bei hundert Grad im Backofen ungefähr eine Stunde lang gebakken. Danach läßt man sie gut nachtrocknen. Anschließend kann man die Teile bemalen und zur besseren Haltbarkeit mit Klarlack überziehen.

Diese Dinge fertigen Kinder am liebsten an

- bunte Perlen: Dazu formt man eine Teigrolle und schneidet davon zylindrische Stücke ab. Diese durchbohrt man mit einer dicken Stricknadel und legt sie mit der Schnittfläche auf das Backblech. Die fertigen Perlen kann man mit Deckfarben oder Filzstiften bemalen und zuletzt lackieren.

- winzige Brezeln und Brötchen, Obst und Gemüse fürs Puppenhaus oder den Kaufladen
- Puppengeschirr, Tellerchen, Schüsseln
- Ausstechformen, bunt bemalt als Weihnachtsschmuck oder als Teile für ein Mobile
- einfache Tierfiguren

3.8 Basteln mit Naturmaterialien

Wer mit offenen Augen durch die Natur geht, entdeckt dabei vielseitiges Bastel- und Spielmaterial. Pflanzen kann man pressen und daraus phantastische Bilder kleben. Nüsse und Wildfrüchte lassen sich zu Schmuckstükken oder Figuren verarbeiten.
Aus Hagebutten und Bucheckern kann man eine schöne Kette auffädeln. Mit einer Stopfnadel und Knopflochgarn (1) durchsticht man hierzu die Früchte.
Aus Nußschalen lassen sich schnell und einfach Tiere basteln, zum Beispiel eine Maus (2). Dazu nehmen Sie eine Nußhälfte und kleben unter das stumpfe Ende einen längeren Wollfaden als Schwänzchen, und auf das spitze Ende kleben Sie mehrere kurze Fäden als Schnurrbarthaare. Dann malen Sie mit einem Filzstift die Augen auf. Damit die Maus kompakter wird, kleben sie auf die Unterseite der Nußschale ein passendes, also nicht überstehendes Stück dünner Pappe.
Dreht man aber eine leere Nußschalenhälfte mit der Öffnung nach oben, dann wird sie zu einem Puppenbettchen. Als Kopfkissen und Zudecke werden weiche Stoffreste eingeklebt. Von der schlafenden Puppe sieht man nur den Kopf, den man aus Wachs formen kann. Zerpflückte Wolle klebt man als Haare auf. Wenn man an das Kopfende des Nußbettchens eine Schlinge befestigt, dann hat man schönen Christbaumschmuck (3).
Bei einem unserer Spaziergänge, der an einem Bächlein aus einer Quelle entlang führte, entdeckten wir ein Wasserrädchen. Die Kinder waren sofort davon begeistert und beobachteten fasziniert dieses für sie neue, aber doch ganz alte Spielzeug. Vielleicht kommt es einigen Großeltern bekannt vor: Durch eine große, möglichst runde Kastanie wird ein dünner, gerader Holzstab als Achse gebohrt. Als Radschaufeln nimmt man vier dünne Holzstreifen, die man wie ein Paddel zuschneidet. Dann ritzt man die Haut der Kastanie in gleichmäßigen Abständen ein und steckt die Radschaufeln fest hinein. Gelagert wird dieses Rädchen auf zwei Astgabeln,

1

2

3

4

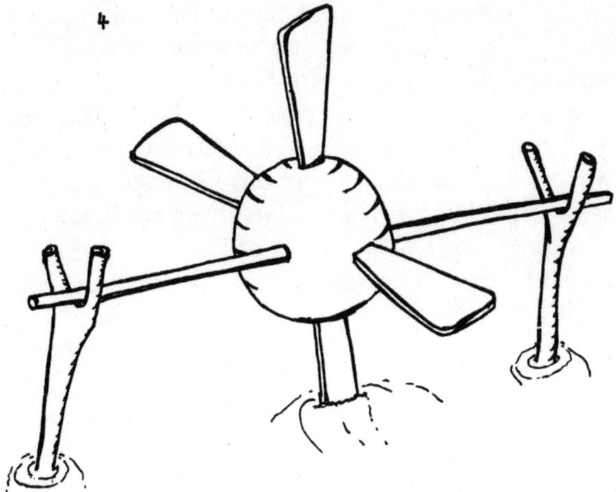

die in den Grund des Wasserlaufs gepflockt werden. Damit sich das Rad gut dreht, müssen die Schaufeln bis zur Hälfte ins Wasser eintauchen. Je schneller die Strömung, um so schneller dreht sich das Wasserrädchen.

3.9 Kochen mit Kindern

Kochen macht Kindern Spaß. Es ist ein kreativer Umgang mit Materialien unterschiedlichster Beschaffenheit. Schon die ganz Kleinen kochen gerne Phantasiegerichte für ihre Puppen oder Spielgefährten. Im Sandkasten backen sie ihre ersten Kuchen, und mit Regenwasser aus der Pfütze und Blättern und Blumen kochen sie Suppen. Jeder, der mitspielt, darf „kosten" und lobt selbstverständlich die kleinen Köche für ihre Kunst.
Eltern können diese Vorliebe ihrer Kinder fördern und sie frühzeitig mit dem „richtigen" Kochen vertraut machen. Viele Mütter erledigen in aller Eile die ihnen lästige Küchenarbeit, wärmen Fertiggerichte auf, um sich lieber mit ihrem Kind zu beschäftigen. Unter Beschäftigung mit dem Kind wird oft nur Spielen verstanden, dabei kann man bereits Kleinkinder sinnvoll und spielerisch mit Haus- beziehungsweise Küchenarbeiten beschäftigen. Schließen Sie Ihr Kind also nicht grundsätzlich von der Küchenarbeit aus – wenn es mal hoch hergeht, wird man dies freilich nicht immer vermeiden können, und wo Gefahren lauern, selbstverständlich auch nicht.
Ihr Baby etwa können Sie in einer Wippe auf den Küchentisch stellen und beim Kochen zusehen lassen, wenn es größer ist, vom Laufstall aus. Bereits Zweijährige können ein bißchen mithelfen, zum Beispiel beim Geschirrabtrocknen oder beim Backen. Sie können Plätzchen verzieren, sie mit Zuckerstreusel bestreuen oder Rosinen und Nüsse eindrücken. Vierjährige können bereits Plätzchen ausstechen oder Gemüse in Stücke schneiden, mit entsprechend ungefährlichen Geräten. Fünfjährige verzieren spielerisch Speisen, indem sie etwa aus Gemüsestückchen Gesichter (Augen, Nase, Mund) auf Käse oder Wurstbrote legen, oder sie schlagen Eischnee und rühren Teig an.
Schulkinder gehen allmählich geschickter mit ihren Händen um. Sie schnippeln sich bereits selber Obst fürs Morgenmüsli oder Karotten in gleichmäßige Scheiben, auch Bananenmilch mixen geht schon. Achtjährige können mit Anleitung – wie ja all diese Tätigkeiten immer unter Aufsicht eines Erwachsenen stehen müssen – einfache Gerichte zubereiten. Ein zehnjähriges Kind mit etwas Küchenerfahrung kann einfache Kochrezepte selbständig in die Tat umsetzen. Ein selber zubereitetes Gericht zu

präsentieren, ist für ein Kind ein besonderes Erfolgserlebnis und für die Eltern, insbesondere für den, der normalerweise kocht, ist es eine erfreuliche Erfahrung, zu Hause einmal bekocht zu werden.
Nachfolgend finden Sie einige Rezepte, die ein zehnjähriges Kind, das erste Mal vielleicht mit Ihrer Unterstützung, dann aber durchaus selbständig nachkochen kann. Vielleicht ist auch Ihre Lieblingsspeise dabei. Die Rezepte sind alle für 4 Personen berechnet.

Tomatensalat

Zutaten: 500 g Tomaten, Essig, Olivenöl, 1 Zwiebel, Salz und Pfeffer.
- Die Tomaten nach dem Waschen, die Zwiebel nach dem Schälen in Scheiben schneiden.
- 4 Eßlöffel Öl, 2 Eßlöffel Essig mit den Gewürzen anrühren und über den Salat geben, mischen.

Bauernsalat

Zutaten: 4 Tomaten, 1 Salatgurke, 2 Zwiebeln, 12 schwarze Oliven, 200 g Feta (Schafskäse), 6 Eßlöffel Olivenöl, 2 Eßlöffel Zitronensaft, Salz, Pfeffer, Majoran.
- Die Tomaten und die Gurke waschen, dann die Tomate in Achtel schneiden, die Gurke in Scheiben; die Zwiebeln schälen und in Ringe schneiden.
- Den Schafskäse in Würfel schneiden und zusammen mit den Oliven zu Tomaten und Gurke geben.
- Das Öl mit dem Zitronensaft mischen, mit den Gewürzen abschmekken und mit den anderen Zutaten gut durchmischen.

Ratatouille

Zutaten: 1 Aubergine, 2 Zucchini, 2 grüne Paprikaschoten, 6 Eßlöffel Olivenöl, 2 Zwiebeln, 3 Knoblauchzehen, 4 Tomaten, Salz, Pfeffer, Thymian, Basilikum.
- Aubergine, Zucchini und Paprika waschen, trocknen und in Würfel schneiden.
- Zwiebeln und Knoblauch schälen und zerkleinern.

- Alles zusammen unter ständigem Rühren 5 Minuten leicht anbraten.
- Die Tomaten überbrühen, enthäuten und ausschneiden, dann in Stücke schneiden und zum Angebratenen geben.
- Mit den Gewürzen abschmecken und abgedeckt eine gute halbe Stunde bei kleiner Flamme kochen lassen.

Tortellini mit Tomatensoße

Zutaten: 500 g Tortellini, 1-2 Zwiebeln, 2 Eßlöffel Olivenöl, 6 Tomaten, 3 Eßlöffel Tomatenmark, 1 Eßlöffel frisch gehacktes Basilikum oder 1 halben Teelöffel getrocknetes Basilikum, Salz und Pfeffer, geriebener Käse (am besten Parmesan).

- Die Tortellini nach der Kochanweisung auf der Packung im Wasser garen. Währenddessen
- die Zwiebeln schälen, feinhacken und etwa 7 Minuten dünsten,
- die Tomaten in Würfel schneiden und mit dem Tomatenmark zu den Zwiebeln geben und unter gelegentlichem Umrühren köcheln lassen,
- nach weiteren sieben Minuten Basilikum hinzufügen und mit Salz und Pfeffer abschmecken.
- Die fertige Soße über die Tortellini in den Tellern geben und mit dem geriebenen Käse bestreuen.

Pizza

Zutaten für den Teig: 500 g Mehl, 20 g Hefe, 1 Kaffeelöffel Salz, 1 Viertel-l lauwarmes Wasser, 2 Eßlöffel Olivenöl.

Zum Belegen (nach Geschmack variieren): geschälte Tomaten, Salami, Schinken, Paprika, Oliven, Pilze, Mozarella (statt dessen eventuell Emmentaler), Salz, Pfeffer und Oregano.

- Die Hefe, 1 Eßlöffel Mehl, Wasser und Salz vermischen.
- Das übrige Mehl separat auf einem Brett oder auf dem Tisch zu einem Berg anhäufen, in der Mitte eine Mulde eindrücken. Hier hinein den zuvor angemischten Vorteig und das Öl geben und alles gut vermischen.
- Den Teig in eine Schüssel legen und bedeckt an einem warmen Ort ohne Zug ca. 1 Stunde gehen lassen.
- Den Teig danach noch einmal gut durchmischen, dann ausrollen und auf ein Backblech auslegen. Mit einer Gabel Löcher einstechen.

- Hierauf die Tomaten und als Belag je nach Geschmack die anderen Zutaten auflegen.
- Den Backofen vorheizen, und die Pizza auf 250 °C eine knappe Viertelstunde backen.

Quiche Lorraine

Zutaten: 200 g Mehl, 100 g Butter, 1 halben Teelöffel Salz, 5 Eßlöffel Wasser, 200 g Schinkenspeck, 125 g geriebenen Emmentaler, 3 Eier, 1 Viertel l Sahne, Pfeffer, Muskat.

- Das Mehl auf das Brett oder den Tisch geben, eine Mulde eindrücken und das Salz hineingeben.
- Die Butter kleingeschnitten um die Mulde herum anreihen, Wasser in die Mulde gießen und alles ziemlich schnell zu einem Teig kneten. Diesen in Alufolie etwa 2 Stunden im Kühlschrank liegen lassen. Währenddessen
- den Emmentaler reiben,
- den Schinkenspeck in dünne Scheiben schneiden, in eine Schüssel geben, mit kochendem Wasser übergießen, 3 Minuten stehen lassen, dann herausnehmen und trocknen.
- Nun den Teig auf einer mit Mehl ausgestreuten Fläche ca. 1 cm dick auslegen und eine eingefettete Springform damit auslegen. Die Ränder hochziehen und mit einer Gabel Löcher in den Teig einstechen.
- Die Speckscheiben auf dem Teig auslegen.
- Eier und Sahne in einer Schüssel vermengen, die Gewürze zugeben, ebenso den geriebenen Emmentaler. Alles zusammen auf Teig und Schinken geben.
- Den Backofen vorheizen und die Quiche auf 200 °C etwa 1 halbe Stunde backen.

Creme mit Früchten

Zutaten: 500 g Früchte (zum Beispiel Trauben oder geschnittener Pfirsich etc.), 250 g Frischkäse, 1 Viertel l Sahne, Vanillezucker, Zitronensaft.

- Trauben waschen und abzupfen.
- Den Frischkäse mit der Sahne verrühren, Vanillezucker und Zitronensaft nach Geschmack zugeben und mit den Trauben vermischen.

Tiramisu-Biskuitrolle

Zutaten: 5 Eier, 30 g Marzipan-Rohmasse, 100 g Zucker, 1 Prise Salz, 100 g Mehl, 3 Zehntel l Milch, 1 Packung Vanillecreme, 250 g Mascarpone, Puderzucker, Kakao.

- Eiweiß und Eigelb trennen.
- Die Marzipan-Rohmasse mit der Hälfte des Zuckers in einer Schüssel verkneten.
- 2 Eßlöffel lauwarmes Wasser mit dem Quirl nach und nach unter die Marzipan-Rohmasse schlagen.
- Eigelb nach und nach dazugeben und etwa 6 Minuten zu einer dicklichen, weißen Creme schlagen.
- Das Eiweiß mit dem restlichen Zucker und dem Salz zu einem steifen Schnee schlagen.
- Den Schnee zur Eigelbcreme geben, Mehl darübersieben und unterheben.
- Backpapier auf einem Blech auslegen und die Biskuitmasse gleichmäßig darauf ausbreiten.
- Unterhalb der Mitte in das vorgeheizte Backrohr schieben und auf 225 °C etwa 8 Minuten backen.
- Den Biskuit mit dem Papier vom Blech nehmen und auskühlen lassen, dann das Papier abziehen.
- Nun nach Anleitung die Vanillecreme zubereiten, Mascarpone beimischen und verrühren.
- Die Vanillecreme auf dem Biskuit verstreichen und den Teig dann vorsichtig aufrollen, in der Mitte durchschneiden und im Kühlschrank kalt stellen.
- Schließlich mit Puderzucker und Kakao bestäuben.

3.10 Kindergeburtstag

Anlässe, um zu feiern, gibt es über ein Jahr hinweg sicher einige. Ein besonderes Fest, bei dem das Kind im Mittelpunkt steht, ist der Kindergeburtstag. Diesen zu feiern, ist auch deshalb wichtig, weil das Kind dazu seine Freunde einlädt. Und die Einladung zum Geburtstag zeigt einem Kind, daß es als Freund von diesem und jenem geschätzt wird.

Bei aller Vorfreude sehen die Eltern der Geburtstagsfeier oft mit eher gemischten Gefühlen entgegen, denn für sie bedeutet es nicht selten Streß und Hektik. Sicherlich macht die Vorbereitung und Durchführung von solchen Feiern Mühe, aber mit ein wenig Planung können Sie die Belastung relativ gering halten.

Vorbereitungen

- Am besten einigen Sie sich zwei Wochen vor dem Termin mit Ihrem Kind über die Anzahl seiner Gäste, denn davon hängt auch das Gelingen des Festes ab. Viele Eltern verfahren nach der Regeln, daß das Alter des Geburtstagskindes die Anzahl seiner Gäste bestimmt. Zum sechsten Geburtstag werden also sechs Kinder eingeladen. Natürlich spielt auch die Größe der Wohnung eine Rolle. In einer kleinen Dreizimmer-Wohnung wird ein Kind zu seinem zehnten Geburtstag nicht unbedingt zehn Gäste einladen können.
  Lassen Sie den Kindergeburtstag auch ein Fest mit kindlichem Charakter sein, und versuchen Sie nicht, „Ihr" Fest daraus zu machen. Deshalb ist es wichtig, daß Sie Ihr Kind von Anfang an an der Gestaltung mitwirken lassen.
- Dies beginnt damit, daß das Kind die Einladungskarten selber gestaltet (oder doch wenigstens aussucht, falls Sie welche kaufen). Dadurch wird auch die Wartezeit für das Kind etwas verkürzt. Vorschulkinder können die Karten mit Stempeldruck oder Papierklebearbeiten dekorieren. Größere Kinder bemalen die Karten, machen Scherenschnitte dafür oder Faltarbeiten. Dann wird die Einladung geschrieben. Darin sollte der Beginn der Feier und das Ende enthalten sein, der Ort, eventuell ein bestimmtes Motto, ob die eingeladenen Kinder nach Hause gebracht werden oder abgeholt werden sollten, ob auch Eltern eingeladen sind (dies ist bei kleineren Kindern manchmal durchaus zweckmäßig). Adresse und Telefonnummer dürfen ebenfalls nicht fehlen. Die Gäste erhalten die Einladungen am besten eine Woche vor dem Termin, damit auch Zeit zum Überlegen, für Absagen und sonstige Planung besteht.
- Wenn Sie zu Hause feiern, dann müssen Sie vorbereiten: Essen, Trinken, Dekoration, Spiele (mit Preisen). Vieles kann man schon am Vortag herrichten, damit der Tag der Feier möglichst von Hektik frei bleibt.
- Das Zimmer oder die Wohnung können Sie ebenfalls am Vortag schmücken. Zimmergirlanden, Luftschlangen, Lampions und vor allem viele, viele Luftballons eignen sich sehr gut dafür.

– Den Geburtstagstisch decken Sie mit einer bunten Papiertischdecke. Es gibt sehr schöne zu kaufen. Aber auch eine einfarbige Papierdecke von der Rolle eignet sich gut. Die kann nämlich das Kind noch mit Stempeldruck dekorieren (Anregungen finden Sie im Abschnitt 3.6. Basteln mit Papier). Hübsch wird der Tisch auch, wenn selbstgebastelte Tischkärtchen mit den Namen der Gäste draufstehen, die man dann als Erinnerung mit nach Hause nehmen kann.
– Eine großartige Kaffeetafel ist nicht nötig, aber ein Geburtstagskuchen mit Kerzen ist normalerweise unumgänglich. Backen Sie dazu den Lieblingskuchen des Geburtstagskindes, den Sie mit Gummibärchen und Schokolinsen dekorieren können. Aus Sicherheitsgründen, vor allem wegen der Papierdekoration, sollten Sie die Kerzen auf dem Geburtstagskuchen nicht allzulange und nicht unbeaufsichtigt brennen lassen.
– Kinder sind durstig! Sorgen Sie deshalb für ausreichend Getränke (2 Liter pro Gast). Verschiedene Fruchtsäfte, die man untereinander mischen kann, und Mineralwasser kommen immer gut an. Beliebte Fruchtsaftmischungen sind Apfel-Orange, Schwarze Johannisbeeren-Orangen, Aprikosen-Apfel, Rote Trauben-Orangen. Erfrischend sind Saftschorle-Mischungen. Man mischt dazu zu gleichen Teilen Saft und Mineralwasser.
  Auch Milchmixgetränke kommen gut an. Bananen- oder Erdbeermilch gelingen immer und sind ganz einfach zuzubereiten: 1 l Milch oder Buttermilch, 1-2 reife zerstückelte Bananen oder 1 halbes Pfund Erdbeeren. Milch und Früchte schlägt man im Mixer oder mit dem Mixstab in der Milch kräftig durch, fertig. Je nach Geschmack kann man mit Zukker oder Honig süßen. Milchmixgetränke gelingen nicht mit Früchten, die einen hohen Säuregehalt haben (etwa Zitrusfrüchte), denn die Milch gerinnt dann schnell.
– Überfüllen Sie die Kinder am Geburtstag nicht mit süßen Speisen, ein Kuchen oder ein paar Törtchen genügen. Salzige Speisen sind magenfreundlicher und mindestens genauso gefragt. Das können phantasievoll belegte Brötchen sein oder ein salziger Blechkuchen wie Quiche Lorraine oder Pizza (Rezepte finden Sie auch im Abschnitt 3.9. Kochen mit Kindern). Besonders gut kommt an, wenn sich jedes Kind sein Stück Pizza selber belegen darf. Damit die Küche nicht wie ein Schlachtfeld aussieht, bereiten Sie dies am besten vor: Jedes Kind bekommt zum Belegen einen Teigfladen von der Größe einer Untertasse. Davon passen dann etwa sechs auf ein Backblech. Das genügt normalerweise, da auf einem Kindergeburtstag ja noch andere Sachen gegessen werden. Dann stellen Sie die Zutaten, so wie sie auf die Pizza gelegt

werden, in Schüsselchen bereit. Jedes Kind darf nun nach Lust und Laune seine Pizza selber belegen. Das macht Spaß, geht schnell, und Sie haben wenig Arbeit damit.

– Requisiten für die Spiele legen Sie auch schon am Vortag bereit. Beliebt sind Gruppen- und Wettspiele, die Spannung und gute Stimmung verheißen. Ein Dauerbrenner bei Klein und Groß ist das Topfschlagen: Einem Mitspieler werden mit einem dicken Wolltuch die Augen verbunden. Dann wird er ein paar Mal herumgedreht, damit er die Orientierung verliert. Gleichzeitig wird im Zimmer ein umgestülpter Topf aufgestellt, unter dem ein Preis versteckt ist. Mit einem Kochlöffel versucht nun der mit den verbundenen Augen, den Topf zu ertasten und wird durch Heiß- und Kalt-Zurufe der anderen angefeuert. Wenn er den Topf geschlagen hat, gehört ihm der Preis.
  Giftig: Mit etwas Glück kann man bei diesem Spiel viele Süßigkeiten (oder sonstige Preise) einheimsen. Es wird unter dem Motto „Giftig" oder „Elektrisch" gespielt. Man benötigt dazu einen Teller und viele verschiedene Süßigkeiten/sonstige Preise. Man legt höchstens zehn davon auf den Teller. Nun verläßt ein Kind das Zimmer, und die anderen bestimmen, welches Stück „giftig" sein soll und deshalb nicht genommen werden darf. Jetzt wird das Kind von draußen hereingerufen und darf sich ein Stück nach dem anderen vom Teller nehmen, bis es das "giftige" berührt und die Mitspieler laut „giftig" rufen. Von da an darf nichts mehr genommen werden. Der Teller wird nun wieder aufgefüllt, und ein anderes Kind ist an der Reihe.
  Ein besonders spannendes Spiel ist das *Geschenkauspacken.* Dazu wird ein kleines Geschenk in viele Lagen Zeitungspapier gewickelt, die, jede für sich, sorgfältig verschnürt oder verklebt sind. Um dieses Geschenk wird nun reihum gewürfelt. Jeder, der eine Sechs würfelt, darf das Geschenk so lange auspacken, bis die nächste Sechs gewürfelt wird etc. Wer wird wohl der oder die Glückliche Gewinner/in sein?
  Gewürfelt wird auch beim nächsten Spiel, der *Reise in die Wüste.* Dazu reihen Sie auf einem Tablett viele kleine Häppchen (Karottenscheiben, Käse, Bonbons, Gummibärchen, Oliven etc.) aneinander. An das Ende der Kette setzen Sie eine kleine Überraschung. Nun würfeln die Kinder reihum. Jeder, der eine Sechs hat, nimmt sich ein Häppchen. So essen sich die Spieler allmählich durch die Wüste bis zum Geschenk durch. Wer als letzter die Sechs würfelt, dem gehört die Überraschung.

– Die kleinen Preise und Überraschungen, die bei den Wettspielen gewonnen werden, brauchen Sie nicht erst in letzter Minute besorgen. Als Preise geeignete Artikel (Haarspangen, Gummibälle, Radiergummis,

Stifte etc.), sammeln Sie am besten in einem Schächtelchen das ganze Jahr über an, wenn Sie langfristig planen wollen. So kommen Sie nicht in Zeitdruck.

- Zu dem Angebot an Spielen können Sie den Kindern auch Basteleien bieten. Dabei machen die Kinder meistens gerne mit und freuen sich, wenn sie etwas selber Gefertigtes mit nach Hause nehmen können und den Eltern vorzeigen. Das können Faltarbeiten sein, Papier- oder Stoffdrucke, Ostereier bemalen oder Weihnachtsschmuck, je nach Altersstufe und Jahreszeit.
- Als Alternativen zu einer Geburtstagsfeier zu Hause – etwa wenn der Platz nicht ausreicht oder die Nachbarn sich über ausgelassen feiernde Kinder beschweren – bieten sich an: ein Besuch im Kindertheater, ein Picknick im nahegelegenen Park oder auf dem Spielplatz mit buntem Spieleangebot, ein Besuch im Zoo mit anschließender Einladung zum Würstchen-/Pizza-/...essen, ein Ausflug auf eine Waldwiese mit Grill- und Spielmöglichkeiten.

3.11 Sicherheit in Haus und Garten

Die meisten Kinderunfälle passieren in der eigenen Wohnung. Viele ließen sich vermeiden, wenn wenigstens die wichtigsten Sicherheitsvorkehrungen getroffen würden. Da niemand sein Kind ununterbrochen beaufsichtigen kann und soll – das Kind soll ja selbständig werden –, ist es wichtig, seine Wohnung kindersicher zu machen.

Sicherheit durch kindgerechte Einrichtung

- Bringen Sie an allen Steckdosen Kindersicherungen an.
- Stellen Sie alle Elektrogeräte nach Gebrauch ab und ziehen Sie den Stecker aus der Steckdose.
- Sichern Sie Ihre Fenster mit abschließbaren Fenstergriffen, die auch in Kippstellung zu bringen sind, oder mittels einer Kette mit Karabinerhaken.
- Glastüren machen Sie besser sichtbar mit Klebebildern in Augenhöhe.
- Bringen Sie einen Herdschutz an, und lassen Sie, wenn Sie Kleinkinder haben, Töpfe mit heißen Speisen nie unbeaufsichtigt herumstehen.

- Vom eingeschalteten Mikrowellenherd sollen Kinder mindestens 50 Zentimeter entfernt bleiben. Babyfläschchen sollten überhaupt nicht in der Mikrowelle erhitzt werden, da der Inhalt sehr heiß wird, während die Flasche sich kühl anfühlt. Dabei kann es schlimme innere Verbrühungen geben.
- Befestigen Sie Ihre Vorhangschienen solide in der Wand.
- Sichern Sie Ihre Bücherregale gegen Umkippen.
- Legen Sie in Badezimmer und Badewanne rutschfeste Unterlagen aus.
- Besorgen Sie für das Kind einen standfesten Schemel.
- Sichern Sie Treppenabgänge und gefährliche Räume (zum Beispiel die Werkstatt) mit einem Gatter, das das Kind nicht alleine überwinden kann.
- Bewahren Sie Putzmittel, Medikamente, Alkohol und Kosmetikartikel für Kinder unerreichbar auf. Ebenso Zigaretten, scharfe Klingen, Nadeln u.ä.
- Lassen Sie auch keine Plastikbeutel herumliegen. Das Kind kann ihn sich über den Kopf ziehen und darin ersticken.
- Lassen Sie an den Zimmertüren keine Schlüssel stecken. Kinder drehen gern daran herum und können sich oder andere unbeabsichtigt einsperren.

Achten Sie auf Giftpflanzen

Sicher haben auch Sie in der Wohnung oder im Garten giftige Pflanzen, ohne es zu ahnen. Da besonders Kleinkinder vieles mit dem Mund erkunden, größere gern mit Pflanzen spielen – Blumen pflücken, Kränze winden, Puppenmahlzeiten zubereiten etc. –, sollten Sie auch daran denken. Giftige Zimmerpflanzen sind zum Beispiel Alpenveilchen, Giftprimel, Dieffenbachia, giftige Gartenpflanzen Buchsbaum, Eibe, Goldregen, Lebensbaum (Thuja), Liguster, Oleander, Stechapfel und Giftpflanzen in der freien Natur Aaronstab, Einbeere, Maiglöckchen, Seidelbast, Tollkirsche.

Wie können Sie Ihre Kinder vor Vergiftungen mit Pflanzen schützen?

- Bringen Sie Ihrem Kind bei, daß es nur essen darf, was es Ihnen vorher gezeigt hat.
- Größere Kinder machen Sie mit den entsprechenden Pflanzen vertraut. Zur Information beschaffen Sie sich einen speziellen Pflanzenführer

über Giftpflanzen. Lassen Sie sich von einem Buchhändler oder Bibliothekar beraten.
- Wenn Sie sich Zimmerpflanzen anschaffen oder Ihren Garten bepflanzen, dann meiden Sie giftige Pflanzen von vornherein. Die bereits vorhandenen entfernen Sie oder, falls das nicht möglich ist, machen Sie das Kind damit vertraut.
- Achten Sie darauf, daß beim Basteln mit Naturmaterial nichts in den Mund genommen und die Hände danach gewaschen werden.

Sicherheit auf dem Spielplatz

Spielplätze sind, obwohl sie Einrichtungen für Kinder sind, oft eine Gefahrenquelle. Darauf sollten Sie achten:
- Ist das Spielplatzgelände durch einen Zaun oder eine dichte Hecke vor dem Straßenverkehr geschützt?
- Gibt es auch wirklich keine Giftpflanzen auf dem Spielplatz oder in unmittelbarer Nähe?
- Wird der Sand regelmäßig, das heißt mindestens einmal im Jahr, ausgetauscht oder wenigstens gereinigt? Kinder nehmen den Sand oft in den Mund. Wenn er mit Hundekot verunreinigt ist, können sie sich eine Wurminfektion zuziehen.
- Sind die Schaukeln stabil befestigt und haben sie genügend Abstand zu anderen Spielgeräten, Bäumen oder Mäuerchen?
- Haben die Wippen dämpfende Aufschläge (Autoreifen beispielsweise)?
- Stehen bei der Rutsche eventuell Teile hoch, an denen man sich reißen oder hängen bleiben kann?
- Ist das Geländer der Rutsche mindestens 15 Zentimeter hoch?
- Stehen Klettergerüste oder Spielgeräte, von denen man von mehr als eineinhalb Metern herunterfallen kann, auf einem weichen Untergrund?
- Stehen an den Geräten Nägel, Schrauben, Splitter heraus?

Wenn Sie solche gravierenden Mängel an Ihrem Spielplatz feststellen, dann melden Sie sie dem Träger des Spielplatzes (Gemeinde, Firma, Baugenossenschaft etc.). Er ist dafür verantwortlich, daß der Spielplatz in einem für Kinder sicheren Zustand gehalten wird.

3.12 Eine Auswahl an Spielen

1. Spielalter, 3 bis 5 Jahre
- Quips (Farbwürfelspiel, Ravensburger)
- 4 erste Spiele (Farbwürfelspiele, Ravensburger)
- Lottino (Legespiel, Ravensburger)
- Nanu!? (Denkspiel, Ravensburger)
- Wer schafft's zuerst? (6 Geschicklichkeitsspiele, Schmidt)

2. Spielalter, 4 bis 8 Jahre
- Mausefalle (Würfelspiel, Ravensburger)
- Meine liebe Katze (Würfelspiel, ASS)
- ABC-Spiel (Legespiel, Ravensburger)
- Große Tiere, kleine Tiere (Kartenspiel, Ravensburger)
- Original-Memory (Denkspiel, Ravensburger)

3. Spielalter, 6 bis 10 Jahre
- Das große Verkehrsspiel (Würfelspiel, Ravensburger)
- Fang den Hut (Würfelspiel, Ravensburger)
- Junior Scrabble (Legespiel, Spear)
- Das verrückte Labyrinth (Denkspiel, Ravensburger)
- Kommissar Spürnase (Rollenspiel, Ravensburger)

4. Spielalter, ab 8 Jahre
- Die heiße Schlacht am kalten Buffet (Würfelspiel, Ravensburger)
- Das Malefizspiel/Barricade (Würfelspiel, Ravensburger)
- Hol's der Geier (Kartenspiel, Ravensburger)
- Traber Derby Spiel (Geschicklichkeitsspiel, Burk-Verlag)
- Deutschlandreise (Rollenspiel, Ravensburger)

5. Spielalter, 10 bis 12 Jahre
- Ausbrecher AG (Würfelspiel, Ravensburger)
- Holiday-AG (Rollenspiel, Schmidt)
- Café International (Legespiel, Mattel)
- Scotland Yard (Rollenspiel, Ravensburger)
- Cleverbank (Taktikspiel, Habermaaß)
- Dudenkönig (Würfelspiel, Ravensburger)

6. Spielalter, ab 12 Jahren
- Die sieben Weltwunder (Magazin, Noris)

- Was is'es? (Rätselspiel, Schmidt)
- Kendo (Strategiespiel, Ravensburger)
- Die 1. Million (Kartenspiel, Hexagames)
- Adel verpflichtet (Taktikspiel, Schmidt)

3.13 Diese Adresse hilft Ihnen weiter

„spiel gut"-Arbeitsausschuß
Kinderspiel + Spielzeug e.V.
Heimstraße 13
89073 Ulm
Tel. 07 31/6 56 53

3.14 Diese Bücher helfen Ihnen weiter

- Austermann, Marianne, und Gesa Wohlleben: Die pfiffige Murmelbahn. Fröhliche Spiele mit kleinen Kindern; München: Kösel 1992
  In Wort und Bild bietet das Buch Anleitungen für Spiele, unkomplizierte Basteleien mit Kindern bis zum Kindergartenalter.

- Bartl, Almuth und Manfred: Kribbel-Krabbel-Kuschel-Spiele. Spiel und Spaß für kleine Mäuse; Wiesbaden u.a.: Orell Füssli 1989
  Beschäftigung mit und Förderung der Entwicklung der Kleinsten unterstützt dieses Buch durch Anleitungen und Anregungen.

- Blankenburg, Bärbel: Faltschnitte; Niedernhausen/Ts.: Falken 1992 (Falken, Schönes Hobby, Bd. 5257)
  Zu allen Gelegenheiten des Jahreslaufs finden hier Bastelwillige Anregungen. Malstifte und Tonpapier sind die wichtigsten Werkzeuge für Kindergarten- und Schulkinder.

- Bohn, Ernst: Malen und Zeichnen. Kinder entdecken ihre Kreativität; Wiesbaden u.a.: Orell Füssli 1989
  Eltern, die den kreativen Entwicklungsgang ihres Kindes bewußt und wissend miterleben und fördern wollen, sind mit diesem Buch gut beraten.

- Cratzius, Barbara: Allererste Kinderrätsel. Denkspaß für Eltern und Kinder; mit vielen Bildern von Gertrud Schrör; Reinbek bei Hamburg: Rowohlt 1992 (rororo 9143)
Dieses Buch bietet Eltern jede Menge Anregungen für Sprach- und Rätselspiele mit dem kleinen Kind im Kindergartenalter.

- Frey, Jürgen (Hrsg.): Lebendige Umwelt gleich nebenan. Mit Kindern die Ökologie erfahren; Offenbach/M.: Burckhardthaus-Laetare-Verlag 1989
Nicht nur Naturbeobachtung, sondern Anleitungen für Spiele und Lieder findet der Leser dieses Bandes vor. Bereiche und Dinge des täglichen Lebens werden hier unter dem ökologischen Aspekt betrachtet.

- Grabbet, Regina: Das große bunte Spielebuch für Kinder von 2 bis 6 Jahren; Niedernhausen/Ts.: Falken Verlag 1991
Dies ist eine reich bebilderte Sammlung von (Gruppen-)Spielen aller für Kinder.

- Hennekemper, Gisela: Unvergeßliche Kindergeburtstage. Einladungskarten, Dekorationen und Spiele für drinnen und draußen; Niedernhausen/Ts.: Falken 1992
Nicht jede Mutter, jeder Vater hat die Gabe, Kinderfeste wirklich kindergerecht vorzubereiten und durchzuführen. Mit Hilfe dieses Bandes funktioniert es aber sicherlich und macht auch noch Spaß.

- Jäckel, Karin: Mein Kind – sicher im Alltag. Gefahrenquellen erkennen, Verletzungen vorbeugen; München: Gräfe und Unzer 1991
Nach Altersgruppen geordnet werden hier die Gefahren angesprochen, denen Kinder im jeweiligen Alter besonders ausgesetzt sind, und wie man sie ohne allzustarke Einengung des Kindes verringert oder umgeht. Mit Hinweisen für Erste-Hilfe-Leistung.

- Jöcker, Detlev, u.a.: Si-Sa-Singemaus. Singen, Spielen und Basteln mit den Kleinsten und Kindergartenkindern; Münster: Menschenkinder-Verlag 1992
Ein Band mit vielen Ideen für die Beschäftigung mit Kindern einer bestimmten Altersgruppe.

- Lauster, Ursula: Zeitungsspiele. Was man mit alten Zeitungen, Zeitschriften, Katalogen und Reklame alles machen kann; München: Lentz 1992

Statt alles einfach zum Altpapier zu geben, können Sie mit dem Papier nach der Anleitung dieses Buches jede Menge Spiele und Basteleien durchführen. Am besten für Kinder zusammen mit den Eltern zu benutzen.

- Mönkemeyer, Karin: Babyspiele – Kinderspiele. 55 Ideen und Anregungen; Frankfurt a.M.: Scriptor 1989
  Die Autorin fügt der Beschreibung der Förderung des Kindes bis zum Schulalter und die dafür geeigneten Spiele für drinnen und draußen bei.

- Nitsch, Cornelia: Quatsch mit Kindern. Spiele, Sprüche, Scherze; Reinbek bei Hamburg: Rowohlt 1992 (rororo 9315)
  Die vielen Anregungen für die Beschäftigung mit Kindern legt den Akzent auf die Fröhlichkeit, in der all diese Dinge unternommen werden können.

- Schönfeldt, Sybil Gräfin, und Dorothea Desmarowitz: Ravensburger Kochbuch für Kinder; Ravensburg: Otto Maier Verlag 1989
  Die Rezepte in diesem Kochbuch sind Schritt für Schritt so aufgezeichnet, daß sie jedem Kind gelingen.

- Singer, Waltraud (Hrsg. u. Bearb.): Der neue Daumen Knudeldick. Fingerspiele, Streichel- und Trostreime, Kniereiter, Handklapp- und Fingerpuppenspiele für die Jüngsten; neue Texte und Lieder von Erika Schirmer; Ravensburg: Maier 1992
  Reime und Spiele für den ganzen Tag finden interessierte Eltern in diesem Buch.

- Zechlin, Ruth, Gisela Walter, und Marlis Scharff-Kniemeyer: Fröhliche Kinderzeit; Ravensburg: Otto Maier Verlag 1990
  In diesem Buch finden Eltern traditionelle Kinderspiele und Basteleien für das ganze Jahr mit Kindern bis zu zehn Jahren.

4. Kapitel
Die Eltern

4.1 Mit einem Kind wird alles anders

Der Vater des dreijährigen Robert erinnert sich an die Anfangszeit seiner Vaterschaft zurück: „Wenn ich bedenke, wie sich unser Leben geändert hat, seit Robert auf der Welt ist, dann ist das schon beeindruckend. Meine Frau und ich, wir waren bis dahin ja beide berufstätig, haben nicht schlecht verdient und konnten uns was leisten. Abends sind wir oft ausgegangen, ins Kino, Theater, zum Essen, zu Freunden. An den Wochenenden sind wir oft zum Surfen rausgefahren, im Winter zum Schifahren. Ja, und dann kam Robert. Wir hatten natürlich nicht vor, uns in unserer Unternehmungslust einschränken zu lassen, und dachten uns, es geht alles wie gehabt, halt mit einer Person mehr, so weiter. Man braucht nur einen Babysitter, wenn man was unternehmen will. Und wann immer es geht, nehmen wir den Kleinen einfach mit.

Aber bald wurde uns klar, daß es Robert nicht genügte, wenn er Schlaf, Verpflegung und einen Babysitter hatte. Auch das Dabeihaben im Freundeskreis klappte nicht so, wie wir uns das vorgestellt hatten. Robert wollte den Trubel offenbar nicht. Er wurde quengelig, und wer mag schon im Restaurant ein ununterbrochen krähendes Baby an seinem Tisch haben. Einer unserer damaligen Freunde hat das mal deutlich ausgesprochen. Ich war natürlich stinkesauer, weil ich diese Kinderfeindlichkeit nicht ausstehen kann. Wir haben dann öfter einen Babysitter engagiert und sind dann ohne Robert losgezogen. Allmählich mußten wir uns dann aber einschränken, weil meine Frau ja nicht mehr verdient hat. Außerdem wurde Robert richtig unruhig und schlief schlecht, wachte nachts mehrmals auf. Er machte die Nacht zum Tage. Da hatten wir dann selber weniger Lust, abends auszugehen. Wir fühlten uns in unserem alten Freundeskreis nicht mehr wohl. Wir waren ja die einzigen mit Kind, hatten plötzlich andere Probleme, die keinen sonst interessierten. Man möchte ja auch mal Erfahrungen austauschen mit anderen Eltern. Meiner Frau ist dann der Kragen geplatzt. Sie meinte: ‚Warum sollen eigentlich immer wir mit unserem Kind uns auf die anderen einstellen? Wir sind jetzt schließlich zu dritt, und wer das nicht akzeptieren kann, soll wegbleiben. Ich möchte Robert nicht länger ausschließen. Das ist für uns ein Streß und für ihn auch.' Also hatte sich auch unsere Einstellung gegenüber früher verändert durch Robert. Dann haben wir uns darum bemüht, Bekannte zu finden, die auch ein kleines Kind haben. Meine Frau hat in der Apotheke eine Kontaktanzeige aufgehängt, und es haben sich mehrere Frauen aus der Umgebung gemeldet. Mit einigen Elternpaaren sind wir inzwischen so befreundet, daß wir gemeinsame Wochenendausflüge unternehmen. Das ist wesentlich erholsamer als das krampfhafte Festhalten an den alten Gewohnheiten. Jetzt gehen wir eben nicht mehr zum Surfen, sondern zum Baden oder Wandern, oder wir laden uns gegenseitig ein. Robert ist jetzt auch viel ausgeglichener als früher. Und neue Freunde haben wir durch diese Umstellung in unserem Leben, die wir Robert verdanken, auch gefunden."

Der Vater der sechsjährigen Andrea kann von Erfahrungen berichten, die auch sein Verhalten und seine Sicht der Dinge verändert haben: „So lässig wie früher kann ich ganz einfach nicht mehr leben, wenn ich will, daß aus Andrea ein verantwortungsbewußter Mensch wird. Ich kann dem Kind ja nicht moralische Vorträge über Umweltschutz halten und dann Getränke in Einwegverpackungen kaufen. Kürzlich brachte ich Milch in der Blockpackung nach Hause, da hat sie mich prompt als Umweltverschmutzer bezeichnet. Ich habe mich verteidigt und ihr gesagt, im Laden habe es keine Milch in der Glasflasche mehr gegeben und deswegen hätte ich lieber diese gekauft, als gar keine zu Hause zu haben für das Frühstück am nächsten Morgen. Worauf sie mir antwortete, sie könne ja in so einem Fall auch Tee trinken. Was kann man darauf noch antworten, das Kind hat ja recht.

Früher bin ich auch, wenn's mal pressierte, bei Rot über die Straße gegangen. Das habe ich mir inzwischen schon abgewöhnt. Nicht nur wenn Andrea dabei ist, auch sonst, denn es könnte ja auch ein anderes Kind zusehen. So ein schlechtes Beispiel als Erwachsener möchte ich nicht geben. Da ist mir einiges klarer geworden, seit Andrea über solche Dinge nachdenkt und man als Vater als Vorbild gefordert ist. Manchmal gibt es auch Situationen, da stellt sie unsere Gewohnheiten richtiggehend in Frage. Neulich gab es Wiener Schnitzel bei uns zu Mittag. Da fragt sie mich, was wir da essen. Ich antwortete ihr, ‚na, Fleisch'. Andrea: ‚Von wem?' – ‚Vom Kalb.' – ‚Mußte das Kalb sterben, damit wir ein Schnitzel essen können?' – ‚Ja, aber das ist bei jedem Stück Fleisch so, das wir essen!' – ‚Dann möchte ich lieber kein Fleisch mehr essen. Ich möchte, daß die Tiere leben.' Demnächst werden wir wohl noch unseren Küchenzettel umstellen. Also für mich kann ich sagen, daß ich bewußter lebe, seit Andrea geboren ist. Ich gehe sorgfältiger mit der Umwelt um, fahre weniger mit dem Auto, versuche Müll zu vermeiden, weil ich meinem Kind und meinen Enkeln eine lebenswerte Umwelt wünsche. Ich ernähre mich auch gesünder und nehme meinen Beruf wieder ernst, weil ich für mein Kind sorgen muß. Bevor Andrea da war, hatte ich oft wenig Antrieb zur Arbeit zu gehen und hing irrationalen Zukunftsträumen nach, die ich wohl sowieso nie verwirklicht hätte. Dann war das Kind da, und ich wurde plötzlich auf den Boden der Tatsachen heruntergeholt. Allmählich wußte ich, wofür ich zur Arbeit ging, aber auch, daß es außer der Arbeit noch etwas anderes gibt in meinem Leben. Anfangs hat es mich geschmerzt, als ich meine Träume so dahinschwinden sah – ich wollte in der Welt herumkommen, interessante Jobs machen. Aber inzwischen sehe ich, die Beschäftigung mit einem Kind kann ja auch ganz schön abenteuerlich sein und es zählt ja nur das, was man wirklich tut, und nicht das, was man sich erträumt. Insofern bin ich nach anfänglichen Krisen inzwischen ganz zufrieden. Abenteuerliche Reisen kann ich mir ja später noch genehmigen, was ich mir auch fest vorgenommen habe."

Die Mutter von Lisa (zehn Jahre) und Frank (acht Jahre) hat mit ihren Kindern eine überraschende Erfahrung gemacht: „Ich hatte mir vorgenommen, wieder arbeiten zu gehen, sobald beide Kinder zur Schule gingen, damit wir uns wieder mehr leisten könnten. Nicht immer nur Second-Hand-Klamotten und endlich mal wieder einen ordentlichen Urlaub. Das wollte ich hauptsächlich den Kindern zuliebe tun, auch weil es in der Schule viele Kinder gibt, die einfach alles bekommen. Unsere Kinder sollten sich nicht bedürftig vorkommen. Das ging ein paar Monate so. Abends richtete ich das Mittagessen her, damit sich die beiden es am nächsten Tag nur aufzuwärmen brauchten, ich kam ja erst am frühen Nachmittag nach Hause. Erledigte schnell den Haushalt, half ihnen noch bei den Schularbeiten und dann war der Tag bald gelaufen. Die beiden bekamen gute neue Kleidung, wenn sie für die Schule was brauchten, mußte ich die Mark nicht dreimal umdrehen, bevor ich sie ausgab. Also in der Beziehung lief das Leben schon leichter, aber die Kinder wurden unzufriedener, langweilten sich plötzlich, und wenn ich sagte, ‚wollt ihr denn nicht etwas unternehmen? Tut doch irgend etwas', da sagten sie mir, es wäre immer so schön gewesen, wenn wir was gebastelt haben oder in das Wildgehege gegangen sind oder uns mit anderen getroffen haben. Jetzt hätte ich gar keine Zeit mehr für sie und alleine macht es ihnen keinen Spaß. Das hat mich schon beeindruckt, es war ja eine Anerkennung dafür, daß ich mich früher mit den Kindern beschäftigt hatte. Und ehrlich gesagt, war mir die Mehrfachbelastung mit Haushalt, Kindern und Beruf auch zuviel. Es hat sich meinem Empfinden nach auch nicht ausgezahlt, wir konnten uns zwar mehr Neues leisten, hatten dafür aber weniger Zeit füreinander und ernährten uns viel von Fertiggerichten, was ja auch wieder teurer ist. Unterm Strich blieb eigentlich nicht mehr viel übrig. Wir haben uns dann zusammengesetzt und uns über diese Angelegenheit beraten. Ich empfand es als große Anerkennung für meine Arbeit zu Hause, als meine Kinder mir sagten, lieber würden sie auf einige neue Sachen verzichten, wenn ich nur mehr Zeit hätte, und auch mein Mann schätzte die Zeit, die wir füreinander hatten, und auch die bessere Ernährung höher ein als das höhere Einkommen. Ich habe den Job dann leichten Herzens wieder aufgegeben. Wir leisten uns jetzt eben den Luxus, mehr Zeit zu haben."

4.2 Haushalt und Familie – ein Kinderspiel?

So sieht der Tagesablauf von Maria, einer Näherin aus: „Morgens um halb sechs stehen wir auf. Ich mache mich schnell fertig und bereite das Frühstück zu. Um sechs wecke ich Sabrina, wasche und kleide sie an. Dann frühstücken wir. Nebenher richte ich die Verpflegung für Mann, Kind und mich her. Meistens sind das belegte Brote, Obst und ein Getränk. Um halb sieben müssen wir aus dem Haus. Mein Mann fängt um sieben zu arbeiten an. Ich kann um viertel nach sieben anfangen, weil ich Sabrina in den Kindergarten bringen muß. Um vier Uhr nachmittags gehe ich dann wieder aus dem Betrieb weg. Dann erledige ich erst Einkäufe und hole dann Sabrina um fünf oder halb sechs vom Kindergarten ab. Zu Hause richte ich das Abendessen her. Um sieben sind wir mit dem Essen fertig. Um halb acht geht Sabrina schlafen; sie käme sonst morgens nicht aus dem Bett. Dann koche ich manchmal für den nächsten Tag was vor, oder ich bügle, während der Fernseher läuft. Ich bin froh, wenn ich spätestens um zehn im Bett liege. Putzen und Waschen tu' ich am Wochenende. Ich habe oft das Gefühl, bei uns läuft alles wie am Fließband. Wenn ich's mir recht überlege, habe ich nicht mal eine Stunde pro Tag Zeit für mein Kind. Auf dem Weg zum Kindergarten sprechen wir kaum miteinander, weil Sabrina noch nicht richtig wach ist. Der Heimweg wird jedesmal zur Kraftprobe, weil ich nicht nur die vollen Einkaufstaschen, sondern auch ein müdes Kind mitschleppen muß. Und dann lastet auch noch der ganze Haushalt auf mir. Am liebsten würde ich manchmal alles liegen und stehen lassen und einfach davonrennen."
Der Tagesablauf von Ruth, einer Nur-Hausfrau mit zwei Kindern von zwei und sechs Jahren, sieht so aus: „Viertel vor sieben stehe ich auf und wecke Kerstin, bereite unser Frühstück und die Pausenverpflegung für Kerstin. Um halb acht geht Kerstin aus dem Haus. Dann mache ich meine Morgentoilette – wenn ich Glück habe, schläft Moritz bis um neun. Wenn er dann aufwacht, wasche ich ihn und ziehe ihn an. Das kann ganz schön anstrengend sein, weil er sich zur Zeit nur ungern wickeln läßt. Dann bekommt er sein Frühstück. Hinterher spielen wir ein bißchen miteinander. Zwischen zehn und elf gehen wir zusammen einkaufen oder spazieren. Dann koche ich was, Moritz spielt dabei alleine. Um halb eins kommt

Kerstin von der Schule und wir essen gemeinsam. Kerstin ruht sich dann eine halbe Stunde aus, bevor sie Hausaufgaben macht. Zum Glück schläft Moritz meistens in dieser Zeit. Ich mache währenddessen Hausarbeiten, räume auf, putze, wasche, bügle, staube ab, was eben so anfällt. Sonst würde es bei uns bald aussehen wie in einer Räuberhöhle. Wenn ich Kerstin bei den Hausaufgaben helfen muß, bleibt die Hausarbeit natürlich liegen. Nachmittags von drei bis fünf gehen wir zum Spielplatz, wenn das Wetter es erlaubt. Die Kinder müssen ja schließlich an die frische Luft. Um sechs kommt mein Mann nach Hause, dann gibt es Abendessen. Hinterher spielt er mit den Kindern, was eine echte Erleichterung ist. Ich bringe derweil die Küche in Ordnung und decke den Frühstückstisch. Kerstin liegt, seit sie zur Schule geht, um acht im Bett; Moritz nicht vor neun, er macht ja dafür einen Mittagsschlaf. Wenn ich abends mit meinem Mann ein Stündchen in Ruhe reden kann, dann ist das schon recht viel. Meistens habe ich doch noch irgendwelche Hemden zu bügeln oder Bürokram zu erledigen, so daß ich abends wie erschlagen ins Bett falle. Am meisten trifft mich, wenn mein Mann mich fragt: ‚Was tust du eigentlich den ganzen Tag?‘ Das Hemd, das ich heute gebügelt habe, liegt morgen abend vielleicht schon wieder im Wäschekorb. Die Windel, die ich mit großem Kraftaufwand und innerer Überwindung gewechselt habe, liegt nach zwei Stunden im Mülleimer. Das Essen, das ich eine Stunde lang zubereitet habe, ist nach zwanzig Minuten gegessen. Die Lebensmittel, die ich tagtäglich heimschleppe, werden ebensoschnell verbraucht, wie ich sie heranschaffe. Daß ich den Staubsauger gebrauche, kann ich lediglich am gefüllten Beutel nachweisen und nicht auf einem Gehaltskonto. Was ich den ganzen Tag tue, ist Sisyphusarbeit. Ich komme mir vor wie ein Hamster im Laufrad.“

Setzen Sie Grenzen

Bevor Sie sich zur Sklavin Ihres Haushalts machen lassen – vielleicht sind Sie es auch schon –, besinnen Sie sich Ihrer Rechte. Auch wenn Sie „Nur“-Hausfrau sind, dürfen Sie wie jeder Arbeitnehmer Pausen und freie Zeit beanspruchen. Stecken Sie also die Grenze Ihrer Belastbarkeit ab. Damit dies alle mitbekommen, verfahren Sie ganz zeitgemäß demokratisch. Nehmen Sie die Frage „Was tust du eigentlich den ganzen Tag?“ wörtlich und notieren Sie ein bis zwei Wochen lang täglich – mit Zeitangaben – alle Ihre Tätigkeiten. Lassen Sie keine aus, auch nicht das Auswechseln der Klosettpapierrolle und ähnliche Kleinigkeiten. Präsentieren Sie Ihrer Familienrunde diese Aufstellung, die mit Sicherheit beeindrucken wird. Alle in der Familie sollten mithelfen, den Haushalt, in dem ja alle zusammen leben, in Schuß zu halten. Wie stark Sie Ihre Kinder in die Hausarbeiten einbinden, müßten Sie selber entscheiden, denn kleine Kinder können natürlich noch nicht so eingreifen und mithelfen wie Schulkinder oder Heranwachsende. Daß Ihr Mann auch darin den Kindern ein Beispiel geben sollte, müßte klar sein.

Legen Sie zusammen mit Ihrer Familie fest, zu welchen Tageszeiten Sie nicht mehr für andere arbeiten möchten. Sie könnten etwa nachmittags zwischen 14 und 16 Uhr eine „Lese"- (oder sonstige) Pause einlegen, während dieser Zeit dürfen Sie nicht gestört werden. Daran sollte sich jeder halten. Abends wollen Sie mit allen Küchen- und Haushaltsverpflichtungen um 19 Uhr fertig sein und Zeit für die Familie haben. In diesem zeitlichen Rahmen müssen nun die nötigen Hausarbeiten erledigt sein. Und mit Hilfe Ihrer Lieben müßte das auch klappen.

Jeder macht mit

Anhand Ihrer Liste und des Zeitplanes gehen Sie nun daran, die Arbeit zu verteilen. Dabei können Sie verschiedene Wege einschlagen: Entweder bekommt jeder feste Aufgaben zugewiesen – Ihr Mann ist zum Beispiel für die Schuhpflege und den Getränkenachschub verantwortlich, Ihre Tochter fürs Staubsaugen, Ihr Sohn fürs Geschirrabräumen und den Mülleimer etc. –, oder jeder macht alles, gemäß dem Verursacherprinzip: Wer vom Tisch aufsteht, nimmt sein Geschirr mit und stellt es in die Spülmaschine. Wer das letzte Blatt Klopapier verbraucht hat, wechselt die Rolle aus. Wer badet, reinigt hinterher, oder auch vorher, je nach Vereinbarung, die Wanne. Für sein Zimmer und die Pflege seiner Sachen ist jeder selber verantwortlich.

Wer Bücher ausleiht, trägt den Rückgabetermin in seinen Terminkalender ein und bestreitet Versäumnisgebühren aus seinem Geldbeutel. Seine gewaschene und gebügelte Wäsche räumt jeder selber ein, und so weiter, und so weiter. Für Nachlässigkeiten sind Sie fortan nicht mehr zuständig.

Die zweite Methode hat den Vorteil, daß jedes Familienmitglied Gemeinschaftssinn, Selbständigkeit und Eigenverantwortlichkeit lernt. Wie Sie es in Ihrer Familie handhaben wollen, hängt natürlich auch vom Alter Ihrer Kinder und von der Familiengröße ab. Besprechen Sie aber Probleme, die alle angehen, immer in der Familienrunde. So fühlen sich alle angesprochen, können mitreden, werden angehört und keiner stiehlt sich so leicht aus der Verantwortung.

4.3 Wie neugeboren – eine Mütterkur macht's möglich

„Sie habe ich ja schon lange nicht mehr gesehen! Waren Sie in Urlaub, Frau Müller, Sie sehen so erholt aus?" – „Noch viel besser! Ich habe eine Mütterkur gemacht. Das ist aber schon zwei Monate her. Vier Wochen war ich im Bayerischen Wald, ohne Kinder und ohne Mann. Es war ungemein erholsam, so wie es ein Urlaub gar nicht sein kann." – „Wie haben Sie denn das geschafft? Ich dachte, das wäre nur was für Kinderreiche." – "Nein, da können alle Mütter hingehen, egal ob sie ein Kind haben oder zehn. Mein Hausarzt hat mir dazu geraten, weil ich ständig erschöpft und anfällig für Infektionen war. Als dann noch die Gliederschmerzen dazukamen und Krankengymnastik nichts half, habe ich mir einen Schubs gegeben und bin zum Mütterdienst gegangen. Dort haben sie mir dann einen Kurplatz vermittelt. Das war das beste, was mir passieren konnte. Ich fühle mich durch die Kur wie neu geboren. Wenn ich es nicht am eigenen Leib erfahren hätte, würde ich es selber nicht glauben." – „Das sieht man Ihnen aber auch an. Sie machen einen richtig lebendigen Eindruck. Was haben denn Ihr Mann und die Kinder dazu gesagt, als Sie für so lange Zeit weggingen?" – „Mein Mann hat mich sogar dazu ermuntert. Ich habe ja in der letzten Zeit nur noch rumgehangen und mit den Kindern genörgelt. Er sagte mir glatt: ‚Geh' nur dahin, es kann nur besser werden. Ich komme schon alleine zurecht. Die Kinder gehen derweil zu den Großeltern aufs Land.' So haben wir das dann auch gemacht, obwohl die Krankenkasse ja auch eine Familienhelferin bezahlt hätte. Aber die Kinder gingen gerne zu den Großeltern. Ich hätte die beiden zunächst auch zur Kur mitgenommen, aber die Beraterin riet mir davon ab. Das wäre lange nicht so erholsam und in meinem Fall auch nicht nötig, da ich daheim ohnehin immer mit ihnen beisammen wäre. Mutter-Kind- Kuren empfiehlt sie berufstätigen Frauen, die sonst nur wenig Zeit mit ihren Kindern verbringen können." – „Was wird denn bei einer Mütterkur so alles geboten?" – „Eine ganz tolle Mischung für Körper und Seele. Man wird ärztlich untersucht und bekommt dann Kuranwendungen empfohlen. Das können Kneipp'sche Arm- und Schenkelgüsse sein, Bäder, Massagen, Packungen. Dann wird Gymnastik, Schwimmen, Sauna geboten. Beim Essen konnte man sich für Vollwert- oder Normalkost entscheiden.

Besonderen Wert legen die Betreuerinnen auf psychologische Beratung. Es gab Einzelberatung und Gruppengespräche zu Partner- und Erziehungsproblemen. Wenn man hört, daß es noch viele andere Frauen gibt, denen ihre Arbeit ebenso über den Kopf wächst und die ebenso unter Beschwerden leiden, dann fühlt man sich nicht mehr so verloren. Vor allen

Dingen ermuntern die Kursleiterinnen die Frauen dazu, endlich mal ihre eigenen Bedürfnisse ohne Schuldgefühle ernstzunehmen, ihre Grenzen zu setzen und sich nicht von Haushalt und Familie auffressen zu lassen. Daneben bleibt einem noch viel Zeit zum Wandern, Lesen, für Ausflüge und zum Entspannen, einfach zum Abschalten vom Alltag." – „Das hört sich vielversprechend an. Konnten Sie dann für Ihren Alltag zu Hause schon einen Nutzen aus Ihrer Kur ziehen, außer daß Sie eben körperlich und geistig erholt sind?" - „Ja klar. Wenn meine Kinder nachmittags im Kindergarten sind, werkle ich nicht mehr in der Wohnung, sondern tu' mir was Gutes. Ich gehe zweimal die Woche in eine Gymnastikgruppe, das hält fit. Vor der Kur war ich dazu viel zu schlapp. Dann habe ich auch begonnen, einen Roman zu lesen, den ich schon immer lesen wollte; früher war ich froh, wenn ich die Tageszeitung überfliegen konnte. Manchmal liege ich auch einfach auf dem Balkon im Liegestuhl und mache gar nichts, gehe auch nicht ans Telefon. Oder ich besuche meine Freundin und wir quatschen. Die Kinder bringen wir jetzt öfter mal am Wochenende zu den Großeltern, und mein Mann und ich gehen aus, ins Kino oder zum Essen, wie in alten Zeiten. Mit den Kindern komme ich jetzt auch viel besser klar. Ich nörgle nicht mehr an ihnen rum, bediene sie allerdings auch nicht mehr so viel. Sie sind dadurch schon viel selbständiger geworden, weil sie sehen, es geht auch so. Manchmal versuchen sie allerdings, ob sie mich dazu bringen, ihre Schuhe zu binden oder den Po zu putzen. Dann sage ich ihnen: ‚Wollt ihr, daß ich wieder so grantig werde wie vor der Kur? Also ich nicht. Schuhe binden und Po putzen tut ihr im Kindergarten auch alleine. Ich freue mich immer darüber, wenn ihr mir zeigt, was ihr schon alles könnt.'

Früher hätte ich gemeckert und es trotzdem getan. Die Kinder haben sofort den Unterschied zwischen vorher und jetzt bemerkt: ‚Mama, du bist jetzt viel netter zu uns, und du machst auch mehr schöne Sachen mit uns als früher', sagten sie mir. ‚Wenn du wieder zur Kur gehst, dann nimmst du uns mit.'" – „Da haben Sie ja ganz schön viel verändert in der kurzen Zeit." – „Ja, in der Kur haben sie mir im wahrsten Sinne des Wortes den Rücken gestärkt. Nie hätte ich geglaubt, daß ich wieder so energiegeladen sein könnte. Es funktioniert alles besser, wenn man Schwung hat und alles mit etwas mehr Distanz und Gelassenheit betrachtet. Dabei hat das alles überhaupt nichts damit zu tun, daß ich meine Kinder oder meinen Mann weniger lieben würde als früher. Es ist nur ein anderer Standpunkt zum Alltag und, wie wichtig man ihn und seine Kleinigkeiten nimmt." – „Das werde ich meiner Schwiegertochter auch empfehlen. Sie ist mit ihren drei Kinder oft ganz schön außer Atem." – Tun Sie das! Sie wird es Ihnen danken."

Wenn auch Sie sich körperlich und seelisch den Anforderungen des Familienalltags nicht mehr gewachsen fühlen, dann sollten Sie sich nicht scheuen, eine Mütterkur in Anspruch zu nehmen. Dazu ist jede Mutter zwischen 18 und 65 Jahren berechtigt, unabhängig von der Kinderzahl und dem Einkommen.

An wen können Sie sich wenden?

Informationsmaterial und Adressen örtlicher Beratungsstellen können Sie anfordern beim
Müttergenesungswerk
Hauptstraße 22-24
90547 Stein
Tel. 09 11/6 70 17
Ebenso können Sie sich an den Deutschen Paritätischen Wohlfahrtsverband, das Deutsche Rote Kreuz, die Arbeiterwohlfahrt oder die Evangelische und die Katholische Arbeitsgemeinschaft für Müttergenesung wenden. Deren Adressen oder Telefonnummern finden Sie im Telefonbuch oder im Adreßbuch.
Bei der Beratungsstelle erhalten Sie ein Formular, auf dem Ihnen Ihr Hausarzt Ihre „Kurbedürftigkeit“ bestätigt. Dann steht Ihrem Kuraufenthalt so gut wie nichts mehr im Wege. Sie dürfen dann einen Fragebogen ausfüllen, anhand dessen Sie mit Ihrer Beraterin ein geeignetes Mütterkurheim zwischen Nordsee und Alpen aussuchen.

Welche Kosten kommen auf Sie zu?

In der Regel übernehmen die gesetzlichen Krankenkassen und auch einige private Versicherer die Kurkosten. Lediglich den gesetzlich vorgeschriebenen Eigenanteil von zehn Mark pro Tag muß die Patientin übernehmen. Bei Personen mit besonders niedrigem Einkommen übernimmt die Krankenkasse auch den Eigenanteil.
Zahlt Ihre Krankenkasse die Kurkosten gar nicht oder nicht vollständig, dann gibt es je nach Einkommen Zuschüsse vom Müttergenesungswerk. Wie das in Ihrem speziellen Fall gehandhabt würde, darüber kann Ihnen Ihre Beraterin am besten Auskunft geben. Oder Sie wenden sich direkt an Ihre Krankenkasse.

Wer übernimmt die Kinderbetreuung?

Wenn Sie von seiten Ihrer Familie keine Betreuungshilfe bekommen, dann haben Sie in der Regel Anspruch auf eine Familienhelferin, die während Ihrer Abwesenheit Kinder und Haushalt versorgt. Die Kosten übernimmt die Krankenkasse.

4.4 Diese Bücher helfen Ihnen weiter:

- Ashner, Laurie, und Mitch Meyerson: Wenn Eltern zu sehr lieben; Reinbek bei Hamburg: Rowohlt 1991
  Welche Ursachen hat übergroße Elternliebe und welche Folgen hat dies für die Kinder? Antworten auf diese beiden zentralen Fragen bietet dieses Buch.
- Sichtermann, Barbara: Vorsicht Kind. Eine Arbeitsplatzbeschreibung für Mütter, Väter und andere; Berlin: Wagenbach 1992 (Wagenbachs Taschenbuch 209)
  Die traditionelle Rollenteilung (Mann/Vater geht außer Haus dem Beruf nach, Frau/Mutter erzieht zu Hause die Kinder und führt den Haushalt) hält die Autorin für überholt und vor allem diskriminierend für die Frauen.

Anhang

Wichtige Adressen

Arbeitsgemeinschaft Tagesmütter
Bundesverband für Eltern, Pflegeeltern und Tagesmütter e.V.
30175 Hannover
Tel. 05 11/62 81 12

Komitee Sicherheit für das Kind
Winterthurhaus
Leopldstraße 204
80804 München
Tel. 0 89/3 60 60

Interessenvereinigung für Linkshänder ONRS
Sendlinger Straße 18
80331 München

Bundesverband Legasthenie e.V.
Gneisenaustraße 2
30175 Hannover
Tel. 05 11/85 34 65

Giftnotruf-Zentralen

Baden-Württemberg
Universitäts-Kinderklinik Freiburg
Informationszentrale für Vergiftungen
Mathildenstraße 1
79106 Freiburg
Tel. 07 61/2 70 43 61

Bayern
Giftnotruf München
Toxikologische Abteilung der II. Med. Klinik rechts der Isar
Ismaninger Straße 22
81675 München
Tel. 0 89/41 40-22 11

II. Medizinische Klinik des Städtischen Klinikums
Toxikologische Intensivstation
Flurstraße 17
90419 Nürnberg
Tel. 09 11/3 98-24 51

Berlin
Beratungsstelle für Vergiftungserscheinungen
an der Universitäts-Kinderklinik
Pulsstraße 3-7
14059 Berlin
Tel. 0 30/3 02-30 22

Reanimationszentrum der Freien Universität. Berlin
im Klinikum Charlottenburg
Spandauer Damm 130
14050 Berlin
Tel. 0 30/30 35-4 66 /22 15 /4 36 oder 40 35-1 (Zentrale)

Bremen
Kliniken der Freien Hansestadt Bremen
Zentralkrankenhaus St.-Jürgen-Straße
Klinikum für Innere Medizin-Intensivstation
St.-Jürgen-Straße1
28205 Bremen
Tel. 04 21/4 97-52 68 oder 4 97-36 88

Hamburg
Giftinformationszentrale Hamburg
I. Medizinische Abteilung des Krankenhauses Barmbek
Rübenkamp 148
22307 Hamburg 60
Tel. 0 40/63 85-33 45 /33 46

Niedersachsen
Marienhospital, Kinderabteilung
Hauptkanal rechts 75
26871 Papenburg
Tel. 0 49 61/8 30 (Zentrale)

Med. Klinik II des Städtischen Klinikums
Salzdahlumer Straße 90
38126 Braunschweig
Tel. 05 31/6 22 90 oder 68 80 (Zentrale)

Universitäts-Kinderklinik und Poliklinik
Humboldtallee 38
37073 Göttingen
Tel. 05 51/39 62-39 /41 oder 39 62-10 /11 (Zentrale)

Nordrhein-Westfalen
Medizinische Klinik und Poliklinik
Institut für Pharmakologie und Toxikologie
der Westfälischen Wilhelms-Universität
Albert-Schweitzer-Straße 33
48149 Münster
Tel. 02 51/83 55 10, 83 62 45, 83 61 88 oder 83-1 (Zentrale)

Universitäts-Kinderklinik und Poliklinik Bonn
Vergiftungszentrale
Adenauerallee 119
53113 Bonn
Tel. 02 28/26 06-2 11 oder 26 06-1 (Zentrale)

Rheinland-Pfalz
Städtisches Krankenhaus, Kemperhof
I. Medizinische Klinik
Koblenzer Straße 115
56073 Koblenz
Tel. 02 61/4 99-6 48

Beratungsstelle bei Vergiftungen
II. Medizinische Klinik und Poliklinik der Universität
Langenbeckstraße 1
55131 Mainz
Tel. 0 61 31/23 24 66 /7 oder 1 71 (Zentrale)

Saarland
Beratungsstelle für Vergiftungsfälle im Kindesalter
Universitäts-Kinderklinik

66424 Homburg/Saar
Tel. 0 68 41/16 22 57, 16 28 46 oder 16-0 (Zentrale)

Schleswig-Holstein
Zentralstellc zur Beratung bei Vergiftungsfällen
an der I. Medizinischen Universitätsklinik Kiel
Schittenhelmstraße 12
24105 Kiel
Tel. 04 31/5 97-42 68 oder 5 97-1 (Zentrale)

Therapiestellen bei Rechenschwäche

Mathematisches Institut
Rechenschwächebehandlung
Brienner Straße 48
80333 München
Tel. 0 89/5 23 31 42

Institut zur Therapie der Rechenschwäche/Arithmasthenie itr
Schmidener Straße 17
70372 Stuttgart
Tel. 07 11/55 75 90
Dieses Institut hat auch Zweigstellen in Karlsruhe und Tübingen.

Zentrum zur Therapie der Rechenschwäche/Arithmasthenie
Argonnenstraße 3
28211 Bremen
Tel. 04 21/3 49 93 13

Initiative zur Förderung rechenschwacher Kinder e.V. (IFRK)
Farrenstraße 15
70186 Stuttgart

Sachregister